满语对清代旗人汉语的语法干扰研究

张俊阁 著

图书在版编目（CIP）数据

满语对清代旗人汉语的语法干扰研究 / 张俊阁著.
北京：商务印书馆，2025. -- ISBN 978-7-100-24938-6
Ⅰ. H221；H14
中国国家版本馆 CIP 数据核字第 20252AF240 号

权利保留，侵权必究。

满语对清代旗人汉语的语法干扰研究
张俊阁　著

商　务　印　书　馆　出　版
（北京王府井大街36号　邮政编码 100710）
商　务　印　书　馆　发　行
三河市春园印刷有限公司印刷
ISBN 978 - 7 - 100 - 24938 - 6

2025 年 4 月第 1 版	开本 880×1240　1/32
2025 年 4 月第 1 次印刷	印张 19 7/8

定价：90.00 元

国家社会科学基金项目"满语对清代旗人汉语的语法干扰及其对北京话语法的影响研究"（17BYY142）成果。山东师范大学中国语言文学山东省高水平学科、优势特色学科建设经费资助。

序

语言的演变有内部原因，也有外部原因。语言接触是语言演变最重要的外部动因。社会语言学、历史语言学、语言类型学对此都很关注。无论功能语言学派还是形式语言学派，都有人把语言接触或由此引发的"借用""干扰"看作语言变化或变异的重要动因或机制。我们甚至可以说，任何活的语言在发展演变过程中都不能避免语言接触的影响。

汉语有文字记载的历史最晚可上溯到商代（约公元前1600年—约公元前1046年）的甲骨刻辞。由那时算起，三千多年来汉语的自身的发展始终伴随着与周边民族语言的接触，汉语在向周边扩展的过程中也始终伴随着与周边民族语言的接触。尤其是在北方地区，中国历史上曾经建立过魏、辽、金、元、清等朝代，西部和北部民族入主中原，甚至统治全国。如南北朝时期，鲜卑族拓跋部建立了北魏，统一了北方，实行汉化，迁都洛阳，促进了语言的接触与融合。这一时期脍炙人口的《木兰辞》是汉语作品，但木兰出征是响应"可汗大点兵"。宋、辽、西夏、金是10到13世纪大体重叠存在的朝代，各民族接触交融，语言互相影响。元代（1271—1368）

蒙古族统治的过程中,汉语与蒙古语密切接触,在北方地区甚至形成了混合着蒙古语特征的"汉儿言语"(太田辰夫1953)。蒙汉接触的材料比较丰富,包括蒙汉对照白话碑文、《元典章》中的断案记录等,因此,这一时期的语言接触及其对汉语的影响得到较为深入的研究。

语言接触的影响,有借用,也有语言转用的干扰。借用容易发生在词汇层面,而转用干扰在形态句法演变过程中具有更为重要的作用。汉语发展史上接触导致的演变过程可能十分复杂,具体演变现象、演变的路径、持续的时间、最终的结果等亦或各不相同。但也有一些共同的特点,比如北方少数民族统治者入主中原以后,一方面随着接触的深入逐渐转用汉语并放弃母语,另一方面也会在转用过程中把原来母语中的一些特征带到汉语中来,从而引起了北方汉语的一些变化。在变化过程中外因和内因交互作用,有接触的动因,也有结构的制约。有昙花一现的短期影响,也有反复出现的叠加冲击,后者如汉语史上的语序演变、方所后置词的增加及扩展到格标记用法,表比拟的"(也)似"、表目的的"VP 去"在近代汉语的演变等。接触导致的演变可能会持续下去,进入汉语语法系统,也可能只能延续一段时间,最后被淘汰。能否在汉语中保留下来,同样要受到双向制约,与接触的深度和时间有关,也与目标语的结构制约相关。

清代(1644—1912)满族统治者的统治长达二百多年,但是最终结果是满语在中国逐渐消失,满族人转用了汉语,这是表面很容易观察到的结果;与此同时,汉语也在一定程度上受到了满语的影响,这是不容易观察到的。那么满人在转用汉语的过程中对汉语有哪些干扰特征？哪些特征昙花一现？哪些特征融入汉语？这些问题往往由于材料的问题难以深入考察。以往对满汉接触文献挖掘不够，虽然少数学者借此进行一些汉语语法研究，如爱新觉罗·瀛生（2004），但是总体上关注程度远不及元代汉语。祖生利（2013）较早通过三种兼汉满语会话教材《清文启蒙》《清文指要》《续编兼汉清文指要》，从满汉接触的角度系统地描写和讨论了清代中期旗人汉语中所受到的满语干扰的特征，包括"里头""上/上头""去处"方所词的特殊意义和用法、句末表示领有和存在的"有"、句末时体助词"来着"、句末表示祈使语气助词"是呢"、引语标记"说""的话"、表示假设和条件的助词"时候"、助词"着""的"的特殊用法、语气助词"罢咧""呢啊""呢么"等，并对照相应的满语，揭示了其满语的主要来源。此后，国内不少学者开始关注满汉合璧文献，取得了一批成果，以至近年来成为近代汉语研究的一个热点。

张俊阁教授师从冯春田教授，多年致力于近代汉语语法研究，取得了很大成绩。近年来研究领域拓展到清代满汉语言接触和满语对汉语的影响研究，发表了一系列论文，并以"满语对清代旗人汉语的语法干扰及其对北京话语法的影响研究"为题申请国家社科基金并获得了立项资助。目前呈现在读者面前的这部著作就是其结项成果。

该书在前人研究基础上，对满汉合璧文献《满汉成语对待》《清文启蒙》《清文指要》《续编兼汉清文指要》《清话问答四十条》《庸言知旨》等的汉语会话部分所呈现的满语对汉语语法的干扰特征进行了比较全面、系统的梳理，通过满汉对照、与近代汉语时期的相关语言现象的比较，探索其满语来源，通过清代和清末民国白话报刊中旗人汉语和非旗人汉语的比较考察满语的渗透和消长过程，进而探析其在北京官话形成过程中的作用。

该书的具体研究范围在以往研究的基础上有了较大的拓展，除了方所词、时体标记等以往较多关注的语法现象之外，还深入讨论了副词"很""白白""拉累的"、语气词"罢了""呢""哩""啊""呀""么"、助词"一样""的""着""了"、存现/领有句、副词的特殊位置、使役句等。

该书对有些以往已经关注过的语言现象如方所词特殊用法、原因后置词"上/上头"语气词"是呢""罢了""VP 去"等借助大量合璧文献进行了更为详细统计分析，观察到了一些过去不太注意的语言现象。

该书基于大量的满汉合璧文献，始终以满汉对勘为研究的基本立足点，扩大了以往近代汉语语法研究和北京话研究的视野，深化了清代汉语和现代北方官话的研究。

该书研究过程中没有局限于满汉对勘材料，而是把考察范围扩展到清末民国白话报刊中旗人汉语和非旗人汉语的对比，借此观察满语干扰特征在后来的渗透和消长情况，注意到不同的结果。这是以往较少有人系统考察的问题。如有的止步于旗人汉语，如频率副词"拉累的"、情状副词"各自各自"、语气词"是呢"、方位词"里/里头""跟（根）前"的全部特殊用法、处所词"去处"表时间的用法；有的虽存留在汉语中但频率较低，如"因此上"虽然在汉语中使用，但频率远低于"因此"，受满语语气词 dabala、dere 影响而出现的"罢咧"；有的不仅存留在汉语中而且成为重要形式，如"来着"等。

该书在具体语言现象分析描写的同时，在语言演变规律和语言接触理论方面进行了一些思考和总结。虽然有的也许已经有人提出过，有的也许有争议，但是该书是通过自己的具体研究，在语言事实挖掘的基础上提出理论思考和规律总结。如深度接触中弱势语言也可以影响到强势语言最稳固的方面、语言干扰有显性和隐性之分、语言接触可以导致语言现象的突变、语法干扰特征的存留与目标语的内部特征有很大关系，等等，这些都是很有意义的尝试。

满汉合璧研究对一般学者来说具有较大挑战性，要求研究者不仅熟悉近代汉语文献和近代汉语语法，同时要熟悉满语文献和满语语法；在扎实的满汉文献研究的基础上，还必须具有跨语言的视野和语言基础理论的基础。该书可能有一些可以商榷或进一步细化的地方，但是希望该书的出版能够推进清代汉语语法的研究、推进语言接触的研究。

该书即将由商务印书馆出版，张俊阁教授让我写个序，我对清代满汉合璧文献没有系统的研究，实在有些忐忑。但是张俊阁教授能够在繁重的教学之余踏踏实实地开展这项工作，在较短时间内完成了项目并拿出了这么厚重的一部书稿，我感到非常高兴，也十分佩服。是为序。

杨永龙

目录

绪论 …………………………………………………………001

第一章　满语对清代旗人汉语方所词的干扰……………017
第一节　汉语方所词概说………………………………017
第二节　满语与汉语方所词的特殊用法………………019

第二章　满语对清代旗人汉语副词的干扰………………053
第一节　满语与程度副词"哏（很/狠）"………………053
第二节　满语与副词"白/白白"………………………078
第三节　满语与情状副词"各自各自"…………………101
第四节　满语与频率副词"拉累的"……………………107

第三章　满语对清代旗人汉语语气词的干扰……………109
第一节　合璧文献中满汉语气词对译概况……………109
第二节　满语与语气词"罢了"…………………………119
第三节　满语与语气词"是呢"…………………………144

第四节　满语与语气词"呢""哩"……………………170

第五节　满语与语气词"啊""呀"……………………194

第六节　满语与语气词"么/吗"………………………229

第四章　满语对清代旗人汉语助词的干扰……………261

第一节　满语与时制助词"来着"……………………261

第二节　满语与比拟助词"一样"……………………296

第三节　满语与"的"…………………………………326

第四节　满语与"着"…………………………………371

第五节　满语与"了"…………………………………424

第五章　满语对清代旗人汉语语序和句式结构的干扰……469

第一节　满语与汉语"存现/领有"句语序……………469

第二节　满语与汉语"来/去"和VP的连动构式………499

第三节　满语与汉语副词"再""别"的线性序列………545

第四节　满语与旗人汉语使役句………………………555

结语……………………………………………………………583

引用文献资料简目……………………………………………597

参考文献………………………………………………………605

后记……………………………………………………………621

绪论

一、清代满汉语言接触的社会历史背景

清代是满汉语言接触的重要历史时期，也是北京话、北京官话及现代汉语普通话形成的关键时期。在16世纪末至17世纪上半叶以女真为主体融合其他民族形成了一个民族共同体——满族，其使用的语言满语是女真语的延续和发展。满族的统治地位使得满语在清代取得了"国语"的地位，同时满语又称为"清语"。1599年，清太祖努尔哈赤命令巴克什额尔德尼等人模仿蒙古文创制了满文，又称作"老满文"或"无圈点满文"。后来，皇太极命令达海等人将老满文增加标音的圈点，称作"新满文"或"加圈点满文"。努尔哈赤等统治者为加强统治和族群认同，推行"国语骑射"政策。另一方面，因政治统治的需要和汉文化强大优势的吸引，不少满族官员及其子弟学会了汉语。1644年清军入关，迁都北京，随着统一战争的推进，八旗驻防官兵及其家属走向全国，满族人全面学习汉语、汉文化成了满汉语言融合的主流。满汉语言接触中，由于各种因素的

制约，就全国满族人而言，由满语单语到满汉双语再到汉语单语的转用时间和过程参差不齐。就京旗满人来说，虽与原北京城的汉、回等民族分区而居（旗人居内城，原北京汉、回等民族迁居外城），但由于经济文化生活等的需要，与外城之间的交往并未间断，而且皇宫大内、王公贵族家中有大量的汉人奴仆；到乾隆朝前期内外城分住的格局被打破，满汉族之间的融合加强。从18世纪初期，京旗满人已经普遍进入满汉双语阶段；在18世纪末19世纪初，整体来看，京旗满人已放弃满语，完成了汉语的转用。至此，以原有北京话为基础、以满语为底层、由北京旗人为主要语言社团而扩散开来覆盖全城的老北京话逐渐发展成熟，也成了北京官话和现代汉语普通话的直接源泉。

　　由前述情况可知，自清早期，尤其是清中期以后，越来越多的满人转用满式汉语，丧失民族语言交际能力；据文献记述八旗宗学的满语教学机构也渐趋消失，满人成年后很难获得满语学习机会。于是，出现了一批带汉语注解的满语教材。这类教材多是问答式的话条类会话读物，且满汉语相互对照，因此这类文献又称为满汉合璧文献。其中篇幅相对较长、流行较广的有刘顺编著的《满汉成语对待》(1702)；舞格编著的《清文启蒙》卷二"兼汉满洲套话"(1730)；常钧编著的《清话问答四十条》(1757)；《清文指要》《续编兼汉清文指要》(1789)，作者不详；宜兴编著的《庸言知旨》(1802)等[①]。这些会话教材中的汉语既不是直译相应满语，也不是地道的汉语，而是满语学习者已熟练掌握的"旗人语"，又称"满式汉语"，即旗人操满语的先辈在不完全习得汉语的过程中受母语满语负

---

① 这几部满汉合璧文献的详细情况见下文"语料来源"部分的介绍和注释说明。

迁移影响而产生的并不十分规范的汉语。满式汉语有不少与地道的汉语明显不同的地方，而这些不同之处正是满语相关语言现象的反映。可见，这些满汉合璧会话书是研究清代满汉语言接触下旗人汉语和北京官话的不可多得的语言材料。

清中期旗人曹雪芹创作的《红楼梦》虽然文学语言色彩浓烈，但也不乏旗人汉语的显明特征；清后期旗人文康创作的《儿女英雄传》语言则更加通俗，口语化程度更强。至清末民初，中国社会到了历史的关节点，大批北京旗人如蔡友梅、杨曼青、徐剑胆、王冷佛、穆儒丐、励荭臣、文实权等为开启民智，救亡图存，以报刊为阵地发表了大量通俗易懂、土味十足的社会小说、实事小说等，如连载于《进化报》的《小额》、《京话日报》的"新鲜滋味之系列小说"、《盛京时报》的《北京》、《爱国白话报》的《春阿氏》，以及由群强报馆刊印的《杂碎录》等，这些作品可谓是满语汉语水乳交融的北京话的鲜活呈现。可以说，旗人创作的这些文学作品为我们研究清代北京话提供了绝佳材料。

因此，本书以满汉合璧文献中满式汉语为切入点，以有清以来旗人作品和非旗人作品为依托，深入探究满汉语言接触中满语对清代旗人汉语的语法干扰及其对北京话语法的影响。

二、研究目的和意义

到目前为止，对满汉合璧文献《满汉成语对待》等的汉语会话部分所呈现的满语对汉语语法的干扰进行全面系统的描述，探究其满语来源，并进一步追踪其在有清以来旗人汉语和非旗人汉语中的渗透、消长情况，进而探析清代北京官话及现代北京话形成的论著还没有见到。因此本书以期有以下收获：

第一，《满汉成语对待》等兼汉满语会话材料为语言接触研究提供了宝贵的语料。通过研究满汉双语会话书中旗人汉语和满语口语，探求不同语系语言的相互接触、相互影响后的语言变异理论，推动语言接触理论的研究。

第二，《满汉成语对待》等兼汉满语会话材料、有清以来旗人作品尤其是清末民国白话报刊上旗人小说以及非旗人通俗文献的综合运用，可以为研究清代北京官话，特别是清代满汉语言接触及其对现代北京话形成的影响提供重要的实证性。

第三，可以和学界一起构建起对中古、近代古白话与现代汉语的汉语语法发展史、汉语方言语法发展史的完整序列。

三、研究目标和方法

首先，基于《满汉成语对待》等兼汉满语会话教材，通过满汉比照，较为准确、全面地梳理出满语对汉语语法的干扰特征。

其次，对梳理出的语法干扰特征在有清以来旗人作品和非旗人作品之间作深入的比较和分析。

再次，通过分析探究满汉语言接触中满语对汉语语法的影响，进而对满语在汉语语法发展史及方言语法发展史上的地位做出明晰、客观的评述。

最后，较为客观地分析清代北京官话及现代北京话的形成和演变的动因与机制。

基于以上目标，我们以梳理出来的满语对旗人汉语的语法干扰特征为支撑点,对所涉及的相关问题进行共时描述和历时探究。由于每个干扰特征相对来说是独立的,所以每个问题的论述也是相对独立的,因此本书以独立篇章的形式对每个干扰特征及相关问题进行探讨。

四、语料来源

本书的研究除了满汉合璧文献和清中期至民国的旗人作家作品这些基础语料之外,还广泛调查了晚清民国域外汉语教科书以及先秦至现代大量的汉语文献作品。

(一) 基础语料

1. 满汉合璧会话书

满汉合璧会话书是满语、汉语对译形式的满语学习课本,本书主要调查的有以下几部:

1.1 《满汉成语对待》

《满汉成语对待》,四卷,刘顺著,康熙四十一年(1702)刊,为现存最早的满汉合璧会话教材。据王继红、马楷惠(2002)所说,刘顺"属汉军正黄旗……精通满汉双语"。《满汉成语对待》现存版本有:听松楼刊本、先月楼刊本、云林堂刊本、二酉堂刊本等,这几种版本差异甚微[①]。

[①] 《满汉成语对待》版本及作者详情见〔日〕竹越孝《〈满汉成语对待〉——现存最早的清代满汉合璧会话教材》,《汉语史学报》第十八辑,上海:上海教育出版社,2017年,第132—142页。

本书所据为［日］竹越孝、陈晓校注本《满汉成语对待》（北京大学出版社，2018 年）。另外参照［日］寺村政男以东京外国语大学图书馆所藏听松楼本的满语注音本《满汉合璧音注成语对待》为底本的罗马字转写本，见［日］寺村政男《东アジアにおける言语接触の研究》（《东亚语言接触研究》）（竹林舎，2008 年，第 315—542 页）。

1.2 《清文启蒙》

《清文启蒙》，四卷，是满人舞格（字寿平）在私塾教授满语时编的教科书，由程明远（字佩和）校梓，雍正八年（1730）刊行。卷二"兼汉满洲套话"是满汉对译的会话文，共 51 条。《清文启蒙》的版本众多，主要有[①]：

第一类，四卷本。书名"满汉字清文启蒙"的满文拉丁转写为"manju nikan hergen -i qing wen ki meng bithe"的有四种版本：（1）永魁斋本，雍正八年序文（1730）；（2）二酉堂本，雍正十年（1732）；（3）三槐堂甲本，雍正八年序文（1730）；（4）三槐堂乙本，雍正八年序文（1730）。后两个版本虽都标"三槐堂"，但内容有些许不同。

第二类，四卷本。书名"满汉字清文启蒙"的满文拉丁转写为"manju nikan hergen qing wen ki meng bithe"，版本有宏文阁本《满汉字清文启蒙》，雍正八年序文（1730）。

从卷一的角度区分，第一类属于雍正年间的初始刊本系统，第

---

① 《清文启蒙》版本及作者详情见［日］竹越孝、陈晓校注本《清文启蒙》"导读"，北京：北京大学出版社，2018 年，第 1—6 页。

二类属于乾隆年间的修订本系统。从卷二"兼汉满洲套话"的角度区分，原刊本系包括永魁斋本、二酉堂本、三槐堂甲本；重刊本系包括三槐堂乙本、宏文阁本。

第三类，不分卷。应为四卷本《清文启蒙》之卷二"兼汉满洲套话"。具体版本有：（1）品经堂本《满汉字清文启蒙》；（2）《兼满汉语满洲套话清文启蒙》，乾隆二十六年刊本（1761），用汉字对满文进行了注音，又简称"注音本"；（3）刘东山刊，王昌茂印本《清文启蒙》，道光七年（1827），简称"刘东山本"。

本书所据为［日］竹越孝、陈晓校注本《清文启蒙》（北京大学出版社，2018年）。

1.3 《清话问答四十条》

《清话问答四十条》成书于乾隆二十二年（1757），次年刊行，卷首有乾隆二十三年满文序；光绪四年（1878）修订再版，更名为《满汉合璧四十条》，卷首有光绪四年满汉对照序。这两种版本均流传下来。作者常钧，隶属镶红旗硕麟佐领，精通满汉双语[①]。

本书所据为陆晨、刘云校注本《清话问答四十条》（北京大学出版社，2018年）。

1.4 《清语易言》

乾隆三十一年（1766），由镶黄旗蒙古步军统领衙门主事博赫辑录。全一册，不分卷。《清语易言》现存版本有三种：（1）日本大阪大学图书馆藏刊本（Mn-390-13）【大阪大学本】，全29页；（2）日本

---

① 《清话问答四十条》版本及作者详情见陆晨、刘云校注本《清话问答四十条》"导读"，北京：北京大学出版社，2018年，第1—10页。

东洋文库藏刊本（Ma2-5-7）【东洋文库本】，全23页；（3）中央民族大学图书馆藏刊本（满45-5513）【民族大学本】，全25页。前两种版本的序文末尾均题有"正白旗满洲候补主事永宁校梓"。书中内容主要是关于满语发音、正字法、语法的概括说明①。

本书依据的是[日]竹越孝、陈晓校注本《一百条·清语易言》（卷三）（北京大学出版社，2018年）。

1.5 《清文指要》《续编兼汉清文指要》

《清文指要》《续编兼汉清文指要》，作者不详。全文依据乾隆年间由智信编写的满语教材《一百条》（1750）编纂而成。《清文指要》共三卷，除去上卷的"字音指要"外，中卷和下卷的"清文指要"各25条，《续编清文指要》50条，共计100条。《清文指要》《续编清文指要》将《一百条》的满语翻译成汉语，从而形成满汉合璧形式的满语教材。

《清文指要》《续编兼汉清文指要》现存版本主要有：

（1）乾隆五十四年（1789）双峰阁刻本；（2）嘉庆十四年（1809）三槐堂重刻本；（3）嘉庆十四年（1809）大酉堂重刻本。这三种版本之间仅有细微差异②。

本书所据的主要版本为[日]竹越孝、陈晓校注本《清文指要》和《续编兼汉清文指要》（北京大学出版社，2018年）。另外参照[日]竹越孝校注本《新刊清文指要—翻字と翻訳—》（《新刊清文指

---

① 《清语易言》版本及作者详情见[日]竹越孝、陈晓校注本《一百条·清语易言》（卷三）"导读"，北京：北京大学出版社，2018年，第753—755页。

② 《清文指要》《续编兼汉清文指要》版本情况详见[日]竹越孝、陈晓校注本《清文指要》"导读"，北京：北京大学出版社，2018年，第1—2页。

要—翻字和翻译—》)(古代文字资料馆,2015 年)。《新刊清文指要》包括《清文指要》和《续编兼汉清文指要》,其中卷上 50 话为《清文指要》,卷下 50 话为《续编兼汉清文指要》。参照本还有张华克校注本《清文指要解读》和《续编兼汉清文指要解读》(文史哲出版,2005 年)。

1.6 《庸言知旨》

《庸言知旨》,成书于嘉庆七年(1802),现存版本有嘉庆二十四年(1819)刻本和光绪十七年(1891)抄本两种。作者宜兴为清太祖努尔哈赤六世孙,清宗室重臣。①

本书所据为王磊、刘云校注本《庸言知旨》(北京大学出版社,2018 年)。

补充说明:本书所引以上满汉合璧文献的满文拉丁转写均依据北京大学出版社的版本,其拉丁转写依据的是太清转写系统②;所讨论的语言现象各版本有出入的地方,本书会加注释说明。满语文句下面的汉语词汇对译文字参照以上版本有时作些适当调整,汉语对译句子的繁体字和异体字做了相应的规范处理,其余文字保持了文献原貌。

2. 京旗汉语文献语料

2.1 《红楼梦》

《红楼梦》又名《石头记》,版本众多。其中甲戌本(1754)最

---

① 《庸言知旨》版本及作者详情见王磊、刘云校注本《庸言知旨》"导读",北京:北京大学出版社,2018 年,第 1—7 页。
② 详细情况见[日]竹越孝、陈晓校注本《清文启蒙》"整理说明"部分"太清转写方案说明",北京:北京大学出版社,2018 年,第 4—7 页。

早,程乙本(1792)最晚。现存一百二十回本,前八十回为出身清代内务府正白旗包衣世家的曹雪芹所著;后四十回为后人续作,一说高鹗续作,但尚存疑。本书依据的是人民文学出版社1982年版本,该版本前八十回以《脂砚斋重评石头记(庚辰[1760]秋月定本)》(简称庚辰本)为底本,后四十回以萃文书屋辛亥排印本(即程甲本[1791])为底本①。

2.2 《儿女英雄传》

《儿女英雄传》,又名《侠女奇缘》《金玉缘》《日下新书》《正法眼藏五十三参》等,成书时间约在19世纪60年代。现存最早刻本为光绪四年(1878)北京聚珍堂活字本。原书五十三回,现仅存四十回。作者文康,姓费莫,字铁仙,别号"燕北闲人",满洲镶红旗人,约道光初年(1821)至光绪初年(1875)在世,生卒年未详。本书所据为人民文学出版社1983年版本。

2.3 《小额》

据和记排印书局光绪三十四年(1908)影印本。《小额》前有两篇序,由此序文推断,社会小说《小额》光绪三十三年(1907)始连载于《进化报》,其单行本由位于北京东单牌楼西观音寺的和记排印书局于光绪三十四年(1908)六月初三日印刷、七月初五日发行②。"这个单行本是日本波多野太郎教授偶然在书摊上购得,于1968年在《横滨市立大学纪要》第186号上影印发表,并抽印出单行本。后来的几个版本都是根据波多野的这个影印本重排后出版

---

① 见《红楼梦》"校注凡例",北京:人民文学出版社,1982年版。
② 见《小额》版权页,北京:和记排印书局光绪三十四年,1908。

的。"① 全书共约 7 万字。

序文还显示《小额》作者为"松君友梅""友梅先生"。《小额》正文中署名"友梅松龄"编。也就是说《小额》作者名字为松友梅（松龄），而且时任北京进化报馆的"总务"。另据《北京报纸小史》、蔡友梅小说《好人挨饿》及其"新鲜滋味"系列小说之《张二奎》等材料推断旗人蔡友梅与任北京进化报馆"总务"的松友梅同为一人，"友梅"应是因其喜梅而起的别号，另外还有"梅蒐""老梅""逋生"等；蔡友梅晚年还曾以"退""退化""损公"等为笔名（刘云、王金花，2011），并以这些笔名别号在《进化报》《京话日报》《顺天时报》《益世报》《白话强国报》等报刊上发表小说。

本书所据为周建设主编本（首都师范大学出版社，2015 年）。另外参照刘一之标点/注释本《小额》（世界图书出版公司北京公司，2011 年）。

2.4 "新鲜滋味"之系列小说

"新鲜滋味"之系列小说是蔡友梅以笔名"损公"发表于《京话日报》上的警世小说、社会小说等，共 26 种：《姑作婆》《苦哥哥》《理学周》《麻花刘》《库缎眼》《刘军门》《苦鸳鸯》《张二奎》《一壶醋》《铁王三》《花甲姻缘》《鬼吹灯》《赵三黑》《张文斌》《搜救孤》《王遁世》《小蝎子》《曹二更》《董新心》《非慈论》《贞魂义魄》《回头岸》《方圆头》《酒之害》《五人义》《鬼社会》等，共计 70 万字左右。

---

① 见刘一之标点/注释本《小额》"注释说明"，北京：世界图书出版公司北京公司，2011 年。

周建设把除《酒之害》《五人义》《鬼社会》之外的 23 篇小说辑录为《损公作品》，共三册，由首都师范大学出版社 2014 年出版。本书所据为周建设主编本[①]。

2.5 《杂碎录》

《杂碎录》原书无版权页，据书边口文字得知，该书于民国二年（1913）十月由群强报馆刊印，全书共有 20 余万字。作者杨曼青，旗人，清末民初京津地区著名的白话报人和白话文大家。本书所据为周建设主编本（首都师范大学出版社，2014 年）。

2.6 《北京　白话聊斋·胭脂》中的《北京》

《北京》，社会小说，最早连载于《盛京时报》，民国十二年（1923）二月二十八日（第四千八百八十二号）至民国十二年（1923）九月二十日（第五千〇五十五号）（第四千九百四十四号、第四千九百九十五号、第五千〇〇〇号和第五千〇〇四号四期除外）第五版面上的"小说"一栏，共十五章，分一百七十期，共计约 15.7 万字，每期题有"社会小说北京（儒丐著，禁转载）"字样。作者穆儒丐，京旗作家，原名穆都哩，后更名为穆笃哩，又称穆辰公，号穆六田，汉名宁裕之。本书所据为周建设主编的《北京　白话聊斋·胭脂》（首都师范大学出版社，2014 年）。

2.7 《北京　白话聊斋·胭脂》中的《白话聊斋·胭脂》

《白话聊斋》是由满族作家庄耀亭用北京话翻译讲述的蒲松龄《聊斋志异》故事的脚本，《胭脂》是其中的一个篇目，刊登在《实

[①] 根据 2.3、2.4，为了简便起见，本书中《小额》和《损公作品》的作者均直接标注为蔡友梅。

事白话报》，民国十七年（1928）六月初版，共计3.7万字左右。本书所据为周建设主编的《北京　白话聊斋·胭脂》（首都师范大学出版社，2014年）。

2.8 《春阿氏》

实事小说《春阿氏》，又名《春阿氏谋夫案》，是京旗满族作家冷佛（本名王绮，又名王咏湘）根据光绪年发生在北京内城镶黄旗驻防区域内一桩实有命案创编而成的小说。始连载于《爱国白话报》，由爱国白话报馆于民国二年（1913）刊行，六卷，十五回。

本书所据为周建设主编的《冷佛作品（二）》（首都师范大学出版社，2014年）。

2.9 《陈七奶奶》

《陈七奶奶》，作者陆瘦郎。据书中郑天章所写的序来看，该书完成于民国二年（1913）春夏之际。《陈七奶奶》（又名《北京风流案》），共四卷，约16万字，书中保留了大量的北京话语汇，对研究老北京话有重要作用。由周建设主编，首都师范大学出版社2014年出版的《陈七奶奶》是影印的清末民初社会小说《陈七奶奶》。本书所据为周建设主编本。

3. 晚清民国域外北京话教科书

3.1 《语言自迩集》

《语言自迩集》由英国人威妥玛编写，是一部反映19世纪中期北京官话的口语教科书，供英国公使馆人员学习汉语。1867年由伦敦的一个出版公司在上海印刷出版（宋桔2011：58—59），四卷本；第二版是1886年由上海海关总署出版，三卷本；1903年出版第三版，两卷本（节略版）。本书依据的是北京大学出版社2017年9月第1

版(《语言自迩集(第二版)》)。

3.2 《急就篇》

作者宫岛大八,日本人,精通汉语,《急就篇》昭和八年(1933)十月善邻书院发行。该书是明治三十七年(1904)八月发行的初版《官话急就篇》的改定版。

3.3 《官话续急就篇》

《官话续急就篇》全文系手抄,无序文、刊记、版权页、编者及刊行时间,也未记载发行所。封面有模糊字迹"宫岛大八宛,手译本",这可能为后人所加,全书末尾落款记有"宫岛先生存,昭和十年三月十二日,康树荫妾书",由此可见该书的编著时间至迟在1935年。

3.4 《华严问答》

《华言问答》是一部北京官话课本,1903年初版,1907年再版,由东京文求堂书店发行,分别在东京、京都、大阪和北京、上海、营口售卖。编者金国璞,直隶大兴县人,清末监生,同文馆出身,曾在日本东京外国语学校等教授汉语,在北京担任日本留学生的汉语教师。

3.5 《虎头蛇尾》

《虎头蛇尾》是一部北京官话课本,由金国璞编写,1906年由北京日本人清语同学会发行,分别在东京文求堂书店、北京日华洋行、天津白木东京堂和北京琉璃厂各书铺售卖。

3.6 《中国话》

《中国话》是手抄的北京官话课本。封面左侧竖行书写"中国话"三字,右上方题"岐先生著",下有"自第一章到第五十章"双行小字。封面另外还用极细笔迹题"宫岛咏士笔","咏士"即宫岛大八的字,可见此书应由宫岛大八抄录。封面右上方有似"昔园"的反面字迹印痕,疑为藏书者的印记。封面左下角有"方香"二字,疑为藏书者的姓名。《中国话》的成书时间应在1894年前后。

3.7 《燕京妇语》

《燕京妇语》是清末在日本出版的汉语会话书,该书汉语课文的原著者不详,实际编著年代不晚于1906年,日本人北边白血于1906年抄写并译为日语,1992年日本好文出版社出版了由日本学者鳟泽彰夫编著的排印本,又于2013年出版了影印本。该书反映了清末北京话的语言特点。

3.8 《生意筋络》

《生意筋络》由精通汉语的日本长崎人御幡雅文编著,1903年在日本出版,这是一部商贸汉语课本,由东京文求堂书店发行,分别在东京、京都、大阪、神户和上海售卖。该书以北京官话逐条演说,从中可以看到清末民初的商业经营面貌。

3.9 《中等官话谈论新篇》

《中等官话谈论新篇》是北京官话课本,1937年由东京文求堂书店发行。编著者李俊漳可能是旅居长崎的侨商,曾于明治三十八年(1905)在长崎高等商业学校任汉语教师。《中等官话谈论新篇》后来由日本人近藤子周译为日文出版(1939,文求堂发行)。全书内容繁杂,口语色彩浓厚。

以上3.2—3.9所列日本北京话教科书的详细情况见〔日〕北边白血等编著,陈颖、翟赟校注的《〈燕京妇语〉等八种》(北京大学出版社,2018年)。

（二）其他调查语料

要准确分析出满语对旗人汉语的干扰特征及其对北京话语法的影响，就要对相关语言现象进行历时梳理，客观分析其在汉语中产生、发展、演变等情况。所以本书研究除了上述基础语料之外，还调查了自先秦至现代100多部文献。具体情况见书后"调查语料文献总目"。

第一章
满语对清代旗人汉语方所词的干扰

第一节 汉语方所词概说

一、方位词

方位词就是表示空间方位和处所的词,是汉语表达空间范畴的主要形式。对其内部成员和词类归属问题,学界进行了大量的研究和探讨。他们或把方位词归于名词之下,如陈承泽(1982:27—28)、杨伯峻与何乐士(2001:95—98)、刘月华(2001:35—70)、黄伯荣与廖序东(2017:9—10);或把方位词独立为一类,如吕叔湘(2002:196—198)、赵元任(1979:277—280)、朱德熙(1982:41—45);或把方位词归于处所词,如郭锐(2002:206—210);或把方位词视为后置介词,如陈望道(1978:80)、刘丹青(2003:155—159)。方位词是一个封闭的词类,可是所收之词各家不一,综合来看典型的单纯方位词包括：上、下、前、后、左、右、东、西、南、北、内、外、里、间、旁；典型的合成方位词包括：上下、前后、左右、内外、中间、里外，以及加前缀"之/以"或后缀"头/边/面"构成的方位词。尽管学界对方位词的词类归属及内部成员存有分歧，但对其语义和用法意见基本一致：语义上方位词表示方向和位置；句法上单纯方位词有普遍后附性，合成方位词有较强的独立性。

随着学界对方位词研究的逐步系统和深入，有不少学者认识到方位词由表空间概念引申出了表示时间、范围、数量、次序、程度、状态、过程等概念，如丁声树（1961：4—5、69—77）、赵元任（1979：277—280）、朱德熙（1982：41—45）等都简单介绍了一些方位词的引申用法，而由甘露（1999）对甲骨文方位词的研究可知早在甲骨文文献中有些方位词就已由空间意义引申出时间、顺序等意义；从更深层次的隐喻认知角度对方位词进行研究的有李宇明（1999）、曾传禄（2005）等。

二、处所词

处所词也是交互错综的一类词。吕叔湘（2002：196—198）把处所词也叫作方所词，指出"这儿""那儿""哪儿"等是称代性方所词，地名"燕""鲁""川""湘"及普通名词"室""案""门""书"等是实指性方所词。黄伯荣与廖序东（2017：9）把处所词归在名词之下。赵元任（1979：237—244）对处所词进行了较为详尽的介绍，并区分了处所词与处所短语，如"江北（处所词）|江的北面（处所短

语)"。朱德熙(1982：42—43)则给出了明确的界定："处所词是能做'在、到、往'的宾语并且能用'哪儿'提问，用'这儿''那儿'指代的体词"，并指出地名、可以看成地方的机构(学校、公园、图书馆等)，以及合成方位词(上头、里头、背后等)都属于处所词。为行文方便，本书把处所词与方位词剥离开来，借助上面朱德熙先生的定义，认为处所词就是指能做"在/到/往"的宾语、能用询问处所的疑问代词"哪儿/哪里"提问，可用指代处所的指示代词"这儿/这里""那儿/那里"指代的体词，以及地名和可以看成地方的机构等。

同时，本书行文中方位词和处所词并举时合称方所词。

第二节　满语与汉语方所词的特殊用法

整体来看，《满汉成语对待》《清文启蒙》《清文指要》《续编兼汉清文指要》这四种满汉合璧文献中汉语方所词的使用比较接近规范汉语[①]，但仍有少量方位词"上/上头""里/里头""跟(根)前"和处所词"去处"等与规范汉语中的用法不尽相同。本节拟就这四种满汉合璧文献中汉语方所词的特殊用法进行梳理，并对其有清以来的使用和发展情况进行探究。

[①] 本书所说的"规范汉语"指的是非直译、旁译、对译等的汉语文献(我们姑且称为纯正的汉语文献)中汉语语句的表述习惯和语法规范。如无特别说明，文中与满汉合璧文献中的汉语相比照的主要是清中期及其之前的纯正汉语文献中的汉语。

一、四种满汉合璧文献中汉语方所词的特殊用法及其满语来源

（一）方位词"(的)上/上头"的特殊用法及其满语来源

四种满汉合璧文献中，方位词"(的)上/上头"的特殊用法不止一种，现分类叙述，以见一斑。

1."A 上又 A"中的"上"

"A 上又 A"共 2 例，出现在《清文启蒙》里的同一个句子中，其中 A 为形容词。

（1） aikabade   si   olhoxo-ro   da-de   geli   olhoxo-ro，ginggule-re
　　　如果　　你　小心－未　原本－位　又　小心－未　谨慎－未
　　　da-de　　geli　ginggule-re.
　　　原本－位　又　谨慎－未
　　　倘若你小心上又小心，谨慎上又谨慎。(《清文启蒙》20a5-6)[①]

与相应满文对照不难看出，例（1）汉语句子中的两处"上"均是对译满语位格助词 -de 的结果。位格助词 -de 表示"在……位置/地方""在……时候"，"小心上又小心""谨慎上又谨慎"即表示在"小心/谨慎"的心理（态度）基础上更进一层。由此可以说，该句

[①] 本节出现的一些满语后缀及一些缩写形式在此一并注明：-ra/re/ro 动词未完整体后缀，表示动作发生、没结束，或者将要发生；-ha/he/ho//-ka/ke/ko 动词完整体后缀，表示做完了某种动作或行为；-me 并列副动词后缀；-qi 动词条件式后缀；-fi 顺序副动词后缀；-hai/hei/hoi 持续副动词后缀；be 宾格/经格格助词；i 属格/工具格格助词；de 与格/位格格助词；deri 经格格助词。满语 ede、tede 为代词 ere（这/这个）、tere（那/那个）和位格助词 de 的缩略形式。

中的"上"充当满语格标记，表示的是一种抽象意义的方位关系。不过类似的表述在规范汉语中是不用"上"的，如《明清民歌时调集·挂枝儿·私部一》:【问信】"怕又怕令堂与令尊。担惊受怕的冤家也，怎么来得这等艰难得紧。"

2. "上"表示对人或事物的关系或态度

方位词"上"表示对人或事物的关系或态度，相当于"对……"，见于《满汉成语对待》和《续编兼汉清文指要》中。

（2）yabun bi, niyaman guqu -i jaka-de ler se-mbi^①,
　　　品行　有　亲戚　朋友　属　跟前-位　和蔼貌　助-现
　　　tetun inu len, wesihun iletu, ai ba-be jafa-fi
　　　器材　也　壮大　贵重　明显　什么　地方-宾　拿-顺
　　　tede duibule-mbi.
　　　他.与　　比-现
　　　有品行，亲友们身上和悦，气魄来的大，显然易见的贵重，拿那一块儿比他。(《满汉成语对待》二 24b8-25a2)

（3）gebungge gosingga mama, juse se-he-de buqe-mbi.
　　　有名的　　有慈爱　祖母　孩子.复 助-完-位 死-现
　　　出名疼人的个妈妈，孩子上命都不顾。(《满汉成语对待》一 48b8)

（4）aba saha de urexhvn, gurgu de mangga.
　　　田猎　狩猎　位　熟练　野兽　位　擅长
　　　围场上熟，牲口上亲。(《续编兼汉清文指要》下 6a7)

---

① jakade：[日] 竹越孝、陈晓校注本标注为"跟前"，我们认为是方位词 jaka 的位格形式，所以标注为 jaka-de（跟前-位）。

(5) simbe   tuwa-qi,   arki   nure   de   haji.
    你.宾   看-条   烧酒   黄酒   位   亲近

    看起你来，与烧黄酒上狠亲啊。(《续编兼汉清文指要》下 28a6)

满汉对照来看，例（2）中"上"对应满语位格助词 -de，但是"上"并不表示方位，而是表示对"亲友们"的态度，相当于介词"对……"，规范汉语要说成"对亲友们和悦"，"上"起标记满语格助词 -de 的功能；例（3）（4）同例（2）；例（5）中"与……上"对应满语位格助词 -de，既用前置的汉语介词"与"表示"对……"的语义关系，又用"上"标记后置的满语位格助词 -de，所以说"与……上"是汉语介词与满语位格标记的杂糅形式。

3."(的) 上" 表示动作行为进行的期间（时候）

此种用法的"(的) 上"仅 1 例，见于《续编兼汉清文指要》。

(6) uba   tuba   jing   amqa-me   jafa-ra   siden-de,   buya
    这里   那里   正   赶-并   拿捉-未   期间-位   小

    juse   qeqike   ba-ha   se-re   be   donji-re   jakade,
    孩子.复   麻雀   得到-完   说-未   宾   听-未   因为

    kaiqa-ha   giu   -i   gese   tuhe-re   afara   suju-me   ji-fi.
    呐喊-完   狍子   属   一样   倒-未   颠跑貌   跑-并   来-顺

    这里那里正赶着拿的上，小人儿们听见说得了雀儿了，叫喊着磕磕绊绊的跑了来了。(《续编兼汉清文指要》上 32b3-5)

满汉文句比照来看，例（6）"的上"中"的"应该是形动词 jafara 中后缀 -ra 的对译，"上"应该是位格形式 siden-de 的对译。"的上"表示动作行为进行的期间，相当于"……的时候 / 期间"，这种用法在之前纯正的汉语文献中并未见到。

4. "(的)上/上头"表示原因

四种满汉合璧文献中,单纯方位词"上"和复合方位词"上头"表原因的特殊用法尤为显著,频率较高,对译满语的形式也多种多样,统计结果见表1-1。

4.1 "(的)上/上头"对译满语位格助词-de表原因

(7) ere   gisun de,   mini   jili   uthai monggon -i
    这个   话   位,   我.属 怒气   就   脖子   属
    da   deri   o-ho.
    根源   经   成为-完
    这个话上,我的性子就到了脖梗儿上了。(《清文指要》下26a6-7)

(8) ede   bi asuki tuqi-bu-ra-kv, elhei okso-me hanqi isina.
    这.位 我 声音   出-使-未-否   慢慢   走-并   附近   到达.祈
    这个上我不出声儿,慢慢的迈步走到跟前。(《续编兼汉清文指要》上32a5-6)

(9) fisa   foro-fi   amasi   sosoro-me tuqi-mbi, tede   bi
    后背   朝向-顺   往后   退-并   出-现   那.位   我
    bokson de   guwelke.
    门槛   与   小心.祈
    转过脊背往外倒退着出去,那个上我说仔细门槛子啊。(《续编兼汉清文指要》上12a3-5)

(10) tugi geli bombono-fi   yur   se-me   sekte-he,
     云   又   堆积-顺   细水长流貌   助-并   铺-完
     tede   bi   bou-i   urse   -i   baru   ere   abka
     那.位 我   家-属   人们   属   向   这个 天

faijuma, hasa yabu.
怪异 快 行走.祈

又一片一片的铺开稠云了,那上头我望着家里人说,这天气不妥当,快走。(《清文指要》下 34a3-5)

(11) inde aika bai-re gese, ebken tebken -i uju unqehen
他.与 什么 求－未 一样 爱理 不理 工 头 尾
akv gisun makta-me, niyalma be baxa-ra adali,
否 话语 扔－并 人 宾 赶走－未 一样
tede bi waliya-ha.
那.位 我 失望－完

合他迕求甚么去的是的,有一搭儿没一搭儿着头不着尾的撩给你个话儿,活是捻人的一样,那上头弄了我个灰心丧气。(《满汉成语对待》二 4b8-5a1-2)

(12) sikse nomun -i douqan ara-ra-de, bi gulhun emu
昨天 经卷 属 道场 做－未－位 我 完全 一
inenggi tuba-de bi-he.
日子 那里－位 在－完

昨日念经作道场的上,我整一日在那里来着。(《续编兼汉清文指要》上 17a4-5)

(13) angga dolo ulu wala se-me, umai getuken tomorhon
嘴 里面 言语不清貌 助－并 全然 正确 明确
akv de, we tere-be gisun obu-fi donji-ha.
否 位 谁 那－宾 话 作为－顺 听－完

嘴里打兀噜儿咕哝,一点儿不明白不清楚的上,谁当个话听来

着。(《满汉成语对待》一 31b1-2)

(14) ini   tere   bai-re-de,   mini   mujilen   geli   nitara-fi.
    他.属   那   求－未－位   我.属   心   又   缓和－顺
    他那求的上头，我的心又回了。(《清文启蒙》55b1-2)

(15) gur   se-me   emu   julegen   -i   nomhon   de,   abka
    慢腾腾   助－并   一   均等   工   老实   位   天
    o-jora-kv   terebe   dabta-mbi.
    可以－未－否   他.宾   屡受福祉－现
    扣着头儿一味的老实的上头，天不肯不凑补他。(《满汉成语对待》四 6b4-5)

(16) muritai   ini   gisun   be   uru   ara-fi,   aina-ha   seme
    执意   他.属   话语   宾   正确   做－顺   做什么－完   虽然
    waka   be   ali-me   gai-ra-kv   kai,   tede   niyalma   esi
    错误   宾   受－并   取－未－否   啊   那.位   人   自然
    hvr   se-qi.
    发怒貌   助－条
    一定要强着说他的话是，任凭怎么的不认不是，因那个上不由的叫人生气啊。(《续编兼汉清文指要》下 13b7-14a2)

(17) ere-i   alimbaharakv   o   xo   de,   baha-qi   gemu
    这－属   不胜   溺   爱   位   得到－条   都
    inde   aqabu-me,   urgunje-bu-ki   se-mbi.
    他.与   相合－并   喜悦－使－祈   助－现
    因他无可儿不可儿疼的蝎唬的上头，人扒不得给他凑个趣儿，着他喜欢。(《满汉成语对待》二 24a3-5)

(18) dembei hasiba, mujakv ba-be gemu elbe-fi
非常 好庇护 着实 地方-宾 都 覆盖-顺
tuwaxa-me dalida-mbi, ini tere senggime karmata-ra
看顾-并 遮蔽-现 他.属 那 友爱 保护-未
de, we baha-qi hanqi o-ki se-ra-kv.
位 谁 得到-条 近 成为-祈 助-未-否
老大的向热，没影儿的去处他都护揽着照看遮擅，搭他那血心保护的上，谁不要亲近他。(《满汉成语对待》一 21b8-22a1-2)

(19) nei-bu-re unde juse, sini tere ek tak
打开-使-未 尚未 孩子.复 你.属 那个 叱喝貌
se-me esukiye-re de, absi yabsi o-fi, esi
助-并 呵斥-未 位 怎么 好 成为-顺 自然
gvnin waliyabu-qi.
心思 丢失-条
心性没开的个孩子，搭着那们一等的蝎呼狠毒的上头，不知怎样好，自然不得主意。(《满汉成语对待》三 2a6-8)

(20) sini tere piyatar se-me angga de, ek se-fi
你.属 那 嘴快貌 助-并 嘴 位 厌烦貌 助-顺
gemu hutu o-bu-ha kai.
都 鬼 成为-使-完 啊
搭你那涝三巴四嘴快的上头，人都嫌透了。(《满汉成语对待》二 15a8-15b1)

(21) uju unqehen akv lolo se-re-de kai, ede jai
头 尾 否 唠叨 说-未-位 啊 这里 再

ai,   gihi   de   fehi   -i   sain   ba   tuqi-mbi.
什么   狍皮   位   头脑   属   好   地方   出-现

打你那没头没脑瞎唠的上头，靠你还有甚么，锦上添花的讨彩
处。(《满汉成语对待》一 37b1-2)

满语中名词和代词有格的变化，如满语位格助词 -de 在例（7）
（13）（15）（17）（20）中用在名词后，在例（8）—（11）（16）中用在
代词后。当位格助词 -de 跟在动词后时，动词需以动名词形式出现，
如例（12）动词词干 ara 加上后缀 -ra 构成动名词形式，然后再接
位格助词 -de，即 ara-ra-de；例（14）（18）（19）（21）也是如此。满
语的动名词词缀在旗人汉语中一般对译成"的"，因此例（12）（14）
（18）（19）（21）就出现了"的上/上头"的说法。但并不是只有动
名词后的位格助词 -de 被译成"的上/上头"，名词后的位格助词 -de
也有被译成"的上/上头"的，如例（13）（15）（17）（20）。根据满
汉文上下语境来看，例（7）—（21）中充当满语格标记的"(的)上/
上头"并不表示方位而是表示原因。尤其是例（16）—（21）与例
（7）—（15）又有所不同：例（16）既用了汉语连词"因"表原因，
又用方位词"上"对译位格助词 -de，"因……上"是前置的汉语因
果连词与后置的满语位格助词相混合的产物；例（17）的"因……
的上头"同例（16）；例（18）—（21）中的"搭""搭着""打"等
与"因"语义和功能相同，因此"搭/搭着/打……的上/上头"也
是满汉杂糅的混合物。

4.2 "(的) 上/上头"对译满语原因后置词 jakade 表原因

（22）sikse   gvwabsi   gene-re   jakade,   fatan   ahasi   uthai
      昨天   向别处   去-未   因为   下贱   奴仆.复   就

```
         qihai    balai    emu      falan     daixa-ha.
         任意     恣意     一       阵        狼藉-完
```
昨日往别处去的上,臭奴才们就任意闹了一场。(《续编兼汉清文指要》下 22a6-7)

(23)
```
     fengsi   tuwa-ra   urse    jakade,   gemu    tere     ba-be
     风水     看-未    人们    因为      全部    那个    地方-宾
     sain     se-re,    teni    tuba-de   eifu    kvwaran  ilibu-ha.
     好       说-未    才      那里-位   坟墓    土地     建立-完
```
看风水的人们,都说那个地方好的上头,才在那里立了坟院。
(《清文指要》下 32b7-33a2)

(24)
```
     samada-qi      mekele,  fudexe-qi  baita-kv,  tuttu   o-jora-kv
     萨满跳神-条   枉然    送祟-条   作用-否   那样   可以-未-否
     jakade,   arga   akv,    ja    hvda  de  unqa-ha.
     因为     方法  否     便宜  价格 位  卖-完
```
跳神呢是个白,送祟呢是无用,因那个上,没有法儿,贱贱的卖了。(《续编兼汉清文指要》上 9a3-4)

(25)
```
     bi     ekxe-me    idu     gai-me   jidere     jakade,  baha-fi
     我     忙-并     值班    取-并   下一个    因为    能够-顺
     fonji-ha-kv.
     问-完-否
```
我因急着来接班的上,没得问问。(《续编兼汉清文指要》上 17a1-2)

(26)
```
     ere    udu    inenggi   gvngka-me    halhvn    o-joro     jakade,
     这    几    日子     闷热-并     热        成为-未  因为
```

fa　be　suja-hai　tulergi　giyalan　bou-de　amga-ha　bihe.
窗户　宾　支撑－持　外面　房间　屋子－位　睡－完　过

这几日因为闷热的上，把窗户支着在外间夜里睡觉来着。(《续编兼汉清文指要》上 22b1-2)

(27) niyaman　hvnqihin　leksei　uba-de　bi-sire　jakade，bi
亲戚　　亲族　　全部　这里－位　有－未　因为　我

ai　hendu-me　waliya-me　amgana-mbi.
什么　说－并　抛弃－并　睡－现

因为亲戚们全在这里的上头，我怎么说撂了睡觉去呢。(《续编兼汉清文指要》下 15b4-5)

jakade 本是方位词 jaka（跟前/附近）的位格形式，本义为"在……跟前""在……时候"，词汇化成表示原因的后置连词。原因后置词 jakade 前面的动词为形动形式，"形动词及其前后成分＋后置词 jakade"旗人汉语有时对译成"VP 的上/上头"，表示原因，如例（22）（23）。例（24）—（27）既用汉语连词"因""因为"表示原因，又用"（的）上/上头"对译 jakade，从而形成"因（为）……（的）上/上头"等满汉混合形式。

4.3 "（的）上/上头"对译满语原因后置词 ofi 表原因

(28) inu　waliya-bu-re　giyan　ofi[①]，mana-ha　biyade　be
也　丢失－被－未　道理　因为　已过－完　月份　宾

yafan　de　gene-re-de，onggo-fi　bargiya-ha-kv，amasi
园子　与　去－未－位　忘记－顺　收敛－完－否　返回

[①] ofi：[日]竹越孝、陈晓校注本作"o-fi 成为－顺"。我们把 ofi 看成连词，对译为"因为"。

```
            ji-fi    bai-qi   aba.
            来－顺   找寻－条  哪里
       也是该丢的上，去月里往园里去的时，忘了没收起来，回来找时
       那里有。(《续编兼汉清文指要》下 17b3-5)

(29) banitai   somi-me   dalda-me   bahana-ra-kv,   uttu   ofi
     生来      隐藏－并   隐瞒－并   能够－未－否    这样   因为
     niyalma  gemu   ini   jakade   ildu-ka-bi.
     人        都    他.属   跟前    相熟－完－现
     再不会藏着拽着的，这上头来往的人不断。(《满汉成语对待》一
     52a1-2)

(30) uttu  ofi,   qohome  sinde   gvnin   bai-me    ji-he.
     这样  因为    特意    你.与   想法    寻求－并   来－完
     因这个上，特来你这里讨个主意来了。(《续编兼汉清文指要》下
     1b2-3)

(31) ini   waka   ba-be    i    ende-re-u?   tuttu   ofi
     他.属 错误   地方－宾  他   欺瞒－未－疑  那样   因为
     olho-me    jabu-re    gisun   baha-ra-kv    o-ho-bi.
     畏惧－并   回答－未    话语   得到－未－否   成为－完－现
     他的不是他岂不知道吗？皆因是那样怕的上没有答应的话了。
     (《续编兼汉清文指要》上 13a3-5)

(32) tuttu  ofi,   bi   age    si    sure    niyalma  kai,   mini
     那样   因为   我   阿哥   你    聪明     人        啊    我.属
     fulu   gisure-re    be    baibu-mbi-u?
     多余   说－未       宾    必要－现－疑
```

所以那个上，我说阿哥你是个明白人啊，用我多说吗？(《续编兼汉清文指要》下 22a2-3)

ofi,《新满汉大词典》(1994：597)解释为连词，表示"因为，由于，因为……所以"。《清文启蒙·清文助语虚字》(2018：536)："ofi，因为了字，因而字。"满汉文比照，例(28)(29)"(的)上 / 上头"对译原因后置连词 ofi 表示原因；例(30)—(32)，既用汉语因果连词"因""所以"，又用"(的)上"对译 ofi，"因 / 所以……(的)上"也是汉语前置的因果连词与满语后置的原因连词的叠加形式。

4.4 "(的)上"对译满语顺序副动词后缀 -fi 表原因

(33) feten　bi-fi,　be　niyaman　jafa-ki　se-me　bai-me
　　　缘分　有–顺　我们　婚姻　结合–祈　助–并　寻求–并

ji-he.
来–完

有缘分的上，我们来求作亲来了。(《续编兼汉清文指要》上 23b4)

-fi 是满语顺序副动词后缀，"表示动作按时间顺序、逻辑顺序等依次发生，做完某事再做某事"，"顺序副动词可用于引导原因"[①]。《清文启蒙·清文助语虚字》(2018：535)："fi，上半句的了字，又因字意，在字尾联用，乃结上接下，将然已然，词义未断之语。"例(33)，后缀 -fi 用于动词 bi 之后构成顺序副动词，表示原因，汉语句子中对译成"(的)上"。

---

① [清]舞格编著，[日]竹越孝、陈晓校注《清文启蒙》"整理说明"，北京：北京大学出版社，2018年，第18—19页。

4.5 "(的)上"对译满语动词条件式后缀 -qi 表原因

(34) amala dasa-ra hala-ra muru akv be tuwa-qi,
　　 后来　改正-未　改变-未　样子　否　宾　看-条
　　 hvwaxa-ra tetun waka kai, aiseme angga xada-bu-me
　　 成长-未　器皿　不是　啊　为什么　口　劳乏-使-并
　　 gisure-mbi.
　　 说-现

后来见他没有改过的样儿,不是个成器的东西上,为什么费着唇舌说呢。(《续编兼汉清文指要》上 12b1-3)

(35) bilha dasa-fi dosi-ka bi-qi, leksei jilgan
　　 嗓子　清理-顺　进入-完　有-条　一齐　声音
　　 naka-fi.
　　 停止-顺

打扫着嗓子进去的上,一齐住了声。(《续编兼汉清文指要》下 22b1-2)

-qi 为满语动词条件式后缀,动词词干后加 -qi 表示一种假设的条件。在一定意义上来说,条件与原因是相通的,即主句主要动词完成其动作所需要的条件也正是使得该动词完成其动作的原因,所以例 (34)(35) 中对译满语动词条件式后缀 -qi 的"(的)上"即是表示原因。

4.6 "(的)上/上头"表原因,无对译满语成分

(36) erdemu muten bi se-he-ngge, buta-ra sain baha-ra
　　 武艺　才能　有　说-完-名　挣钱-未　好　得到-未

fulu   be   saixa-ha-ngge   waka   kai.
才能　宾　夸奖－完－名　　不是　啊
说有材能，不是夸他会挣钱得的多的上头。(《满汉成语对待》二
7a3-4)

(37) suqungga   tanta-ra   de   hono   tou-me   sure-mbihe，amala
　　 起初　　　打－未　 位　还　 骂－并　叫喊－过　 后来
　　 gudexe-hei，nidu-re   jilgan   gemu   akv   o-ho.
　　 捶打－持　 呻吟－未　声音　 也　　 否　 成为－完
　　 起初打还骂着叫喊，后来只管打上，连哼的声儿也全没了。
　　 (《续编兼汉清文指要》上26b4-6)

例(36)(37)，语境显示"(的)上/上头"表示原因，但与相应满文对照并没有具体的对应词。我们推想，这可能是旗人汉语中由于受满语的影响经常使用"(的)上/上头"等表示原因，当句子间具有这种内在因果关系时，即使满语中没有相应的表示原因的成分，旗人汉语也可能用"(的)上"来表明句子间的因果关系。

(二) 方位词"里/里头"的特殊用法及其满语来源

1. "各处+里"组合中的"里"

(38) bi   hono   faqihiyaxa-me   ne   baba-de   bai-re   ba-de.
　　 我　还　 着急－并　　　 现在　各处－位　求－未　地方－位
　　 我还着急现在各处里寻。(《清文启蒙》11a2)

(39) bayan   urse   -i   gese，sasa   baba-de   sargaxa-mbi.
　　 富贵　 人们　属　一样　 共同　各地－位　游乐－现
　　 像有的人们一样，各处里去旷的上。(《续编兼汉清文指要》上
　　 31a7-31b1)

表 1-1 四种满汉合璧文献中"(的)上/上头"特殊用法统计①

文献	对应成分	义项频次	抽象方位② 上	关系/态度 上	期间 (的)上	(的)上	原因 因……上	(的)上	因……(的)上	上头	因……上头	(的)上头	因为……(的)上头
满汉成语对待	de		—[a]	15	—	2	—	4	1[b]	20	2	16	14[c]
	ofi		—	—	—	—	—	—	—	1	—	—	—
	无对译		—	—	—	—	—	—	—	—	—	3	—
清文启蒙	de		2	—	—	—	—	—	—	—	—	1	—

① 表 1-1 中 abcdef 处说明：a 指表格中没有出现的情况用"—"表示，且全书表格同；b 指《满汉成语对待》中为"搭……的上头"1 例；c 指《满汉成语对待》中没有"因为……的上头"，而有"打……的上头"11 例、"搭……的上头"2 例、"搭着……的上头"1 例；d 指《满汉成语对待》中 1 例为"与……上"；e 指其中 1 例为"因为……的上"；f 指其中 1 例为"所以……上"。

② 指"A 上又 A"中"上"的语义。

续表

文献	对应成分	义项 频次	抽象方位 上	关系/态度 上	期间 (的)上	(的)上 上	原因 因……上	原因 (的)上	原因 因……(的)上	上头	原因 因……上头	原因 (的)上头	因为……(的)上头
清文指要	de		—	—	—	1	—	—	—	5	—	2	—
	jakada		—	—	—	—	—	—	—	—	—	2	—
	ofi		—	—	—	—	1	—	—	—	—	—	—
续编兼汉清文指要	de		—	3[d]	1	11	2	6	—	1	—	2	1
	jakada		—	—	—	—	1	6	2[e]	—	—	2	—
	ofi		—	—	—	—	2[f]	1	1	—	—	—	—
	fi		—	—	—	—	—	2	—	—	—	—	—
	qi		—	—	—	1	—	3	—	—	—	—	—
	无对译		—	—	—	1	—	6	1	—	—	—	—
合计			2	18	1	16	6	28	5	27	2	26	15

例（38）(39)，句中 ba 为处所词，有"处所/地方"之义，baba 两个处所词连用遍指各个地方；-de 位格助词，表示"在……地方/位置"。由满汉文对照来看，"各处里"是对译 baba-de 的结果，具体而言，"各处"对应 baba，"里"对应位格助词 -de，"各处里"中的"里"就是用于处所词语"各处"后表示位置的方位词。但在我们调查的自唐五代至清中期的一些汉语文献中没有发现表示遍指的"各处"与方位词"里"结合使用的例子①，所以依照规范汉语来看，这两例"各处里"是硬译满语位格助词 -de 而形成的典型的满式汉语。

baba-de 对译成"各处里"虽然只见于《清文启蒙》和《续编兼汉清文指要》中，但《满汉成语对待》中 baba-de 对译成"遍到处里"1 例、"各到处里"4 例、"到处里"4 例。如：

(40) uba-de   qob,   tuba-de   jumbali, uthai tuttu   baba-de
    这里-位   突出   那里-位   径直   就   那样   各处-位
    qoubaxa-me hemhi-mbi, esi-ke jou   se-qi   o-jora-kv.
    攥-并   摸索-现   够-完   罢了   说-条   可以-未-否
    这里钻，那里入，就是那们个到处里创丧游魂的，拦也拦不住。
    (《满汉成语对待》二 30b7-8)

(41) uba-de   teng   tuba-de   deng   se-me,   xukixa-me
    这里-位   坚硬   那里-位   艰难   助-并   乱撞-并
    baba-de   qungguxa-mbi.
    各处-位   撞头-现

---

① 主要调查文献：《近代汉语语法资料汇编》(唐五代卷/宋代卷/元代明代卷)《朱子语类》《朝鲜时代汉语教科书丛刊（一）》《全元曲》《水浒传》《西游记》《金瓶梅词话》《型世言》《聊斋俚曲集》《醒世姻缘传》《红楼梦》《歧路灯》等。

这里撞一头那里硼一下子,遥到处里乱硼。(《满汉成语对待》二42a3-4)

(42) ne　je　hahi　qahi　be　tere　sar-kv,　baba-de
现在　如今　紧急　着急　宾　他　知道.未-否　各处-位
hesihixe-me ele-he manggi, teni lebde lebde miyasihida-mbi.
闲游-并　满意-完　之后　才　发呆　发呆　摇腰走-现
紧等着着急他也不知道,各到处里卖呆毅了,才幌阿幌的摇着膀儿来。(《满汉成语对待》一32a8-32b1)

满汉比照,例(40)—(42)中的 baba-de 分别对译成"到处里""遥到处里"和"各到处里"。例(40)"到处"即"各处"之义,对译 baba,"里"对译位格助词 -de。我们调查的唐五代至清代的汉语文献中"到处里"时见使用①:《朱子语类》1例、《全元曲·杂剧篇》6例、《全元曲·散曲篇》5例、《朴通事谚解》3例②、《皇明诏令》1例、《西游记》2例、《醒世姻缘传》1例、《聊斋俚曲》4例,这说明 baba-de 对译成"到处里"是符合汉语表述习惯

---

① 与"各处里"调查的汉语文献相同。
② 汪维辉,《〈朴通事〉的成书年代及相关问题》,《中国语文》,2006年第3期。文章指出传世的《朴通事》有多种版本,主要的有三种:《翻译朴通事(上)》(1517年)、《朴通事谚解(上、中、下)》(约1677年)和《朴通事新释》(1765年)。其中《翻译朴通事》为李朝著名语言学家崔世珍对《朴通事》所作的谚解,这是今天所见最早的《朴通事》版本(像《原本老乞大》那样的古本《朴通事》迄今尚未发现),可惜已经不全(只存上卷,缺中、下卷)。《朴通事谚解》则是李朝显宗时期(1660—1674)边暹、朴世华等人对《翻译朴通事》所作的修订。《翻译朴通事》和《朴通事谚解》的汉文部分除少数文字有差异外,内容基本一致,它是1483年经过中国使臣葛贵等人修改过的,已不同于元时的初版本,大体上反映了明初的北方话口语,其中也许还杂有南方方言的成分。

的。例（41）（42）可以看成在"到处里"之前分别加了"遥""各"，而"遥到处里""各到处里"的语义与"到处里"并无不同，但是我们在所调查的唐五代至清代的汉语文献中并没有见到"遥到处里"和"各到处里"的说法，可以说《满汉成语对待》中"遥到处里""各到处里"也是清早期富有旗人话特色的表述形式。

2. "里头"的特殊用法

四种满汉合璧文献中方位词"里头"的特殊用法有两种：

2.1 "里头"表示对人的关系或态度

(43) ere   da-de   guqu   gargan   de   umesi   karaba.
　　 这　　原本-位　朋　　友　　　与　　非常　　亲切

况且朋友里头狠护众。(《清文指要》中20b3-4)

(44) guqu-se de   hvwaliyasun dele, ume   iqi   kani
　　 朋友-复　与　　和睦　　　上面　不要　顺应　关系
　　 akv   o-joro.
　　 否　　成为-未

朋友们里头以和为主，不可不随群。(《清文指要》中12b5)

满语中与格助词-de所及较广，凡人与人之间的关系、动作所及的方向、目的、施与的对象等都用与格。例（43）与格助词-de表示形容词karaba描摹的人的一种态度施之于名词guqu gargan，说明他对朋友的态度，即"对朋友狠护众"，所以汉语句中对译与格助词-de的方位词"里头"并不表示处所，而是表示人与人之间的对待关系，相当于介词"对"。只不过汉语介词"对"是前置的，而"里头"是满语后置的与格助词-de影响的结果，起标记满语与格助词的作用，相当于一个后置的介词。例（44）与例（43）同。

2.2 "里头"表示一定范围

(45) sinde   uthai   enqule-re   gvnin   bi-he   se-me,   bi   inu
　　 你.与　 哪怕　 外道 – 未　 思想　 有 – 完 助 – 并 我　也
　　 damu   enqule-qi   aqa-me   ofi   enqule-he   se-me   gvni-re
　　 只是　 外道 – 条　 应该 – 并 因为 外道 – 完　 助 – 并 想 – 未
　　 dabala, muse   dolo   jai   ai   misha-ra   nitara-ra   enqu
　　 罢了　　咱们　 里面　 再　 什么 心冷 – 未　 心淡 – 未　 别的
　　 gvnin   tuqi-nji-qi   aqa-mbi.
　　 心思　 出 – 来 – 条　 应该 – 现

你就有外道的心肠,我也只是有可外道的去处才外道那们思量罢了,咱们里头还有个甚么冷淡的别样心肠出来呢。(《满汉成语对待》一 12a2-5)

(46) musei   dolo   kai,   si   aika   gurun   gvwa-u?
　　 咱们.属 里面 啊　 你　 难道　 国家　 别的 – 疑

咱们里头,你还是外人么?(《清文指要》下 30a7)

(47) inu   niyaman   hvnqihin   -i   dolo   tata-bu-me   ofi,
　　 也　 亲戚　　 亲族　　 属 里面 牵 – 使 – 并 因为
　　 uttu   dabala.
　　 这样 罢了

也是亲戚里头,这样的罢心罢咧。(《续编兼汉清文指要》下 21b4-5)

(48) donji-bu-qi   aqa-ra   aqa-ra-kv-ngge   inu   bi-sire-ngge,
　　 听 – 使 – 条 应该 – 未 应该 – 未 – 否 – 名 也　有 – 未 – 名

ai   giyanakv   holbo-bu-ha-bi,   muse   geli   emu   erin
什么   能有   关联-使-完-现   咱们   又   一   时候
-i   doko   tuku   de   ilga-bu-mbi-u?
属   里面   表面   与   区分-被-现-疑

该叫人知道不知道也是常情,有何关系,咱们里头那在乎亲悚?
(《满汉成语对待》— 11a3-5)

例(45)—(47),dolo 是满语方位词,有"里(头)""内(里)"之义,汉语句中"里头"应是 dolo 的对译,但根据满汉文语境来看,"里头"并不指方位而是指一定的范围,相当于汉语的"……之间"。例(48),满汉比照,"里头"应是与格助词 -de 的对译,所指不是方位而是一定的范围。

表 1-2   四种满汉合璧文献中"里/里头"特殊用法统计

词项	意义	对应成分	文献			
			满汉成语对待	清文启蒙	清文指要	续编兼汉清文指要
里	位置[①]	de	–	1	–	1
里头	关系/态度	de	–	–	3	–
	范围	de	3	–	–	–
		dolo	3	1	3	1

[①] 指"各处里"中"里"的语义。

（三）方位词"跟（根）前"的特殊用法及其满语来源

汉语中"跟前"是一个方位词，表示身边、面前、近旁等意义。在四种满汉合璧文献中，"跟前"又写作"根前"。"根前"在《清文启蒙》中出现2例、《清文指要》中出现1例，均表处所。"跟前"在《清文启蒙》中出现2例、《续编兼汉清文指要》中出现7例，均表处所；"跟前"在《满汉成语对待》中共出现19例，其中18例表处所、1例非处所；"跟前"在《清文指要》中共出现4例，其中2例表处所、2例非处所。

(49) bou-qi　buda　je-fi　tuqi-ke, unenggi je-ke-kv yaduhvxa-qi,
　　　家-从　饭　吃-顺　出-完　果真　吃-完-否　饿-条

　　　amtan　hala-ra　be　esike　se-re　ai-bi,　suweni
　　　味道　改-未　宾　充分　助-未　什么-有　你们.属

　　　bou　sinde　bi　geli　manggaxa-mbi-u?
　　　家　你.与　我　又　　害羞-现-疑

　　　从家里吃了饭出来的，果若没吃肚里饿，谁于改着顿儿吃好东西有譬呢？你们家你跟前我还装假么？（《满汉成语对待》一 8a6-8）

(50) mini　mute-re　baita　oqi,　sinde　bi　geli
　　　我.属　能够-未　事情　若是　你.与　我　还

　　　mara-mbi-u?
　　　拒绝-现-疑

　　　要是我能的事，你跟前我还辞吗？（《清文指要》中 1b3）

(51) ama　eme　de　hiyouxungga.
　　　父　母　与　孝顺

父母跟前孝顺。(《清文指要》中 20b2-3)

例（49）中第二人称代词 sin 是动词 manggaxambi 所关涉的对象，所以用与格助词 -de 标明二者之间的关系，"跟前"显然是对译 -de 的结果。换言之，后置的方位词"跟前"起了标记满语与格助词 -de 的作用，语义和功能上相当于汉语的前置介词"对……"。例（50）（51）仿此。

（四）处所词"(的)去处"的特殊用法及其满语来源

表示场所、地方义的处所词"去处"至少在唐代已经出现，如李白的《少年行》："兰蕙相随喧妓女，风光去处满笙歌。"[①]至少在宋代"去处"由具体处所义发展出了表抽象事理的用法，而且这种用法自宋至清一直存在，在四种兼汉满语会话教材中也均有用例[②]。除了这两种用法外，在《清文启蒙》和《清文指要》中还见到了"去处"表示时间、表示抽象处所的用例，这是传统汉语文献中所没有的，用法统计见表 1-3。

[①] 转引自罗竹风主编：《汉语大词典》（缩印本），上海：汉语大词典出版社，1997年，第 1092 页。

[②] "去处"在四种兼汉满语会话教材中表抽象事理的用例较多，如《清文指要》："age si mini gabta-ra be tuwa, nenehe-qi hvwaxa-ha-u? akv-n?aika iqakv ba biqi, majige jorixa-me tuwanqihiya. 阿哥你看我射步箭，比先出息了没有？要有不舒服的去处，拨正拨正。（中 14b2—4)"据我们对唐以后大量文献的调查，至少自宋至清"去处"表抽象事理的引申用法一直存在，见本节例（63）。所以四种兼汉满语会话教材用"去处"对译满语处所词 ba 是非常合理的选择，是旗人正确使用目标语的体现。故此，本节不把"去处"表抽象事理的用法看作特殊用法。

1. "(的)去处"表示时间

(52) wesi-re　forgoxo-ro　ba-de　isina-ha　manggi, meihere-me
　　 上升-未　转换-未　地方-与　到达-完　之后　　担当-并

　　 daha-bu-mbi　se-qina.
　　 听从-使-现　 说-祈

　　 到了升转的去处，只说是提拔保荐罢。(《清文指要》下 2a4-5)

(53) giyan -i　je-tere　ba-de　o-qi　uthai ebi-tele　jefu,
　　 道理　工　吃-未　地方-位　成为-条　就　 饱-至　 吃.祈

　　 omi-qi　aqa-ra　ba-de　o-qi　uthai sokto-tolo　omi.
　　 喝-条　应该-未　地方-位　成为-条　就　醉-至　 喝.祈

　　 该当吃的去处就往饱里吃，该当呵的去处就往醉里呵。(《清文启蒙》52a5-52b1)

例（52）中"去处"对译 ba，"升转的去处"即"升转的时候"，也就是说"去处"不指处所而指时间。例（53）仿此。

2. "(的)去处"表抽象的处所义

(54) si　damu　mujilen　be　sulakan　sinda,　sini　baita
　　 你　只管　心　　 宾　轻松　　放.祈　 你.属　事情

　　 be　mute-bu-qi　uthai　waji-ha,　ede　ai　labdu
　　 宾　完成-使-条　就　 完结-完　这.位　什么　多

　　 kenehunje-re　ba-bi.
　　 怀疑-未　　 地方-有

　　 你只管把心放宽着，把你的事情成就了就完了，这有什么多疑的去处。(《清文启蒙》6b4-6)

（55）emu　kengse　lasha　gisun　bi-qi,　niyalma　inu　gasa-ra
　　　一　　果断　　爽快　　话语　　有-条　　人　　　也　　抱怨-未
　　　ba　akv.
　　　地方　否

若有一句剪决话，人也没有报怨的去处。(《清文启蒙》13b2-3)

例（54）（55）中"去处"应是对译满语处所词 ba 的结果，但是 ba（去处）并不指实际的、具体的空间场所，而只能理解为一种抽象的、较为空灵的处所义。这种用法的"去处"在规范汉语中则可以省去，如例（54）（55）可说成"这有什么多疑的""人也没有抱怨的"，省去后语义表达完整且与原句义保持一致。

表 1-3　四种满汉合璧文献中"去处"的用法统计

对应词	意义	文献及频次				
		满汉成语对待	清文启蒙	清文指要	续编兼汉清文指要
去处 /ba	处所	12	1	1	—
	抽象事理	15	13	6	5
	时间	—	3	3	—
	抽象处所义	—	7	1	—

二、 四种满汉合璧文献中用汉语方所词对译满语与位格成分 -de 等的原因

旗人汉语中为什么用汉语方所词来对译满语与位格助词等成分

呢？由此我们对汉语方所词及满语与位格助词等成分进行了语义和功能上的梳理和对比，发现了以下特点：

(一) 汉语方所词与满语与位格成分 -de 等语义上的相通性

由前文分析可知，四种兼汉满语会话教材中"上/上头""里/里头""跟（根）前""去处"等是对译满语与位格助词 -de、原因后置连词 jakade/ofi、顺序副动词后缀 -fi、动词条件式后缀 -qi、方位词 dolo 以及处所词 ba 的结果，是满语负迁移在旗人汉语中的反映。之所以能够造成这种负迁移，我们认为基于语义，有两个方面：

其一，汉语方所词在表空间方位场所这一基本语义上与满语位格助词 -de 等是相同或相近的。

其二，汉语方所词意义的隐喻引申也是一个重要的潜在因素。方位处所词的基本意义就是表示物体的空间位置和场所。从人的认知角度看，空间概念是最基本的概念，人们往往由空间概念隐喻引申出时间、范围等的概念。自甲骨文至近代汉语，汉语方位词由空间意义逐渐引申出表示时间、范围、程度、方面、数量、状态、过程等的意义，这一引申过程也是其意义由具体到抽象的虚化过程。如：

(56) 求其上自祖乙？求其下自小乙？(32616)[1]

(57) 人生世上，势位富贵，盖可忽乎哉！(《战国策·秦策一》)

(58) 秋上楮子熟时，多收，净淘，曝令燥。(《齐民要术·种谷楮》)

(59) 从小里蒙严父，教六艺通文通武，直欲更换门户。(《张协状元》，

---

[1] 转引自甘露：《甲骨文方位词研究》，《殷都学刊》，1999 年第 4 期。

见《近代汉语语法资料汇编·宋代卷》)

（60）绿鬓愁中改，红颜啼里灭。(吴均《和萧洗马子显古意诗六首》之三，《梁诗》卷11，中/1746）①

（61）我这大嫂根前，所生了个添添孩儿。(《儿女团圆》二折）②

（62）菩提不是触尘摄，争得交他性上求。(S.3872《维摩诘经讲经文》③

（63）如说道"洒埽应对进退"便有天道，都不去做那"洒埽应对退"之事。到得洒埽，则不安于洒埽；进退，则不安于进退；应对，则不安于应对。那里面曲折去处，都鹘突无理会了。"（《朱子语类》卷二十三）

例（56）"上""下"表示序列的先后；例（57）"上"表示范围；例（58）（59）"上""里"表示时间；例（60）"里"表示动作行为的状态或过程；例（61）"根前"处所义已基本消失，带有指示动作对象的作用；例（62）（63）"上""去处"表示抽象事理，即指事情的某些方面或情况。由此可见，汉语方所词在实际的使用过程中很容易被隐喻引申，近代汉语时期方所词意义的虚化和功能的扩展已成了一种普遍现象。这也可能是旗人汉语用方所词对应满语与位格助词 -de 等成分表示一些不同于规范汉语用法的潜在原因。

（二）汉语方所词与满语与位格成分 -de 等句法上的一致性

满语名词等的与位格助词 -de、原因连词 jakade/ofi、动词附加成

---

① 转引自汪维辉：《东汉－隋常用词演变研究》，南京：南京大学出版社，2000年，第102页。

② 转引自祖生利：《元代白话碑文中方位词的格标记作用》，《语言研究》，2001年第4期。

③ 转引自刘艳红：《唐五代方位词研究》，南开大学博士学位论文，2010年，第24页。

分-fi 和-qi、满语方位词 dolo、处所词 ba 等都是后置性成分。与格后缀-de 在满语中使用较广，其语法功能与汉语中表示动作行为所涉及的方向、朝向、目的、处所、对象等的介词"在……""往……""对……"等相当；位格助词-de、连词 jakade/ofi、顺序副动词后缀-fi、动词条件式后缀-qi 等表原因的语法功能与汉语中表因果的连词"因（为）……""所以……"等相当。但是汉语的介词和连词是前置性的，语序上与满语相应成分正好相反。由此我们推测：旗人操满语的先辈在学习汉语的早期阶段，对于这类满汉语言对应成分语序差异较大的情况他们并不能熟练掌握，在母语满语的干扰下，具有后置性特征的汉语方所词就成了最佳选择。

简言之，正是由于汉语方所词的引申泛化及其与满语与位格助词-de 等在句法位置、语义等方面的一致性，使得旗人操满语的先辈在不完全习得汉语的情况下，受满语负迁移的影响，优先选择了汉语方所词来对应满语与位格助词-de 等。无独有偶，用汉语方所词标记蒙古语名词、代词等静词格附加成分的现象在元代白话碑文及直译体文献《元典章》《通制条格》等中也很常见（祖生利，2001）。蒙古语和满语同属阿尔泰语系，二者具有非常相近的语法系统，在元代蒙古语和清代满语分别与汉语发生广泛而充分的接触时，蒙古人和旗人所说的目标语变体——蒙式汉语和旗人汉语里均出现了汉语方所词对应蒙古语、满语与位格等成分而产生的特殊语法现象，体现了语言接触的共性特征（祖生利，2013：187—227）。进一步来讲，元代受蒙古语影响在蒙式汉语和汉儿言语里常见的"行""里/里头""上/上头""根底""根前""处"等方所词充当格标记的用法，对旗人汉语在对译满语格标记等类同现象时的用词可能也有一定影响。

三、四种满汉合璧文献中汉语方所词特殊用法在有清以来汉语中的使用状况

由于满语与位格助词 -de 等的负迁移而在旗人汉语中产生的方所词的特殊用法，会不会被汉语所接纳和吸收呢？带着这一疑问，我们对有清以来大量的汉语文献进行了考察和比较①。

（一）方所词特殊用法在有清以来汉语中的使用和发展概况

1. 止步于旗人汉语

通过对有清以来一些文献穷尽性的调查和统计，四种兼汉满语教材中方所词"里/里头""跟（根）前"的全部特殊用法，"上/上头"表对人或事物的关系或态度、动作行为进行的期间和羡余用法，以及"去处"表时间的用法既没在《红楼梦》《儿女英雄传》《三侠五义》《小额》《北京》《杂碎录》等旗人作家作品中出现②，也没有在

---

① 主要调查有清以来旗人作家作品如《红楼梦》《儿女英雄传》《小额》《北京》《杂碎录》《四世同堂》等和非旗人作家作品如《醒世姻缘传》《何典》《歧路灯》《儒林外史》《官场现形记》《海上花列传》《老残游记》《暴风骤雨》《子夜》《李有才板话》《围城》《日出》《激流三部曲》《长夜》《黄金时代》《红旗谱》《平凡的世界》《红高粱家族》《白鹿原》等。共计 45 个作家的 88 部作品，约 1600 万字。

② 《三侠五义》以石玉昆说唱子弟书《包公案》为基础，经过旗人文良等整理记录成《龙图耳录》后又经人改编而成，现行《三侠五义》的作者多署名石玉昆。有关石玉昆的籍地、民族，目前学界也是说法不一，有说他是天津人，有说他是北京人；有说他是满族人，也有对此不予说明的。基于《三侠五义》诸多语言现象与《红楼梦》《儿女英雄传》所反映的旗人汉语特点相一致，本书暂把石玉昆视为清代道光朝北京旗人。

非旗人作家作品《醒世姻缘传》《何典》《歧路灯》《儒林外史》等中显露其踪迹①。"去处"的羡余用法虽在《红楼梦》中检到 2 例、《儿女英雄传》中检到 1 例，但其余文献不见其踪影。这说明四种兼汉满语教材中方所词的这些特殊用法并没有在日渐成熟的旗人汉语中保留下来，更没有被规范汉语所接受。

2. 扎根于汉语

相较于以上短暂出现在旗人汉语中的方所词的特殊用法，方位词"上/上头"表原因的用法则显示出强盛的生命力。如：

（64）尤氏道："你是初三日在这里见他的，他强扎挣了半天，也是因你们娘儿两个好的上头，他才恋恋的舍不得去。"（《红楼梦》11 回）

（65）凤姐儿听了，眼圈儿红了半天，半日方说道："真是'天有不测风云，人有旦夕祸福'。这个年纪，倘或就因这个病上怎么样了，人还活着有甚么趣儿！"（《红楼梦》11 回）

（66）刘姥姥道："我这生像儿怎好见。好嫂子，你就说我去了罢。"平儿忙道："你快去罢，不相干的。我们老太太最是惜老怜贫的，比不得那个狂三诈四的那些人。想是你怯上，我和周大娘送你去。"说着，同周瑞家的引了刘姥姥往贾母这边来。（《红楼梦》39 回）

（67）只这没缝子可寻的上头，姑娘又添了一层心事。（《儿女英雄传》22 回）

（68）因我记性不好，先生就把这篇文章裁了下来，用浆子糊在桌上，叫我低着头念，偏偏念死念不熟。为这上头，也不知捱了多少打，罚了多少

---

① 这里是针对书面文献调查的结果而言。据笔者所熟悉的现代山东鄄城方言有"各处 lei"的说法，如"我各处 lei 找你没找到"。此处 lei 可能是"里"的方言音变，是否与满汉合璧文献中"各处里"的用法有渊源关系暂且还不得而知。

跪，到如今才挣得这两榜进士。(《官场现形记》1回)

（69）城南郊区的农民经营企业，一有新开发的产品要宣传，突破了多少万元要报喜，就请交堡人的鼓乐。因此上，城墙圈内的市民光在二月二满街跑着瞧鼓乐队，平日一听得鼓响，就知道那又是城郊农民发了业了，有了钱了，来城里张扬显夸的，就潮水般地涌了去看。(《废都》)

表1-4 所调查有清以来文献中"(的)上/上头"原因用法分布表

形式\文献频次	红楼梦	儿女英雄传	官场现形记	公主的女儿	平凡的世界	日出	废都
因……(的)上头	1	3	-	-	-	-	-
为……上头	-	-	1	-	-	-	-
……的上头	-	1	-	-	-	-	-
因……上	3	-	-	-	-	-	-
……上	1	-	-	-	-	-	-
因此上	-	18	2	2	1	1[①]	2

（二）方所词特殊用法在汉语中去留的原因分析

就四种满汉合璧文献而言，方所词的特殊用法比较凸显。但是为什么只有"上/上头"表原因的用法在汉语中保留下来了呢？究其原因，大概有以下几点：

1. 由表1-1—1-3可知，虽然四种兼汉满语会话材料中出现了方

---

① 此例并不出现在对话或叙述语境中，而是出现在话剧中《秦琼发配》的唱词中。

所词"上/上头"（非原因用法）"里/里头""跟（根）前""去处"等的特殊用法，但是它们总体上文献分布不均而且使用频率低。"上/上头"表示原因的用法不同，不仅在四种满汉合璧文献中均可见到，而且共出现125例之多。这种文献分布及使用频次上的差异应该说是四种满汉合璧文献中方所词特殊用法在有清以来汉语中是否能够使用开来的一个重要因素。

2. 由元代白话碑文及其他一些直译体文献看出，由于受蒙古语的影响蒙式汉语中就已产生了"上/上头"表原因的用法（祖生利，2001），而且这种用法还渗透到元明时期的非蒙古语直译体文献当中，如：

（70）朱武道："我们不是这条苦计，怎得性命在此？虽然救了一人，却也难得史进，为义气上，放了我们。"（《水浒全传》2回）

由于母语满语的负迁移，清代旗人汉语中也出现了方位词"上/上头"表原因的用法。可以说，蒙古语和满语这两种阿尔泰语系语言的持续影响使得方位词"上/上头"表原因的用法在汉语中使用开来的可能性增大。

3. 由表1-4可以看出，有清以来使用最多且保留到现代汉语中的形式是"因此上"，其他形式都已消失。这又是为什么呢？我们推想可能是下面两个因素：（1）汉语中早已存在因果连词"因此"，表示"因为这个"义。这与蒙汉/满汉杂糅形式"因这个上""因此上"在形式和语义上都比较接近，从而使得"因此上"与汉语具有较高的相容性；（2）汉语中方位词"上"的语义和用法日益泛化，进一步增进了"因此上"在汉语语法中的可接受性。在蒙古语和满语的持续影响下，"因此上"就成了一个表示原因的羡余凝固形式，

"上"是附着于"因此"之后的一个羡余语素。

在以上三种原因的共同作用下,"因此上"由蒙式汉语和满式汉语渗透到规范汉语当中,并在汉语中扎下根来。然而由于"上"的羡余性,在表述上"因此上"不如汉语中原有的因果连词"因此"简明,所以汉语中"因此上"远不及"因此"使用广泛。

第二章

满语对清代旗人汉语副词的干扰

第一节 满语与程度副词"哏(很/狠)"

一、引言

"很""狠"二字上古就已出现,《说文解字》(1963:43、204):"很,不听从也。一曰难行也。一曰鸷也。从彳皂声。"又"狠,犬斗声。从犬,艮声。"《广韵·很韵》(1982:263):"很,戾也。俗作狠。"张涌泉(2010:106)认为唐代前后"狠"被借用作"很"的俗字。由此来看,"很""狠"上古既不同音又不同义,唐代前后因借用而在"凶狠"义上二者多混用。据郑宏(2008)"很"在先秦至唐宋时期出现频率较低,且主要为"不听从"义,"凶狠"义用例很少,到了元代"很"的"不听从"义基本消失,"凶狠"义依然很少出现,我们认为这与唐宋以来"凶狠"义多用"狠"字不无关系。

《汉语大字典》（1992：262）："哏，同'很'。副词……《元典章·刑部·过钱》：'如今断底勾当，断底哏长了。'"指出清代翟灏《通俗编·语辞》记载："《元典章》有'哏不便当'语。按：哏字未见于诸字书，而其辞则至今承之，如哏好、哏是之类。度其义，当犹云甚耳。"加之对先秦至元代文献的检索，我们认为"哏"可能始见于元代，并且主要使用于元代直译、直讲体文献及汉儿言语教科书当中，作副词，表示程度量级高。所调查的文献材料显示，"很"作副词也始于元代，见于直讲体文献和元刊杂剧；"狠"作副词始于明代，清代满汉合璧文献和《儿女英雄传》中尤多。

一时间表示程度高的副词"哏""很""狠"之间的渊源关系变得扑朔迷离，学界对此作了多方面的探讨，主要看法有：1. 由形容词"很"演变而来，如王力（1984：177）："副词'很'的语源颇不易明，大约也是从形容词变来的。"李崇兴、祖生利（2011：78）"副词'很（哏）'当由形容词'狠'变来。"郑宏（2008）指出副词"很"是"凶狠"义的形容词"很"在同义联合结构的前一位置虚化而来。2. 与蒙古语接触有关，如太田辰夫（2003：251）指出元代副词"很"多写作"哏"，只在某些文献中出现，由此推想是和蒙古人接触较多的北方人之间使用的俗语；汤传扬（2019）认为副词"很"的产生当是自身语义演变与语言接触共同作用的结果。3. 词汇替代，王国栓、宁彦红（2002）认为程度副词"很"不是从形容词虚化而来而是替代了元代新出现的副词"哏"。由此可见，目前学界对副词"哏""很""狠"的来源及相互关系依然是莫衷一是。基于此，本节拟就这一问题继续探讨。

二、元明清时期副词"哏（很/狠）"的使用情况

（一）元明清时期副词"哏（很/狠）"的文献分布

既然元明清时期是副词"哏（很/狠）"出现和发展的重要时期，那么我们就应该先对元明清乃至民国时期的一些文献进行穷尽性调查，以便对副词"哏（很/狠）"有一个整体的了解和把握。下面几个表格是我们调查的结果。

表 2-1　元明文献副词"哏（很/狠）"调查统计表[①]

	元代文献[②]								明代文献					
	元典章·刑部	通制条格	元朝秘史	元代白话碑文	孝经直解	经筵讲义	大学直解	元刊杂剧三十种	古本老乞大	水浒全传	西游记	三言	二拍	金瓶梅词话	石点头	型世言
哏	12/-	18/-	-	-	1/-	-	-	-	16/-	-	-	-	-	-	-	-
很	-	-	-	-	3/-	-	1/-	-	-	-	-/1	-	-	-	1/-
狠	-	-	-	-	-	-	-	-	-	-	-/3	-/1	-	-/1	-	-

由表 2-1 可以看出：

---

① "/"前面的数字为作状语的频次，后面的数字为作补语的频次。
② 《元代白话碑文》见自祖生利：《元代白话碑文研究》下编"元代白话碑文集录校注"，中国社会科学院研究生院博士学位论文，2000 年，第 1—161 页。《大学直解》《经筵讲义》《孝经直解》见自刘坚、蒋绍愚主编：《近代汉语语法资料汇编》（元代明代卷），北京：商务印书馆，1995 年，第 17—61 页。

1. 程度副词"哏"只出现在元代，主要见于直译体文献《元典章》《通制条格》、直讲体文献《孝经直解》及汉儿言语教科书《老乞大》中。李崇兴（2001）指出《古本老乞大》[①]《孝经直解》反映的是一种汉儿言语，即蒙古人入主中原后蒙汉语言接触下产生的夹杂着蒙古语成分的特殊汉语口语，是元代直译体公文《元典章》《通制条格》等的口语基础。具体点说，在元代蒙古人主掌政权的情况下，尤其是在1272年忽必烈定都大都之后，中国北方形成了汉人和蒙古人等多民族杂居的局面，自此蒙汉语言的接触逐渐稳固和深化，蒙古人、色目人等和汉人之间需要交往、沟通，但北中国蒙古人等非汉族人并不能熟练掌握汉语，汉人也不能熟练掌握蒙古语，为了沟通交流的需要逐渐形成了蒙汉两种语言相互妥协的产物——汉儿言语，祖生利（2000：29）称之为"洋泾浜汉语"。它是元代流行于中国北方的通用语，有很强的口语性，是汉族和许多民族都能接受的交际工具。

2. 程度副词"很"虽在元代直讲体文献《吴文正集·经筵讲义》和纯汉语文献《元刊杂剧三十种》中已经出现，但整个元明时期，其使用频率都非常低。

[①] 本书所调查《老乞大》诸版本除特别说明外均据〔韩〕李泰洙：《〈老乞大〉四种版本语言研究》，中国社会科学院研究生院博士学位论文，2000年，第130—227页。据〔韩〕李泰洙博士学位论介绍《老乞大》应成书于元代，最初刊行约在公元1423—1434年间；明初（公元1480—1483）对内容进行了修改；大约在16世纪初（公元1515年左右），朝鲜中宗时由汉语学家崔世珍把修改本译成韩语，又用训民正音给汉字注音，也就有了《老乞大谚解》；到了清代，在乾隆26年（1761）和乾隆60年（1795）又分别刊行了对明初修改本的修改本即《老乞大新释》和《重刊老乞大》。

3. 程度副词"狠"在明代出现，频次也极低。元代副词"哏（很）"均作状语，明代检到的 7 例副词"很（狠）"，只有《型世言》中 1 例作状语，其余 6 例均出现在"A 得很（狠）"结构中作补语。

表 2-2　清代民国文献副词"哏（很/狠）"调查统计表①

	醉醒石	醒世姻缘传	歧路灯	红楼梦②	儿女英雄传	儒林外史	官场现形记	损公作品	小额	陈七奶奶	杂碎录
哏	—	—	—	—	—	—	—	—	—	—	—
很	—	1/—	57/41	89/31	—	—/4	400/76	1049/4	88/2	110/15	226/7
狠	—	1/1	—	—	—60/9	—	4/2	—	—	2/—	—

由表 2-2 可以看出：

（1）清代程度副词"哏"不再见其踪迹。

（2）清初程度副词"很（狠）"用例还很少；到了清中期以后，北京方言背景的《儿女英雄传》中表程度量级高的副词只见"狠"不见"很"，共有 69 例之多，其他文献则是"很"占绝对优势，"狠"只偶见于清末江淮方言背景的《官场现形记》，以及清末民初反映北京话的《陈七奶奶》等作品中。

---

① 表中"/"前面的数字为作状语的频次，后面的数字为作补语的频次。

② 《红楼梦》只调查前了 80 回。

表 2-3　清代满汉合璧文献副词"哏（很/狠）"调查统计表

副词		满汉成语对待		清文启蒙			清文指要			续编兼汉清文指要		
		哏	狠	很	哏	狠	很	哏	狠	很	哏	狠	很
	umesi	—	5/-	—	—	17/-	—	—	13/-	2/-	—	17/-	—
	jaqi	—	1/-	—	—	—	—	—	—	—	—	1/-	—
	hon	—	4/-	—	—	1/-	—	—	—	—	—	2/-	—
	hiri	—	1/-	—	—	—	—	—	—	—	—	—	—
	mujakv	—	1/-	—	—	—	—	—	1/-	1/-	—	1/-	—
	nokai	—	1/-	—	—	—	—	—	—	—	—	1/-	—
	absi	—	—	—	—	1/-	—	—	—	—	—	—	—
	dembei	—	1/-	—	—	—	—	—	1/-	2/-	—	1/-	—
	umai	—	1/-	—	—	—	—	—	—	—	—	1/-	—
	fuhali	—	—	—	—	—	—	—	—	—	—	1/-	—
	ambula	—	—	—	—	—	—	—	—	—	—	1/-	—
	se	—	—	—	—	—	—	—	—	1/-	—	—	—

续表

		满汉成语对待			清文启蒙			清文指要			续编兼汉清文指要		
		眼	狠	很	眼	狠	很	眼	狠	很	眼	狠	很
形容词	labdu	—	5/—	—	—	—	—	—	1/—	—	—	3/—	—
形容词	tengkime	—	—	—	—	—	—	—	1/—	—	—	—	—
名词	ten	—	—	—	—	—	—	—	—	—	—	1/1	—
结构式	tuwara ba akv	—	—	—	—	—	—	—	—	—	—	1/—	—
结构式	heu sembi	—	—	—	—	—	—	—	3/—	1/—	—	1/—	—
无对应		—	9/1	—	—	19/—	—	—	20/—	7/—	—	9/1	—
合计		—	29/1	—	—	19/—	—	—	3/—	7/—	—	41/2	—

由表 2-2、表 2-3 对照来看，副词"狠""很"的使用形成了鲜明的对比：

（1）清代纯汉语文献除《儿女英雄传》外，副词"很"占绝对优势；满汉合璧文献中则以"狠"为主要书写形式，"很"只在《清文指要》中出现 7 例，而这 7 例与其他版本相比，其中 2 例被译作其他副词，4 例用"狠"字[①]。如果去掉不同版本异文的用例，《清文指要》副词"很"只有 1 例，这说明旗人汉语习惯用"狠"来记录这一程度量级高的副词，进而推测《儿女英雄传》用"狠"不用"很"应该是旗人作者文康有意保持旗人对这一程度副词的用字习惯的结果。

（2）清代纯汉语文献反映出副词"很（狠）"到清中期以后才大量使用开来，满汉合璧文献则说明清初至清中期旗人汉语中副词"狠（很）"的使用已相当普遍。

（二）元明清时期副词"哏（很/狠）"的功能分布

1. 元代程度副词"哏（很）"的功能分布

（1）圣旨有来。这般额定阿，哏明白有。(《通制条格》)

（2）当时做官的、做百姓的，心里很快活有。(《吴文正集·经筵讲义》)

（3）［油葫芦］那几个首户闲官老秀才，他每都很利害，把老夫监押的去遊街。(《元刊杂剧三十种·散家财天赐老生儿杂剧》)

---

① 这 6 例的具体情况见下文例（28）—（32）(41) 的注释。

（4）似这一等经纬不等，织的又松，哏不好有。买的人多少褒弹，急切难着主儿。(《古本老乞大》)

（5）你敢不理会的马齿岁。这个马如何？今春新骟了的，哏壮马。(《古本老乞大》)

（6）人蔘正阙着，哏好价铁。(《古本老乞大》)

（7）唐太宗是唐家很好底皇帝，为教太子底上头，自己撰造这一件文书，说着做皇帝底体面。(《吴文正集·经筵讲义》)

（8）既这般时，价钱哏亏着俺。(《古本老乞大》)

（9）又一个徒弟姓成的和尚，别造着伪经，说着南京迤南有的城子里这般那般去也么道，哏有歹言语。(《元典章·刑部》)

（10）各处进呈鹰鹘虎豹犬马希罕等物，铺马来的多有，消乏了站赤，沿路取要只应草料人夫，哏搔扰百姓有。(《通制条格》)

（11）指拘收不阑奚为名，那其间里哏做贼说谎有。(《通制条格》)

（12）如今木八剌沙、许也速歹儿、张伯颜等参起赍擎着圣旨，百姓每根底抽分羊口，哏教百姓每生受有。(《通制条格》)

（13）百姓根底使气力茶饭草料要有，教百姓每哏生受有。(《通制条格》)

（14）台官人每说他每暗藏着待复立僧司衙门的，哏说的是有。(《通制条格》)

例（1）—（3），"哏"均直接修饰形容词，说明形容词所表性状的程度量级高。例（4），形容词"好"前面有两个副词：程度副词"哏"和否定副词"不"，"不"直接放在"好"的前面作状语对"好"表示的性质进行否定，副词"哏"用在"不好"前面说明这种否定的性质程度之深。例（5），从句子组成来看，副词"哏"应该是修饰形容词"壮","哏壮"这一状中结构修饰名词中心语"马",作定语,而且定语与中心语之间没有结构助词"的"。例(6)仿此。直讲体文献如例(7)"很"出现的结构和组合关系与例(5)(6)同,但定语"很好"与中心语"皇帝"之间加了结构助词"底"。现代汉语中"很+形容词"与名词中心语之间一般也加结构助词"的"。例(8)—(10),副词"哏"均是直接修饰动宾短语,强调说明动作行为的量级高。例(11)"哏"修饰由两个动宾短语"做贼""说谎"组成的并列结构;例(12)"哏"后修饰的是"教百姓每生受"这一兼语结构,但语义指向"生受";与例(12)相比,例(13)"哏"直接放在了"生受"的前面。例(14),副词"哏"修饰的是动补结构"说的是",语义指向形容词"是"。可以说例(12)(14)程度副词"哏"作状语前移了,这意味着"哏"的辖域更广,强调作用更强。"哏"这种状语移位现象在现代汉语中依然很普遍。

例(1)—(14)反映出,程度副词"哏(很)"在元代均用作状语,可以修饰形容词及形容词的否定式,也可以修饰动宾短语、兼语短语、并列短语、动补短语等多种动词的组合形式。

2. 明至清中期以前纯汉语文献中程度副词"很(狠)"的功能分布

(15)云峦道:"这差不多。看先生狠主张用钱,一定也有跷蹊。"(《型世言》27回)

(16)狄员外说:"这是几瓮尝酒醅子,那几日很暖和,我怕他过了,开开,还正好。"(《醒世姻缘传》34回)

(17)咦!这银子却也势利得狠哩!(《醒世恒言》18卷)

(18)行者道:"你这汉子,好不明理。常言道:'不冷不热,五谷不

结。'他这等热得很,你这糕粉,自何而来?"(《西游记》59回)

(19)呆子慌得爬起来道:"这个亡人,却打搅得我狠!"(《西游记》32回)

例(15)"狠"用在动宾短语"主张用钱"之前作状语,说明动宾短语表示的行为的程度量级高。例(16)"很"用在形容词"暖和"之前作状语,说明"暖和"这一性状的程度量级高。例(17)中程度副词"狠"用在形容词"势利"+补语标志"得"后面作补语。例(18)同例(17)。例(19),程度副词"狠"用作动词"打搅"+补语标志"得"+宾语"我"后作补语。例(17)—(19)的"很(狠)"也可以由补语变换成状语,分别说成"狠势利""很热""狠打搅我",但"很(狠)"作补语时处于句子自然焦点位置,明显比作状语所表示的程度更深,强调的语势更重。

3. 清中期以前满汉合璧文献中"狠(很)"的功能分布

由上面表2–3可以看出,与同期纯汉语文献相比,清中期以前的满汉合璧文献中出现了大量的程度副词"狠",这主要是对译满语程度副词等的结果。

3.1 程度副词"狠(很)"与满语程度副词的对译

(20) jaqi   xofoyen, hon   xosiki   jaka   be   sabu-qi
     太   器量窄   很   性急   东西   宾   看见-条

o-jora-kv.
可以–未–否

太气窄,狠是个毛搅鸡东西上没见什面。(《满汉成语对待》一36a2)

(21) inu　se　de　teisu　akv　sure　be　xumin　targa-me,
　　 也　岁数　位　相等　否　聪明　宾　深刻　戒-并

　　 ehe　taqin　be　hiri　ubiya-ha-ngge　kai..
　　 坏　习惯　宾　很　嫌恶-完-名　啊

　　 也是深戒伶俐的早,狠嫌的是习气不好。(《满汉成语对待》一
　　 47a4-6)

(22) bu-re　fangkabu-me　tebu-re　de,　nokai　ja.
　　 给-未　抵偿-并　载-未　位　很　容易

　　 扣除折算,狠容易。(《满汉成语对待》四 10b4-5)

(23) gvwa　emu　baita　de　gene-ki　se-qi,　geli　simbe
　　 其他　一　事情　与　去-祈　想-条　又　你.宾

　　 ji-derahv　se-mbi,　absi　gvnin　baibu-ha　ni.
　　 来-虚　助-现　何其　心　必要-完　呢

　　 别的一宗事情上要去,又恐怕你来,狠糟了心了呢。(《清文
　　 启蒙》5b3-4)

(24) sini　bou　te-he-ngge　umesi　goro,　geli　sini　bou-de
　　 你.属　家　住-完-名　非常　远　又　你.属　家-与

　　 isinji-tele　ai　erin　o-mbi.
　　 到来-至　什么　时候　成为-现

　　 你家住的狠远,及再到你家来可是什么时候。(《清文启蒙》14b4-6)

(25) jingkini　ba-de　umai　baitakv　bi-me,　efi-mbi　se-re　de
　　 真正　地方-位　完全　无用　有-并　玩-现　助-未　位

　　 jergi　bakqin　akv.
　　 同等　对手　否

正经地方狠无用，一说顽起来没有对儿。(《续编兼汉清文指要》下 12b2-3)

(26) ta　　seme　 tuwa-nji-re,　 ton　 akv　 jaka　benji-bu-re-ngge,
　　　常　　常　　看－来－未　　数　　否　 东西　 送来－使－未－名
　　　<u>ambula</u>　xada-ha.
　　　非常　　　劳累－完

常常的来瞧，而且没遍数的送东西来，狠乏了。(《续编兼汉清文指要》下 21b3-4)

(27) tere　 da-de　 wahvn　 umiyaha　suran　ai　 xufa-ra-ngge,
　　　那　 根本－位　 臭　　 虫子　　跳蚤　什么　叮咬－未－名
　　　<u>fuhali</u>　hami-qi　o-jora-kv.
　　　全然　 忍耐－条　 可以－未－否

又搭着那个臭虫虼蚤咬的，狠受不得。(《续编兼汉清文指要》下 14b2-3)

(28) terei　 beye　 eldengge　 fiyangga,　angga　senqehe　daqun
　　　他.属　身体　光彩　　 轩昂　　 口　　言辞　　锐利
　　　sain,　<u>mujakv</u>　buye-me　tuwa-ha.
　　　好　　 非常　 爱慕－并　看－完

他的相貌轩昂，口齿利便，看着很羡慕了①。(《清文指要》下 27b1-2)

(29) tuktan　imbe　aqa-ha　de,　 niyamla-i　baru　<u>dembei</u>
　　　最初　他.宾　遇见－完　位　 人－属　　向　 极为

---

① 很：[日]竹越孝校注本《新刊清文指要》作"着实"。

habqihiyan　　kvwalar　　se-mbi.
亲热　　　　正直　　　　助-现
起初见了他，望着人很亲热响快①。(《清文指要》下 27a7-27b1)

(30) geli　umesi　gosingga,　dembei　karaba,　niyalma　-i　gosihon
又　　非常　　有慈悲　　极为　　亲热　　人　　属　辛苦
be　sabu-ha　de,　uthai　beye　tuxa-ha　adali　faqihiyaxa-me.
宾　看见-完　位　　就　　自己　遭遇-完　一样　　着急-并
又极仁德，很护众②，见了人的苦处，就像自己遭际的一样着急。
(《清文指要》下 3a7-3b2)

(31) bou-i　niyalma　dosi-fi　niyalma　ji-he　se-me　ala-ra
家-属　人　　　进-顺　人　　　来-完　助-并　告诉-未
jakade,　mini　dolo　se　sela-ha.
因为　　我.属　心　大　畅快-完
家里人进来告诉说人来了，我心里很爽快了③。(《清文指要》下
23b2-4)

(32) teike　teike　alban　isinji-re　be　ai　boljon,　jai
一会　一会　公务　到来-未　宾　什么　定准　　再
fafun　xajin　umesi　qira,　talude　emu　baita　tuqi-nji-qi,
禁令　法律　非常　严格　偶然　一　　事　　出-来-条
dere　be　absi　o-bu-mbi.
脸　　宾　怎样　成为-使-现

---

① 很：[日] 竹越孝校注本《新刊清文指要》作"狠"。
② 很：[日] 竹越孝校注本《新刊清文指要》、双峰阁本均作"狠"。
③ 很：[日] 竹越孝校注本《新刊清文指要》作"狠"。

一会一会儿的有差事如何定得呢，再王法很紧^①，偶然出来一件事，把脸放在那里呢。(《清文指要》下 31a4-6)

满汉比照来看，例（20）—（32），副词"狠（很）"应该是对译满语副词的结果：例（20）—（23）、（25）—（28）、（31）分别对译满语副词 hon、hiri、nokai、absi、umai、ambula、fuhali、mujakv 和 se；例（24）（32）对译满语副词 umesi；例（29）（30）对译满语副词 dembei。这些满语副词都有"很/非常/甚"的含义，即它们都是表示量级高的程度副词。旗人汉语用"狠（很）"来对译这些程度副词，也表示程度量级高。

3.2 程度副词"狠（很）"与满语形容词的对译

(33) yabun　bi,　labdu　dere　be　haira-mbi.
　　 品行　 有　 很　 脸　 宾　 爱惜-现
　　 有品行，狠顾脸。(《满汉成语对待》一 53b5-6)

(34) mini　dere　daqi　uhuken　be,　si　tengkime　sa-ra-ngge.
　　 我.属 脸　 原来　 柔和　 宾　 你　 深刻　 知道-未-名
　　 我起根儿脸软，你狠知道。(《清文指要》下 9a7-9b1)

例（33）（34），"狠"应该是对译满语形容词的结果：例（33），虽然 labdu 是形容词，但其语义为"很/非常/甚"，即具有程度量级高的含义，其对译词"狠"在汉语句中修饰动宾短语"顾脸"，所以应视为程度副词；例（34）形容词 tengkime 与"狠"的对译情况同例（33）。

---

① 很：[日]竹越孝校注本《新刊清文指要》作"更"。

3.3 程度副词"狠(很)"与满语名词的对译

(35) eiten　baita　dule-mbu-he-kv　oliha　ten.
　　 所有　 事　 经过－使－完－否　胆怯　极端

什么事情没有经过怯弱的狠。(《续编兼汉清文指要》下 26a3)

例(35),ten 为名词,表示"极/顶点/尽头"之义,具有程度量级高的含义,形容词 oliha 是其修饰语,旗人汉语并没有直译成"形＋名"的结构形式,而是根据语义进行了变通对译,即译成了"怯懦的狠"这一更符合汉语表达习惯的"形＋的＋补"结构。"狠"与 ten 在词性和功能上虽然不是直接对等的关系,但"狠"确因 ten 具有程度量级高的含义而被选为对译词,所以我们说该例副词"狠"是对译满语名词 ten 的结果。

3.4 程度副词"狠(很)"与满语结构式的对译

(36) hanqi　erxe-bu-qi　hono　yebe,　majige　alja-bu-ha-de,
　　 附近　服侍－使－条　还　 好些　稍微　离开－使－完－位

　　 taji　tuwa-ra　ba　akv.
　　 淘气　比－未　地方　否

叫在跟前侍着使唤还好,料离了些的时候,淘气的狠不堪。(《续编兼汉清文指要》下 12b4-5)

(37) si　dababu-me　mamgiya-ra-kv　dere,　baha-ra　ufuhi　be
　　 你　越过－并　奢侈－未－否　吧　 得到－未　份额　宾

　　 bodo-me　majige　sebjele-qi,　heu se-mbi.
　　 计算－并　稍微　享乐－条　足够　助－现

你就不过费罢咧,算着得的分儿料乐些狠毂了啊。(《续编兼汉清文指要》上 20a2-4)

例（36），tuwa-ra ba akv 是一个固定的说法，义为"坏到极深的程荒 / 不堪"（胡增益，1994：761）），显然汉语句中"狠不堪"是对译 tuwa-ra ba akv 的结果。换言之，程度副词"狠"因对译满语固定结构 tuwa-ra ba akv 而出现。例（37）中 heu 作状语，与助词 sembi 组成固定结构，heu sembi 有"很""足以""完全"等义（胡增益，1994：399）。也就是说，句中程度副词"狠"因对译结构式 heu sembi 而出现。

3.5 程度副词"狠（很）"与满语无直接对译成分

（38） i   tere dobori ujele-he fara-pi kejine   o-fi,   teni
      他   那   夜晚   病重-完   发昏-延 许久   成为-顺   才
      aitu-ha.
      苏醒-完

他那一晚上昏的狠沉迟了许久，才酥醒过来了。(《续编兼汉清文指要》下 24a4-5）

（39） atanggi bi-qibe si emu jekxun kequ niyalma be
      什么时候 有-让   你   一   刻薄   凶狠   人   宾
      uqara-fi.
      遇见-顺

多咱遇见一个狠刻薄的人。(《续编兼汉清文指要》下 25a6）

（40） fekuqe-me urgunje-mbi, kaki dakdahvn be wakai
      跳跃-并   欢喜-现   衣服瘦窄   抢先 宾   胡乱
      buye-mbi.
      爱-现

欢天喜地，狠爱的是跳高儿短窄狭。(《满汉成语对待》三 9a8）

(41) eqimari abka tulhuxe-meliyan aga-ra muru bi-qibe,
今天早上 天 阴天-弱 下雨-未 模样 有-让
inenggi dulin de isina-fi, gehun gahvn -i gala-ka-bi.
白天 正中 与 到达-顺 明朗 明亮 工 放晴-完-现
今日早晨天阴阴的虽有下雨的光景,到了晌午,很晴明了①。(《清文指要》下 33b7-34a1-2)

(42) age -i gisun, fuhali mimbe dasa-ra sain okto,
阿哥 属 话语 完全 我.宾 治理-未 良 药
bi hungkere-me gvnin daha-mbi.
我 倾注-并 心 服气-现
阿哥的话,竟是治我的良药,我心里狠服。(《清文指要》中 15b4-5)

(43) sinde fitheme aqa-mbi.
你.与 弹奏 符合-现
与你狠合得着。(《满汉成语对待》二 19b1)

(44) we-de we gele-mbi, meke qeke qende-ki se-qi,
谁-与 谁 怕-现 背面 表面 试验-祈 想-条
mini gvnin de kek se-re dabala.
我.属 意念 位 称心貌 助-未 罢了
谁怕谁呢,要是个高低上下,倒狠称我的心罢咧。(《续编兼汉清文指要》下 14a4-6)

(45) majige edun akv, luduri se-mbi.
稍微 风 否 黏糊貌 助-现

---

① 很:[日]竹越孝校注本《新刊清文指要》作"狠"。

一点风儿没有，潮热的狠啊。(《续编兼汉清文指要》下 18a2)

（46）simbe　tuwa-qi,　arki　nure　de　haji.
　　　　你.宾　看-条　　烧酒　黄酒　位　亲近

看起你来，与烧黄酒上狠亲啊。(《续编兼汉清文指要》下 28a6)

满汉对比，例（38）—（46）中程度副词"狠（很）"并无直接的对译成分，只是因对应满语句语义表达的需要而出现。

总体来看，清代满汉合璧文献中程度副词"狠（很）"多数作状语，作补语的例子较少。程度副词"狠"作补语，如例（35）（45），均是用在"形+的+狠"的结构中，表示前面的形容词所表示的性质程度量级高。程度副词"狠（很）"作状语的情况较为复杂：A. 修饰形容词，如例（22）（24）（25）（26）（31）（32）（36）（37）（39）（41）（46）；B. 修饰形容词联合短语，如例（29）；C. 修饰动词，如例（21）（28）（34）（40）（42）；D. 修饰动宾短语，如例（20）（23）（30）（33）（44）；E. 修饰动补短语，如例（27）（38）（43）。

可以看出，程度副词"狠（很）"在清中期以前的满汉合璧文献中的用法已相当成熟，而且这些用法也都保留到了现代汉语中。

4. 清中叶以后纯汉语文献中"很（狠）"的功能分布

（47）舍弟下乡去，说是热闹的很。(《儒林外史》47回)

（48）这大相公聪明的很，他是看猫画虎，一见即会套的人。(《歧路灯》11回)

（49）这项地原是我家祖上从龙进关的时候占的一块老圈地，当日大的狠呢！(《儿女英雄传》33回)

（50）他们的势力狠大，眼前吃了一个哑叭亏。(《陈七奶奶》)

（51）贾母听了，说："这话很是。"(《红楼梦》38回)

（52）谁知这位统领大人是忌讳最多的，见了这个样子，心上狠不高兴，勉强喝过几杯，未及传饭，首先回船。(《官场现形记》18回)

（53）第二，论年纪，他比我长着几乎一半子呢，我就作个前辈看待他，也狠使得。(《儿女英雄传》14回)

（54）一面说，一面就凑上来，强搬着脖子瞧了一瞧，问他疼的怎么样。宝玉道："也不很疼，养一两日就好了。"(《红楼梦》25回)

（55）歇了一会子，忽然笑道："不要是他们的门包也拿了进来？那姓赵的狠有钱，断不至于只送这一点点。"(《官场现形记》2回)

（56）师爷说："这事护院很肯帮忙，看来还有得挽回。"(《官场现形记》4回)

（57）王夫人也道："宝玉很会欺负你妹妹。"(《红楼梦》28回)

（58）只见文老爷坐在那里，脸上红一阵，白一阵，很觉得局促不安。(《官场现形记》13回)

（59）他见姊夫上院回来，屡屡谈及抚宪大人近来着实讲求商务，凡有上来的条陈，都是自己过目；候补班子里很有两个因此得法。(《官场现形记》7回)

（60）合当有事：一天总爷不在船上，王长贵同水手们推牌九，又赌输了钱。人家逼着他讨，他一时拿不出，很被赢他的人蹧蹋了两句。(《官场现形记》15回)

（61）自从到省以来，足足一十七载。从前几任巡抚看他上代的面子，也很委过他几趟差使。(《官场现形记》18回)

（62）那天临散席的时候儿，曾一鸣很跟董爷要好，说是："新翁我们今天是一见如故，现在住在那里？"(《损公作品·董新心》)

（63）兄弟那年上京陛见的时候，同他二位很会过几次。(《官场现形

记》18回）

（64）家里有的是老太爷不在的时候，人家送的蓝大呢帐子，拿出两架来把他蒙上，很容易的事。（《官场现形记》3回）

由例（47）—（64）可以看出，清中期至民国时期程度副词"很（狠）"也是既可作状语又可作补语。程度副词"很（狠）"作补语，如例（47）—（49），均是用在"形+的+狠"的结构中，表示前面的形容词所表示的性质程度量级高。程度副词"很（狠）"作状语，其所修饰的成分比前期更为复杂多样：A. 修饰形容词，如例（50）（51），或形容词的否定式，如例（52）；B. 修饰动词，如例（53）（54）；C. 修饰动宾短语，如例（55）；D. 修饰能愿动词，组成状中短语后修饰动宾结构，如例（56）（57）；E. 修饰由心理动词组成的动补短语，如例（58）；F. 修饰复杂谓词结构，如例（59）修饰兼语结构、例（60）修饰被动结构、例（61）修饰双宾语结构、例（62）修饰状中结构、例（63）修饰动补结构；G. 与形容词组成状中结构后修饰名词，如例（64）。

三、副词"哏"的产生及其与"很（狠)"的关系

考察新词的产生或一个词产生新的功能和用法，我们首先要立足语言自身，看依据自身的发展规律是否具备产生新用法或新词的条件。前文说过"很"与"狠"二字在上古就已出现，但是二者既不同音又不同义，而到了唐宋时期在"凶狠"意义上"很"多写作"狠"，自此"狠"成了表示"凶狠"义的主要词形，"很"很少再用作此义项。理论上讲，唐宋以后"很""狠"作为形容词，具

有程度量级，也就是说"很/狠"具有虚化为程度副词的语义基础。但据郑宏（2008）、王国栓和宁彦红（2002）对先秦至元以前的文献调查统计，"很"出现频率非常低。据我们观察，从功能上来看，形容词"很/狠"主要是作谓语，单独作谓语或与近义形容词"刚""愎""强""戾"等并列使用作谓语，而且与近义词"刚"等并列使用时语序不定，如"刚很（狠）/很（狠）刚"均有出现，这说明"很/狠"的形容词性及作谓语的句法功能显著。因此说，从元代及其以前的纯汉语材料来看，"很（狠）"的用例并没有显示出其由形容词演化为程度副词的踪迹。

（一）元代程度副词"哏（很）"与蒙汉语言接触

无法在汉语自身找到发展线索的前提下，在蒙古族主掌中原、蒙汉语言广泛接触的历史背景下，我们特别关注日本学者太田辰夫关于元代直译体、直讲体等文献中新出现的程度副词"哏（很）"的来源的说法，他（2003：251）指出："可以想象是和蒙古人接触较多的北方人之间使用的俗语，在元曲中也只是偶尔一用，恐怕汉人是不太使用的。在元代还多写作'哏'。"也就是说，程度副词"很""哏"与蒙汉语言接触有关。尽管这是一种推想，但它指引我们进一步借助元代材料，去探究程度副词"哏（很）"是如何受蒙古语干扰而产生的。

如果有蒙汉合璧文献能够证明程度副词"哏"是对译蒙古语程度副词的结果的话，就能很有力的说明"哏"是受蒙古语的干扰而出现的新程度副词，但是在调查的有限的元代材料中我们没有查检到显示程度副词"哏"是对译蒙古语程度副词的结果的用例[①]。尽管如此，我们仍然倾向于程度副词"哏"是元代蒙古语和汉语接触、融合的产物。理由如下：

1. 语言的明晰性原则。宋元时期汉语中虽有表示程度量级高的副词"甚"，但"甚"这个词由来已久，义项众多，其中询问事物或情状的疑问代词用法相当活跃，也就是说汉语中的"甚"必须在具体语境下才能推测出其所表示的是何种义项和功能，换言之，"甚"并不能直接、明晰地显示出其程度高的语义特征。于是在汉人与蒙古人等交流使用的汉儿言语中，为了能够把动作行为或性状的程度量级高的特征直接清晰地彰显出来，就按照当时通行的俗字造字方式新造了一个具有"程度高"语义的"哏"字来修饰动词或形容词。

2. 句法位置。表2-1所调查的元代文献中共计有51例程度副词"哏/很"，全部置于动词或形容词前作状语，到了明代出现程度副词"很/狠"后置于动词、形容词作补语的用例。蒙古语程度副词是前置的，即放在动词、形容词前作状语。所以由句法位置来看尽管汉语副词也多是前置的，但元明时期程度副词"哏（很/狠）"的句法位置的差异说明元代汉语中的程度副词"哏/很"应该是受了蒙古语程度副词句法位置的影响的。

基于以上两点理由[②]，我们认为表示程度量级高的副词"哏"是在蒙汉语言接触的社会历史背景下、在汉人与蒙古人等非汉人的交际交流的需求推动下而产生的。元代由于"哏"与"很"字形相近，

---

① 我们将继续搜寻这方面的材料。
② 以上两点理由还只是推测性的，我们将继续寻找实证。

所以在直讲体文献和纯汉语文献元刊杂剧中表程度高的副词"哏"也有记作"很"的。换言之,"很"因与"哏"形似而被借用,即在用作程度副词上,"很"是"哏"的形近替代字。

(二)明代程度副词"狠(很)"

这一时期出现的程度副词"狠(很)",有关其来源的证据也还不够充分,我们这里有两个推测:

1. 形容词"狠"通过汉语自身发展演变而来,另因元代已有用作程度副词的"很",所以明代文献中又有记作"很"的。但是明代文献中形容词"狠"修饰动词短语多是作状语而且常用"狠狠"这一形式,作状语的"狠(狠狠)"虽然在语义上表示程度量级高,但无法解释作状语的形容词"狠"与作补语的程度副词"狠"在句法位置上的巨大变更。

2. 因元代"很"已作程度副词,而唐宋以来"很""狠"又经常混用,所以明代文献中表示程度高的副词又有记作"狠"的情况,明代程度副词"很(狠)"用例非常少的状况也似乎与蒙古族政权的瓦解、蒙古语对汉语干扰的减弱有关。但这里又有一个问题,即为什么程度副词"哏(很)"由元代作状语到明代转而多作补语。我们借助前面例(17)—(19)来试着作如下推测:这几例中的"很(狠)"可以由补语变换成状语,只是作补语的"很(狠)"处于句子自然焦点位置,比作状语时所表示的程度和语势更深更重,可能正是这种语用效果的差异诱使程度副词"很(狠)"的功能从状语扩展到了补语,由此程度副词"很(狠)"成了汉语中为数不多的几个可以作补语的程度副词之一。

(三）清代程度副词"狠（很）"与满汉语言接触

由表 2-3 及例（20）—（46）可以看出，满汉合璧文献中程度副词"狠（很）"的大量使用与满语表示程度量级高的副词的多样性及使用的普遍性是有直接关系的；同时因对译满语具有程度量级高的形容词、名词、结构式等使得旗人汉语中程度副词"狠（很）"的使用频率大大提高。也就是说，清代程度副词"很/狠"的再度繁荣，甚至以强势姿态逐渐取代原有程度副词"甚"，成为汉语中最主要的表示程度量级高的副词，确系受满语相关语词干扰的结果。

目前还不清楚旗人汉语为什么选择"狠"而少用"很"。至于在清中期汉语中普遍使用开来以后又为什么多记作"很"，我们认为元明清乃至现代汉语中形容词用法仍是"狠"的主要用法，这在一定程度上影响了其作为程度副词的明晰性，从而影响了其在汉语中的可接受性。而"很"虽自上古就有，但使用频率一直很低，并且到了元代其"不听从"义基本消失，"凶狠"义很少出现（郑宏，2008），即"很"在汉语中是一个非常用词，而且元明时期"很"因与程度副词"哏"形近已经被借用为程度副词。这样一个义项少且低频出现的古已有之的"很"字用来作程度副词的标记形式，既体现了就地取材的省力原则，又凸显了语义和功能的明晰性，所以清中期以后的汉语文献中基本舍弃了"狠"而选用了"很"。

第二节　满语与副词"白/白白"

一、引言

"白"和其重叠形式"白白"是近现代汉语中较为常见的一个副词，学界对其研究多集中在两个方面：1.语义和功能。杨荣祥（2005：65—69）指出副词"白/白白"有表强调语气和情状两种功能；张谊生（2003）认为近代汉语中副词"白"根据不同的语义功用可分化为三个：表预设否定的否定类副词、表主观意愿的情态化副词和强化否定的评注性副词，并认为马思周（1990）、马思周与潘慎（1981）、钟兆华（1987）、郭良夫（1989）、胡增益（1989）指出的"白"具有"特意""随便""只""不过是"等众多义项都是由具体语境推导出来的低层义，它们的高层义均为表示倾向性的主观情态。2.语源。这也主要有四种说法：自源说，以郭良夫（1989）、马思周（1990）、马思周与潘慎（1981）、杨荣祥（2007：295—318）为代表；借贷回流说，以胡增益（1989/1995）为代表；自源与融合说，以张谊生（2003）为代表；借自满语说，以钟兆华（1987）、爱新觉罗·瀛生（1993：209）、魏兆惠（2017）为代表。这些著述层层推进，为我们更清晰地认识近代汉语副词"白"打下了坚实的基础。因此我们拟在调查近代汉语文献中副词"白"等的分布和使用情况的基础上，进一步探讨副词"白"的语义功能及语源问题。

二 近代汉语副词"白/白白"的语义功能及文献分布

正如学界所观察,近代汉语副词"白"有多种语义功能。根据我们对近代汉语文献的调查,在学界已有研究的基础上,按照语义的不同把副词"白/白白"分为三类:表示对预设的否定,我们称之为否定副词"白$_1$/白白$_1$";表示动作行为进行的情景或结果状态,我们称之为情状副词"白$_2$/白白$_2$";表示对否定性谓词结构的强化肯定,我们称之为语气副词"白$_3$"①。

(一) 近代汉语文献中副词"白/白白"语义功能及文献分布

1. 近代汉语文献中副词"白/白白"的语义功能

1.1 表示对预设否定的否定副词"白$_1$/白白$_1$"

预设是说话人认定的听说双方都了解的语言背景信息。比如,按照社会常规获得一定的财物或服务就要付出相应的劳动、代价或回报等;反之,如果付出一定的劳动、钱财、时间、辛苦等代价就应获得一定的收获、利益、报答等,这就是"劳酬均衡原理"(袁毓林,2014)。如果违反了这一预设的"劳酬均衡原理",近现代汉语中可用副词"白"来标识这种反常规的现象,也就是用副词"白"来表示对预设常规的一种否定,因此称之为预设否定副词,记作"白$_1$/白白$_1$"。

---

① 就所调查文献而言,近代没有出现"白白"用于否定性谓词结构前加强语气的用法,即没有出现"白白$_3$"。

（1）若留心太守，又会教他去攀些弓，射些弩，教他做许多模样，也只是不忍将许多钱粮白与他。(《朱子语类》卷一百二十三）

（2）【尾】太子呵！你若是报不得母，雪不得兄，你便空破了国；若是借不得母，埋不得儿，我便是白丧了家。(《元刊杂剧三十种·晋文公火烧介子推杂剧》）

（3）希侨道："二两太少。他出家人，不图落些余头，该白伺候咱不成？"(《歧路灯》15回）

（4）后因大户年老，打发出来，不要武大一文钱，白白与了他，为妻这几年。(《金瓶梅词话》3回）

（5）钱倒没有弄到，白白的把命送掉，却是有点划算不来。(《官场现形记》12回）

（6）陈总长道："不错，不错。就烦你们那位辛苦一蹚，那怕报馆不肯白白更正，我们出一点告白费，全都可以。"(《陈七奶奶》）

（7）林冲等得不耐烦，把桌子敲着说道："你这店主人好欺客，见我是个犯人，便不来睬着，我须不白吃你的，是甚道理？"(《水浒全传》9回）

（8）八戒道："既这等说，我与你驮出去，只说把多少烧埋钱与我？"龙王道"其实无钱。"八戒道："你好白使人？果然没钱，不驮！"(《西游记》38回）

（9）但是秀卿的娘，在此住着，白吃白喝，总觉过意不去。(《北京》）

（10）武松答道："……为是他有一座酒肉店，在城东快活林内，甚是趁钱；却被一个张团练带来的蒋门神那厮，倚势豪强，公然白白地夺了。"(《水浒全传》31回）

（11）我斗他不过，将巢穴白白的被他占了。(《西游记》49回）

（12）王氏道："不用叫他妗子牵挂，我的侄儿就与我的儿子一般。"春

宇道:"我也不肯白白的亏累姐。"(《歧路灯》3回)

例(1),根据上下文语境来看,谓词结构"与他"陈述的主语付出了"钱粮",按照"劳酬均衡原理",主语应该获得相应的报酬,但实际上并没有得到,副词"白"用在谓词性结构"与他"之前,标识这一反常规的现象,即对常规进行否定,其语义为"没有效果""徒然"。例(2)(3)与例(1)同。例(4)—(6)副词"白"的重叠形式"白白"修饰的谓词性结构所陈述的主语付出了劳动、财物等,但没有得到相应的回报,"白白"对"劳酬均衡"规约起到了否定作用,具有"没有效果""徒然"之义。例(7),由语境来看,谓词性结构"吃你的"陈述的主语"我"获得了食物,按照"劳酬均衡原理",主语应付出相应的钱财,但店家担心主语"我"不付钱,所以副词"白"用于陈述主语的谓词性结构"吃你的"之前来标识这一违反"劳酬均衡"常规的现象,此时"白"具有"无代价""无报偿"之义。例(8)(9)仿例(7)。例(10)—(12),副词"白"的重叠形式"白白"也在于标识其修饰的谓词性结构所陈述的主语获得财物而没有付出代价,其语义也是"无代价""无报偿"。

1.2 表动作行为情景状态的情状副词"白$_2$/白白$_2$"

情状副词指修饰 VP,语义上表示动作行为进行的情景状态或进行后结果的状态(杨荣祥,2005:66)。"白"在宋代就已有这种表情状的副词用法,我们记作"白$_2$",而情状副词"白白$_2$"直到清代才出现。

(13)通老问:"孟子说'浩然之气',如何是浩然之气?"先生不答。久之,曰:"公若留此数日,只消把孟子白去熟读。他逐句自解一句,自家只排句读将去,自见得分明,却好来商量。"(《朱子语类》卷一百二十)

（14）前日两个小人，一个道欠钱，一个道不欠钱，十八般武艺都不会，只会白厮打。这个打一拳，这个也打一拳。(《张协状元》，见《近代汉语语法资料汇编·宋代卷》)

（15）(等外云了)不争那厮化的俺一方人都吃素咟，俺屠家却吃甚么？(等外云了)你道我近不得他？来，咱白厮打，你赢的我，你便去；我赢的你，我便去。(《元刊杂剧三十种·马丹阳三度任风子杂剧》)

（16）那金莲满眼流泪，哭道："三姐，你看小淫妇今日在背地里白唚调汉子，打了我怎一顿。我到明日，和这两个淫妇冤仇结的有海深。"(《金瓶梅词话》12回)

（17）平儿见这样子，倒不敢再问，便又陪笑道："不是这么说，怕三爷要拿了去吓他们，所以白问问瞧见了没有，好叫他们找。"(《红楼梦》94回)

（18）贾母睁眼笑道："我不困，白闭闭眼养神。你们只管说，我听着呢。"(《红楼梦》76回)

（19）夏逢若道："我若是手头宽绰，定要替你垫上一半。争乃我没个银皮儿，况且八九百两。白急死人。你到底想个法子清白他。"(《歧路灯》59回)

（20）及至太太又加上一番相劝，不觉得就鼓起高兴来，说道："既如此，就依你们娘儿们的话，左右是家里白坐着，再走这一荡就是了。"(《儿女英雄传》1回)

（21）贾氏谢了坐，在下首一个杌子上坐下，范夫人说道："你白想想，雷公他既会劈人，岂有带着刑具的。"(《杂碎录》)

（22）子玖说："民乐园有个唱小旦的叫白牡丹，可是还没有什么名气，目下很有几个人捧他，我的朋友也有喜欢他的，天天去听戏。怎么，你遇见他了？这也算不了什么佳遇，我白当你遇见什么莺莺红娘的呢。"(《北京》

（23）人有可惜他的，不与他一般见识；有怕他凶恶的，又不敢触他的凶锋。大酒块肉，遇着有钱就买，没钱就赊，赊买不来就白白的忍饥。(《醒世姻缘传》51回)

（24）谭、盛二人，无不后悔这数日不曾同车，把一个高挹群言的老哥先生，白白耽搁了聆教。(《歧路灯》101回)

（25）那知乐极悲生，刚才开征之后，未及十天，家乡来了电报，说是老太爷没了。王柏臣系属亲子，例当呈报丁忧。报了丁忧，就要交卸，白白的望着钱粮漕米，只好让别人去收。(《官场现形记》40回)

（26）有了安身之处，在伯雍觉得安闲多了，他也不敢再去发那狂热，假如他再和秀卿的娘一般摊上一个，他非白白的累死不可，所以他把救济穷人的狂热心，一点也不敢萌。(《北京》)

在具体语境下，例（13）—（26）中的"白""白白"可能具有不同的语义：例（13）（16）含有"径自/径直/没有他顾"，例（14）（15）含有"胡乱/无章法"，例（17）含有"随便"，例（18）含有"只是"，例（19）含有"简直/真是"，例（20）含有"只"，例（21）含有"仔细"，例（22）含有"还"，例（23）—（26）含有"毫无他法"等义。这些都是由具体语境推演出来的低层次的具体义，离开具体的语境，"白"并不具有这些义项。"白/白白"在这些句子中的共同特征是：修饰后面的谓词性结构，说明动作行为进行的情景状态或进行后结果的状态，可以说这是"白/白白"在句子中表现的高层次意义。

1.3 表对否定性谓词结构强化肯定的语气副词"白$_3$"

（27）薛嫂儿道："……只是后边住的雪娘，从八月里要了我二对线花儿，该二钱银子来，一些没有，支用着，白不与我，好悭吝的人！我对你

说。——怎的不见你老人家？"(《金瓶梅词话》85回)

（28）将近坐席时候，梁氏自小南院过来。此时只候着盛宅的堂眷，白不见来。(《歧路灯》77回)

（29）那个时候儿，天已经过了晌午啦，来的那一帮人，出去又买了许多的点心，让砍头荣吃，砍头荣又一让我，我也看出光景来啦，不吃也是白不吃，我就当饭似的，足吃了一顿。(《杂碎录》)

（30）不想那日韩道国妻王六儿，亦备了张祭桌，乔素打扮，坐轿子来与西门庆烧纸。在灵前摆下祭祀，只顾站着。站了半日，白没个人儿出来陪待。(《金瓶梅词话》80回)

（31）玉箫骂道："贼囚根子，又来做甚么？"又不来，递与钥匙，教小玉开门。那小玉开了里间房门，取了一把钥匙，通了半日，白通不开。(《金瓶梅词话》46回)

（32）须臾攘的后边知道，吴月娘率领李娇儿、孟玉楼、西门大姐、李瓶儿、玉箫、小玉都来看视，见贲四娘子儿也来瞧，一丈青搊扶他坐在地下，只顾哽咽，白哭不出声来。(《金瓶梅词话》26回)

（33）琴童在大门首扬声道："省恐杀人，不知爹往那里去了，白寻不着！大白日里把爹来不见了。"(《金瓶梅词话》77回)

由上面例子可以看出，"白"所修饰的否定性结构有两种：一种是"白+否定副词+VP"，此种结构中否定副词主要是"不"和"没"，如例（27）—（30）；一种是"白+V+否定性补语"，此种结构中否定副词主要是"不"，如例（31）—（33）。而且第二种结构只见于明中叶的《金瓶梅词话》中，其他文献未见，考虑到我们所调查文献的有限性，这至少可以说明"白+V+否定性补语"结构式在近现代汉语中使用并不广泛。在"白+否定性VP"中，"白"对

"否定性 VP"起强调和修饰作用，使得"否定性 VP"的否定性得以凸显和肯定，显示了说话人强烈的主观情态，所以在"白＋否定性 VP"中副词"白"就是一个强调语气副词。

2. 近代汉语文献中"白／白白"的文献分布

"白／白白"是近代汉语新出现的副词，其出现时代、形式、语义功能及频次等都反映在近代汉语文献当中，因此我们对近代至民国初期一些文献进行了穷尽性调查和分析。另外，"白／白白"作为情状副词时与复合副词"平白"有相通之处，加之清代满汉合璧文献中"bai/baibi"有时对译为"平白"等问题，我们对复合副词"平白"也一并进行了穷尽性调查。现绘制表格如下：

表 2-4　近代纯汉语文献中副词"白"的使用情况

	白			白白			平白		
	情状	否定	语气	情状	否定	语气	情状	否定	语气
敦煌变文集新书	－	－	－	－	－	－	－	－	－
河南程氏遗书	－	－	－	－	－	－	－	－	－
北梦琐言	－	－	－	－	－	－	－	－	－
梦溪笔谈	－	－	－	－	－	－	－	－	－
老学庵笔记	－	－	－	－	－	－	－	－	－
容斋随笔	－	－	－	－	－	－	－	－	－
朱子语类	7[①]	1	－	－	－	－	5	－	－

[①]《朱子语类》中另有 1 例"白"加词尾"地"构成的附加式"白地"、2 例复合形式"白乾"，均没统计在内。

续表

	白			白白			平白		
	情状	否定	语气	情状	否定	语气	情状	否定	语气
张协状元	1	–	–	–	–	–	–	–	–
刘知远诸宫调	1	–	–	–	–	–	2	–	–
元刊杂剧三十种	2	2	–	–	–	–	2	–	–
元代白话碑文集录	–	–	–	–	–	–	–	–	–
元典章·刑部	–	–	–	–	–	–	–	–	–
古本老乞大	–	–	–	–	–	–	–	–	–
小孙屠①	–	–	–	–	–	–	–	–	–
水浒全传	2	10	–	–	5	–	2	–	–
西游记	–	4	–	–	2	–	3	–	–
金瓶梅词话	12	11	29	–	2	–	115	–	–
醒世姻缘传	5	12	1	1	6	–	9	–	–
歧路灯	7	16	6	4	4	–	11	–	–
儒林外史	4	6	–	3	10	–	–	–	–
官场现形记	1	31	–	1	5	–	–	–	–
红楼梦	44	78	2	2	8	–	4	–	–
儿女英雄传	25	25	–	1	–	–	2	–	–
损公作品	1	20	–	–	–	–	–	–	–

---

① 见刘坚、蒋绍愚主编:《近代汉语语法资料汇编》(元代明代卷),1995年,第140—180页。

续表

	白			白白			平白		
	情状	否定	语气	情状	否定	语气	情状	否定	语气
小额	−	3	−	−	−	−	−	−	−
北京	4	16	−	1	−	−	−	−	−
白话聊斋·胭脂	−	2	−	−	−	−	−	−	−
杂碎录	4	26	1	−	−	−	−	−	−
陈七奶奶	−	7	−	1	3	−	−	−	−

由表 2-4 可以看出副词"白"等在近代至民国初期汉语中的使用和发展情况：

1）宋金元时期是副词"白"的萌芽期，用例还非常少，但表示否定的"白$_1$"和表示情状的"白$_2$"以及副词"平白"都已出现。

2）元末明代，副词"白""平白"渐增，尤其是《金瓶梅词话》中"白""平白"不仅频率大增，而且出现了"白$_3$"和否定副词"白$_1$"的重叠形式"白白$_1$"。

3）清代情状副词"白白$_2$"出现；清中期旗人作家作品《红楼梦》中副词"白$_1$""白$_2$"的使用频率尤其高，清后期旗人作家作品《儿女英雄传》中副词"白$_1$""白$_2$"的使用频率也相当高；"白白$_1$"在清末民国时期的旗人作家作品《小额》等中没有出现，副词"平白"在清末民国时期作品中也没有出现。

(二) 清代满汉合璧文献中"白/白白/平白"与 baibi/bai 的对译及语义功能

我们对清代满汉合璧会话教材中副词"白/白白/平白"与满语 baibi/bai 的对译情况进行了穷尽性对勘和统计，列表如下：

表 2-5 清代满汉合璧文献"白/白白/平白"与 baibi/bai 对照表

				满汉成语对待	清文启蒙	清文指要	续编兼汉清文指要
baibi/bai 与"白"的对译情况	白白	baibi	语气	–	–	–	–
			情状	–	1	–	3
			否定	–	–	–	–
		bai	语气	–	–	–	–
			情状	1	–	–	–
			否定	–	–	–	–
	平白	baibi	语气	–	–	–	–
			情状	1	2	–	–
			否定	–	–	–	–
		bai	语气	–	–	–	–
			情状	–	–	–	–
			否定	–	–	–	–
	白	baibi	语气	–	–	–	–
			情状	2	3	–	–
			否定	–	1	–	–

续表

				满汉成语对待	清文启蒙	清文指要	续编兼汉清文指要
baibi/bai 与"白"的对译情况	白	bai	语气	—	—	—	—
			情状	2	5	2	3
			否定	—	—	—	—
		bai+①	语气	—	—	—	—
			情状	—	—	—	1
			否定	—	—	—	—
		无对译	语气	—	—	—	—
			情状	1	—	—	1
			否定	—	—	—	—
baibi/bai 非"白"的对译情况	baibi	情状	怪	—	—	—	1
			寡	—	—	—	1
			只	6	—	2	—
			只是	11	—	5	—
			只要	1	—	—	—
			只管	—	—	4	—
			只好	4	—	—	—
			甘	1	—	—	—
			偏好	1	—	—	—
	baibi	情状	平空	1	—	—	—
			不因不由	1	—	—	—
			无对译	12	—	1	—

① 详情见下文例（39）。

续表

文来源献 语合文献	文献 名字	文献 类别			满汉成 语对待	清文 启蒙	清文 指要	续编兼汉 清文指要
baibi/bai 非 "白"的 对译情况		bai	情状	只	–	–	1	–
				只是	1	–	1	–
				不 过是	–	–	2	–
				不过	1	–	–	–
				瞎	1	–	–	–
				无对译	3	–	–	3

由表 2-5 可以看出：

1）四种满汉合璧文献中 baibi 共出现 65 例，译作"白""白白""平白"的有 13 例；bai 共出现 27 例，译作"白""白白"的有 14 例。译作"白""白白""平白"的 27 例中有 26 例为情状副词，只有 1 例为否定副词。

2）baibi/bai 除对译为"白""白白""平白"外，baibi 有 39 例、bai 有 7 例对译为"只""只是"等其他情状副词。

3）综合前两点来看，有对译成分的 baibi 和 bai 共 73 例，其中 72 例为情状方式副词，只有 1 例为否定副词；没有出现对译成语气副词的例子。

4）没有满语对译成分而汉语句中出现情状副词"白"的共 2 例，1 例见自《满汉成语对待》，1 例见自《续编兼汉清文指要》。

三、副词"白"的语源及发展

关于副词"白"的语源问题学界已进行了一些讨论,在此基础上,我们拟就这一问题作进一步的探讨。

(一)清代以前副词"白"等的使用发展情况

《说文解字》(163:160):"白,西方色也,阴用事,物色白。"白色也就是没有颜色,"没有"的义素在语境语用中就引申到其他多个领域:表示对"劳酬均衡"常规预设的一种否定,其语义为"无代价/无报偿"和"没有效果/徒然",即"白$_1$";表示动作行为"没有章法/没有他顾",即"白$_2$";表示动作行为"没有理据",即"平白"。可用图表的方式标识其引申关系:

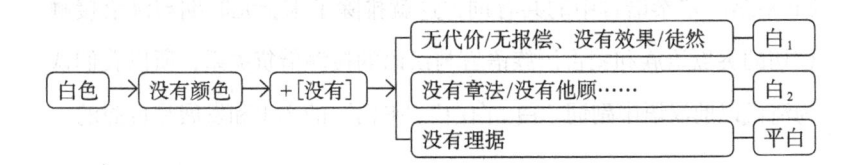

白色	→	没有颜色	→	+[没有]	→	无代价/无报偿、没有效果/徒然	→	白$_1$
						没有章法/没有他顾……	→	白$_2$
						没有理据	→	平白

基于以下理由我们认为副词"白$_1$""白$_2$"及"平白"均由"白色"中否定义素[没有]引申出来:1. 副词"白$_1$""白$_2$""平白"均含有"没有"义素;2. 副词"白$_1$""白$_2$"及"平白"均同时出现在宋代;3. 宋元时期,表情状的"白$_2$""平白"比表否定的"白$_1$"略多,但它们整体使用频率都较低,它们之间很难存在引申与被引申关系。

元明时期副词"白$_2$"在具体语境中出现了多种语境义,如前文例(13)—(22)。明代文献《金瓶梅词话》中始见"白$_3$",但用例已相当可观,据此推测"白₃"产生的时代应早于明中期,同时可以肯定的是"白₃"的产生晚于"白₁""白₂"。我们认为"白₃"应该是由"白₂"发展而来,理由如下:1. "白₃"所修饰的动词性否定结构并不是存在于交际双方意识中的一种规约;2. 从所表示的主观情态来看,"白₂"语义指向所修饰的谓词性结构,表示动作行为进行的情景状态或进行结果的状态,但是整个"白₂+VP"增强了陈述主语对这种情景状态所持有的主观态度,换言之,由于"白₂"的使用,句子的主观性更加凸显,"白₃"也重在表示谓词性结构所陈述的主语对否定性谓词结构的强化和肯定语气,所以"白₃"与"白₂"在表示主观情态方面关系更为接近。

综合观之,清代以前副词"白₁""白₂""白₃"以及副词"平白"均已产生。胡增益指出在阿尔泰语言中的突厥语族和蒙古语族的语言中古代和近代都没有 baibi/bai(胡增益,1992:319—345),即 baibi/bai 不是阿尔泰语言中的共有词,这就排除了宋金元时期与汉语接触密切的突厥语族和蒙古语族语言与汉语的接触借贷关系,所以我们认为清代以前汉语中副词"白/白白""平白"的产生和发展是自源的。

(二)清代副词"白"等的使用发展情况

胡增益(1992:319—345)指出 bai/baibi 不是阿尔泰语系语言的共有词,也不是满-通古斯语族语言的同源词,满-通古斯语族大部分文献里有和满语 baibi/bai 语音相近、用法相同的词,如锡伯语的 baj、鄂伦春语的 baj/bajti 等均是借自满语。胡文根据大量满文材料及满译汉文材料从语音和词义两个方面证明满语 baibi/bai 借自汉语的"白白/白",材料丰富,论证充分,结论可靠。在胡文论

第二章 满语对清代旗人汉语副词的干扰 | 093

证的基础上,我们对清代满汉合璧会话书《满汉成语对待》等中的"白/白白/平白"及 baibi/bai 的对译情况进行了穷尽性的调查分析,见表 2-5。下面看一些例子:

(34) emu inenggi xun tuhe-tele aliya-qi, si umai
　　　一　　　日子　　太阳　垂下-至　　等-条　你　完全
　　　ji-he-kv, baibi emu inenggi aliya-ha.
　　　来-完-否　白白　一　　日子　　等-完
　　　等了一天直到日头落,你竟没有来,白等了一日。(《清文启蒙》5b2-3)

(35) baibi enenggi qimari se-me anata-ra-ngge, qohome
　　　平白　今天　　　明天　　助-并　推脱-未-名　　　特意
　　　niyalma be eitere-re-ngge se-qina.
　　　人　　　宾　欺骗-未-名　　助-让
　　　平白的今日明日的推,竟是哄人。(《清文启蒙》13a6-13b1)

(36) kesitu si ere falan be ainu eri-ra-kv?
　　　磕诗兔　你　这　屋内地面　宾　为什么　打扫-未-否
　　　dere be inu dasihiya-ra-kv, si baibi bou-de bi-fi
　　　桌子　宾　也　掸-未-否　　　你　白白地　家-位　有-顺
　　　aina-mbihe jiye?
　　　做什么-过　　啊
　　　磕诗兔这个地你怎么不扫?桌子也不撢,你白白的在家里作什么来着啊?(《清文启蒙》44b2-4)

(37) halba -i dalba, ai baita, baibi tede waka
　　　骨头　属　旁边　什么　事　　白白　那.位　错误

baha-mbi.
得到－现

多一股子作甚么，白得不是。(《满汉成语对待》三 4b1-2)

(38) age si bai gvni-me tuwa, ama eme -i baili,
阿哥 你 只管 想－并 看．祈 父亲 母亲 属 恩情
jui o-ho niyalma tumen de emgeri karula-me
孩子 成为－完 人 一万 与 一次 报恩－并
mute-mbi-u?
能－现－疑

阿哥你白想着瞧，父母的恩，为人子的岂能答报万一？(《清文指要》中 10b4-5)

(39) si alban qagan akv, baisin -i jirga-me taqi-ha
你 公务 书籍 否 闲暇 工 安逸－并 习惯－完
dabala.
罢了

你没有差事，白闲着受受用用的学罢咧。(《续编兼汉清文指要》下 18b1-2)

(40) baitakv gala joula-fi inenggi wa-me banji-re-ngge, sini
没用 手 束手－顺 日子 了结－并 生活－未－名 你．属
dolo ai tuttu xolo akv.
心里 什么 那样 空闲 否

白白的朝着手儿了日期，你打心里怎么那们没分儿。(《满汉成语对待》三 19a1-2)

(41) damu ama eme se de o-ho, deu-te geli
只是 父亲 母亲 岁数 与 成为－完 弟弟－复 又

ajigen, jai niyaman hvnqihin giranggi yali, mimbe
幼小　再　亲戚　　亲族　　骨头　　肉　我.宾
tuwa-hai bi-kai.
看－持　现－啊

但只父母年老了，兄弟们又小，再亲戚与骨肉，全不过白看着我罢咧。(《续编兼汉清文指要》下 11b5-7)

(42) bi simbe gisure-ra-kv oqi, baibi doso-ra-kv.
　　 我　你.宾　说－未－否　若是　只是　忍受－未－否
　　 我要不说你，怪受不得的。(《续编兼汉清文指要》上 28b4)

(43) utala se unu-fi, majige butui erdemu be
　　 好多　岁数　背负－顺　稍微　密闭　德才　宾
　　 isabu-ra-kv, baibi ere gese hamu dunda-ra baita
　　 积累－未－否　只是　这　样子　粪　喂猪－未　事情
　　 yabu-qi.
　　 行事－条

若大的年纪了一点阴德儿不积，寡要行这样吃屎的事情。(《续编兼汉清文指要》上 29a5-7)

(44) bi emu-de o-qi age be tuwa-nji-ha, jai de
　　 我　一－位　成为－条　阿哥　宾　看－来－完　再　位
　　 o-qi geli sakda ahvn de bai-re ba-bi, damu
　　 成为－条　又　老　兄长　与　求－未　地方－有　但
　　 baibi angga juwa-ra de mangga.
　　 只是　口　开－未　位　难

我一则来瞧阿哥，再还有恳求老长兄的去处，但只难于开口。

(《清文指要》中 1a7-1b2)

(45) ememu   urse   bithe   hvla-ra-kv, yabun   be   dasa-ra-kv,
　　 有的　　人们　　书　　读-未-否　　行为　宾　治理-未-否
　　 baibi   gvldura-me   enqehexe-re   urui   sihexe-me   yabu-re
　　 只管　　钻营-并　　 图谋-未　　经常　阿谀-并　　进行-未
　　 be   bengsen   o-bu-re-ngge.
　　 宾　 本事　　 成为-使-未-名
　　 有一宗人不念书，不修品，只是以钻干逢迎为本事。(《清文指要》中 10a6-7)

(46) onggolo   bahana-mbi,   doigonde   sa-mbi,   yasa   genggiyen,
　　 之前　　 领会-现　　　预先　　 知道-现　眼睛　 明亮
　　 xan   galbi,   dorgi   susultungga,   sabu-ha   de   niyalma,
　　 耳　　聪灵　　心　　 聪慧　　　　看见-完　位　 人
　　 eiqibe   o-jora-kv   baibi   hing   se-re   ginggun   gvnin
　　 总得　　成为-未-否　只是　 诚心　助-未　尊敬　　 心
　　 tuqi-mbi.
　　 出-现
　　 前知、先觉，眼明、耳聪，心里明亮，人见了不由的，只要起个诚敬的心儿。(《满汉成语对待》二 25b1-3)

(47) damu   ji-he   dari   baibi   age   simbe   gasihiya-bu-re-ngge,
　　 可是　 来-完　每次　尽是　 阿哥　你.宾　侵扰-使-未-名
　　 mini   gvnin   de   elhe   akv.
　　 我.属　心思　 位　 平安　 否
　　 但只来勒只管骚扰阿哥，我心里不安。(《清文指要》中 17b6-18a1)

（48） gege　tuhe-me　sakda-ka-bi-u?　baibi　sektefun　ninggu-de
姐姐　倒下－并　变老－完－现－疑　只是　坐褥　上面－位

goida-me　nike-me　taqi-mbi.
久－并　　靠－并　　学－现

姐姐老的动不得了么？只好在垫子上学着倚着靠着的。(《满汉成语对待》二 15b7-8）

（49） uttu　daixa-qi,　niyalma　ali-me　gai-fi　janquhvn　-i
这样　乱闹－条　　人　　接受－并　取－顺　甘甜　　工

baibi　waji-qi　jai　ai　hendu-mbi.
只是　完结－条　再　什么　说－现

这们糊闹，人都不怎么甘受可不好么。(《满汉成语对待》二 14a4-6）

（50） we　ya　angga　yoqa-ha-bi-u?　baibi　simbe　qanggi
谁　哪个　嘴　　痒－完－现－疑　只是　你.宾　尽是

uttu　tuttu　se-mbi.
这样　那样　说－现

那个嘴痒痒了么？偏好在你跟前说长道短的。(《满汉成语对待》一 42b6-7）

（51） ainaha　se-me　emu　qisui　ekisaka　banji-re　niyalma
怎样　　助－并　一　自然　悄悄　　生活－未　人

waka,　urunakv　baita　tuqi-mbi,　baibi-saka　de　niyalma
不是　　必定　　事情　出－现　　平白－好像　位　人

be　wa-me　yabu-re　ba-de.
宾　杀－并　实行－未　地方－位

再不是个安分守己过的个人，必定生出事来，平空里只要杀人。

(《满汉成语对待》二 13a3-5)

(52) sendeje-me　fakqa-ra-kv　se-me,　bi　inu　mujakv
　　 裂口子-并　 裂开-未-否　 助-并　我　也　所有
　　 ginggule-me　asara-mbihe　waka　qi　ai,　baibi
　　 谨慎-并　　　收-过　　　不是　空闲　什么　平白
　　 de　o-jora-kv　　te　mimbe　aina　se-mbi.
　　 位　可以-未-否　现在　我.宾　怎么　助-现
　　 恐其磕伤闪裂了，我也狠用心何曾不收着来着，不因不由的你可
　　 教我怎么的。(《满汉成语对待》四 5a2-4)

(53) gai-fi　gama-mbihe　bi-qi,　agu　inu　bai　dolo
　　 取-顺　拿去-过　　有-条　兄长　也　只是　心
　　 gingka-ra　dabala.
　　 忧郁-未　　罢了
　　 你的尖子给你个硬揸子，你也只是臜臜肚儿罢了。(《满汉成语对
　　 待》一 20b8-21a1)

(54) mini　ere　bai　an　-i　etu-re-ngge　kai,　majige
　　 我.属　这　只是　日常　属　穿-未-名　啊　稍微
　　 fere-ke　de　ai-bi.
　　 变旧-完　位　什么-有
　　 我这不过是平常穿的啊，旧些何妨。(《清文指要》下 13a1-2)

(55) guwele　gala　bai　faqihiyaxa-ra　dabala,　lahin　fasilan
　　 躲躲　　闪闪　白白　努力-未　　　罢了　　繁琐　权枝
　　 tuqi-ra-kv　o-qi　muse　aika　mekte-ki.
　　 出-未-否　成为-条　咱们　什么　赌-祈
　　 溜儿瞅儿的瞎挣揸罢了，要不出个别外生枝的活乱儿咱们睹着

么。(《满汉成语对待》一42a2-3)

例（34）"白"对译 baibi，表示对"等了一日应该等来"这一预设的否定。例（35）—（38），"平白""白白""白"等对译 baibi、bai，表示一种情状。例（39）中"白闲着"应是对译 baisin（闲暇），"白"显然是对译 bai 的结果；例（40）"白白"应是满语 baitakv 的对译；例（41）的满语句中并无直接成分与汉语句中的情状副词"白"对译。例（39）—（41）中"白/白白的"均表示动作行为的情状。例（42）—（55），baibi、bai 分别对译为"怪""寡要""只""只是""只要""只管""甘""偏""不因不由""不过是""瞎"等，均表示动作行为的情状。

由表 2-5 及以上例句可以看出：baibi/bai 译作"白白""白""平白"的用例远远少于译作"只是"等其他副词的用例；除《清文启蒙》中有 1 例，即例（34）中 baibi 对译成"白"表示否定外，其余均对译成情状副词；整体来看 baibi/bai 对译的情状副词语义多样，远远多于清代以前汉语文献中情状副词"白$_2$"的具体语境语义。清中后期旗人作家作品《红楼梦》《儿女英雄传》与其他纯汉语文献相比较，"白$_2$"的频次及语义的多样性远高于其他文献，这说明 baibi/bai 的情状副词用法对旗人汉语副词"白$_2$"产生了较大的影响，这种现象是满汉语言接触中的一种借贷回流。但是表 2-1 反映出清末民国旗人作家作品《小额》等中"白""白白"作情状副词的用例已相当少见，这说明随着满语对汉语影响的减弱，这种 baibi/bai 的借贷回流现象并没有一直保留在汉语中。

四、小结

通过以上论述，可以说副词"白"及其重叠形式"白白"、复合副词"平白"是近代汉语新产生的副词。副词"白""平白"是由"白"的本义"白色"中蕴含的〔没有〕义素在语境语用中引申出来的。根据具体语境语义和功能的类别差异，副词"白"又分为三种：表示对"劳酬均衡"及由其引出的类似常规预设的否定的否定副词"白$_1$"；表示动作行为情景状态的情状副词"白$_2$"；表示对否定性谓词结构强化肯定的语气副词"白$_3$"。对应于副词"白"，重叠形式"白白"只出现了"白白$_1$"和"白白$_2$"的用法，"白白$_3$"并没有出现。宋代"白$_1$""白$_2$""平白"均已出现，在明代由"白$_2$"又发展出"白$_3$"的用法。"白白$_1$"可能在元末明初既已产生，"白白$_2$"可能在明末清初始见。可以说在清代以前副词"白""白白""平白"都是汉语自身产生和发展演变的结果。

但是自 17 世纪始，满汉语言接触日趋密切，汉语副词"白""白白"被借用到满语当中，产生了满语的 baibi/bai[①]。baibi/bai 在满语中常用作情状副词，在满汉对译材料中 baibi/bai 除译作"白""白白""平白"等外，更多的译作"只""只是""只管"等情

[①] 胡增益:《满语 baibi、bai 和汉语副词"白"之间的借贷关系》,《北京国际满学研讨会论文集》,1992 年,第 319—345 页。该文认为 baibi 早期老满文书写形式是 babi。baibi 比 bai 出现的早且早期文献 baibi 比 bai 出现频率高，所以 baibi 不是 bai 的派生形式；而《异域录》《尼山萨满传》中只有 bai 没有 baibi 说明 baibi 在语音上有简化为 bai 的趋势。

状副词。清中后期旗人汉语中"白₂"具体语境语义的多样性是对满语 baibi/bai 的一种借贷回流。但是这一回流现象随着满语对汉语影响的减弱，在清末民国时期的北京话中已基本消失。

第三节　满语与情状副词"各自各自"

对清代满汉合璧文献的调查中，我们在《满汉成语对待》和《续编兼汉清文指要》中发现了一个汉语中没有的副词"各自各自"，它是直译满语 teisu teisu、son son、beri beri 等的结果，用例不多，列举如下：

(1) nukqibu-me　haqihiya-ra　jakade,　tereqi teni　<u>teisu teisu</u>
　　刺激-并　　激励-未　　　因为　　他.从　才　各自　各自
　　ebixe-me　　selbi-me　　warda-me　faqihiyaxa-mbi.
　　下水-并　　浮水-并　　游泳-并　　努力-并
　　一阵子激发撺掇他们，他才各自各自的赴水分水狗跑儿着急。
　　(《满汉成语对待》四 34a3-5)

(2) da-qi　　emu farsi　-i　hali　douran　ba　bi-he,　si
　　原本-从　一　块　属　荒地　未开垦　地方　有-完　你
　　bi　aqan　sasa　suksala-ha-bi　<u>teisu teisu</u>　meni　　meni
　　我　合并　一起　开垦-完-现　各自各自　我们.属　我们.属
　　aqan　-i　　ba-de　　qalu,　juwe　ujan　de　hexen　ilibu-ha.
　　合并　属　地方-位　仓库　二　　边界　位　绳子　建立-完
　　是一块野厂荒地来着，大家你我一同开垦了，各自各自的交界处

刨下边，拦两头儿立下疆界。(《满汉成语对待》四 19a8-19b2)

(3) juwe niyalma emu ba-de uqara-fi, erdemu be qende-ki
二   人   一   地方-位 遇见-顺 本事   宾   试验-祈
se-me, teisu teisu agvra be gai-ha manggi.
助-并 各自 各自 武器 宾 拿-完   之后
他们二人会在一处，要试试本事，各自各自拿了军器。(《续编兼汉清文指要》上 4b6-7)

(4) tede bi faijuma, ayan edun da-ra isi-ka, edun
那.位 我 怪异   大   风 吹-未 到-完 风
dekde-re onggolo, muse yo-ki se-fi, beri beri
起-未   之前   咱们 走-祈 说-顺 弓   弓
faqa-fi bou-de isina-ra-ngge, hou se-me amba edun
散-顺 家-与 到达-未-名   刮风貌 助-并 大   风
da-me deri-bu-he.
吹-并 开始-使-完
那个上我说，大风要来了呀，乘着风还未起咱们走罢，所以各自各自散了将到家里，就刮起大风来了。(《续编兼汉清文指要》上 3a6-3b2)

(5) leksei jilgan naka-fi, si bi ishunde kvlisita-me
一齐   声音 停止-顺 你 我 互相   贼眉鼠眼-并
yasa ara-fi, son son -i melerje-me yo-ha.
眼睛 做-顺 纷   纷   逃走-并   走-完
一齐住了声，彼此互相作着眼色儿，各自各自畏避了。(《续编兼汉清文指要》下 22b2-3)

从满汉对勘来看，例（1）"各自各自"是 teisu teisu 的对译。teisu teisu，《新满汉大词典》(1994：724) 界定其为副词，有"各 / 各自 / 纷纷"之义，作其后谓词性结构的状语。例（2）（3）也是如此。例（4），比照满汉文句，"各自各自"应是 beri beri 的对译。《新满汉大词典》(1994：84) 标识 beri beri 为形容词，有"形容纷纷散去的样子 / 纷纷"之义，该例中 beri beri 作其后谓词性结构 faqa-fi bou-de isina-ra-ngge 的状语。例（5），对比满汉句子，可以看出"各自各自"应是 son son 的对译。《新满汉大词典》(1994：686—687) 标记 son son 为形容词，"四处逃散"之义。满语形容词与名词没有严格区分，可以互相通用。该例满语句中 son son 后带了工具格助词 -i，说明形容词 son son 在句中用作名词，作其后谓词性结构 melerje-me yo-ha 的状语，表示动作行为的情状。概括来讲，例（1）—（5）中的"各自各自"是对译词性不同但功能相同的 teisu teisu、beri beri 和 son son 的结果，从汉语句法结构和组合关系看，"各自各自"均可看作副词，修饰其后谓词性成分，表示动作行为的方式或状态。

　　四种兼汉满语会话教材《满汉成语对待》《清文启蒙》《清文指要》《续编兼汉清文指要》中 teisu teisu、beri beri 和 son son 共出现 8 次，对译成"各自各自"的有 5 次，另有 2 例对译成"各自"，1 例没有对译。

（6）hetu　　niyalma-i　jakana-bu-re　gisun　de　donji-fi,　<u>teisu</u>
　　　旁边　　人-属　　 隔开-使-未　 话语　 与　 进入-顺　 各自
　　　<u>teisu</u>　gvnin　te-bu-re-qi　banjina-ha-ngge　umesi　labtu.
　　　各自　　心　　 存积-使-未-从　生-完-名　　　非常　 多
　　　听了旁人离间的话，各自留心上起的狠多。(《清文指要》下 5a7-5b1)

(7) tese　geli　aliya-ha-kv,　je-ke　yada-ha　<u>teisu　teisu</u>
　　他们　又　等-完-否　吃-完　穷困-完　各自　各自
　　waliya-fi　you-ha,　gai-fi　gene-re　niyalma　jugvn
　　丢下-顺　走-完　拿-顺　去-未　人　道路
　　taka-qi　sain　kai,　fambu-ha　se-he-de.
　　认识-条　好　啊　迷路-完　助-完-位
　　他们又不等，有的没的各自顾各儿丢了去了，领着去的人认得路敢是好哩，要是迷了呢。(《满汉成语对待》三 10b5-7)

(8) nimanggi　geqe-he　undan　de,　butha-i　urse
　　雪　结冰-完　雪水融化后地面的冰　位　打猎-属　人们
　　<u>teisu teisu</u>　suntaha　etu-fi　undaxa-mbi.
　　各自各自　滑雪板　穿-顺　穿滑雪板打猎-现
　　雪上结成的冰，猎户们脚下拴上木滑擦跑冰。(《满汉成语对待》四 39a3-4)

例（6）中副词 teisu teisu 作状语修饰其后的谓词性成分 gvnin te-bu-re-qi，表示动作行为的方式。teisu teisu 的对译成分"各自"理应与 teisu teisu 功能一致，但是从汉语句子成分间的结构关系来看，汉语句中的"各自"我们更倾向于视为代词，作主语。例（7）仿例（6）。满汉比照来看，例（8）的 teisu teisu 并没有对译出来。

另外，《满汉成语对待》中有 1 例 beri beri son son 连用的例子：

(9) fik　se-me　fihe-fi　tolo-ho　se-me　waji-ra-kv,　emu
　　稠密貌　助-并　拥挤-顺　数-完　助-并　完结-未-否　一
　　teksin　-i　xalar　se-me　labdu　o-qi　geli　majige
　　整齐　属　充满貌　助-并　多　成为-条　又　稍微

yebe bihe, beri beri son son -i faqa-me ili-qa-ha-bi..
好　过　弓　弓　纷纷貌　工　散－并　站－齐－完－现

干插插的跻着数不清，一派的齐多也好来着，一群一伙儿五零四散的站着。(《满汉成语对待》四 7a6-8)

例（9）中 beri beri son son 作 ili-qa-ha-bi 的状语，译者灵活对译成了"一群一伙儿"，"一群一伙儿"也可以视为动词"站着"的状语。

合璧文献中 teisu teisu、beri beri 和 son son 的用例本就较少，而译成"各自各自"的更少。我们进一步调查了清代中后期直至民国的旗人作家作品《红楼梦》《儿女英雄传》《小额》《损公作品》《北京白话聊斋·胭脂》《杂碎录》《陈七奶奶》等，均没有见到副词"各自各自"；该期非旗人作家作品《歧路灯》《儒林外史》《官场现形记》《老残游记》等也都没有见到副词"各自各自"的用例。这说明副词"各自各自"对旗人汉语影响较小，并没能在旗人汉语及北京话中保留下来，更没能扩展到汉语其他方言中去。

除了频率低造成的影响力弱之外，还应该与汉语中已有的代词"各自"有关。汉语自上古就有"各自"一词。《汉语大词典》（1997：1518）对其列有三个义项：1.各人自己；2.指事物的各个自身；3.自己，独自。《现代汉语词典》（2016：443）界定其为人称代词，表示"各人自己 / 各个方面自己的一方"之义。

严格意义上来说，例（1）—（5）中"各自各自"与汉语中已有的人称代词"各自"的词性和功能并不相同。但是二者句法位置相同，形式相近，语义有相通之处，抛开满语对应语句，单从汉语句子来看，"各自各自"更倾向于理解为"各自"，即视为人称代词，作主语。尤其是例（6）（7），直接对译成"各自"，从汉语句法结构讲，更倾向于把"各自"看作主语。

综上所述，一方面合璧文献中 teisu teisu、beri beri 和 son son 本身出现频率低而又有他译的情况致使其对译为"各自各自"的用例较为少见；另一方面，汉语中普遍使用的人称代词"各自"与"各自各自"句法位置相同，语义相通，更加使得"各自各自"这种对译形式不太符合汉语句法和语义的表达习惯。因此，本就不多见的副词"各自各自"仅止步于满汉合璧文献中，没能在旗人汉语及清代北京话中存留下来。

表 2-6 合璧文献中 teisu teisu 等的对译情况表

		teisu teisu	beri beri	son son	beri beri son son
各自各自	满汉成语对待	2	–	–	–
	清文启蒙	–	–	–	–
	清文指要	–	–	–	–
	续编兼汉清文指要	1	1	1	–
各自	满汉成语对待	1	–	–	–
	清文启蒙	–	–	–	–
	清文指要	1	–	–	–
	续编兼汉清文指要	–	–	–	–
其他	满汉成语对待	1	–	–	1
	清文启蒙	–	–	–	–
	清文指要	–	–	–	–
	续编兼汉清文指要	–	–	–	–

第四节　满语与频率副词"拉累的"

在对清代满汉合璧文献《满汉成语对待》《清文启蒙》《清文指要》《续编兼汉清文指要》的调查中，我们发现了一个传统汉语中没有的副词"拉累的"，它是满语"反复"义副词 lalanji 的音译词。只在《清文启蒙》中见到 2 例，列举如下：

(1) qananggi　lalanji　si　ali-me　gaisu　se-fi,　enenggi　jiu
　　　前天　　反复　　你　受－并　拿．祈　说－顺　今天　来．祈
　　　nakv　uthai　angga　ubaliya-ka-ngge.
　　　以后　　就　　嘴　　变－完－名
前日拉累的说了教你应承，今日一到来就改变了嘴。(《清文启蒙》23b2-3)①

(2) lalanji　sini　yabu-ha　baita　se-mbime,　si　ali-me
　　反复　　你．属　施行－完　事情　　说－而且　你　接受－并
　　gai-ra-kv-ngge.
　　拿－未－否－名
拉累的说是你行的事，你不肯应承。(《清文启蒙》16a3)

从满汉文比较来看，"拉累的"是满语副词 lalanji 的音译词。《清文启蒙·清文助语虚字》(2018：595)："lalanji，拉累的，再三。"《新满汉大词典》(1994：505)："lalanji，反反复复地/再三再四地。"

---

① 例(1)中"拉累"：音注本、刘东山本作"屡屡"。

由此可见，lalanji 是一个频率副词。《清文启蒙》中仅出现的两例频率副词 lalanji 均对译成"拉累的"。两例中"拉累的"都修饰以"说"为核心动词的动词性结构，表示"再三/反复"之义，说明"说"这一行为的频率。

在《清文启蒙》之前的满汉合璧会话书《满汉成语对待》及《清文启蒙》之后的《清文指要》《续编兼汉清文指要》中均没有出现表频率的副词 lalanji，也没有出现音译频率副词"拉累的"。在清中期以来的旗人作家作品《红楼梦》《儿女英雄传》《小额》《损公作品》《北京　白话聊斋·胭脂》《杂碎录》《陈七奶奶》等中均没有见到频率副词"拉累的"，同时期非旗人作家作品《歧路灯》《儒林外史》《官场现形记》《老残游记》等也都没有见到频率副词"拉累的"的用例。频率副词"拉累的"在旗人汉语中的昙花一现应与频率副词 lalanji 在满语中使用频率较低有一定关系。而在合璧文献中低频出现的 lalanji 对于满语来说是一个外来词还是一个原生词我们还不清楚，如果是外来词的话，那么它借自何种语言以及与汉语的关系等都需要进一步深入探讨。

第三章

满语对清代旗人汉语语气词的干扰

第一节 合璧文献中满汉语气词对译概况

一、引言

语气是言说者的情绪表现，不同语言表现语气的手段不尽相同。满语和汉语都是语气表现手段多样的语言，语气词是这两种语言常用的表达语气的手段之一。另外，满语动词有祈使式，通过词干加祈使后缀 -ki/-kini/-qina/-rau/-reu/-rou 或者单用词干的形式来表示请求、祝愿、希望、命令等语气。清代满汉合璧会话书《满汉成语对待》《清文启蒙》《清话问答四十条》《清文指要》《续编兼汉清文指要》较为全面地反映了满语语气表达的情况①，也历时地反映了满汉

---

① 下文主要是对合璧文献《满汉成语对待》《清文启蒙》《清文指要》《续编兼汉清文指要》中的语气词对译情况进行穷尽性的调查，在涉及满汉语言接触历时进程及对具体语气词如"吗""呢"等的影响时，对作为18世纪中叶节点上的《清话问答四十条》进行部分语气词的穷尽调查。

语言接触中满语语气词及动词祈使式对旗人汉语语气词的影响。本章拟对满汉合璧文献中的满语和汉语进行对勘比照，详细揭示语气词的对译情况以及满语对旗人汉语语气词的具体影响。

二、四种兼汉满语会话教材语气词对译情况调查

语气词是汉语表达说话人主观情绪的主要手段之一。综观整个汉语历史，汉语语气词具有明显的时代性。自唐宋至清末，文言语气词使用定型化，新兴的语气词如"着""来""么""罢""囄／尼／呢""裹／里／俚／哩""那（哪）"等产生和发展起来。可以说近代汉语时期逐渐形成了不同于中古以前的新的汉语语气词系统，并为现代汉语语气词系统奠定了基础。

满语语气的表达手段主要有两种：一是语气词；二是满语动词祈使式。满语语气词主要有：u、n、ni、kai、na/ne/no/ya、jiya/jiye、bai、dere、dabala 等，表示说话人疑问、感叹、强调、猜度、决断等主观情绪。满语动词祈使式表示祈愿、命令等语气，分三种人称：第一人称祈使式，表示愿望、打算等，其构成为动词词干＋ki 或动词词干＋ki sembi；第二人称祈使式表示命令、要求等，其构成有多种形式：单用动词词干[①]、动词词干＋ki、动词词干＋qina、动词词干＋rau/reu/rou、动词词干＋kini；第三人称祈使式表示希望、使令义，由动词词干＋kini 构成。

---

① 满语第二人称祈使式可用动词词干直接表示对对方的希望、命令、请求等，也就是希望或命令别人怎么做，我们称之为零形式祈使式。

由清代满汉合璧文献来看，满语语气词和表示祈使语气的后缀出现频率高，与旗人汉语的对译也是异彩纷呈，为了理清其头绪、观察其特点，我们对清代四部满汉合璧文献中满语语气词及动词祈使式与汉语语气词的对译情况进行了穷尽性的调查和统计，并绘制了表格。

表3-1 四种兼汉满语会话教材语气词对译统计表

满语语气词	汉语语气词	文献频次	满汉成语对待	清文启蒙	清文指要	续编兼汉清文指要
u[①]	么		74	56	13	1
	吗		–	–	43	55
	啊		–	14	3	–
	呀		–	–	1	2
	呢		1	–	12[②]	1
	罢		–	–	–	1
	不成		1	–	–	–
	无对译		14	6	9	7

---

① 《满汉成语对待》中有1例疑问语气词 u 对译成汉语反问语气词"不成"："ergeletei fangna-qi inu o-qibe, fangnai bungna-me akv se-me o-ho-de, tere be ainambi wa-mbi-u？压派着赖他虽是使得，死咕咨的强要说是没有，把他怎么的杀了他不成？（−25b7−26a1）"由满汉对照看，该例中满语语气词 u 对译成了汉语反问语气词"不成"，因只有这1例，本书不再做专门论述。

② 其中有1例两个 u 对译一个"呢"。

续表

满语语气词	汉语语气词	文献频次	满汉成语对待	清文启蒙	清文指要	续编兼汉清文指要
ni		呢	12	22	7	9
		么	1	–	–	–
		呀	–	–	1	–
		吗	–	–	–	1
		呢啊	–	–	1	–
		呢呀	–	–	–	1
		无对译	14	1	2	1
kai		啊	–	47	31[①]	33
		呀	2	9	6	8
		呢	3	–	4	5
		哩	1	–	–	–
		么	–	–	3	1
		罢	–	–	1	–
		呢呀	–	–	–	2
		呢啊	–	–	–	1
		罢咧	–	–	–	1
		无对译	55	7	30	16

---

① 有 2 例写作"阿"。

续表

满语语气词	汉语语气词	频次	满汉成语对待	清文启蒙	清文指要	续编兼汉清文指要
n	么		6	15①	2	—
	啊		—	2	—	—
	呢		—	—	2	—
	吗		—	—	3	3
	无对译		—	—	2	1
na	么		2	—	—	—
	啊		—	1	—	—
ya	啊		—	1	—	—
je	啊		—	—	1	—
jiye	啊		—	4	—	—
	呢		—	—	—	3
bai	罢		—	4	—	—
	呀	bai	—	5	1	—
	啊		—	—	1	—
	无对译		2	—	—	—
	罢	-ki bai	—	5	—	—

---

① 其中有1例两个 n 对译一个 "么"。

续表

满语语气词	汉语语气词	文献 频次	满汉成语对待	清文启蒙	清文指要	续编兼汉清文指要
dabala		罢咧	–	35	17	20
		罢了	28①	–	8	–
		罢哩	3	–	–	–
		把	1	–	–	–
		呀	1	–	–	–
		哩呀	–	–	1	–
		罢	–	–	–	1
		无对译	11	–	1②	2
dere	–kini dere	罢咱	2	–	–	–
	dere	罢咱的	–	1	–	–
		罢	–	3	–	5
		罢咧	–	8	9	4
		罢了	2	–	–	1
		呢	2	–	–	–
		啊	–	–	1	–
		无对译	6	2	2	3

---

① 《满汉成语对待》中有 1 例 dabala 对译为动词:"aha takvra-ra fengxen akv oqi o-ho dabala. 没使奴才的命也罢了。(三 44b4-5)"从汉语句来看,此句"罢"应看作动词,"罢了"即"算了"。

② 该例［日］竹越孝校注本《新刊清文指要》对译成"罢咧"。

续表

满语语气词	汉语语气词	频次	文献 满汉成语对待	清文启蒙	清文指要	续编兼汉清文指要
动词祈使式	-qina	是呢	2	7	5	1
		罢	4	4	2	–
		罢咱	6①	–	–	–
		罢了	2	–	–	–
		啊	–	–	2	3
		呀	–	–	–	2
		无对译	5	8	3	1
	-kini	罢	9	7	2	4
		着	1	–	–	–
		罢了	1	1	–	–
		罢咱的	1	–	–	–
		罢咱	3②	–	–	–
		罢咧	–	–	1	–
		啊	–	–	1	2
		呢	1	–	–	1
		是呢	–	–	2	–
		无对译	8	3	9	2

① 其中有1例写作"把咱"。
② 其中有1例写作"把咱"。

续表

满语语气词	汉语语气词	文献频次	满汉成语对待	清文启蒙	清文指要	续编兼汉清文指要
动词祈使式	ki	罢	1	–	13	3
		呢	1	–	–	1
		么	1	–	–	–
		啊	–	–	–	3
		无对译	8	17	6	10
	零形式	罢	4	6	1	3
		么	3	–	–	–
		呢	1	–	–	–
		呀	1	–	–	–
		着	1	–	–	–
		啊	–	–	–	1
		是呢	–	–	–	1
		无对译	14	38	34	20
无对应满语成分		着	–	1	–	–
		来	–	1	–	–
		么	22	1	1	–
		呢	113	11	67	64
		哪	2	–	–	–

续表

满语语气词 \ 汉语语气词 \ 频次 \ 文献		满汉成语对待	清文启蒙	清文指要	续编兼汉清文指要
无对应满语成分	的	–	1	–	2
	啊	–	–	31	71
	呀	5	–	8	22
	罢	1	–	2	13
	罢了	1	–	–	–
	罢咧	–	–	2	1
	罢咱	3	–	–	–
	哩	3	–	–	–
	哩呢	1	–	–	–
	吗	–	–	1	7
	啊呀	–	–	–	1
	里呀	–	–	–	2
	呢呀	–	–	–	1

三、四种兼汉满语会话教材语气词对译情况分析

通过上面表格，我们可以看出如下问题：

1.用来对译的汉语语气词都是近代汉语时期新出现的语气词，文言语气词没再出现。这说明四种合璧文献的口语性强，能够比较

真实地反映清代旗人汉语的概貌。

2. 一个满语语气词可以表示不同的语气；不同的满语语气词可以表示同一种语气；同一个满语语气词或动词祈使后缀可以对译成多个汉语语气词，不同的满语语气词或动词祈使后缀可以对译成同一个汉语语气词，这说明：满语语气词或动词祈使后缀与汉语语气词不是一一对应关系。

3. 满语高频出现的疑问语气词 u 在 18 世纪 30 年代以前的《满汉成语对待》《清文启蒙》中对译成"么"，在 18 世纪末的《清文指要》《续编兼汉清文指要》中更多地对译成"吗"，这一变化的背后动因是什么？

4. kai 在四种合璧文献中是一个高频出现的语气词。《满汉成语对待》中 kai 共出现 61 例，其中只有 6 例分别对译了"呀" 2 例、"呢" 3 例、"哩" 1 例，另 55 例则无汉语语气词对译。《清文启蒙》中 kai 共出现 63 例，其中 47 例对译成了语气词"啊"。两种文献中 kai 对译的反差与语气词"啊"的出现又有什么关系？

5. "呢"在清初的旗人汉语中就是一个高频出现的语气词，它不仅可以对译多个满语语气词或动词祈使后缀，如满语语气词 u、n、ni、kai、jiye、dere 及动词祈使后缀 -ki、-kini 等均可对译成"呢"，而且在无满语语气词或动词祈使后缀相对应的情况下也大量使用。相反，语气词"哩"则用例稀少。清中期以后反映北京话的《红楼梦》《儿女英雄传》中"哩""呢"的分布与此基本一致，这一状况也很值得我们深思。

6. "是呢"主要是对译满语动词祈使后缀 -qina 而出现的语气词，它的使用和发展情况值得我们深入地探讨。

7. 从上表来看，复音语气词"罢了""罢哩""罢咧"之间的关系似乎有些错综复杂。我们也需要对此条分缕析。

第二节 满语与语气词"罢了"

一、引言

"罢了"是现代汉语中常见的一个陈述语气词，有关其著述虽然不是很多，但是论及的都是较为核心的问题，如"罢了"的来源、性状及其所表示的语气等。

首先看来源和性质方面。孙锡信（1999：186—188）认为"罢了"是完结义动词"罢"和完结义动词"了"的组合，作谓语，有时也用在其他谓词后面；并指出由于"罢了"组合经常居于句尾，所以有了语气词的功能，尤其是前面有其他谓词的时候，且此种"罢了"为语气短语。刘志远、刘顺（2012）认为语气词"罢了"是完结义动词"罢"和"了"的动词组合"罢了"词汇化和语法化的产物。太田辰夫（2003：336—338）指出"原来'罢'是'结束'的意思，'罢了'是'完了'的意思"，并由此逐步发展出表限制语气的助词"罢了"。冯春田（2000：519）认为"罢了"是语气词"罢"的复合形式。爱新觉罗·瀛生（1993：197—198）与兼汉满语会话教材《清文启蒙》相比照，认为《红楼梦》中表示"不过……而已""只是""仅仅"之意的"罢了"源自满语的 dabala。张美兰、綦晋（2016）认为满汉合璧文献《清文指要》中"罢咧"对应满语表示"而已""罢了"的判断语气词dabala是音兼意译的结果。竹越孝、陈晓（2016）指出："'罢了/罢咧'的句末助词功能来源于汉语内部'罢'+'了'的演变，并非来源于满语的dabala；但在使用和流传过程中应受到了满语dabala的影响与促进。"祖生利（2013：187—227）认为"罢了"是语气词"罢"的双音形式，始见于晚明；他又结合《清文启蒙》等满汉合璧文献进一步指出清代旗人汉语里"罢咧（罢了）"大量使用且用法与汉语有着明显不同是受了满语判断语气词dabala、dere的影响。以上学者从汉语自身和语言接触的角度对"罢了"的形成和性质进行了较为深入的探讨，但其中的分歧也显而易见。

其次语气方面。孙锡信（1999：186—188）认为"罢了"所表示的语气有两种：1.表示容忍、让步，带有"只好如此""就这样算了"的意味；2.表示限止义，"仅此而已""不过如此"的语气。王力（1985：226）、冯春田（2000：519）认为"罢了"表示"仅此而已"的语气。朱德熙（1982：213）、吕叔湘（1980：52）认为"罢了"有把事情往小里说的意味。祖生利（2013：187—227）指出《清文启蒙》等满汉合璧文献中"罢咧（罢了）"可表示判断、容让、商榷等语气。从中不难看出，在其历史发展中语气词"罢了"所表示的语气并非单一状况。

总之，就目前研究情况来看，"罢了"无论其来源、性质还是语气都还存在继续探讨和论证的空间和必要。因此，在前贤时哲研究的基础上，本节拟对"罢了"的形成及其发展过程作进一步的梳理。

二、早期"罢了"的性质及组合关系

"罢"和"了"作为完结义动词在汉语中出现的时代并不相同,"罢"在先秦汉语中就可见到,而"了"的用例在汉代始见,魏晋以后使用增多。如:

(1)郑人有欲买履者,先自度其足而置之其坐,至之市而忘操之。已得履,乃曰:"吾忘持度。"反归取之。及反,市罢,遂不得履。(《韩非子·外储说左上》)

(2)更汲冷水浇淋,味薄乃止。淋法,令当日即了。(《齐民要术·作酢法》)

除"罢""了"之外,汉语中还有表示完结义的动词"讫""已""毕""竟""终"等。自魏晋一直到南宋完结义动词"讫""已""毕""竟""终"相对于"罢""了"来说不仅使用频率高,而且还有不少连用的情况,如"毕讫""毕已""毕竟""已竟""竟已""讫竟""终竟"等。而使用频率较低的完结义动词"罢"和"了"一直到南宋以前的文献都没有发现连用的例子[①]。这说明在南宋以前汉语实际应用中尽管有不少完结义动词连文的用例,但作为完结义动词的"罢"和"了"没有连用的习惯。

---

① 本节有关"罢""了""讫""已""毕""竟"等调查的自先秦至宋金时期的文献主要有:《论语》《孟子》《荀子》《韩非子》《礼记》《老子》《庄子》《世说新语》《颜氏家训》《搜神记》《百喻经》《贤愚经》《文选》《洛阳伽蓝记》《昌言》《齐民要术》《敦煌变文集新书》《唐五代笔记》《祖堂集》《五灯会元》《景德传灯录》《游仙窟》《大唐西域记》《唐摭言》《入唐求法巡礼行记》《全宋词》《河南程氏遗书》《朱子语类》《欧阳修集》《曾巩集》《苏轼集》《苏洵集》《苏辙集》《王安石集》《刘知远诸宫调》《董解元西厢记》等。

根据笔者所调查的文献来看,"罢了"连文较早的用例见于《朱子语类》,共7例。

(3)今且做把一百里地封一个亲戚或功臣,教他去做,其初一个未必便不好,但子孙决不能皆贤。若有一个在那里无稽时,不成教百姓论罢了一个国君!(《朱子语类》卷八十六)

(4)某为守,一日词诉,一日著到。合是第九日亦词讼,某却罢了此日词讼。(《朱子语类》卷一百六)

(5)又云:"须是罢了堂除,及注授教官,却请本州乡先生为之。"(《朱子语类》卷一百九)

(6)唐时州县上供少,故州县富。兵在藩镇,朝廷无甚养兵之费。自本朝罢了藩镇,州郡之财已多归于上。(《朱子语类》卷一百一十)

(7)第二世继而立者,个个定是不晓事,则害民之事靡所不为。百姓被苦来诉国君,因而罢了,也不是;不与他理会,亦不是。(《朱子语类》卷八十六)

(8)诸路牒试皆罢了,士人如何也只安乡举。(《朱子语类》卷一百九)

(9)如浙间除了和买丁钱,重处减些,使一家但纳百十钱,只依而今税赋放教宽,无大故害民处。淳录云:"如漳之盐钱罢了。"(《朱子语类》卷八十六)

例(3)—(9)中"罢""了"处在连续的线性序列中,对于序列中的"罢"和"了"的词性和意义学界的看法并不一致。刘志远、刘顺指出上面例(4)、例(8)中"罢""了"表示完结、结束义,"罢了"在性质上是动词性的句法组合[①]。刘晓晴、邵敬敏认为上面例

[①] 这两个例子在刘志远、刘顺文章中分别为例(5)、例(8),见刘志远、刘顺:《"罢了"的词汇化及语气意义的形成》,《语文研究》,2012年第1期。

(6)、例(8)中"罢了"为"废除""取消"义,"罢"为动词;"了"表示"掉"的意思,可看作补语,又说"了"兼具表达动作的"完成"义,已经开始具有体标记功能①。杨永龙(2001:98—181)认为"罢了"所在的句子表示的是一种终结性情状,终结性情状自身有终结点,"罢"是表示瞬间完成、不可持续的终结性动词,因此事件的完成或终止不是"了"负载的,"了"的作用在于凸显变化的完成,即以上句子中"罢了"为终结性动词"罢"+完成义助词"了"的组合形式。

语言是一个系统,许多语言现象之间是相互关联、相互影响的。连续性线性序列中的"罢了"也必须放在汉语发展的系统中,与相关的语言现象结合在一起来考察。一方面,上文指出南宋以前动词"罢"和"了"没有连文使用的习惯,那么到了南宋时期突然出现连文的用例似乎缺少了使用的传统和基础。另一方面,我们也要考虑"罢"和"了"在汉语历史中各自的发展状况。由学界目前的研究看,在南宋以前"了"已由完结义动词发展出完成体助词和事态助词的用法,到南宋这两种用法的"了"使用已非常广泛,《朱子语类》中就有大量的例子。如:

(10)日所以蚀于朔者,月常在下,日常在上,既是相会,被月在下面遮了日,故日蚀。(《朱子语类》卷二)

(11)谦之录云:"有言私欲难去。曰:'难。有时忘了他,有时便与他为一片了!'"(《朱子语类》卷四十一)

(12)曰:"佛氏虽无私意,然源头是自私其身,便是有个大私意了。"

---

① 这两个例子在刘晓晴、邵敬敏文中分别为例(1)、例(2),见刘晓晴、邵敬敏:《"罢了"的语法化进程及其语义的演变》,《古汉语研究》,2012年第2期。

(《朱子语类》卷四十一)

（13）如两军冢杀，两边擂起鼓了，只得拌命进前，有死无二，方有个生路，更不容放慢。若才攻慢，便被他杀了！(《朱子语类》卷一百一十六)

例（10）和例（11）中前一个"了"分别用在动词"遮"和"忘"的后面说明动作的完成，为完成体助词。例（11）中后一"了"及例（12）中的"了"则表明一个事件的完成，为事态助词。例（13）"便被他杀了"的"了"可能身兼两职——一是表示"杀"这一动作的完成，为完成体助词；二是表示"被他杀"这一事件的完成，为事态助词。

再来看例（3）—（9）。从语义上看，这七个例子中"罢"均表示"免除""取消"义，是瞬间完成、非延续性的终结性动词。例（3）—（6），"罢了"后均带有宾语，"了"旨在说明"罢"所表示的终结过程的完成，所以"了"是完成体助词。例（7）从表层结构上来看"罢了"后并没有宾语成分出现，但根据语境不难推断出"罢了"的宾语为"二世所立之臣"，因此这里的"了"与例（3）—（6）一样说明动词"罢"终结过程的完成，"了"为完成体助词。例（8）（9）中主语"诸路牒试""如漳之盐钱"分别是"罢"的受事宾语，而且与例（3）—（7）不同的是"罢了"处在分句或句子的末尾，"了"在说明动词"罢"终结过程完成的同时，也可能具有说明句子所表述的整个事态、变化已经实现完成的功能，那么"了"在例（8）（9）中可能是身兼完成体助词和事态助词两个功能。因完成体助词是说明动作行为的完成、事态助词是说明事态变化的完成，所以我们把可能兼具这两种功能的句尾"了"称为完成义助词[①]。因

---

① 本书第四章的第五节标识此种功能的"了"为"了$_{1+2}$"。

此综合动词"罢""了"的历史使用情况和"了"的功能发展，我们可以更确切地说《朱子语类》中居于连续性线性序列中的"罢了"在句中时为终结性动词"罢"+完成体助词"了"的组合形式；在句尾（分句或句子末尾）时为终结性动词"罢"+完成义助词"了"的组合形式。

到了元代，"罢了"组合中的"罢"有了表"完毕""结束"义的用例，如：

（14）如今罢了干戈，绝了征战，扶持俺这唐十宰文武官员。（《元刊杂剧三十种·尉迟恭三夺槊杂剧》）

（15）一投定了华夷，一投罢了相待，那里想困难之时，用人之际！（《元刊杂剧三十种·诸葛亮博望烧屯杂剧》）

（16）姨姨，我为甚罢了雨云？却也是避些风波。做这些淡生涯，且熬那穷过活。（《元刊杂剧三十种·诸宫调风月紫云亭杂剧》）

例（14）—（16）中"罢了"后均带宾语，"罢"为"完毕""结束"义的终结性动词，"了"为说明"罢"这一终结性过程完成的完成体助词。换言之，例中"罢了"为完结义终结性动词"罢"+完成体助词"了"的组合形式。

三、"罢了"的词汇化与语法化

从所调查文献的整体情况来看①，"罢了"在元代使用频率并不

---

① 此部分所调查的文献主要有：《近代汉语语法资料汇编》（元代明代卷）、《元刊杂剧三十种》、《六十种曲》、《三国演义》、《水浒全传》、《西游记》、《金瓶梅词话》、《牡丹亭》、"三言"、"二拍"、《型世言》、《醉醒石》等。

高,到了明代才广泛使用开来。句法分布上,"罢了"可以单独成句,可以用于句中,也可以用于句尾。据观察独立成句和用于句中的"罢了"与句尾语气词"罢了"的形成无关,因此下面只考察与语气词"罢了"的形成存在渊源关系的句尾的"罢了"。

首先我们要廓清如下情况,来看例句:

(17)晁盖道:"他的寨在那里?"和尚道:"他有四个寨栅,只是北寨里,便是曾家兄弟屯军之处。若只打得那个寨子时,别的都不打紧。这三个寨便罢了。"(《水浒全传》60回)

(18)猴王又道:"我无性。人若骂我,我也不恼;若打我,我也不嗔,只是陪个礼儿就罢了。一生无性。"(《西游记》1回)

例(17)中"若只打得那个寨子时,别的都不打紧。这三个寨便罢了"为一复句,"罢了"处于后一分句末尾,受关联副词"便"修饰,作后一分句的谓语。例(18)中"若打我,我也不嗔,只是陪个礼儿就罢了"也是一个复句,充当其中一个分句的"只是陪个礼儿就罢了"为一紧缩句,受关联副词"就"修饰的"罢了"实为紧缩句的一个分句。

不难看出,在这种复句或紧缩句且前有关联副词"就/便/也/还"等的句法语境下,充当分句或分句的谓语的"罢了"尽管已经由表终结性情状的完结义"动词+助词"组合转变为表说话人主观态度的"算了""好了"义的"动词+助词"组合,位置上也处于句子或分句的末尾,但它是无法发展成语气词的。

与语气词"罢了"的形成有直接渊源关系的是元明时期大量出现的这样一种句法语境:(NP+)VP+罢了。这又可分为两种情况:

1."罢"前添加关联副词"就/便/也/还"等而不改变句子

原有的语义表达,"罢了"含有"只好如此""就这样算了"的意味。如:

(19)(净)我家神道是泥塑木雕,那得五爪金龙?(外)自家不敬神,安得神人敬?你既不信,明日赔你一只罢了。(《白兔记》,见《六十种曲》)

(20)玄德曰:"几时归?"童子曰:"归期亦不定,或三五日,或十数日。"玄德惆怅不已。张飞曰:"既不见,自归去罢了。"(《三国演义》37回)

(21)又听得那个男子说道:"我算那厮身边东西,也七八分了。姐夫须决意与我下手,出这口鸟气!"张世开答道:"只在明后日教你快活罢了!"(《水浒全传》103回)

例(19)是一个对话语境,"罢了"处在一个因果复句的后一分句即结果分句"明日赔你一只罢了"的句尾。"明日赔你一只"这一谓词性结构 VP 叙述了一个完整的行为事件,"罢了"并不表示 VP 的完结,而是表示说话人对 VP 所表示的行为事件的一种让步,有"算了""好了"之义。而且如果在"罢了"前加上"便""就"等关联副词也并不改变句子原有意义的表达,所以"明日赔你一只罢了"应是一个紧缩句,"明日赔你一只"是紧缩句的前一分句,"罢了"是紧缩句的后一分句,"罢"依然有一定的动词性。例(20)(21)仿此。

从深层的句法关系来说,例(19)—(21)这类句子与例(17)(18)并无不同,但表层形式上这类句子比例(17)(18)少了标明复句关系的关联副词"就/便/也/还"等。正因为此,加之"罢了"前 VP 所述行为事件的完整性,"罢了"在这类句子中充当谓语或分句的身份也变得不太显明。而且这类句子都是带有强烈主观性的对话语境,"罢"由原来"完结""结束"义的表瞬间终结性情状的动词变为语义较虚、动词性较弱的反映说话人主观态度的动词，与之相伴，"了"表示动作或事件完成的助词功能也在降低，"罢"与"了"二者之间的组合界限也在逐渐消失，"罢了"的结合更加紧密，但是还没有完全词汇化和语法化。

2. "罢"前不能添加关联副词"就/便/也/还"等，这类句子中"罢了"的含义可分为两种。

a. "罢了"为"仅此而已""不过如此"的限止义

（22）八戒道："好！好！好！做个梦罢了，又告诵他。他那些儿不会作弄人哩？就教你三桩儿造化低。"三藏回入里面道："是那三桩？"（《西游记》37回）

（23）三藏道："他有些甚么勾当？"八戒道："他倒也有些道行。他曾劝我跟他修行，我不曾去罢了。"（《西游记》19回）

（24）西门庆大喜，作揖谢了他二人重礼。伯爵道："哥没的说，惶恐，表意罢了。"（《金瓶梅词话》31回）

（25）铁生道："我也是取笑的说话，难道我真个舍得你不成？我只是要勾着他罢了。"（《拍案惊奇》卷三十二）

（26）日往月来，穷苦过日子，只是不觳。做田庄人，毕竟要吃饭。劳氏每日只煮粥，先铧几碗饭与阮大吃，好等他田里做生活；次后把干粥与婆婆吃，道他年老饿不得；剩下自己吃，也不过两碗汤、几粒米罢了。（《型世言》33回）

例（22）的句法语境显示"做个梦罢了，又告诵他"可以理解成"做个梦就做个梦罢，没必要把做的梦告诉他"，"罢了"义为"就这样算了"，表示说话人对"做梦"这一件事的容忍、让步，"罢了"似乎仍有一定的动词性，可是"罢了"前又很难加进"就/便/

也/还"等关联副词,这说明"罢了"的动词性已非常微弱。同时不难看出该句中说话人对事情的容让是有限度的,而这种有限度的容让很容易被解读为说话人的主观限止情绪,即说话人主观上有认为事情仅止于某种情况的倾向,因此该例还可以理解成"不过是做个梦而已,没必要把做的梦告诉他"。此时"罢了"就完全失去了动词意义,只是附于"做个梦"这一行为事件之后表示说话人的一种主观情绪,含有"不过如此""仅此而已"的意味,已经可以看作是一个语气词。换言之,在后一种语境语义下,随着"罢"动词意义的丧失,"了"的完成义助词功能也彻底泯灭,"罢"与"了"之间的界限也随之消失,"罢了"凝结成一个不参与句子命题意义只表示说话人情绪的句尾语气词。例(23)—(26)"罢了"均为句尾语气词,传达说话人的一种情绪,含有"不过如此""仅此而已"的限止语气。而且例(25)(26)还表现出"罢了"与"只是""不过"等副词前后呼应的句法语用特征。

b."罢了"为"姑且如此"的决断义

(27)那呆子道:"……如今茶水不得见面,灯火也无人管,虽熬了这一夜,但那匹马明日又要驮人,又要走路,再若饿上这一夜,只好剥皮罢了。"(《西游记》23回)

(28)八戒嘻嘻笑道:"你那钯只好与我这钯做孙子罢了!"(《西游记》88回)

(29)蜚英道:"姐姐又不出来,官人又进去不得,如何得会?只好传消递息罢了。"(《拍案惊奇》卷二十九)

(30)金莲又道:"你说,你那咱不得来,亏了谁?谁想今日咱姊妹在一个跳板儿上走,不知替你顶了多少瞎缸,教人背地好不说我。奴只行好心,

自有天知道罢了。"(《金瓶梅词话》21 回)

例(27)中"再若饿上这一夜,只好剥皮罢了"是一个假设复句,"只好剥皮"表示在假设条件下"只能如此""别无选择"的一种结果,"罢了"附于"只好剥皮"这一 VP 结构后,传达了说话人对事情结果的一种决断,此时"罢了"可理解为"就这样算了"。如此,"罢"好像还具有一定的动词性,但是句法上"罢了"前并不能加上关联副词"就/便/也/还"等,这从一个侧面说明"罢了"的动词性已微乎其微;语义上,去掉"罢了",句子所表述的基本意义并不受影响,只是说话人对事情结果的主观情绪表达不够明显。因而该句"罢了"也可以看作不参与句子命题的构成,只表示说话人对假设条件下产生的结果的一种决断语气,含有"姑且如此"之义。此时"罢"的动词义彻底消失,"了"的完成义助词功能也不复存在,"罢了"蜕变成一个彰显说话人主观决断的语气词。例(28)—(30)"罢了"均可视为句尾语气词,传递说话人"姑且如此"的决断语气。

至此,语气词"罢了"的形成过程可用下图表示:

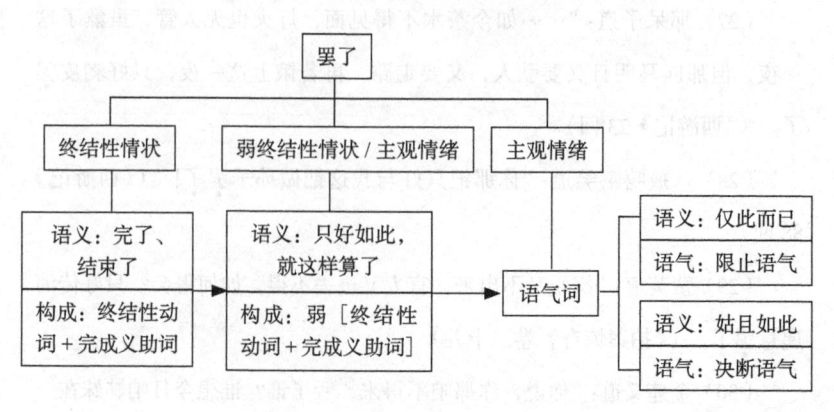

```
                        罢了
         ┌───────────────┼───────────────┐
     终结性情状    弱终结性情状/主观情绪    主观情绪
         │               │                │
     语义:完了、     语义:只好如此,                  语义:仅此而已
     结束了         就这样算了      ┌─ 语气:限止语气
                                  语气词
     构成:终结性动    构成:弱[终结性      └─ 语义:姑且如此
     词+完成义助词   动词+完成义助词]        语气:决断语气
```

图 3-1 语气词"罢了"的形成过程

值得一提的是，在《金瓶梅词话》中还出现了"罢哩"，其中"哩"li 应是"罢了"的"了"le 发生了由央元音 [e] 向前元音 [i] 的转化。

（31）大舅向大妗子说道："你往家去罢了。家没人，如何只顾不出去了？"大妗子道："三姑娘留下，教我过了初三日，初四日家去罢哩。"（《金瓶梅词话》76 回）

（32）月娘便叫："李大姐，你还不教奶子抱了孩子，往后边去罢哩。你看謊的那腔儿！"（《金瓶梅词话》48 回）

例（31）从语境看，"罢哩"可作两可理解：一种义为"算了"，表示对暂且不家去的退让，"罢"仍有一定动词义；一种义为"仅此而已"，表示对暂时不家去的限止语气。例（32）为祈使句，"李大姐，你还不教奶子抱了孩子往后边去"构成了一个完整的命题，"罢哩"不参与句子命题的构成，所以"罢哩"应看作语气词。如果说祈使、命令的语气是由前面的祈使命题结构表达出来的，那么"罢哩"则是一种决断语气，表示对前面的命令要求的强烈建议和肯定。

语气词"罢了/罢哩"在明代产生后使用并不广泛，从下表可见一斑。

表3-2 语气词"罢了""罢哩"在明代文献中的使用情况①

调查项\频次\文献	三国演义	水浒全传	西游记	金瓶梅词话	牡丹亭	三言	二拍	型世言	醉醒石
(NP+) VP+罢了	2	3	32	173	2	39	170	51	5
语气词"罢了"	-	-	10	11	-	4	13	8	-
语气词"罢哩"	-	-	-	1	-	-	-	-	-

四、有清以来语气词"罢了"的使用情况

（一）有清以来"罢了"的形式及文献分布

为了更好地了解语气词"罢了"的使用情况，我们调查了有清以来大量的文献，其中既有满汉合璧会话书，又有白话小说，并对调查结果进行了列表。

表3-3 满汉合璧文献"罢了"及其音变形式"罢哩""罢咧"使用情况

文献	词项	对应词	性质	频次	合计	占比
满汉成语对待	罢了	dabala	语气词	18	43	42%
			动词+助词	12		28%
		dere	动词+助词	1		2.3%

---

① 表3-2"罢了""罢哩"用作语气词的频次不包括两可理解的例子在内。

续表

文献	词项	对应词	性质	频次	合计	占比
满汉成语对待	罢了	jou dere	动词+助词	1	43	2.3%
		-okini	语气词	1		2.3%
		wajiha	语气词	2		4.7%
			动词+助词	1		2.3%
		其他	语气词	4		9.3%
			动词+助词	3		7%
	罢哩	dabala	语气词	3	3	100%
清文启蒙	罢咧	dabala	语气词	35	43	81%
			动词+助词	—		0%
		dere	语气词	4		14%
			动词+助词	3		5%
	罢了	wajiha	动词+助词	3	5	60%
		jou	动词+助词	1		20%
		okini	动词+助词	1		20%
清文指要	罢咧	dabala	语气词	25	30	83%
			动词+助词	—		0%
		dere	语气词	3		10%
			动词+助词	2		7%
	罢了	wajiha	动词+助词	2	5	40%
		jou	动词+助词	1		20%
		jou dere	动词+助词	1		20%
		okini	动词+助词	1		20%

续表

文献	词项	对应词	性质	频次	合计	占比
续编兼汉清文指要	罢咧	dabala	语气词	19	22	86.5%
			动词+助词	—		0%
		dere	语气词	1		4.5%
			动词+助词	1		4.5%
		其他	语气词	1		4.5%
	罢了	jou	动词+助词	1	3	33.3%
		okini	动词+助词	1		33.3%
		其他	动词+助词	1		33.3%

由表3-3可以看出如下情况：

1)《满汉成语对待》中"罢了"共出现43例，30例对应满语表示强调或限定的句尾语气词dabala，6例用来对译满语表示推测的句尾语气词dere或感叹语气词jou与dere的组合形式jou dere、语气词u与表示愿望或请求的终止词尾-kini的组合形式-okini、完结义动词词干waji-与形动词词尾-ha的组合形式wajiha，另有7例无明显的满语对应词。从性质上看，"罢了"有25例为语气词，18例为动词"罢"+助词"了"的组合形式。"罢哩"共出现3例，均对应dabala，作语气词。

2)《清文启蒙》《清文指要》和《续编兼汉清文指要》与《满汉成语对待》比较有如下变化：a. 无"罢哩"；b."罢了"不再对译dabala，而主要对译wajiha、jou、jou dere、-okini等，并且不是语气词，而是"动词+完成助词"的组合结构；c. 出现了新的语气词

"罢咧",主要对译 dabala,而且很有意思的是"罢咧"对译 dabala 均为语气词,无一例外;"罢咧"与 dere 对译,则有的表语气,有的为"动词+完成助词"的组合结构。

为什么在满汉合璧会话书中出现了这些变化呢?根据这几部文献反映出的情况,我们尝试着做如下推测:清代早期操满语的旗人在说汉语时直接借用了汉语里意义和用法相近的"罢了/罢哩"来对译满语 dabala、dere 等。不难看出满语 dabala 的后两个音节与"罢了/罢哩"读音相近,后元音 [a] 在实际语流中也容易央元音化为 [e];dere 的后一音节 re 的读音与汉语"了"le 的读音也十分接近。在功能上,汉语"罢了/罢哩"具有语气词和"动词+助词"的谓词性功能,而从频率上看"罢了"谓词性功能的使用远远高于语气词,"罢了"的音变形式"罢哩"的有限用例中也是谓词性用例多于语气词用例。随着满汉语言接触的深入,在满语 dabala、dere 的语音影响下,在前元音 [i] 与央元音 [e] 发音相近的前提下,在对"罢了/罢哩"语气词功能和谓词性功能相区分的需求下,汉语中使用不久且频率较低的"罢哩"的"哩"li 在旗人汉语中进一步吸纳了央元音 [e] 而变成"咧"lie。新的音变形式"罢咧"主要对译满语 dabala 且均为语气词,而与 dere 的对译除作语气词外还有作谓词的用例,这也正是受了源词"罢了/罢哩"的功能影响的结果。"罢了"则主要对译 wajiha、jou、jou dere、-okini 等,是"动词+完成助词"的组合结构。

有清以来的非满汉合璧文献也能为以上推理提供佐证。我们看表 3—4。

表 3-4　有清以来白话小说语气词 "罢了" 及音变形式 "罢哩" "罢咧"

时代	作家	出生地①	作品	作品字数（万字）②	频次 罢了	频次 罢哩	频次 罢咧
清代	陈忱	乌程	水浒后传	25	1	—	—
	西周生	不详	醒世姻缘传	80	33	—③	—
	张南庄	上海	何典	6	5	—	—
	李绿园	河南宝丰	歧路灯	60	8	—	—
	曹雪芹	南京	红楼梦	90	56	—	23④
	文康	北京	儿女英雄传	54	2	—	8⑤
	石玉昆	北京	三侠五义	54	10	—	12
	吴敬梓	安徽全椒	儒林外史	33	4	—	—
	李宝嘉	江苏武进	官场现形记	65	36	3	5
	韩邦庆	上海	海上花列传	32	—	—	—

① 表中作者地属依文献记载详细指明出生地的就按出生地标注，只指明祖籍（或哪里人）的就按祖籍标注。作者的出生地与祖籍有时不一致，出生地与其后的长期居住地有时也不一样。有时出生在某地而语言并不一定是某地方言，如曹雪芹出身清代内务府正白旗包衣世家，雍正六年（1728），曹家因亏空获罪被抄家，曹雪芹随家人迁回北京老宅，后又移居北京西郊，所以他虽出生在南京，但他从小接触和使用的语言主要应是旗人话。
② 表中文献字数是 word 文档显示的且舍去万位数以下数字的纯字数。全书同。
③ 《醒世姻缘传》中出现了 1 例 "罢哩"，但不是语气词，而是谓词性结构，义为 "算了"，作谓语。
④ 《红楼梦》中 "罢咧" 共 26 例，有 3 例不是语气词。
⑤ 《儿女英雄传》中 "罢咧" 共 13 例，有 5 例不是语气词。

续表

时代	作家		出生地	作品	作品字数（万字）	频次 罢了	频次 罢哩	频次 罢咧
清代	张春帆		江苏常州	九尾龟	75	54	—	—
清代	梦花主人		不详	九尾狐	34	51	—	—
清代	刘鹗		江苏镇江	老残游记	12	4	—	1[①]
清末民国至今	旗人作家	蔡友梅	北京	小额	7	—	—	—
清末民国至今	旗人作家	蔡友梅	北京	损公作品	50	4	—	—
清末民国至今	旗人作家	穆儒丐	北京	北京	16	1	—	—
清末民国至今	旗人作家	庄耀亭	北京	白话聊斋·胭脂	4	—	—	—
清末民国至今	旗人作家	老舍	北京	老张的哲学	10	—	—	—
清末民国至今	旗人作家	老舍	北京	茶馆	3	—	—	—
清末民国至今	旗人作家	老舍	北京	骆驼祥子	13	—	—	—
清末民国至今	旗人作家	老舍	北京	正红旗下	7	—	—	—
清末民国至今	旗人作家	老舍	北京	四世同堂	70	7	—	—
清末民国至今	旗人作家	老舍	北京	二马	14	2	—	3
清末民国至今	旗人作家	端木蕻良	辽宁昌图	曹雪芹	20	16	—	—
清末民国至今	旗人作家	端木蕻良	辽宁昌图	科尔沁旗草原	8	2	—	—

---

① 《老残游记》中"罢咧"共2例，有1例不是语气词。

续表

时代	作家		出生地	作品	作品字数（万字）	频次		
						罢了	罢哩	罢咧
清末民国至今	旗人作家	叶广芩	北京	青木川	8	1	—	—
				黄连厚朴	19	14	—	—
		赵大年	北京	公主的女儿	7	4	—	—
		舒群	黑龙江阿城	没有祖国的孩子	1	—	—	—
		赵玫	天津	秋天死于冬季	32	21	—	—
	非旗人作家	夏衍	浙江杭州	上海屋檐下	33	—	—	—
		丁玲	湖南临澧	太阳照在桑干河上	18	—	—	1
				莎菲女士的日记	22	—	—	—
		周立波	湖南益阳	暴风骤雨	25	—	—	—
		茅盾	浙江嘉兴	子夜	28	12	—	—
		赵树理	山西晋城	三里湾	14	2	—	—
				李有才板话	18	—	—	—
				小二黑结婚	10	—	—	—
		钱钟书	江苏无锡	围城	40	1	—	—
		曹禺	天津	日出	9	—	—	—
				雷雨	8	—	—	—
				原野	9	—	—	—
				北京人	13	1	—	—

续表

时代	作家		出生地	作品	作品字数（万字）	频次		
						罢了	罢哩	罢咧
清末民国至今	非旗人作家	张爱玲	上海	红玫瑰与白玫瑰	30	—	—	—
				倾城之恋	30	1	—	—
		巴金	四川成都	激流三部曲	25	11	—	—
				爱情三部曲	30	5	—	—
		姚雪垠	河南南阳	差半车麦秸	1	2	—	—
				长夜	15	8	—	—
		王小波	北京	黄金时代	26	13	—	—
				白银时代	27	15	—	—
				青铜时代	40	13	—	—
				黑铁时代	30	6	—	—
		梁斌	河北蠡县	红旗谱	30	11	—	—
		王蒙	北京	青春万岁	21	1	—	—
		路遥	陕西清涧	平凡的世界	80	33	—	—
		严歌苓	上海	第九个寡妇	20	5	—	—
		贾平凹	陕西西安	废都	38	22	—	—
		莫言	山东高密	红高粱家族	27	2	—	—
		陈忠实	陕西西安	白鹿原	46	4	—	2[①]

---

① 《白鹿原》"罢咧"共4例：2例为语气词；1例表"算了"义，作谓语；1例为"吃罢+咧"，"罢"为完结义动词，作"吃"的补语，"咧"为语气词。

续表

时代	作家		出生地	作品	作品字数（万字）	频次		
						罢了	罢哩	罢咧
清末民国至今	非旗人作家	陆文夫	江苏苏州	美食家	6	2	–	–
				清高	13	1	–	–
		铁凝	河北赵县	大浴女	24	6	–	–
		韩寒	上海	三重门	17	3	–	–
		郭敬明	四川自贡	幻城	13	–	–	–
				悲伤逆流成河	12	1	–	–

由表3-4可以看出，有清以来语气词"罢了"仍是主要形式，"罢哩"只在《官场现形记》中出现3次，"罢咧"在清代的作品中除《官场现形记》的5例和《老残游记》的1例外，均出现在旗人作家作品《红楼梦》《儿女英雄传》和《三侠五义》中，而且用例较多。我们认为这正好印证了前面的推测：在清前期的旗人汉语里由于受满语dabala和dere的影响，"罢哩"发生了音变而产生"罢咧"，所以在清中后期的旗人作家作品中出现了较多用例，而"罢咧"出现在清后期非旗人作家作品《官场现形记》和《老残游记》中则说明"罢咧"由北京话扩展到了其他地域。清末以来北京满族作家老舍《二马》、湖南作家丁玲《太阳照在桑干河上》，以及陕西作家陈忠实《白鹿原》中"罢咧"的少量用例则进一步说明"罢咧"在现代汉语中仍有使用。

（二）有清以来语气词"罢了/罢哩/罢咧"所表语气

1. 满汉合璧文献中"罢了/罢哩/罢咧"所表语气

（33）damu　hengkixe-me　baniha　bu-re　dabala,　ai-se-re.
　　　只是　　叩头－并　　感谢　　给－未　罢了　　什么－说－未
　　　就只是拜谢罢咧，说什么呢。(《清文指要》中 2a3-4)

（34）age　si　se-re-ngge　gvnin　sa-ha　guqu　ofi,　teni
　　　阿哥　你　说－未－名　心　　知道－完　朋友　因为　才
　　　uttu　tafula-ra　dabala.
　　　这样　劝谏－未　罢了
　　　皆因阿哥你是知心的朋友，才这样劝罢咧。(《清文启蒙》9a2-3)

（35）ainahai　niyalma　qi　hon　lakqa-ha　fulu　erdemu　bi,
　　　未必　　　人　　从　很　出众－完　有余　能力　　有
　　　inu　arsari　dorgi-de　tukiye-bu-fi,　imbe　sektu　se-he
　　　也　常人　　中间－位　赞扬－使－顺　他.宾　伶俐　说－完
　　　dabala.①
　　　罢了
　　　未必有比人绝顶狠强的武艺子，也只是差不多儿的人里头显得他机灵罢了。(《满汉成语对待》一 24b3-5)

（36）haha　niyalma　baita　bi-qi,　teng　　tang　　se-me
　　　男　　人　　　事情　有－条　坚固貌　坚硬貌　助－并

---

① 该例中 ainahai 采用的是［日］寺村政男校注本，ainahai，副词，"未必"之义，［日］竹越孝、陈晓校注本作 ainaha。

yabu-re,　hou　　hiu　　se-me　arbuxa-ra　o-qi,　teni
走 - 未　昂然貌　慷慨貌　助 - 并　行动 - 未　成为 - 条　才
inu　dabala.
正确　罢了
汉子家有事，响响哓哓的行走，慷慷慨慨的动作，才是罢咧。
(《清文启蒙》25b2-3)

(37) aika　vren　-i　gese　baibi　qaliyan　fulun　je-me,
　　 如果　牌位　属　一样　只是　钱粮　俸禄　吃 - 并
　　 aniya　hvsime　yabu-ra-kv　o-qi,　hono　naka-bu-qi
　　 年　　整　　　行走 - 未 - 否　成为 - 条　还是　停止 - 使 - 条
　　 aqa-ra　dabala.
　　 应该 - 未　罢了
　　 要是尸位素餐，整年家不行走，还是当退的罢咧。(《清文指要》中 12b2-4)

(38) ainqi　eiten　baita　de,　gemu　doso-bu-mbi　dere.
　　 或许　所有　事情　位　都　　忍耐 - 使 - 现　吧
　　 想是诸凡事儿上，都奈得住罢吧。(《清文启蒙》20b2)

(39) buqe-re　be　gemu　onggo-ho　dabala.
　　 死 - 未　宾　都　　忘 - 完　　罢了
　　 把死都忘了罢哩。(《满汉成语对待》三 6b5-6)

　　如果细加区分的话，"罢了/罢哩/罢咧"在上面例子中所表语气又有些微不同：例(33)—(35)表限止语气，例(36)—(39)表示决断语气。

2. 有清以来白话小说中"罢了/罢哩/罢咧"所表语气

（40）养娘道："奶奶没要紧，把东西都俵散了。大爷说道要休，也只要快活嘴罢了。"（《醒世姻缘传》9回）

（41）黛玉冷笑道："难道我也有什么'罗汉''真人'给我些香不成？便是得了奇香，也没有亲哥哥亲兄弟弄了花儿、朵儿、霜儿、雪儿替我炮制。我有的是那些俗香罢了。"（《红楼梦》19回）

（42）所谓讨论，无非是没事扯淡罢了。（《黄金时代》11章）

（43）这二爷正说得高兴，不隄防旁边那个抚院跟来的一个三小子——是伺候抚院执帖门上的，听了这话，便说道："你说抚台大人他不演习；他演习的时候，这怕你瞧不见罢哩。"那二爷道："伙计你瞧见你说。"（《官场现形记》7回）

（44）我的黄货白货给土匪打抢了，又砸断了我的腰，我不象人样儿象条狗，我连一句气话也没骂还是踏我的轧花机；我不信世上还有啥"闲话"能把我气死，能把我扳倒？顶大不过是想算我的伙食账（处死）罢咧！（《白鹿原》17章）

（45）他两个才拐过那座拐角墙，就说道："咦！师傅今日怎么这么早就吹了灯儿睡了？"那瘦子说："想是了了事了罢咧！"（《儿女英雄传》6回）

（46）赵大架子推头有公事，还要到衙门里去，余荩臣不好挽留，自己的事始终未曾能够向他开口。临到出来上轿，便邀他明天晚上到这里吃晚饭。赵大架子道："看罢咧；如果没有公事，准来。"（《官场现形记》32回）

以上例句中语气词"罢了/罢哩/罢咧"所表语气也可分为两种：例（40）—（44）表示限止语气，例（45）（46）表示决断语气。

基于以上调查和论证我们可以做如下分析：(1) 自清代以来，语气词"罢了""罢哩""罢咧"三者相比，"罢了"仍是主要形式；

（2）无论是"罢了"、"罢了"的音变形式"罢哩"，还是清代受满语 dabala、dere 的影响而出现的"罢哩"的音变形式"罢咧"，均承继了明代语气词"罢了"产生之初所表示的语气，即限止语气和决断语气；（3）"罢了"及音变形式"罢哩""罢咧"表限止语气的用例一直都比表决断语气的用例多。

第三节　满语与语气词"是呢"

一、引言

对于清中期以前满汉合璧文献中出现的句尾语气词"是呢"，日本学者竹越孝（2012/2014/2015）、祖生利（2013：187—227/2017：278—288）都进行过讨论。二者均认为句尾语气助词"是呢"主要是满语第二人称祈使式后缀 -qina 的对译，但二者对"是呢"所表语气及发展上看法不同：语气上，竹文认为"是呢"表希望和祈使语气，祖文认为"是呢"表示说话者的主观愿望、对听话者的请求或者对第三者的听凭、命令等；发展上，竹文认为 19 世纪中叶句末语气助词"是呢"已经从旗人汉语中消失，祖文则认为因满语底层干扰而产生的句末语气助词"是呢"同北京官话自身的"才是""才好"发生了折中混合，进而又产生出"才是呢""才好呢"这样三音节的满汉混合叠加形式。基于以上研究尤其是存在的分歧，我们对清代满汉合璧文献《满汉成语对待》《清文启蒙》《清文指要》《续编兼汉清文指要》《清话问答四十条》《清语易言》《庸言知旨》中语气词"是呢"进行了穷尽性调查,并对自元明以来汉语中句末大量使用的"才是""才好"进行了详尽的定量和定性分析,在此基础上拟对"是呢"与"才是/才好""才是呢/才好呢"等的关系作进一步的梳理;对一些文献中出现的线性形式"是咧"也作了调查和分析。

二、旗人汉语中的句尾语气词"是呢"

(一) 满汉合璧会话书中语气词"是呢"的对译和频次

我们对清代早期和中期的几部满汉合璧文献进行了穷尽性调查,就"是呢"的对译情况和出现频次进行了统计。

表3-5 满汉合璧会话书中语气词"是呢"的对译情况和频次[①]

		满汉成语对待	清文启蒙	清文指要	续编兼汉清文指要
是呢	-qina	2/23	7/23	5/14	1/9
	-kini	–	–	1	–
	零形式祈使式	–	–	–	1

表3-5反映出:1) 语气词"是呢"是满语动词祈使式的对译,主要是对译满语第二人称祈使后缀 -qina 的结果,也偶见对译满语

[①] 表3-5中"/"前面的数字是 -qina 对译成语气词"是呢"的频次,后面的数字是 -qina 在对应文献中出现的总频次。

第二人称祈使后缀 -kini 和第二人称零形式祈使式[①]；2）满语动词第二人称祈使后缀 -qina 等对译成语气词"是呢"的整体比率并不高；3）虽然后出的《清文启蒙》《清文指要》比《满汉成语对待》用例稍多，但这有限的用例并不能说明语气词"是呢"随着时间的推移而在旗人汉语中的使用更为普遍。

（二）语气词"是呢"表示的语气

因四部满汉合璧文献中语气词"是呢"出现的频次并不高，我们一一列举出来以观察它所表示的语气。

（1）etu-he baitala-ha be tuwa-qina, jaqi etuhun, muse
    穿-完 使用-完 宾 看-祈 太 强壮 咱们
    tere qihe use-i gese heni majige, ini yasa
    那 虱子 种子-属 样子 略微 稍微 他.属 眼睛
    de geli bi-u?
    位 又 有-疑

你看他穿带使用的是呢，忒火施，咱们那一点半点儿碎零个几儿的，他眼里也有么？（《满汉成语对待》二 37b2-3）

（2）buxakan bu-qina, seseme majige, ai jaka se-re-ngge.
    略多些 给-祈 少许 稍微 什么 东西 说-未-名

相模相样的给他是呢，只好一点半点儿的，甚么帐儿（《满汉成

---

① ［日］竹越孝：《助词"是呢"について》，日本爱知：中国近世语学会 2014 年度研究总会会议论文。该文中竹越孝详尽调查了《清文指要》《续编兼汉清文指要》的不同版本，指出句末语气助词"是呢"对应满语成分的情况为：-qina 17 例、-kini 6 例、-ki 1 例、dere 3 例、wajiha 1 例、acambi 1 例。

语对待》二 39b1）

(3) sa-qi　uthai　sinde　ala-mbi　dere, umai　sar-kv
　　 知道-条 就　 你.与　告诉-现　 吧　 完全　知道.未-否
　　 ba-de, mimbe ai-be　　ala　se-mbi… jou-qina,　bi
　　 地方-位 我.宾 什么-宾 告诉. 祈 助-现 算了-祈 我
　　 tuwa-qi　gvwa　niyalma, sinde　emu　baita fonji-qi, si
　　 看-条　其他　 人　　 你.与　 一　 事情 问-条　你
　　 uthai　da-qi　tuba-de　isi-tala,　giyan　giyan　-i　ala-mbi.
　　 就　源头-从　那里-与　到-至　 道理　 道理　工 告诉-现
　　 若是知道就告诉你罢咱的，并不知道，教我告诉什么，……罢是
　　 呢，我要别人，若问你一件事情，你就从头至尾，一件件的告诉。
　　 (《清文启蒙》3b3-4a2）

(4) damu　i　emgeri　sinde　bai-ki　se-he-be　dahame, si
　　 但是 他　一次　 你.与　求-祈　说-完-宾　顺从　你
　　 uthai　tede　bu-qina.
　　 就　 他.与　给-祈
　　 但只是他既然一遭说要合你寻，你就给他是呢。(《清文启蒙》
　　 10b4-5）

(5) si　tere　baita　be　majige　faxxa-qina,　ai　uttu　heulen.
　　 你 那个 事情 宾 稍微　努力-祈　 怎么 这样 怠慢
　　 你把那个事吧啥—吧啥 是呢①，怎这样懈怠。(《清文启蒙》20a2）

---

① 吧啥：动词，意思为尽力、努力。

(6) age   sinde   aika   xolo   baha-fi,   inu   meni   bou-de
    阿哥   你.与   如果   空闲   得到-祈   也   我.属   家-与
    emu   mari   gene-qina.
    一   次   去-祈
    阿哥你倘或得了工夫，也往我们家里去一遭儿是呢。(《清文启蒙》47b6-48a1)

(7) age   si   damu   dosi-qina,   untuhun   buda-i   teile   sinde
    阿哥   你   只是   进入-祈   空   饭-属   仅仅   你.与
    ule-bu-re   kouli   geli   bi-u?
    吃-使-未   道理   又   有-疑
    阿哥你只管进去是呢，寡空饭给你吃的规矩也有么？(《清文启蒙》50a1-2)

(8) ai   geli,   si   damu   mimbe   taka-mbi-u?   inu   gvwa
    什么   又   你   只是   我.宾   认识-现-疑   也   另外
    age-se   de   kundule-qina,   mimbe   ume   haqihiya-ra.
    阿哥-复   位   尊敬-祈   我.宾   不要   催促-未
    岂有此理，你只认得我么？也敬别的阿哥们是呢，别紧让我。(《清文启蒙》51b4-6)

(9) geren   age-se   suwe   inu   udu   hvntahan   omi-qina,   ainu
    众   阿哥-复   你们   也   几   杯   喝-祈   为什么
    gemu   uttu   antahaxa-ra   mangga   ni.
    都   这样   做客-未   擅长   呢
    众位阿哥们你们也呵几钟是呢，怎么都会这样作客呢？(《清文启蒙》52a1-3)

第三章 满语对清代旗人汉语语气词的干扰 | 149

(10) beleni　　bi-sire-ngge,　　sini　　jalin　　dagila-ha-ngge　geli
　　　现成　　有-未-名　　　你.属　因为　　准备-完-名　　　又

　　　waka, majige　je-fi　　gene-qina.
　　　不是　稍微　　吃-顺　去-祈

　　　现成的，又不是为你预备的，吃点去是呢。(《清文指要》中 6a6-7)

(11) ere　　uquri　si　geli　aibi-de　xodo-no-ho　bihe,　mudan
　　　这个　时候　你　又　哪里-与　闯-去-完　　过　　　次

　　　talu-de　mini　jaka-de　inu　majige　feliye-qina,　ainu
　　　偶尔-位　我.属　跟前-与　也　稍微　　来往-祈　　为什么

　　　sini　dere　yasa　be　oron　sabu-ra-kv.
　　　你.属　脸　眼睛　宾　完全　看见-未-否

　　　这一向你又往那里奔忙去了？间或到我这里走走是呢，怎么总不见你的面目。(《清文指要》中 17a5-6)

(12) mini　gisun　be　donji,　suwe　manju　bithe　be　hvla-qi
　　　我.属　话语　宾　听.祈　你们　满洲　　书　　宾　读-条

　　　tetendere,　uthai　emu　julehen　-i　taqi-qina.
　　　既然　　　就　　一　　心意　　工　学-祈

　　　听我的话，你们既念清书，就一拿步儿学是呢。(《清文指要》中 21a4-6)

(13) agesa　　yali　jefu,　sile　be　den　bara-fi　je-qina.
　　　阿哥.复　肉　吃.祈　汤　　宾　高　浇-顺　吃-祈

　　　阿哥们请吃肉，澥汤吃是呢。(《清文指要》下 4b4-5)

(14) adarame　banji-ha　demun　be　tuwa-qina,　hefeli　wakjahvn
　　　怎么　　　生长-完　诡计　宾　看-祈　　　肚子　　下垂

fuhali   beliyen   waji-ha   bi-me.
竟然   痴人   完结-完   有-并

是怎么的啊看那长的怪样儿是呢，臌着个大肚子竟是呆人。(《清文指要》下 29b1-2)

（15）si   akda-ra-kv   oqi,   narhvxa-me   fujurula-qina.
　　　你   相信-未-否   若是   辨别-并   访问-祈

你要不信，可细细的打听是呢。(《续编兼汉清文指要》上 2b1-2)

（16）tere tuttu yobodo-me   taqi-ha be, si   aika   sar-kv
　　　他   那样 开玩笑-并   习惯-完   宾   你   难道   知道.未-否

ni-u?   gvni-qi,   geli   suihu-me   omi-ha,   damu   sabu-ha-kv
呢-疑   想-条   又   醉-并   喝-完   只是   看见-完-否

donji-ha-kv   ton   o-kini.
听-完-否   数   成为-祈使

他那样顽惯了的，你有什么不知道的呢？想来又是喝的撒酒疯了，只当是没看见没听见是呢。(《清文指要》下 26b2-5)

（17）tuttu waka, gisun   bi-qi   elhe   nuhan -i   giyan be
　　　那样 不是   话   有-条   平稳   从容   工   道理   宾

bai-me   gisure,   xara   fanqa-ha   de   waji-mbi-u?
探求-并 说.祈   极   生气-完   位   完结-现-疑

不是那们，有话慢慢的找着理说是呢，生气就完了吗？(《续编兼汉清文指要》下 7b5-6)

祈使句是要求某人做或者不做某事的句子，表达说话人的请求、希望、祝愿、命令等主观意愿。祈使句带不带语气词都不影响这些主观意愿的表达，因此我们认为祈使句所表达的主观意愿是由祈使句本身的内容决定的，而不是由语气词决定的，语气词表达的是说话人对祈使句所表述的主观意愿的一种主观情绪。满语动词祈使式分为第一人称祈使式、第二人称祈使式和第三人称祈使式。-qina 是满语第二人称祈使式后缀，其使用的语境一般是说话人对听话人的一种愿望，希望听话人干什么或不干什么，-qina 用在动词词干后表示对这种希冀的行为的一种强调和确认。满汉对照来看，例（1）—（15）中"是呢"是满语第二人称祈使后缀 -qina 的对译，它不参与句子成分的组成，只表示说话人对听话人所提要求的强调和确认情绪。例（16），-kini 也是做第二人称祈使后缀，"是呢"与其对应，不参与句子成分的组成，仅表示说话人对听话人的要求进行强调和确认。例（17），动词词干 gisure 单用表示第二人称祈使式，说明说话人要求对方怎么做，"是呢"对译这种祈使表达形式，不参与句子成分的组成，只表达说话人对所述要求进行确认和强调的一种主观情绪。

另外，我们对近代汉语尤其是元明清及民国时期大量汉语文献进行了调查，并未发现句尾语气词"是呢"的踪迹。由此可以说，满汉合璧会话书中"是呢"是对译满语动词祈使式主要是第二人称祈使后缀 -qina 而产生的句尾语气词，用于表示希望、命令、请求等的祈使句中表达说话人对听话人所要求的行为事件的强调和确认的主观情绪。

三、汉语中与"是呢"相关的"才是/才好"及其词汇化和语法化

（一）近似情况的排除

近现代汉语中"是"是一个语义和功能多样的词，判断动词和

性质形容词是其众多功能当中常见的两类。这两类"是"都可以由表示强调确定语气的副词"才"修饰。先看下面的例子：

（18）只听得咽哺之声，真似虎啖羊羔。霎时食尽。把一个长老，几乎唬死。这才是初出长安第一场苦难。(《西游记》13回)

（19）我们不是表亲，Angie和姚明才是。(《姚明《我的世界我的梦》》)①

例（18）中"是"为判断动词，"才"为副词，"才是"是一个状中组合结构。例（19）中"才是"同例（18），只不过判断词"是"后面承前省略了宾语"表亲"，从而使得"才是"处于句末位置。正如左双菊（2015）所说，副词"才"加判断词"是"承前省略或隐含宾语居于句尾时，前边往往有"不是"与之对应，且这种组合形式的"才是"至今没有词汇化。

"好"在汉语中也是一个语义和功能多样的词，可作性质形容词、助动词等。来看下面的例子：

（20）打扫干净好过年。②

（21）老魔道："是便就是唐僧，只是还不曾拿住那有手段的孙行者。须是要拿住他，才好吃唐僧哩。"(《西游记》33回)

朱德熙（1982：66）认为例（20）中"好"为助动词，修饰后面的动词短语"过年"。依据例（20）来看，例（21）中"好"也应该是助动词，修饰后面的动词短语"吃唐僧"，副词"才"修饰助动词"好"，增加了说话人的强调确认语气。副词"才"加助动词"好"的组合结构一般不处于句尾，不具备语法化和词汇化为语气词

---

① 转引自左双菊：《句尾"才是"的词汇化》，《古汉语研究》，2015年第1期。
② 转引自朱德熙：《语法讲义》，北京：商务印书馆，1982年，第66页。

"才好"的条件。

由此，近现代汉语中副词"才"加判断动词"是"的组合结构"才是"和副词"才"加助动词"好"的组合结构"才好"均不是我们这里考察的对象。我们要着重考察的是早期具有如下性质的"才是""才好"："是""好"的词义为"合适""正确"，表示对事物的性状进行评判或描写的性质形容词，"才"为表示强调确认的语气副词，组合结构"才是""才好"均居于句尾。这种"才是""才好"的组合关系、句法位置相同，语义相近，其发展演变的轨迹也相类，我们下文将集中考察这类组合结构"才是""才好"的使用和发展情况。

（二）近代汉语中"才是/才好"的词汇化和语法化

1."才是"的词汇化和语法化

左双菊（2015）认为句尾"才是"始于宋代，用例极少。我们调查了元明清以来的一些文献，发现"才是"用例增多始于明代，明末清代使用较为普遍。如：

（22）猪八戒往前乱跑，先到五凤楼前，嚷道："好自在，好现成呀！这个弄不成！这个弄不成！吃了喜酒进亲才是！"（《西游记》54回）

（23）高秀才道："且喜小人也姓金，叫做金宁，这兄弟叫做金安。你老人家年纪高大？即没了令郎，也过房一个服侍你老景才是。"（《型世言》1回）

（24）金三诈说："……他要告你，我特来给你个信，你早作准备才是。"（《损公作品·方圆头》）

（25）县尊道："论理他是礼聘，你这边私情，还该断与朱安国才是。"

(《型世言》25 回)

(26) 他道："我们三人都是蒙他取在五名之内，他是我们的知己老师；他如今荣升，我们俱应专去拜贺才是。"(《醒世姻缘传》40 回)

(27) 陈和尚道："这话要来问我才是，你那里知道！"(《儒林外史》54 回)

(28) 王夫人等因笑劝道："这原是酒后大家说笑，不留心也是有的，岂有敢说老太太之理。老太太自当解释才是。"(《红楼梦》76 回)

例（22），"才"是语气副词，"是"是性质形容词，状中组合结构"才是"在句中作谓语，表示对前面"吃了喜酒进亲"这一连动短语所表示的行为事件的评判和强调，这种评判和强调显示了说话人或叙述者的主观意愿。例（23）（24）仿此。与例（22）—（24）相比，例（25）—（28）句中多了能愿动词"该""应""要""当"等，这些均是表示必要的能愿动词，即说明事理上需要，带有说话人或叙述者强烈的主观意愿。如例（25），"断与朱安国"这是一个未知的行为事件，因为前面加了能愿动词"该"，说话人县尊对这一行为事件的主观看法和意愿就强烈地表达出来，而且能愿动词"该"加动词短语"断与朱安国"在句法上是完整的，是可以独立成句的。在句子表达主观评判的信息前移和足句的情况下，"是"的评判性语义和谓语功能随之弱化和消失，"才"与"是"之间原本分明的修饰和被修饰关系不复存在，"才"表示强调和确认的语气保留在了新词中，"才是"凝结为一个表达说话人或叙述者主观情绪的句尾语气词。

2."才好"的词汇化和语法化

从对近代汉语时期较为可靠的文献材料的调查来看，"才好"可能出现于元末明初，自明末以来使用相当普遍。

（29）走着路，再再寻思道："……只说不许赴阴司，阳世间就能医活，这法儿才好。"（《西游记》38回）

（30）你饶四着时才好。硬道是着么？我饶四着。咱停下。罢，罢，来拈子为定。（《朴通事谚解》）

（31）月娘满令，叫小玉："斟酒与你三娘吃。"说道："你吃三大杯才好，今晚你该伴新郎宿歇。"（《金瓶梅词话》21回）

（32）教务主任很愿再说些什么，使大家心中痛快一些，可是他想不起说什么才好。（《四世同堂》）

（33）行者还不当他就化了，笑道："我儿子啊，不知是撒尿耶，不知是漱口哩。这是老孙干过的买卖。不等到七八日，化成稀汁，我也不揭盖来看。——忙怎的？有甚要紧？想着我出来的容易，就该千年不看才好！"（《西游记》35回）

（34）行者道："那犀不比望月之犀，乃是修行得道，都有千年之寿者。须得四位同去才好，切勿推调。倘一时一位拿他不住，却不又费事了？"（《西游记》92回）

（35）荀奇道："我那些部下可也有四五十个，叫他齐来。"支广道："那些鼠窃狗偷的，当得甚事？须我那几个哥哥来才好。"（《型世言》22回）

（36）莫怪我直谈，姑娘命里犯一个华盖星，却要记一个佛名，应破了才好。（《儒林外史》54回）

例（29）—（32）中"才好"是语气副词"才"与"对、正确、合适"义的形容词"好"的组合结构。例（29）主语为体词性偏正结构"这法儿"，组合结构"才好"作谓语对体词性主语所指代的事理进行评判和强调，表明说话者的主观意愿。与例（29）不同的是，例（30）—（32）主语是谓词性结构，组合结构"才好"作谓语，对前面谓词性结构所述的行为事件进行评判和强调，显示说话人或叙述者的主观意愿。与例（30）—（32）不同的是，例（33）—（36），句中多了表示必要的能愿动词"该""应""须""须得"等，此种情况下表示主观评判的信息前移，而且能够足句，"好"的评判性意义和谓语功能随之弱化和消失，"才"与"好"之间原本分明的层界不复存在，"才"表示强调和确认的语气保留在了新词中，"才好"凝结为一个表达说话人或叙述者主观情绪的句尾语气词。

我们在文献中还检索到下面一些例子：

（37）宝玉道："巴不得这如今就念才好，他们只是不快收拾出书房来，这也无法。"（《红楼梦》14回）

（38）如今得了残生，又承姑娘的厚赠，恨不得立刻就飞到父亲跟前才好，那里还有闲工夫作这等没要紧的勾当？（《儿女英雄传》9回）

（39）这一通儿，连激发带损条子，把吴桃氏说的，恨不能有个地缝儿钻进去才好。（《杂碎录》）

（40）老胜英刀法武艺实在绝伦，竟将四位寨主打得死的死，伤的伤，二郎山被胜英扫平。所以小弟连夜投奔二哥之处，望求兄长搭救小弟才是。（《三侠剑》）[①]

例（37）—（40），"巴不得""恨不得""恨不能""望"等都是表示主观意愿的词语，表达的是说话人或叙述者对未然事件的一种希望，句尾"才好/才是"表示对句子所述主观愿望的确认和强调语气。例（25）—（28）、例（33）—（36）到例（37）—（40）句子由

---

① 转引自左双菊：《句尾"才是"的词汇化》，《古汉语研究》，2015年第1期。

表主观评判到主观愿望,显示了语气词"才好/才是"使用语境的扩大。

3. "才是/才好"语法化的动因和机制

3.1 句尾的句法位置

句尾位置是汉语语气词最常见的位置,表示主观评判的组合结构"才是/才好"位于句子的末尾,而这种句尾位置为其词汇化和语法化为句尾语气词提供了一种天然的契机。

3.2 句法环境的改变

位于句尾表示评判的"才好/才是"所在的句子又可分为两种情况:

第一种情况是体词性成分作主语,"才是/才好"作谓语,对主语所指代的事理加以主观的评判,如例(29)。这种语境下,"是/好"是句子中唯一可以作谓语的成分,"是/好"本身表示主观评判,其前不可能再出现"该""要"等表示主观判定的能愿动词,也就是说句子表示主观评判的任务只能由"才是/才好"来实现,所以这种句法语境中的"才是/才好"即便居于句尾也是无法发展成语气词的。

第二种情况是谓词性成分作主语,"才是/才好"作谓语,对主语所述的行为事件作出主观评判,如例(22)—(24)、例(30)—(32)。两相比较,第二种情况出现的频率远远高于第一种情况。第二种句法语境中,谓语"才是/才好"是对未知的行为事件作出的主观评判,而汉语中要表达对行为事件的主观评判也可以在动词前加"该""须""应"等表示主观判定的能愿动词,如例(25)—(28)、例(33)—(36)。而且从句子信息表达的序列来看,这种置于动词或动词性短语之前的能愿动词能更早地表达出说话人的主观意愿，而原本表主观评判的性质形容词"是/好"也就成了羡余。

3.3 语义的变化和重新分析

在出现"该"等能愿动词的句法语境下，在语言经济性规律的驱动下，羡余性的"是/好"的语义也随之弱化、消失，从而导致人们对"才是/才好"这一组合结构发生了认知上的变化："才"与"是/好"之间的组合界限消失，"才是/才好"由一个组合性句法结构演变成一个整体性词汇单位。可以说伴随着"是/好"语义的消亡，"才是/才好"也完成了词汇化和语法化的过程。词汇化和语法化后的"才是/才好"保留了原来副词"才"的强调确认语气，成了一个句尾语气词。

"才是/才好"词汇化和语法化之后，表示主观评判的组合结构"才是/才好"在汉语中还一直使用着，如例（24）和例（32）。"才是/才好"作评判性谓语时，无论在语义上还是在句法上都是句子焦点所在，所以要重读。伴随着"才是/才好"词汇化和语法化过程的完成和功能的转化，句子的焦点信息前移，语气词"才是/才好"就不再重读了。

(三)"才是/才好"与语气词"哩""呢"的连用

语气词"哩""呢"是近代汉语新产生的语气词，吕叔湘（1984：58—72）、太田辰夫（2003：330—333、345—349）、江蓝生（2000：19—36）等就其来源和用法进行了讨论，发表了不同的看法。孙锡信（1999：61—77、113页）在这些研究基础上认为"哩"来源于表处所的"裏"，"裏"在唐五代时已开始用作语气词，当"裏"记作"裹""里""俚"时只表夸张的申辩语气,《元刊杂剧三十种》中已见"哩",记作"哩"后,"哩"兼表疑问和夸张的申辩语气;"呢"来源于上古的"尔",由于语音变化五代时写作"聻","聻"在《祖堂集》中又写作"你""尼",用作特指问,"呢"在《元刊杂剧三十种》中还未见,《元曲选》中元杂剧宾白里有"呢",用于特指问。到了明代,"哩""呢"功能出现了混用局面,都可用于特指问、选择问、反问以及夸张申明语气。但明代整体情况是"哩"的出现频率高于"呢",到了清代,"呢"的使用逐渐普遍,"哩"呈减少的趋势,但不同方言地域情况又有不同,如下表:

表 3-6 明清时期语气词"哩""呢"的文献分布

| | 西游记 | 醒世姻缘传 | 歧路灯 | 红楼梦 | 儿女英雄传 |
	江淮方言	山东方言	河南方言	北京方言	北京方言
哩	732	1535	1053	1	13
呢	6	83	275	1826	963

我们对明清至民国时期一些文献句尾"才是/才好"与语气词"哩""呢"等连用的情况进行了调查,先看下面的例子:

(41)老魔笑道:"贤弟好手段!两次捉了三个和尚。但孙行者虽是有山压住,也须要作个法,怎么拿他来凑蒸,才好哩。"(《西游记》33回)

(42)狄希陈说:"罢,退亲才好哩!我还不待要那小薛妮子哩!住房子的小菊姐,不标致呀?"(《醒世姻缘传》33回)

(43)潜斋问端福道:"绍闻,你意下何如?"端福道:"我不肯躲。"潜斋道:"这才是哩。"(《歧路灯》12回)

（44）袭人冷笑道："要为这些事生气，这屋里一刻还站不得了。但只是天长日久，只管这样，可叫人怎么样才好呢。时常我劝你，别为我们得罪人，你只顾一时为我们那样，他们都记在心里，遇着坎儿，说的好说不好听，大家什么意思。"（《红楼梦》20回）

（45）我们就肯叫一个媳妇儿白死了不成！现在把宝蟾捆着，因为你们姑娘必要点病儿，所以叫香菱陪着他，也在一个屋里住，故此两个人都看守在那里，原等你们来眼看看刑部相验，问出道理来才是啊。（《红楼梦》103回）

（46）安太太便向安老爷道："我们玉格也该叫他来磕个头才呢。"（《儿女英雄传》13回）

（47）舅太太说："你别忙，等着你过了门，看个好日子，你们三个人好好儿的弄点儿吃的，再给亲家太太顺斋，那才是呢。"（《儿女英雄传》27回）

（48）便向他女儿道："姑奶奶，咱们可得弄点甚么儿吃才好呢。你看你二叔合妹妹进门儿就说起，直说到这时候，这天待好晌午歪咧，管保也该饿了。"（《儿女英雄传》20回）

（49）要说小文子儿平常交的朋友，也很不少，（朋友虽然不少，没有一个够朋友的）联盟的啦，换帖的啦，那一类狗党羊群，张哥王哥罗老哥，应当来瞧瞧他才是哪。哈哈，您猜怎么样，连条狗都没来。（《小额》）

（50）他见了这宗景象，心里很觉诧异，上前将要说话，又觉着肚子难受，直像拧绳儿，彷佛这就拉才好哪，忙要出屋子，看见许虎儿走来。（《杂碎录》）

（51）王典史哈哈大笑，说："堂翁一向在京供职，没在外官场待过，外官场就是这宗德行。这一省是如此，别的省也强不了许多。既要在官场混

就没有法子。大帅也快回来啦，堂翁倒是设个法才好哇。"(《损公作品·一壶醋》)

例（41）—（51）反映出：

1)"哩""呢"等语气词用于"才是/才好"之后有时代和方言地域的差异。江淮方言、山东方言及河南方言背景的《西游记》《醒世姻缘传》《歧路灯》中是"哩"用于"才是/才好"之后，北京方言背景的《红楼梦》《儿女英雄传》则是"呢"用于"才是/才好"之后，这一方面反映了"哩""呢"在明清两代的使用和消长情况，另一方面也反映出了二者使用的地域差异。

2)"哩""呢"等是独立的语气词。"哩""呢"用于组合结构"才是/才好"后是独立的语气词无疑。如例（41）中"才好"应该是副词"才"与形容词"好"的组合结构，作谓语，对主语"怎么拿他来凑蒸"作出主观评判，语气词"哩"用于句子末尾，表示略带夸张的申明语气。例（42）—（44）、例（47）仿此。

"哩""呢"用于语气词"才是/才好"后也应看作独立的语气词①。一方面，语气词"才是/才好"与语气词"呢"各表不同语气。如例（46），"才是"为语气词，表示强调和确认的语气，"呢"则略含夸张的语气，这两个语气词连用体现了说话人细微而丰富的主观情绪。例（48）也是如此。另一方面，无论组合结构还是语气

---

① 就我们所调查语料文献而言，人民文学出版社 1972 年版《西游记》中出现 1 例语气词"才是"与语气词"哩"连用的例子："八戒道：'往老陈家睡觉去。'""行者道：'呆子又乱谈了。既允了他，须与他了这愿心才是哩。'"但是明刊本"才是"后无"哩"。此例不算的话，那么我们所调查的语料中就没有"哩"用于语气词"才是/才好"之后的例子。

"才是／才好"都不仅可与表申明夸张语气的"呢／哩"连用,还可与表感叹语气的语气词"啊"及其音变形式"哇""哪"连用,且使用语境与"才是呢(哩)／才好呢(哩)"并无不同,如例(45)、例(49)—(51)。

由此我们试着得出这样的结论:汉语中"才是／才好"与语气词"哩""呢""啊"等的连用是汉语自身发展的结果;语气词"哩""呢""啊"等从明代到现代一直既可用于组合结构"才是／才好"之后,又可用于语气词"才是／才好"之后,而且汉语自古就有语气词连用的传统,所以"才是／才好"与语气词"哩""呢""啊"等并没有进一步词汇化成三音节的语气词。进一步来讲,汉语中表语气的"才是呢"不是汉语自身发展的语气词"才是"与因满语祈使后缀 -qina 影响而出现的语气词"是呢"的混合叠加形式。

表 3-7　元明清民国时期"才是／才好"及其与语气词"呢／哩"的连用情况[①]

	才好		才好呢		才好哩		才是		才是呢		才是哩	
	语气词	结构	语气词	结构	语气词	结构	语气词	结构	语气词	结构	语气词	结构
元刊杂剧三十种	-	-	-	-	-	-	-	-	-	-	-	-
古本老乞大	-	-	-	-	-	-	-	-	-	-	-	-
朴通事谚解	-	1	-	-	-	-	-	-	-	-	-	-
水浒全传	-	-	-	-	-	-	-	-	-	-	-	-

[①] 表 3-7 中"结构"指的是"才是／才好"为组合结构;"语气词"指的是"才是／才好"为语气词。

续表

	才好 语气词	才好 结构	才好呢 语气词	才好呢 结构	才好哩 语气词	才好哩 结构	才是 语气词	才是 结构	才是呢 语气词	才是呢 结构	才是哩 语气词	才是哩 结构
西游记	3	4	—	—	—	2	—	4	—	—	1	—
金瓶梅词话	—	2	—	—	—	—	—	—	—	—	—	—
型世言	11	6	—	—	—	—	2	7	—	—	—	—
醒世姻缘传	22	31	—	—	—	6	21	7	—	—	—	—
歧路灯	4	16	—	—	—	1	4	5	—	—	—	4
儒林外史	14	4	—	—	—	—	4	6	—	—	—	—
老残游记	6	2	—	—	—	—	—	—	—	—	—	—
红楼梦	56	89	—	8	—	—	60	21	—	1①	—	—
儿女英雄传	11	12	—	3	—	—	18	7	4	1	—	—
小额	—	2	—	1	—	—	—	—	—②	—	—	—
损公作品	8	16	—	2③	—	—	2	3	—	—	—	—
杂碎录	—	34	—	—④	—	—	—	—	—	—	—	—
四世同堂	—	26	—	2	—	—	—	—	—	—	—	—

---

① 《红楼梦》中还有1例"才是啊"。
② 《小额》中有1例"才是哪"。
③ 《损公作品》中还有1例"才好哇"。
④ 《杂碎录》中有2例"才好哪"。

四、"是咧"与语气词"是呢"

在《清语易言》和汪维辉所编《朝鲜时代汉语教科书丛刊》中我们发现了线性排列的"是咧"①,《清语易言》1例,朝鲜汉语教科书《华音启蒙谚解》和《你呢贵姓》《学清》共出现16处。列举如下:

(52) ala-qi　　waji-ha.
　　　告诉-条　完结-完
　　　告诉是咧。(《清语易言》6b4-5)

(53)横竖你呢各人必明白就是咧,咳用我讲到这里提到那里?(《你呢贵姓》)

(54)横竖你呢各人必明白就是咧,咳用我讲到这里提到那里吗?(《学清》)

(55)——如今我们是坐轮船来往的,所以不像从前起早来的时候儿。
——这就是咧。怪不得你们来的快。(《华音启蒙谚解上》)

(56)——我们同来的朋友是他不住客店要住会馆呢,随他到那里住去

---

① 汪维辉编:《朝鲜时代汉语教科书丛刊》,北京:中华书局,2005年。书中编选的是元明清时期大致能反映汉语实际口语的教科书《老乞大》《朴通事》《训世评话》《华音启蒙》《你呢贵姓·学清》等五种书的多种版本。《华音启蒙》由朝鲜朝后期的翻译官李应宪编纂,刊行于1883年,《华音启蒙谚解》应是李应宪本人对《华音启蒙》会话部分所作的谚解,谚解本与原书同时刊行。《你呢贵姓》应是朝鲜人编的一种商务汉语会话课本,约成书于1864—1906年间,《丛刊》所录的《你呢贵姓》抄本可能是1919年的改装本;《学清》是《你呢贵姓》的另一种抄本;两个抄本会话部分内容大同小异,《学清》可能早于《你呢贵姓》。

第三章 满语对清代旗人汉语语气词的干扰

是啊。

——那么就明儿个到那里瞧你就是咧。

——好说，何敢教大哥劳驾么？明儿个兄弟到贵馆瞧兄台是咧。(《华音启蒙谚解上》)

（57）——嗳哟，我却是实在不知道咧。那么就叫通事们把贡物拾得停当才好走。

——那就是咧。把东西都打开咧，老爷你来瞧瞧，点点数儿罢。(《华音启蒙谚解下》)

（58）——不敢当啊。咱们先公后私才道理。那能先领厚情么？把拿进的物件，都打开瞧瞧，点点数儿好交库。

——那就是咧。(《华音启蒙谚解下》)

（59）若带货物，就按着一百斤叩十块钱就是咧。(《华音启蒙谚解下》)

（60）——那里的话？我也跟过好几会船否咧，懂得那些个利害，只管走就是咧。

——嗳哟，你是个老江湖咧。咱们有眼无珠的，看不出同行的朋友来着。恕罪恕罪罢。开船走就是咧。(《华音启蒙谚解下》)

（61）好说，这件事儿我怎么办得起呢？不过是给你说就是咧。俗言道："谋事在人，成事在天。"只是你的财运好罢咧。(《华音启蒙谚解下》)

（62）罢了罢了。凭他说多少价呢，随便卖给他就是咧。(《华音启蒙谚解下》)

（63）——嗳哟，你这位好生面善。咱们必是在那里见过是的。你呢不是李老爷么？

——好说，在下的就是咧。(《华音启蒙谚解上》)

（64）——出城门不一候儿就到啊。那大街当间红油的大门，这不是王大人的府上么？

——是咧。(《华音启蒙谚解下》)

（65）——你别说谢我，到底是卖不卖罢？

——我怎么不卖？再教他添多少银子是咧？

——你这个好糊涂话！买卖规矩，两愿意才成得了。这位王爷的皮气谁咳不知道么？别管买甚么东西，添到价钱，就再也添不上半文钱的皮气。若是左三右四不对皮气，肚气偏不买他。你也乐意要卖，就我好回覆他去。(《华音启蒙谚解下》)

（66）——我们同来的朋友是他不住客店要住会馆呢，随他到那里住去是啊。

——那么就明儿个到那里瞧你就是咧。

——好说，何敢教大哥劳驾么？明儿个兄弟到贵馆瞧兄台是咧。(《华音启蒙谚解上》)

（67）——老爷们是往那里去呢？

——我是朝鲜国人，打天津下船，要往京里去的，今天赶着土程的缘故，所以不知道天黑咧。前边又没有店，你们又不让住下，像这样黑夜里咳往那里去呢？你去说你们掌柜的，把先住的客人们紧一紧，给我找出一间屋子是咧。(《华音启蒙谚解上》)

例（52）是在以动词"ala-"为例讲其各种语境和用法，满汉文比照来看，"是"应该是动词 wajiha 的对译，表示"完了/算了"义，"咧"是句尾语气词，无直接对译成分，整个句子应分析成"告诉"为主语、"是"为谓语的主谓句。所以"是"和"咧"是处在不同句法层面上的两个词。

第三章　满语对清代旗人汉语语气词的干扰 | 167

例（53）—（63）中共计有 12 处"是咧"前有表示强调的副词"就"，这说明这些"是咧"不是一个词，而是两个词，其中例（53）—（62）"是"为性质形容词，表示"合适""正确""可以"等含义，"咧"是一个句尾语气词；例（63）据语境来看，"是"为判断动词，"咧"为句尾语气词。例（64）中"是咧"作为答语直接出现，前一问话"这不是王大人的府上么？"中"是"为判断动词，答语"是咧"中的"是"也应是判断动词，"咧"是语气词。例（65）—（67）中"是咧"前既没有副词"就"，也不像例（64）那样是判断句的直接答语，所以更不易判断其属性。这种情况下我们需要把这几个句子放在更大的语境中来理解和观察，如例（65），这是中间人替买方问卖方价钱的，卖方的答语是"再教他添多少银子是咧？"，我们注意到，句中有疑问词"多少"，句尾用的是问号，这都表明卖方试探着想要提价多卖些价钱而又想把货物卖出去，与中间人小心翼翼地打着商量。因此在这种心态之下，卖方并不会直接生硬地问"再教他添多少银子"，而是委婉地表示"再教他添多少银子才合适"，所以"再教他添多少银子是咧"中"再教他添多少银子"这一谓词性结构在句中作主语，性质形容词"是"作谓语，"咧"为语气词。也就是说，该句中"是咧"前虽无副词"就"，但其功用和属性与例（53）—（62）并无不同。可是不得不说当谓词性结构作主语、"是咧"位于句尾而前面又无副词"就"的情况下，仅就其所在句子很容易把"是咧"看成语气词。例（66）（67）仿此。

另外，在汪维辉、[日]远藤光晓等编的《朝鲜时代汉语教科书丛刊续编》（上册）中《骑着一匹》的三个不同抄本、《华音撮要》的两个不同抄本及现藏于韩国学中央研究院藏书阁的《中华正音》

中出现大量"是咧"的线性形式,就这一形式而言,因同一书的不同抄本基本相同,我们就据其中篇幅最长的抄本进行了穷尽性统计,其中《骑着一匹》(韩国顺天大学图书馆藏本)共计15例,《中华正音》(韩国学中央研究院藏书阁藏本)共计13例,《华音撮要》(日本东京大学文学部小仓文库藏本)共计11例。在这39例中,有38例"是咧"前有副词"就","是咧"的功能性质与上文例(53)—(63)相同,不再重复举例。《中华正音》中有1例"是咧"是承上句的答语:

(68)——掌柜的……赶鸡叫的时候儿,各人饮牲口罢。
——是咧,错不了。

例(68)由这一对话语境看,答语"是"为性质形容词,"咧"为语气词。

结合目前掌握的材料及以上粗浅的分析,我们认为《清语易言》和朝鲜时代后期汉语教科书《华音启蒙谚解》等中的"是咧"均不是一个语气词,而是作谓语的判断动词或性质形容词"是"和语气词"咧"的跨层线性排列,进而也就排除了"是咧"是语气词"是呢"的语音变体的可能性。

五、"是呢"在汉语中的存留情况

前文说过,满汉合璧会话书《满汉成语对待》等中的语气词"是呢"是旗人在转用汉语的过程中将其母语满语第二人称祈使式后缀主要是 -qina 带入汉语引发的干扰特征,但是由清初的《满汉成语对待》到清中期的《清文指要》《续编兼汉清文指要》等语气词"是

第三章　满语对清代旗人汉语语气词的干扰 | 169

呢"的使用都算不上普遍,《清话问答四十条》《清语易言》《庸言知旨》等满汉合璧文献也罕见其踪影①,清代民国时期旗人作家作品《红楼梦》《儿女英雄传》《小额》《损公作品》《杂碎录》《陈七奶奶》《北京》《白话聊斋·胭脂》等中也寻不见语气词"是呢"的踪迹,更没能在清代以来其他汉语文献中发现语气词"是呢"或其变体形式。由此我们作出了与竹越孝等学者相同的看法:清代后期由满语第二人称祈使式-qina 引发的干扰特征"是呢"已经在旗人汉语中消亡,更没能扩散到汉语中去。

满语干扰特征"是呢"为什么产生但又没能在旗人汉语及清代北京官话中使用并扩散开来呢?

我们认为主要原因应该与元明以来汉语中已有且使用广泛的语气词"才是/才好"有密切关系。前文分析知道,旗人汉语中的句尾语气词"是呢"表示强调和确认的语气,这与汉语中已经形成并广泛使用的语气词"才是/才好"的句法位置和语气均相同。清中期以前旗人在转用汉语的过程中并不能完全习得汉语,并没能很好地掌握汉语语气词"才是/才好",就用"是呢"音译-qina,从而在旗人

---

① 《清话问答四十条》中有两例"是呢"线性排列的例子,但"是呢"不是一个词。"age simbe aqa-ha-kv-ngge goide-ha, gvni-ha-dari qik–qik se-mbi, inu-ja, goida-fi aqa-ha-kv de, kidu-ha jong-ko dembei nonggi-bu-ha. 阿哥不会面久了,想起来就动念。可不是呢,不会的久了,添了许多怀想。(26b4-27a1)"该例中"可不是"是一个语法单位,"呢"是句尾语气词。"guqu de ainaha se-me holo nambu-qi ojo-ra-kv,emgeri be tanggv mudan o-bu-me,niyalma de akda-bu-ra-kv o-mbi kai.eqi. 朋友们跟前再也是撒不得谎的,一遭儿当百遭儿,就令人不信了。是呢。(39a2-4)"此例中"是"是形容词,"对/正确"义,"呢"是句尾语气词。《清语易言》有两例动词祈使后缀-qina 对译成语气词"是呢"。《庸言知旨》没有语气词"是呢"的用例。

汉语中出现了一个新的语气词"是呢"。清中期以后随着旗人对汉语的熟练掌握,"是呢"这一干扰特征也就在旗人汉语中消失了。

第四节 满语与语气词"呢""哩"

一、引言

"哩""呢"都是近代汉语新产生的语气词,学界对其来源和用法进行了广泛而深入的论证,如吕叔湘(1984:58—72)、王力(1980:452—455)、太田辰夫(2003:330—333)、江蓝生(1986)等,诸家观点不尽相同。孙锡信(1999:61—77、113)在这些研究基础上认为"哩"来源于表处所的"裏","裏"在唐五代时已开始用作语气词,当"裏"记作"裡""里""俚"时只表夸张的申辩语气,《元刊杂剧三十种》中已见"哩",记作"哩"后,"哩"主要表示夸张的申辩语气,少数用于表示疑问语气。对于语气词"呢",蒋绍愚、曹广顺(2005:288—303)在综合各家观点后指出"呢"可能是一个多源语气词,其直接来源是"聻"以至于"尔",间接来源是"那"和"哩"。以上诸家均提到元明之际一些时代不很明确的话本小说、元曲宾白等文献中"聻"已经写作"呢",冯春田(2000:539)指出如以确切的文献为准,"呢"到明代才见使用。据调查,明代以前语气词"尔""聻"主要用于特指问和承前问。明代"呢"不仅用于承前问句还用于非疑问句,清代如《红楼梦》中"呢"可用于承前问、特指问、选择问、反问以及非疑问句等。

要之，语气词"哩""呢"多有纠葛，二者在明清之际更是有一个交织和消长的变化，学界对造成这一变化的原因也从语气词"呢""哩"的来源、使用语境、功能以及与语气词"那"的关系等汉语自身的发展演变进行了说明。但我们根据所掌握的材料认为有必要对语气词"哩""呢"的功能及清代"哩"消"呢"长的原因作进一步的审视和探讨。

二、语气词"呢""哩"的功能

（一）语气词"呢"的功能

自明清至现代汉语中语气词"呢"既可用于疑问句也可用于非疑问句，学界对此有不同的描述。

1. 疑问句中语气词"呢"的功能

用于疑问句的"呢"所表语气，有的认为是疑问语气，如江蓝生（1986）、吕叔湘（1980：365）、孙锡信（1999：61—77）、黄伯荣和廖序东（2017：32）、《汉语大词典》（1997：1575）等；有的认为不同问句所表语气不同，如太田辰夫（2003：330—331）认为"呢"用于承前问表示疑问语气，用于特指问、选择问、反复问后表示对疑问的强调；有的只指出了不表疑问语气的情况，如《现代汉语词典》（2016：943）认为"呢"用于特指问、选择问、正反问末尾表示提醒和深究的语气。

以上观点有同有异，我们需要重新梳理和说明我们的看法。先看下面的例子：

（1）那师爷连连摇头说："这是作不来的！"老爷便问："这又怎么讲

呢?"(《儿女英雄传》2回)

(2)周瑞家的又问道:"这药可有名子没有呢?"(《红楼梦》7回)

(3)太守道:"那侯师傅与张师傅是两个和尚,是道士呢?"素姐道:"是两位吃斋念佛的女人。"(《醒世姻缘传》74回)

(4)红玉道:"也不犯着气他们。俗语说的好,'千里搭长棚,没有个不散的筵席',谁守谁一辈子呢?"(《红楼梦》26回)

(5)走到梁家,红儿出来相迎,不见慧哥。王举人道:"慧哥呢?"红儿便叫:"请慧哥!姜相公众位在这里!"(《型世言》11回)

(6)宝玉听到这里,又觉尘心一动,连忙敛神定息,微微的笑道:"据你说来,我是有造化的,你们姑娘也是有造化的,你呢?"(《红楼梦》118回)

例(1)为特指问,疑问的语气是由疑问代词"怎么"表现出来的,"呢"的使用反映出说话者对句子所询问内容的一种强调和确认的主观情绪。例(2)是正反问、例(3)是选择问,这两个句子的疑问语气都是由句式本身两个选择项的并举择一而呈现出来的,"呢"在句中传递出的是说话人对所询问内容的强调和确认语气。例(4)为反问句,反问的语气也是由句式本身表现出来的,"呢"传达的是言说者对反诘否定内容的强调和确认。

从结构组成来看,例(5)中名词"慧哥"+语气词"呢"构成一个问句,句子具有疑问语气。如果去掉"呢",只剩名词"慧哥",即使言说者在实际语流中附之以疑问语气,也不能明晰传递出疑问的内容所在。换言之,"呢"的使用预示和凸显了与前文行为事件的一贯性和相承性,所以名词"慧哥"+语气词"呢"能够明晰地传递言说者所要表述的意思,也就是说听话者根据前文语境可以补出句子的完整意思——"慧哥在哪里呢",所以说"慧哥呢"这一疑问句的疑问语气还应是承前省的疑问代词"哪里"表现出来的,而"呢"的功能在于对承前问的内容的强调和确认。例(6)同例(5)一样也是一个承前问句,代词"你"因后加语气词"呢"使得句子实际所指可以由前文推出——"你是有造化的吗?",显然这个完整的表述是一个是非问句,而"呢"不能用于是非问句中表疑问语气,这表明该承前问句的疑问语气是由前文语境下隐含的这一问句的实际形式表现出来的,而不是由"呢"表示出来的,"呢"用于承前问句中表示对询问的内容的强调和确认。据例(5)(6)我们说,承前问句中的疑问语气是由语境赋予的,"呢"用在句尾表示对询问内容的强调和确认语气。

结合学界观点和对以上例句的分析,我们认为"呢"用于疑问句中并不表示疑问的语气,而是表示对该疑问句所述内容的强调和确认。

2. 非疑问句中语气词"呢"的功能

对于用于非疑问句中的"呢"所表语气,学界也有不同的描述。吕叔湘(1980:366)指出用于句中有"可""才""还"等的末尾表示指明事实而略带夸张、用于叙述句末尾表示持续的状态、用于句中停顿处;《汉语大词典》(1997:1575)分为三种:用在陈述句末尾表示肯定语气、用于句中表示停顿、用于祈使句末尾加强肯定语气;《现代汉语词典》(2016:943)也是三种情况:用于句中表示停顿、用于陈述句末尾表示动作或情况正在继续、用在陈述句末尾表示确认事实使对方信服(多含夸张的语气)。我们还是结合例子来分析上述情况。

（7）贾母道:"正好,我这里正配丸药呢。叫他们多配一料就是了。"(《红楼梦》3回)

　　（8）门子冷笑道:"这人算来还是老爷的大恩人呢!"(《红楼梦》4回)

　　（9）又听说道:"你不谢他,我怎么回他呢?况且他再三再四的和我说了,若没谢的,不许我给你呢。"(《红楼梦》27回)

　　（10）又叫道:"周大娘,有个老奶奶来找你呢,我带了来了。"(《红楼梦》6回)

　　（11）凤姐听了说道:"我说呢,既是一家子,我如何连影儿也不知道。"(《红楼梦》6回)

　　例（7）因前面有副词"正"修饰,所以"配丸药"是一正在持续进行的动作行为,换言之,该句行为的持续进行性是由"正"这一副词体现出来的,句尾"呢"显示出的是说话人对所进行的行为的强调和确认语气。例（8）中"还"是副词,有"尚且"义,使句子有种程度上的凸显,句尾"呢"则表现出了说话人对所述内容的强调和确认语气,汉语中此种用法的"还"与"呢"经常配合使用,使得句子带有强烈的言说者的主观情绪。例（9）"呢"用于假设复句的结果分句末尾、例（10）"呢"用于顺承复句的前一分句末尾,这两句中的"呢"也均表示对所在分句所述内容的强调和确认语气。例（11）"呢"用于句中停顿处,句子的停顿似乎由"呢"而生,仅此而论的话,我们看到如果去掉"呢"句子依然可以停顿,所以停顿并不是"呢"的功能,"呢"传递的是言说者对所述内容的强调和确认的语气。

　　由此来看,"呢"用于非疑问句中也是传递言说者对所述内容的强调和确认语气。

(二) 语气词"哩"的功能

明清时期语气词"哩"也是既可用于非疑问句也可用于疑问句。孙锡信(1999:72—73)指出"哩"用于疑问句时表示疑问语气,用于非疑问句时表示叙实、夸张和申辩的语气;《汉语大词典》(1997:1594)"哩3"词条显示"哩"表确定语气均是在非疑问句,表疑问语气均是在疑问句。我们来观察一些例子:

(12)他便心中想道:"这等好和尚,必是上方人物,不当小可的;若不做个威风,他怎肯服降哩?"(《西游记》28回)

(13)罗刹道:"孙行者,你在那里弄术哩?"(《西游记》59回)

(14)娄潜斋看那学生时,面如傅粉,唇若抹朱,眉目间一片聪明之气。因夸道:"好一个聪明学生哩。"(《歧路灯》3回)

(15)那大众还正睡哩,不知悟空已得了好事。(《西游记》2回)

(16)沙僧道:"师父,你还不晓得哩。他见这西方上人家斋僧的多,他肚子又大,他管你?只等他吃饱了才来哩。"(《西游记》28回)

例(12)是一个反问句,反问的语气是由疑问代词"怎"和语境表示出来的,"哩"用于反问句末尾传递的是言说者对句子所述内容的略显夸张的强调和确认语气。例(13)是一个特指问句,疑问的语气是由疑问代词"那里"表示出来的,"哩"显示的也是言说者对所询问内容的强调和确认语气。例(14)是一个带有强烈主观色彩的非疑问句,"哩"用于句尾鲜明地呈现出说话者对所述内容的强调和确认语气。例(15)因前面副词"正"的修饰"睡"所表示的是一个持续进行的行为,语气词"哩"显示的是叙述者对句子所述行为事件的强调和确认语气。例(16)句中副词"还"有凸显其修饰成分"不晓得"的程度的功效，句末"哩"表示对富有主观表现的句子所述内容的强调和确认。

因此我们说"哩"无论用于疑问句还是非疑问句，都表明了言说者对所述内容的强调和确认语气。

三、语气词"呢""哩"在明清汉语文献中的分布

要观察语气词"呢""哩"在明清时期的发展变化以至探讨其变化的原因，我们首先要做的就是厘清二者在明清时期的使用和分布情况。于是我们对这一时期的一些文献进行了穷尽性的调查统计，见下表。

表 3-8 明清时期语气词"哩""呢"的文献分布

	西游记	金瓶梅词话	型世言	醒世姻缘传	儒林外史	歧路灯	红楼梦	儿女英雄传
	江淮方言	山东/江淮方言	吴方言	山东方言	江淮方言	河南方言	北京方言	北京方言
哩	732	762	59	1535	91	1053	1	13
呢	6	1	4	83	9	275	1826	963

由表 3-8 可以看出：明代不同背景方言文献《西游记》《金瓶梅词话》《型世言》中语气词"哩"均占绝对多数，语气词"呢"用例零星可见。由清初《醒世姻缘传》来看，语气词"呢"明显增加，但语气词"哩"仍为"呢"的 18 倍之多。清中期先后成书的《儒林

外史》《歧路灯》和《红楼梦》"呢""哩"的频次发生了很大的变化：反映江淮方言的《儒林外史》中"哩""呢"之比约为10∶1，反映河南话的《歧路灯》"哩""呢"之比约为4∶1，二者均是"哩"占绝对优势；反映北京方言的《红楼梦》则完全颠覆了过来，书中"哩""呢"之比为1∶1826，几乎是语气词"呢"一统天下；清后期用北京话写成的《儿女英雄传》中"哩"的用例比《红楼梦》稍多，但"哩""呢"之比约为1∶7，承继了《红楼梦》"呢"占绝对多数的状况。

那么是什么原因促使清中期北京话中"呢"超过了"哩"，并占了压倒性多数呢？要想探究这一问题，我们应该更广泛地查找《红楼梦》之前的清代北京方言文献，于是我们把目光投向了清代合璧文献。调查发现清初至清中叶的满汉合璧会话书中有大量语气词"呢"的用例，由此我们试图进行满汉对勘推敲，以期对前面问题的解答有所补益。

四、清代满汉合璧文献中语气词"呢""哩"的对译及使用情况

（一）满汉合璧文献中语气词"呢""哩"与满语的对译及分布

我们首先选取了分别代表18世纪早中晚各个时期的五部满汉合璧文献《满汉成语对待》《清文启蒙》《清话问答四十条》《清文指要》《续编兼汉清文指要》作为调查对象，对这些文献中"呢""哩"与满语的对译情况逐一进行对勘比照和数据统计，列表如下。

表 3-9 清代满汉合璧文献中语气词"呢""哩"与满语的对译情况

满语语气词	汉语对译语气词	文献频次	满汉成语对待	清文启蒙	清话问答四十条	清文指要	续编兼汉清文指要
u		呢	1	–	1	12[①]	1
ni		呢	12	22	2[②]	7	9
		呢啊	–	–	–	1	–
		呢呀	–	–	–	–	1
kai		呢	3	–	4	4	5
		呢呀	–	–	–	–	2
		呢啊	–	–	–	–	1
		哩	1	–	–	–	–
n		呢	–	–	–	2	–
jiye		呢	–	–	–	–	3
ja		呢	–	–	1	–	–
dabala		哩呀	–	–	–	1	–
dere		呢	2	–	–	–	–
祈使式	-kini	呢	1	–	–	–	1
	ki	呢	1	–	–	–	1
	零形式	呢	1	–	–	–	–

---

① 其中有 1 例两个 u 对译一个"呢"。
② 其中有 1 例 ni-u 共同对译一个"呢"。

续表

满语语气词 \ 汉语对译语气词 \ 文献频次		满汉成语对待	清文启蒙	清话问答四十条	清文指要	续编兼汉清文指要
无对应满语成分	呢	113	11	35	67	64
	呢呀	–	–	–	–	1
	哩	3	–	6	–	–
	哩呢	1	–	–	–	–
	里呀	–	–	–	–	2

由表 3-9 可以看出：五种文献中除去数量有限的"呢呀""呢啊""哩呢""哩/里呀"等语气词连用情况中的"哩""呢"外，单独使用的语气词"哩""呢"出现频次差异悬殊："哩"只在 18 世纪初的《满汉成语对待》中出现 4 例、18 世纪中叶的《清话问答四十条》中出现 6 例，18 世纪 30 年代的《清文启蒙》、18 世纪后期的《清文指要》《续编兼汉清文指要》中都没有出现语气词"哩"单独使用的例子。单独使用的语气词"呢"在《满汉成语对待》中共有 134 例、《清文启蒙》中共有 33 例、《清话问答四十条》中共有 43 例、《清文指要》中共有 92 例、《续编兼汉清文指要》中共有 84 例，整体来看"呢"的出现频次都非常高，而且既可用于疑问句又可用于非疑问句，这种情况与 18 世纪中叶的《红楼梦》和 19 世纪后期的《儿女英雄传》反映的情况比较一致，然而《满汉成语对待》比最早的 1754 年的甲戌本《红楼梦》要早半个世纪之多。

(二) 满汉合璧文献中语气词"哩""呢"的使用情况[①]

1. 满汉合璧文献中语气词"呢"的使用情况

1.1 "呢"用于非疑问句

1.1.1 "呢"用于复句

(17) tuttu   oqi   minde   tusa   o-ho,   solina-qi   hono
     那样   若是   我.与   益处   成为-完 邀请-条   还
     ji-dera-kv   jalin   joboxo-mbi-kai.
     来-未-否   因为   忧愁-现-啊
     若是那样与我有益,还愁请不到呢。(《清文指要》中 9b4-5)

(18) simne-qi   o-me   ofi,   sini   deu   ere   siden-de,
     考试-条   可以-并 因为   你.属   弟弟   这个   期间-位
     teni   haqihiya-me   manju   bithe   hvla-mbi-kai.
     才   催促-并   满洲   书   读-现-啊
     因为考得,你兄弟这个空儿,才上紧念清书呢。(《清文指要》中 4a5-6)

(19) gene-ki   se-qi,   baita   tuqi-ke   iqe   nergin   halhvn   be
     去-祈   助-条   事情   出-完   新   时候   热   宾
     amqa-me   niyalma   isa-ha   de   gama.
     追-并   人   聚集-完   位   拿走.祈
     若要去呢,赶着出事的时候子趁热儿有人拿了去。(《满汉成语对

[①] 这里只讨论语气词"哩""呢"单用的情况,"哩""呢"与其他语气词连用情况不做讨论。

待》三 2b3-4）

(20) gvwa   ba-de   emu   guqu   bi-fi   mimbe   aliya-ha-bi,
　　 另外   地方-位   一   朋友   有-顺   我.宾   等-完-现
　　 xolo   jabdu-ra-kv.
　　 空闲   得到-未-否

别处有一个朋友等着我呢，不得工夫。（《清文启蒙》48b5）

(21) qe   onggolo   gega   se-me   emu   jergi   qurgi-ha,   mini
　　 他们 以前   吵嚷貌 助-并   一   阵   喧哗-完 我.属
　　 dosi-ka   de   momohon   -i   gemu   soksohori   te-qe-he-bi.
　　 进入-完   位   羞愧无言   工   都   静静   坐-齐-完-现

预先他们大家大嚷小叫的咬扎了一会子，赶我进去都咕嘟着嘴儿悄没声儿的坐着呢。（《满汉成语对待》一 19a8-19b1）

(22) enduringge   saisa   hono   endebuku   be   akv   o-bu-me
　　 圣人   贤人   还   过错   宾   否   成为-使-并
　　 mute-ra-kv   ba-de,   an   -i   jergi   niyalma   be
　　 能够-未-否   处-位   平常 属   一类   人   宾
　　 ai   hendu-re.
　　 什么 说道-未

圣贤还不能无过，何况是平常的人呢。（《清话问答四十条》33a2-4）

(23) ini   beye   bai   haharda-ha   gojime,   se   oron   unde.
　　 他.属 身体   只是   成年-完   虽然   岁数 完全   尚未

他的身子虽然长成大汉子了，岁数没到呢。（《续编兼汉清文指要》下 25b3-4）

(24) amqabu-re amqabu-ra-kv-ngge, hono juwe siden-deri bi-kai.
赶上-未 赶上-未-否-名 还 二 期间-经 有-啊
赶的上赶不上,还在两可之间呢。(《续编兼汉清文指要》上19a5-6)

(25) niyalma hono ergengge jaka uda-fi sinda-mbi-kai, oron
人 尚且 生灵 东西 买-顺 放-现-啊 全然
giyan akv, muse ere-be jafa-fi aina-mbi.
道理 否 咱们 这-宾 捉-顺 做什么-现
人还要买雀儿放生呢,无故的,咱们拿他作什么。(《续编兼汉清文指要》上 32b7-33a1)

(26) ure-bu-ra-kv o-qi ojo-ra-kv kai.
熟练-使-未-否 成为-条 可以-未-否 啊
若不熟练使不得呢。(《清话问答四十条》3a5-b1)

(27) si bi ishunde tuwaxa-me teni gisun ajabu-mbi,
你 我 互相 看顾-秉 才 话语 开始-现
gisure-qi geli getuken xetuhun -i iletu akv.
说-条 又 明显 粗野 工 明确 否
齐打呼的扣着看景儿破口才说,说呢又不明大明的说。(《满汉成语对待》一 19b1-3)

例(17)为假设复句、例(18)是因果复句,这两个例子中"呢"都用于结果分句句尾,表示对前面假设条件或原因下产生的结果的强调和确认。例(19)(20)也还分别是假设复句和因果复句,只是这两例中"呢"用于假设条件或原因分句句尾,表示对分句所述条件或原因的强调和确认。例(21)为顺承复句、例(22)为递进复句、例（23）为转折复句、例（24）为解说复句、例（25）为并列复句，这些例句中语气词"呢"均表示对所在分句表述内容的强调和确认语气。例（26）为假设条件的紧缩复句，"呢"用于句尾表示对后一分句"使不得"的强调和确认。例（27）为转折关系的紧缩复句，"呢"用于紧缩复句的前一分句"说"的后面表示对"说"的强调和确认。

1.1.2 "呢"用于单句

（28） sabu　be　guyele　se-qi.
靴子　宾　提上．祈　助－条
教他提上鞋呢。（《满汉成语对待》一39b3）

（29） ere　waburu　morin　be　hvwaita-fi　ji-qi　waji-ha,
这　该死的　马　宾　拴－顺　来－条　完结－完
emdubei　hvwaita-mbi-u?　buqe-he　aha　geli　bi-ni.
只管　拴－现－疑　死－完　奴仆　也　有－呢
这个砍头的拴上马来罢了，尽着拴么？死奴才也有呢。（《清文启蒙》40a2-3）

（30） ere　gese　kouli　akv　baita　geli　bi-ni.
这　样子　道理　否　事情　也　有－呢
这样无理的事也有呢。（《清文启蒙》2b6-3a1）

（31） ere　uthai　ainahai　o-mbi-ni.
这　就　未必　可以－现－呢
这就未必使得呢。（《清文启蒙》11a5）

（32） tere　bithe　be　gaji-ha-u?　gana-fi　gaji-re　unde.
那个　书　宾　取来－完－疑　去取－顺　取来－未　尚未

那个书拿来了吗？远没取来呢[①]。(《清文指要》下 14a2)

(33) si   yala   elben   fe-mbi.
     你   果然   茅草   割草-现
     你这才是胡说呢!(《清话问答四十条》44b4-5)

例（28）是祈使句、例（29）（30）为存现句、例（31）（32）为陈述句、例（33）为感叹句，这些句子中的"呢"均传递出言说者对句子所述内容强调和确认的语气。

1.2 "呢"用于疑问句

1.2.1 "呢"用于反问句

(34) osokon -i nitara-qi waji-ha, yamtun we te qihangga ni?
     小   工 灰心-条 完结-完 冤仇 谁 现在 自愿 呢
     渐渐儿的远了他罢了，谁情愿为冤结仇的呢?(《满汉成语对待》二 11a7-8)

(35) ali-me gaisu manggi, geli angga aifu-re o-qi, niyalma
     受-并 取. 祈 之后 又 嘴 说谎-未 成为-条 人
     jai adarame sini gisun be akda-mbi.
     再 怎么 你.属 话语 宾 相信-现
     应允了，又要改嘴，人再怎么信你的话呢。(《续编兼汉清文指要》上 21a3-4)

(36) faxxa-qi tetendere, ai haqin -i mangga baita se-me
     努力-条 既然 什么 种类 属 难 事情 助-并
     mute-bu-ra-kv   ni?
     能够-使-未-否   呢

[①] 远：双峰阁本作"还"。

既肯吧咶，什么样儿的难事不成呢?（《清文启蒙》17b2-3）

(37) sa-ha   bi-qi,   aiseme gisure-mbihe ai   jojin bi-he-ni?
     知道-完 有-条   为什么   说-过   什么 来   有-完-呢

早知道，无缘无故为什么去说来着呢?（《清文指要》下 10a4-5）

(38) emu   qimari, andande jalan -i   baita   be   sa-ha
     一   早上   顷刻   世间   属   事情   宾   知道-完
     se-he-de,   ini   qisui   dasa-bu-mbi,   hvwaxa-ra-kv
     助-完-位   他.属   擅自   改正-被-现   成长-未-否
     niyalma   o-jora-kv   jalin   aiseme   jobo-mbi   jiye.
     人   可以-未-否   因为   为什么   烦恼-现   呢

一朝，要说是知道了世间上的事情的时候，自然就改了，何愁不能成人呢。（《续编兼汉清文指要》下 25b7-26a2）

(39) niyalma   se-me   jalan   de   banji-fi, enteke   genggiyen   biya
     人   助-并   世间   位   出生-顺   这样   明亮   月亮
     sain   arbun   giyanakv   udu?
     好   风景   能有   几个

人生在世，能遇见几遭那样的美景明月呢?（《续编兼汉清文指要》上 6b4-6）

(40) si   angga   de   gama-ra-kv   ohode,   mini   dere
     你   嘴巴   与   拿去-未-否   倘若   我.属   脸
     soroquka   akv   ni-u?
     害羞的   否   呢-疑

你若不沾唇，这个脸放在那里呢?（《清话问答四十条》22a5-b1）

(41) yala ji-qi, mini jabxan dabala, simbe se-re doro
果真 来-条 我.属 幸福 罢了 你.宾 说-未 道理
geli bi-u?
又 有-疑

果然要来我有幸罢咧，岂有厌烦的理呢？(《清文指要》中 9b5-6)

(42) mimbe tuwa-nji-qi, uthai xuwe dosi-mbi dere, geli
我.宾 看-来-条 就 径直 进入-现 吧 又
hafum-bu-re de ai gana-ha.
通晓-使-未 与 什么 去取-完

瞧我，就直进来，又何必通报呢。(《清文指要》下 30b1-2)

以上例子均为反问句，例（34）—（40）句中分别有疑问词代词"谁""怎么""什么""为什么""何""几"和"那里"等，这些疑问代词与其所在语境表示出了反问的语气，句尾语气词"呢"则表明了说话人对所述内容的强调和确认语气。例（41）(42) 句子的反诘语气分别由反诘副词"岂""何必"表示出来，语气词"呢"则传递出了说话者对所说内容的强调和确认语气。

1.2.2 "呢"用于特指问句

(43) ai fayangga bi-he, we-be alhvda-ha?
什么 灵魂 有-完 谁-宾 模仿-完

是甚么脱生的，像谁呢？(《满汉成语对待》一 45a4)

(44) kesitu aba? nure anju dagila-bu-fi benju se.
磕诗兔 哪里 酒 菜肴 准备-使-顺 来.祈 助.祈

磕诗兔在那里呢？说教收什酒菜送来。(《清文启蒙》44b1-2)

(45) si   tule   aina-mbi?   bi   uba-de   morin   hvwaita-me   bi.
　　 你　 外面　 做什么－现　我　这里－位　 马　　拴－并　　现
　　 你在外头作什么呢？我在这里拴马呢。(《清文启蒙》40a1-2)

(46) tere   guqu   uba-de   dari-ha   de,   si   emu   erin
　　 那　 朋友　 这里－位　经过－完　 位　 你　 一　　时
　　 -i   buda,   inu   ulebu-he-kv,   absi   se-re-ngge?
　　 属　 饭　　 也　 给吃－完－否　 怎么　 说－未－名
　　 那个朋友在这里经过，你连一顿便饭，也不曾给他吃，是怎么说
　　 呢?(《清话问答四十条》20a2-4)

(47) tede   bi   labdu   kenehunje-me,   ere   aina-ha-bi   ni.
　　 那.位　我　非常　 疑惑－并　　 这　做什么－完－现 呢
　　 那个上我狠疑惑，他怎么了呢。(《续编兼汉清文指要》下20b5-6)

例（43）—（47）句子均为特指问句，句中的疑问语气分别由疑问代词"谁""那里""什么""怎么"等承担，句尾语气词"呢"表示的是说话者对所述内容的强调和确认语气。

1.2.3 "呢"用于设问句

(48) niyalma   jalu   uku-he-bi,   aina-mbi   se-qi,   dule   kv qa
　　 人　　　 满　 聚集－完－现 做什么－现 助－条 原来　嘭嘭响
　　 se-me   gudexe-mbi.
　　 助－并　 捶打－现
　　 人满满的围着，作甚么呢，原来乒乓的乱捣呢。(《满汉成语对
　　 待》三37a7-8)

(49) baibi   suwembe   qanggi   ere   tere   se-re-ngge,   ai   hala?
　　 只管　 你们.宾　 仅是　 这　 那　 说－未－名　 什么　 姓

ineku giranggi yali ofi, suwembe hvwaxa-kini, niyalma
本来　骨　　肉　因为　你们．宾　长大－祈　　人
o-kini　　se-re　 gvnin kai.
成为－祈　助－未　意念　啊

只管合你们这样那样的，为什么呢？也因为是骨肉，叫你们出息，叫你们成人的意思啊。(《清文指要》中 21b7-22a1)

(50) age de emu baita yandu-ki, baibi angga juwa-ra
阿哥 与 一 事情 委托－祈 只是 口 开－未
de manggaxa-mbi, turgun ainu se-qi, bai-ha
位　难以－现　　原因 什么 助－条　求－完
mudan jaqi labdu o-ho-bi.
次数　太　　多　 成为－完－现

托阿哥件事，只是难张口，甚么缘故呢，求的遭数太多了。(《清文指要》下 15a5-7)

例（48）—（50）为设问句，"呢"用于设问句句尾表示对所疑问内容的强调和确认语气。

1.2.4 "呢"用于承前问句

(51) gai-fi gene-re niyalma jugvn taka-qi sain kai,
拿－顺 去－未　　人　　道路　认识－条　好　啊
fambu-ha se-he-de.
迷路－完 助－完－位

领着去的人认得路敢是好哩，要是迷了呢。(《满汉成语对待》三 10b6-7)

第三章　满语对清代旗人汉语语气词的干扰 | 189

（52）bou-i　　urse　　aba?　　yaha　　　gaju.
　　　家－属　人们　哪里　　炭　　　拿来．祈

　　　家里人呢？拿火来。(《清文指要》中 6a1)

由上下文语境看，例（51）"要是迷了呢"即"要是迷了路怎么办呢"，所以这是一个表假设的承前问句，"呢"表示的是对承前问句所述内容的强调和确认语气。例（52）仿此。

1.2.5 "呢"用于选择问

（53）si　bujuhangge　be　je-mbi-u?　xolo-ho-ngge　be　je-mbi-u?
　　　你　煮的　　宾　吃－现－疑　烧烤－完－名　宾　吃－现－疑

　　　你吃煮的吗？吃烧的呢？(《清话问答四十条》24a1)

（54）bou-i　niyalama　mimbe　bou-de　akv　se-he　gisun　de,
　　　家－属　人　　我．宾　家－位　否　说－完　话语　位
　　　usha-ha-u　　　aina-ha-u?
　　　发怒－完－疑　怎么样－完－疑

　　　家里人说我不在家的话上，恼了吗是怎么样呢？(《清文指要》下 30b3-5)

（55）eiqi　suweni　beye-be　suwe　sarta-bu-ha　se-mbi-u?　eiqi
　　　或者　你们　自己－宾　你们　耽误－使－完　说－现－疑　或者
　　　bi　suwebe　touka-bu-ha　se-mbi-u?
　　　我　你们．宾　耽搁－使－完　说－现－疑

　　　还算是你们自己误了自己？或是算我误了你们呢？(《清文指要》中 21b1-2)

（56）suwende　ginggule-re　hergen　taqibu-mbi-u　akv-n?
　　　你们．与　写楷书－未　文字　教－现－疑　否－疑

还教你们清字楷书啊不呢?(《清文指要》中 6b6-7)

(57) inde　　qouha　　mudan　　bi-u　　akv-n?　　akv.
　　　他.与　　兵　　　情势　　有-疑　否-疑　　否

他有兵没有呢? 没有。(《清文指要》中 23a7)

例(53)—(57)均为选择问句,选择问句由前后两个不同的对比项构成,听者对对举两项做出选择,所以选择问句的疑问语气是由其对举择一的句式构成显示出来的,"呢"表示对其所附选择项叙述内容的强调和确认。

整体来说,《满汉成语对待》中语气词"呢"较多的用于反问句和非疑问句,用于特指问句和选择问句等的情况并不多见;《清文启蒙》中语气词"呢"用于特指问的例子有所增加;《清话问答四十条》中见到了比较典型的"呢"用于选择问句的例子。但通过例(17)—(57)的分析可以看出,语气词"呢"无论是用于疑问句中还是非疑问句中,都表示言说者对所述内容的强调和确认语气。

2.满汉合璧文献中语气词"哩"的使用情况

在我们所调查的满汉合璧文献中,只有《满汉成语对待》和《清话问答四十条》中出现了语气词"哩"单用的例子,共计 10 例,下面列出 8 例,以观察"哩"所适用的句法环境和所表示的语气。

(58) sefu　　baha　　biqi,　hono　majige　yebe　　bi-he.
　　　师傅　　得到.完　若有　还　　略微　　稍好　　存在-完

若是得了师傅,或者还好些儿哩。(《清话问答四十条》5a4-5)

(59) bithe-de　hendu-he　be　jafa-fi　dursule-me　yabu-me
　　　书-位　　说道-完　宾　掌握-顺　照做-并　　践行-并

mute-qi, teni tusa baha-mbi.
能够－条　才　利益　获得－现

能够把书上的话体行起来，才有益哩。(《清话问答四十条》19a4-5)

(60) gai-fi　gene-re　niyalma　jugvn　taka-qi　sain　kai,
拿－顺　去－未　人　　道路　认识－条　好　啊

fambu-ha　se-he-de.
迷路－完　助－完－位

领着去的人认得路敢是好哩，要是迷了呢。(《满汉成语对待》三10b6-7)

(61) keikede-ra-kv　oqi, teni narhvn be gisure-qi o-mbi.
刻薄－未－否　若是　才　细致　宾　说话－条　可以－现

若不刻薄，才讲得细致哩。(《清话问答四十条》30b3-4)

(62) bi hukxe-ra-kv se-re anggala, elemangga korso-me
我　感激－未－否　说－未　不但　　反倒　　愧恨－并

gvni-mbi.
思虑－现

我不但不感激，且还亏心哩。(《清话问答四十条》34b1-2)

(63) jing yadahvxa-ha-bi, hono hendu-re be baibu-ra-kv,
正好　饥饿－完－现　还　说道－未　宾　需要－未－否

gaji-fi　je-ki　se-mbi.
拿来－顺　吃－祈　说.助－现

正饿了，还等不得说，要着吃哩。(《清话问答四十条》26a1-2)

(64) unde, takasu aibide bi, yasa kat kat axxa-ra
尚未　等.祈　哪里　有　眼睛　不停活动貌　动－未

erin be.
时候 宾

早哩，放着他在那里哩呢，自然有个翻白眼的时候。(《满汉成语对待》二 21a4-5)

(65) uttu　　o-me　　mute-qi　　hendu-re-u[①].
这样　成为-并　能够-条　说道-未-疑

能够这样敢情好哩。(《清话问答四十条》29b3-4)

由例（58）—（65）来看，"哩"均用于非疑问句、复句中，例（58）—（61）为假设复句、例（62）为递进复句、例（63）为顺承复句、例（64）为解说复句、例（65）为假设关系的紧缩复句，这些句子中，语气词"哩"均表示对所在分句所述内容的强调和确认语气。

通过对表 3-8、表 3-9 所列满汉合璧文献和纯汉语文献的调查统计和例（17）—（65）的例句分析，我们试着作如下归纳推定：

1) 拿满汉合璧文献《满汉成语对待》等与纯汉语文献《红楼梦》和《儿女英雄传》相比，若只粗略地看语气词"呢"用于疑问句和非疑问句以及文献中"哩""呢"出现的频次差异来看，18 世纪初的《满汉成语对待》所反映的旗人汉语中"呢"可以说已经完全取代了"哩"。单从语气词"呢"出现的句式的全面性来讲，《红楼梦》囊括了现代汉语中"呢"所能出现的各种句式，要比早于它的《满汉成语对待》《清文启蒙》以及差不多同时的《清话问答四十条》更为全面。但这并不能说明 18 世纪初旗人汉语的实际运用中语气词"呢"

[①] hendureu：《满汉合璧四十条》作 ai hendure，意思是"说什么"。

使用的句式不全面，因为尽管《满汉成语对待》等口语会话教材尽可能地涉及当时生活的各个方面，但毕竟内容有限，日常口语中的语言现象未必都能够尽现其中；而《红楼梦》是一部涉及众多人物、反映广泛社会背景的长篇小说，所以其中的语言现象可能更为丰富和全面。

2）从满汉对译情况来看，又分两种：

一是满语句中无相应成分与汉语句中的"呢"相对译，这种情况在以上五种满汉合璧文献中都存在，而且除《清文启蒙》11 例略显少之外，其他四部文献中例次都非常高。

二是有相应满语成分对译，仔细观察又有不同：对译"呢"的满语成分可以是疑问语气词 u、n，可以是感叹语气词 ni、kai、jiye、ja，也可以是祈使语气词 dere 或动词祈使式。比较这些满语语气词及动词祈使式与"呢"的对译频次不难发现 ni 对译成"呢"的频次最高，而这可能与二者的读音相同有关系。据陈颖、郭锐（2018：36—66）的研究，一直到 19 世纪的北京话中"呢"仍读为"ni"。如果再加上语音相近的语气词 n、祈使后缀 -kini 与"呢"的对译，所占比例就更高一些。由此是否可以这么推测：ni 由于功能，尤其是语音与"呢"接近，所以旗人汉语很容易把 ni 对译成"呢"，从而带动了其他语气词与"呢"功能相同时的对译，尤其是"呢"与满语疑问语气词 u、n 等的对译，从而推动旗人汉语中"呢"在疑问句中的使用频次提升并进而取代"哩"在疑问句中的使用，以至于没有相应满语对译的很多情况下语气词"呢"被大量地广泛地使用于疑问句和非疑问句中。

综合以上两点分析，我们是否可以粗略地说：在明清时期汉语语气词"呢""哩"功能混同的情况下,旗人汉语中"呢"取代"哩"与满语语气词 ni、n、u 等语气词的对译不无关系。"呢"在旗人汉语中的一统天下至少在 17 世纪末 18 世纪初已经完成,这也正是我们看到的 18 世纪中期以后旗人作家作品《红楼梦》和《儿女英雄传》与同时期其他方言背景文献"呢""哩"分布不同的原因所在。旗人汉语在近代北京话的形成中起着重要的作用,而北京话又是现代汉语普通话的基础,所以现代汉语中"呢"在普通话中基本承继了清代旗人汉语中的分布使用情况,而"哩"主要保留在了方言中。

第五节 满语与语气词"啊""呀"

一、引言

由目前学界研究成果来看,"啊"的来源较为复杂。太田辰夫(2003:339—341)认为可能不是单一的,而是唐宋时期表假设的助词"后"被有假设功能的"呵"同化吸收,从而写作"呵",元代有助词"阿",清代助词"阿"与声母变弱了的"呵"合并成一个"啊"。江蓝生(2002)指出"后"虽被"呵"取代,但与"呵"并无来源关系,而是由于功能上的交叉和语音上的相近使假设语气词"后"自元代渐渐融入功能更广的语气词"呵"之中,从而被"呵"吸收、取代。孙锡信(1999:113—116、123—124、172—175)认为"后"表语气间歇和假设,"好"表感叹和祈使,宋代产生的"呵"是因功能互补的语气词"后"和"好"音变而代兴的语气词,元代始"呵"的声母逐渐弱化、消失，读音由 xa 变成 a，写作"阿"，明代开始出现了"啊"。以上研究对语气词"啊"的来源分析大体一致，但在"啊"出现的时代方面略有出入。孙锡信（1999：172—175）在指出崔山佳所举元代已有语气词"啊"的例子为后时资料之后举《西游记》用例证明明代已有语气词"啊"。但据孟繁杰、李炎（2022）考证崔山佳所举明代《玉簪记》例子及孙锡信所举《西游记》《奈何天》《清忠谱》等例子其原刊本均为"呵"，并指出就目前所能见到的《长生殿》版本来看，很难确定"啊"是否出现于1765年之前。太田辰夫（2003：340—341）认为语气词"啊"见于清代，所举例子出自《红楼梦》；蒋绍愚（1994：213）明确指出语气词"啊"见于《红楼梦》。《红楼梦》最早的甲戌本是1754年，这意味着就目前学界的研究来看，纯汉语文献反映的语气词"啊"出现的最早时代是18世纪50年代。而我们在1730年成书的满汉合璧文献《清文启蒙》中已见到大量语气词"啊"的用例。

语气词"呀"始见于元代。孙锡信（1999：124—125、165—169）认为"呀"源自"也"，宋代出现的语气词"哑""耶"恰是记录"也"的白读语音的用字，因"耶"本是文言语气词，"哑"作为实词另有他用，都不适合作语气词的用字，于是金元时期便以"唦""呀"取代"哑""耶"，但直到明代，"哑""耶""呀"还混用，不过从18世纪末《红楼梦》以前的语料看，"呀"仍是一个独立的语气词，而不是"啊"的一个变体。太田辰夫（2003：338—343）指出语气词"呀"从元代开始使用，元代"呀""唦"都读 [ia]，"也"读 [iɛ]，并认为这三个字可能合一而成"呀"，"呀"不全是 [a] 的变音。可以看出，孙锡信和太田辰夫关于"呀"的来源看法不同，而在"呀""啊"关系上的看法是一致的：语气词"呀"在语气词"啊"出现之前是一个独立的语气词，在语气词"啊"出现之后并不全是"啊"的语音变体。满汉合璧会话书《满汉成语对待》《清文启蒙》《清文指要》和《续编兼汉清文指要》等中也可见到语气词"呀"，但其整体使用频率远低于语气词"啊"。

二、满汉合璧文献中语气词"啊"的使用情况

（一）满汉合璧文献中语气词"啊"的使用句型

就目前我们所见到的语料来看，语气词"啊"虽然始见于《清文启蒙》，但是其出现频率已经非常高，用法也较为成熟。

1."啊"用于问句

1.1 "啊"用于是非问句

（1） xabi-sa be   kadala-ra-ngge inu   qira-u? age   ere
　　　徒弟-复 宾   管理-未-名   也   严紧-疑 阿哥 这
　　　ba-be   ume   jondo-ro,   ajige   juse   damu   ini
　　　地方-宾 不要 提起-未   小   孩子.复 只是   他.属
　　　jilgan be donji-ha de, fayangga gemu tuhe-mbi se-qina.
　　　声音   宾 听-完   位   魂   都   吊-现   助-祈
　　　管徒弟们也严紧啊？阿哥别提这个，小孩子们只一听见他的声儿，
　　　魂都吊。(《清文启蒙》36b2-4)

由满汉比照可以看出，例（1）"啊"对译满语语气词 u，这个句子是一个是非问句，句子的疑问语气完全可以通过语调来表达，也就是说句尾的"啊"并不表示疑问语气，而是表示说话者对所疑问

的内容进行的强调。

1.2 "啊"用于特指问句

(2) ne   aiqi   jergi   bithe   hvla-mbi?   gvwa   bithe   akv,
    现在   怎样   种类   书   读-现   另外   书   否
    damu   yasa-i   juleri   buyara-me   gisun,   jai   manju
    只是   眼睛-属   前面   细碎-并   话语   再   满
    gisun   -i   oyonggo   jorin   -i   bithe   teile.
    语   属   重要   指示   属   书   而已

如今念些甚么书啊？没有别的书，眼前零星话，再只有清语指要。

(《清文指要》中 6b4-6)

比照满汉文句，例（2）"啊"并无直接对译满语成分。该句是一个特指问句，疑问语气是由特指疑问代词"甚么"体现出来的，"啊"用于特指问句末尾并不表示疑问，而是表示说话者对所疑问的内容进行的强调。

1.3 "啊"用于选择问句

(3) bithe   giyangna-ha-u   akv-n?   giyangna-ha.
    书   讲-完-疑   否-疑   讲-完

讲过书了没有啊？开过讲了。(《清文启蒙》35b3)

(4) si   dule-ke   aniya   de   inu   simne-mbihe-u   akv-n?
    你   过-完   年   位   也   考-过-疑   否-疑
    simne-he   bihe.
    考-完   过

你旧年也考来着没有啊？考来着。(《清文启蒙》37a4-5)

(5) hontoho-ngge-u　　niru-ngge-u?　niru-ngge.
　　官领－名－疑　　牛录－名－疑　牛录－名
　　是浑托和的啊是牛录的啊？牛录上的。(《清文启蒙》34a3-4)

(6) si　arki　omi-mbi-u　nure　omi-mbi-u　yaya　o-kini
　　你　烧酒　喝－现－疑　黄酒　喝－现－疑　所有　成为－祈
　　gemu　sain　kai.
　　都　　好　　啊
　　你呵烧酒啊呵黄酒啊？不拘什么罢都好啊。(《清文启蒙》50b5-6)

(7) ere　jergi　gisun,　gemu　sini　gvnin　qi　tuqi-nji-he-ngge-u?
　　这个　种类　话语　　都　　你.属　心　从　出－来－完－名－疑
　　eiqi　bai　buhiye-me　gisure-he-ngge-u?
　　或者　平白　猜－并　　说－完－名－疑
　　这些话，都是从你心里发出来的啊？或是白猜彷着说的啊？(《清
　　文启蒙》23a4-5)

(8) qananggi　lalanji　si　ali-me　gaisu　se-fi,　enenggi　jiu
　　前天　　　反复　　你　受－并　拿.祈　说－顺　今天　　来.祈
　　nakv　uthai　angga　ubaliya-ka-ngge,　erebe　niyalma-i
　　以后　　就　　嘴　　变－完－名　　　这个.宾　人－属
　　waka　se-me-u?　beye-i　waka　se-me-u?
　　不是　助－并－疑　自己－属　不是　助－并－疑
　　前日拉累的说了教你应承，今日一到来就改变了嘴，这是人家的
　　不是啊？是自己的不是啊？(《清文启蒙》23b2-4)

(9) inenggi-dari　ebi-tele　jefu　manggi,　fifan　tenggeri
　　日子－每　　饱－至　　吃.祈　之后　　琵琶　　弦

be   tebeliye-hei   fithe-re-ngge,   aika   alban   se-me-u?
宾   抱-持   弹-未-名   什么   公务   想-现-疑
gebu   gai-ki   se-mbi-u?   eiqi   ede   akda-fi   banji-ki
名字   取-祈   想-现-疑   或者   这.与   靠-顺   生活-祈
se-mbi-u?
想-现-疑

终日吃的饱饱的，抱着琵琶弦子弹的光景，还算是差事啊？还要成名吗？或者要仗着这个过日子啊？(《清文指要》中22a4-6)

(10) suwende   ginggule-re   hergen   taqibu-mbi-u   akv-n?   te
你们.与   写楷书-未   文字   教-现-疑   否-疑   现在
inenggi   xun   foholon,   hergen   ara-ra   xolo   akv.
白天   期间   短   文字   写-未   空闲   否

还教你们清字楷书啊不呢？如今天短，没有写字的空儿。(《清文指要》中6b6-7)

满汉比照，例（3）（4）"啊"对译满语语气词n，例（5）—（10）"啊"对译满语语气词u，例（3）—（10）"啊"所在的句子均是选择问句，疑问的语气是由情况不同的前后两项的并列对举而产生的，即去掉"啊"该句依然表示疑问语气，加上"啊"之后，鲜明地表达出了说话人对所问内容的强调情绪。

1.4 "啊"用于反问句

(11) kesitu   si   ere   falan   be   ainu   eri-ra-kv?   dere
磕诗兔   你   这   屋内地面   宾   为什么   打扫-未-否   桌子
be   inu   dasihiya-ra-kv,   si   baibi   bou-de   bi-fi
宾   也   掸-未-否   你   白白地   家-位   有-顺

　　　　　aina-mbihe　　　jiye?
　　　　　做什么 – 过　　　啊

　　　　磕诗兔这个地你怎么不扫？桌子也不潬，你白白的在家里作什么
　　　　来着啊？（《清文启蒙》44b2-4）

满汉对照来看，例（11）"啊"对译满语语气词jiye，"啊"所在句子是一个反问句，反诘疑问的语气是由句子中的词语"白白的""作什么"等承担，句尾的"啊"表示说话者对反诘疑问的内容的强调。

2. "啊"用于非疑问句

由满汉比照来看，非疑问句中的"啊"与满语的对译情况又可分为三种：

2.1 "啊"对译满语语气词或叹词

（12）ere　　baita　　be　　mute-bu-re　　mute-bu-ra-kv　　be,
　　　这　　事情　　宾　　成就 – 使 – 未　　成就 – 使 – 未 – 否　　宾
　　　bi　　inu　　akdula-me　　mute-ra-kv　　kai.
　　　我　　也　　保证 – 并　　能够 – 未 – 否　　啊

　　这个事成得来成不来，我也保定不来啊。（《清文启蒙》33a2-3）

（13）sefu　　se-re-ngge　　uthai　　ama　　-i　　adali　　kai,　　sefu
　　　师傅　　助 – 未 – 名　　就　　父亲　　属　　一样　　啊　　师傅
　　　de　　gele-ra-kv　　oqi,　　geli　　we　　de　　gele-mbi-ni.
　　　位　　怕 – 未 – 否　　若是　　又　　谁　　位　　怕 – 现 – 呢

　　师傅就是父亲一样啊，若不怕师傅，还怕谁呢。（《清文启蒙》36b5-6）

(14) jalan -i urse-i juse omosi be uji-ha-ngge,
世　　属　人们-属　孩子.复　孙子.复　宾　养-完-名
gemu tanggv aniya -i amaga baita -i jalin kai.
都　　一百　　年　　属　以后　　事情　属　为了　啊
世上的人们养子孙，都为的是百年后的事情啊。(《清文启蒙》
56b1-3)

(15) be age sini darabu-re be bai-bu-ra-kv, gemu
我们　阿哥　你.属　让酒-未　　宾　求-使-未-否　都
uba-de je-mbi omi-mbi kai.
这里-位　吃-现　喝-现　　啊
我们不用阿哥你让，都在这里吃呢呵呢啊。(《清文启蒙》52b4-5)

(16) deu bi baha-fi hvwaxa-qi, gemu age -i kesi kai.
弟弟　我　能够-顺　成长-条　全都　阿哥　属　恩惠　啊
兄弟若能出息，都是阿哥恩惠啊。(《清文指要》中 1b5-6)

(17) damu sini taqi-ra-kv be hendu-mbi dere, taqi-ki
只是　你.属　学-未-否　宾　说-现　　啊　学-祈
se-qi tetendere, bi nekule-fi simbe niyalma
助-条　既然　　我　称心-顺　你.宾　人
o-kini se-mbi-kai.
成为-祈　想-现-啊
只说你不学罢咧，既然要学，我巴不得的叫你成人啊。(《清文指
要》中 2a1-2)

(18) ere ji-he-ngge beye-i baita waka, guqu -i
这　来-完-名　自己-属　事情　不是　朋友　属

jalin kai.
理由 啊

这来意不是自己的事，为的是朋友啊。(《清文指要》中18b7-19a1)

(19) mini beye bi-qi fulu akv, akv o-qi
我．属 自己 有-条 充分 否 否 成为-条
ekiyehun akv bi-qibe, sini funde antaha-sa be
缺少 否 有-让 你．属 代替 客人-复 宾
tuwaxa-qi inu sain kai.
照顾-条 也 好 啊

虽说是有我不多，没我不少，替你待待客也好啊。(《清文指要》下10b4-6)

(20) suwe banji-re sain kai, tede majige jorixa-qi
你们 相处-未 好 啊 那．位 稍微 指示-条
aqa-mbi dere.
应该-现 呀

你们相与的好啊，该当指拨指拨他才是。(《续编兼汉清文指要》上11b1-2)

(21) age sini ere gisun, fuhali mini gvnin de
阿哥 你．属 这个 话语 完全 我．属 心 与
dosi-ra-kv, muse emu jahvdai-i niyalma kai.
进入-未-否 咱们 一 船 属 人 啊

阿哥你这个话揿不入我的意思，咱们是一个船上的人啊。(《续编兼汉清文指要》下7a6-7)

第三章 满语对清代旗人汉语语气词的干扰 | 203

(22) tere kesi akv-ngge be si absi tuwa-ha-bi,
那 恩惠 否-名 宾 你 为什么 看-完-现
niyalma-i sukv nere-qibe, ulha -i duha kai.
人-属 皮 披-让 兽 属 内脏 啊
你把那个没福的怎么看了，虽然披的是人皮，是畜牲的心啊。
(《续编兼汉清文指要》下 23a6-7)

(23) age suwe emu ba-de goida-me guqule-he-kv
阿哥 你们 一 地方-位 长久-并 交往-完-否
ofi, hono tengki-me sa-ra unde, ere-qi
因为 还 深刻-并 知道-未 尚未 这个-从
injeque baita geli bi-kai.
可笑 事情 又 有-啊
阿哥你们皆因并未久交，知道的不透彻，比这个可笑的事还有呢啊。(《续编兼汉清文指要》上 11b3-4)

(24) aika tere gese gete-ra-kv juse banji-ha
如果 那个 样子 长进-未-否 子辈.复 生长-完
se-he-de, ini beye uthai yafan de te-kini,
助-完-位 他.属 身体 就 园子 位 住-祈
hono ainahai emu afaha houxan jiha deiji-mbi-ni.
还 未必 一 枚 纸 钱 烧-现-呢
要是养了那样不长进的儿子，他的身子就住在园里，还未必烧一张纸钱呢啊。(《清文指要》下 33b1-4)

(25) ara ere beri-i tebke be bi inu nei-me
哎呀 这个 弓-属 垫子 宾 我 也 开-并

mute-ra-kv, absi mangga na.
能够–未–否 何其 硬 啊

嗳呀这个弓的垫子我也开不开，好硬啊。(《清文启蒙》35a6-35b1）

(26) age bi geli donji-qi si taqikv de dosi-fi
阿哥 我 又 听–条 你 学校 位 进入–顺
bithe hvla-mbi se-re, yargiyvn? inu ya.
书 读–现 助–未 真实.疑 是 啊

阿哥我又听见说你进学读书是真么？是啊。(《清文启蒙》40b5-41a1）

(27) age si absi mentuhun jiye.
阿哥 你 何其 愚昧 啊

阿哥你好愚啊。(《清文启蒙》58b4）

(28) ere baita -i aisi jobolon mute-bu-re efuje-re
这 事情 属 利益 烦恼 能够–使–未 破坏–未
ba-be, inu gemu tokto-bu-me mute-ra-kv
地方–宾 也 都 确定–使–并 能够–未–否
o-ho-bi, te absi o-ho-de sain jiye.
成为–完–现 现在 怎么 成为–完–位 好 呀

把这个事的利害成破，也都定不来了，如今可怎么样的好啊。
(《清文启蒙》21b5-22a1）

(29) ai haqin -i hafirahvn suilashvn se-he seme,
什么 种类 属 狭窄 贫穷 助–完 尽管

第三章 满语对清代旗人汉语语气词的干扰 | 205

> yafan   de   gene-fi   inu   emu   hvntahan   arki
> 园子   位   去-顺   也   一   杯   酒
> hisala-mbi   dere.
> 祭酒-现   吧
>
> 凭他怎么样窄累,也往园里去奠一钟酒啊。(《清文指要》下 33a4-6)

(30) qiksi-ka   amba   haha   oso   nakv,   hendu-tele   geli
     长大-完   大   男人   成为. 祈   之后   说-至   又
     uttu   xan   de   donji-re   gojime   gvnin   de
     那样   耳朵   位   听-未   虽然   心   位
     tebu-ra-kv-ngge,   dere   jaqi   silemin   bai.
     放置-未-否-名   脸   甚   皮实   啊

已成了壮年的大汉子,说着说着又这样耳朵里听了,心里废弃的光景,太皮脸了啊。(《清文指要》中 21b2-4)

(31) sar-kv   je,   we   ya   aika   inde   waka   sabu-bu-ha
     知道.未-否   呀   谁   哪个 如果   他.与 错误   看见-被-完
     ba   bi-qi,   geli   emu   gisure-re   ba-bi,   umai   akv
     地方 有-条   还   一   说-未   地方-有 完全   否
     ba-de.
     地方-位

不知道啊,要有谁得罪过他的去处,还有一说,总没有。(《清文指要》中 16a5-6)

例(12)—(22)中汉语句句尾语气词"啊"对译满语语气词 kai。《清文启蒙·清文助语虚字》(2018:526):"kai,哉字,也字,啊字口气,乃将然已然,自信决意之词。"《满语杂识》(2004:121):

"kai—表示感叹。"由此可以看出，kai 是满语中带有强烈情感的语气词，与汉语的语气词"啊"比较相似，所以自《清文启蒙》始，合璧文献中 kai 经常对译成"啊"。例（12）—（22）中"啊"均具有强调和感叹的语气。

比照满汉文句来看，例（23）kai 对译成"呢啊"，由语境来看，"呢"具有夸张的语气，"啊"具有强调和感叹语气。与例（23）相类似，例（24）满语语气词 ni 也对译成"呢啊"，"呢"表夸张语气，"啊"表强调和感叹语气。例（23）（24）这种一对多的对译情况，应该是译者根据语境而灵活意译的结果。

例（25）—（31）中满语句句尾分别有不同的语气词或叹词。《满语杂识》（2004：121—122）认为满语语气词 na 和 jiye 为感叹语气词，dere 在感叹语气中带有推测、揣度的语气，bai 表示请求口气；《清文启蒙·清文助语虚字》（2018：553）指出 ya："啊字口头声气，在句尾用，乃将然已然，信而微疑质问之语。"《新满汉大词典》（1994：857）把 je 注为叹词，有惊讶之义。例（25）—（31）中，译者把 na、ya、jiye、dere、bai 等带有感叹语气的语气词以及叹词 je 等均对译成了汉语语气词"啊"，表示感叹和强调的语气。

2.2 "啊"对译满语动词祈使式

(32) yala   suwe   inenggi biya   be   untuhuri   mana-bu-ha
     真是   你们   日子   月份   宾   空虚   度过-使-完
     se-re   anggala,   bi   inu   mekele   hvsun   baibu-ha
     助-未   而且   我   也   徒然   力气   必要-完
     se-qina.
     说-祈

可是说的不但你们虚度光阴，我也是徒然费力啊。(《清文指要》中 21a7-21b1)

(33) niyalma -i   gosihon be   sabu-ha de，uthai beye
     人   属   辛苦   宾   看见-完   位   就   自己
     tuxa-ha adali faqihiyaxa-me，urunakv mutere-i teile
     遭遇-完 一样   着急-并   必定   能力-属   只有
     aitu-bu-me   tuwaxata-mbi，yala   suje-i   gese   ler
     苏醒-使-并   照顾-现   确实   绢-属   一样   端庄貌
     se-me   emu   hvturi   isibu-re   sengge   se-qina.
     助-并   一   福   送到-未   长者   说-祈

见了人的苦处，就像自己遭际的一样着急，必定尽力儿搭救看顾，实在竟是一位干净厚重积福的老人家啊。(《清文指要》下 3b1-4)

(34) fuhali baita akv de   baita dekde-re，emu faquhvn
     完全   事情   否   位   事情   引起-未   一   混乱
     da   se-qina.
     原本 说-祈

于无事的里头生事，作乱的头儿啊。(《续编兼汉清文指要》下 23a7-23b1)

(35) eiten baita dule-mbu-he-kv   oliha ten，gisun bi-qi
     所有 事情   经过-使-完-否   胆怯 极端 话语   有-条
     aiseme dolo   gingka-mbi，xuwe gene-fi，ini baru
     为什么 心中   郁闷-现   直接 去-顺   他.属 向

getuken　　xetuken　　-i　　neile-me　　gisure-qina.
明白　　　清楚　　工　　开-并　　　说-祈

什么事情没有经过怯懦的狠,有话为什么闷在肚里,一直的去了,向他明明白白的往开里说啊。(《续编兼汉清文指要》下26a3-5)

(36) je,　ishunde　urgun　o-kini.
　　　是　　互相　　喜庆　　成为-祈

是,同喜啊。(《清文指要》中26b2)

(37) ere　siden-de　uttu,　damu　gebungge　sefu　be　soli-fi
　　这个　期间-位　这样　　只是　　有名　　师傅　宾　求-顺
　　bithe　be　taqibu-kini,　doro　be　urebu-kini.
　　书　　宾　教导-祈　　　道理　宾　练习-祈

这个时候这样,可请个有名的先—教书啊①,演习规矩啊。(《续编兼汉清文指要》下25b5-7)

(38) age　si　julesi-ken　-i　jiu.　muse　louye　de
　　阿哥　你　前面-稍微　工　来.祈　咱们　老爷　与
　　hengkile-me　bai-ki.
　　叩头-并　　　寻求-祈

阿哥你往前些来。咱们给老爷磕着头求啊。(《续编兼汉清文指要》上24a2)

(39) guqule-ki　se-qi,　julge-i　guwan　jung　bou　xu　be
　　交流-祈　想-条　古时-属　管　　仲　　鲍　叔　宾

---

① 该句中"—"可能为"生"之误。

alhvda.

模仿．祈

要说是交结朋友啊，可学那古时的管仲鲍叔啊。(《续编兼汉清文指要》上 27b1）

(40) si   ai   jaka   gaji   se-qi,   bi   sini   gvnin   de
     你   什么   东西   拿来．祈   说-条   我   你．属   心   与

aqabu-me,   uda-fi   hvlaxa-ki.
相合-并   买-顺   交换-祈

你说要什么，我就照着你的心，买了来换啊。(《续编兼汉清文指要》下 17a2-3）

(41) tede   bi   bokson   de   guwelke,   gisun   waji-nggala,
     那．位 我   门槛   与   小心．祈   话语   完结-前

i   bethe   ta-fi   saksari   onqogon   tuhe-ne-re   be.
他   脚   绊-顺   仰面   向   跌倒-去-未   宾

那个上我说仔细门槛子啊，话还未了，他那脚就绊在上头仰面跌倒了。(《续编兼汉清文指要》上 12a4-6)

例（32）—（41）"啊"对译的均是满语动词祈使式：例（32）—（35）"啊"对译的是满语动词祈使后缀 -qina，例（36）（37）"啊"对译的是满语动词祈使后缀 -kini，例（39）中前一个"啊"以及例（38）（40）中的"啊"对译的是满语动词祈使后缀 -ki，例（39）中后一个"啊"和例（41）中"啊"对译的是零形式祈使式。满语动词祈使式均带有一种祈使语气，从某种角度来说也可以把祈使理解成是一种强调，所以译者根据语境，用表示强调语气的语气词"啊"来对译满语动词的祈使式。

2.3 "啊"并无直接满语对译成分

(42) hvdun　　gebu　　yabubu,　　nashvn　　be　　ume　　ufara-bu-re.
　　　快　　　名字　　进行.祈　　机会　　宾　　不要　　错过-使-未
　　　快行名字，别错过了机会啊。(《清文指要》中 4a7)

(43) banitai　gvnin　tondo　angga　sijirhvn,　gisun　yabun　tob
　　　本性　　心　　公正　　口　　真言　　话语　　行为　　端正
　　　hoxonggo,　niyalma　gemu　hungkere-me　gvnin　daha-fi,
　　　方正　　　人　　　都　　倾服-并　　　心　　随从-顺
　　　ishunde　huwekiyendu-me　julesi　faqihiyaxa-me　hvsun　bu-mbi.
　　　互相　　发奋-并　　　　往前　努力-并　　　　力　　给-现
　　　生成的心直口快，说话行事因为端方，所以人都倾心宾服，彼此
　　　劝勉向前努力啊。(《清文指要》下 2b5-7)

(44) age　　gorokon　　ba-de　　umebu-me　　sinda-ha-ngge,　udu
　　　阿哥　稍远　　　地方-位　掩埋-并　　入葬-完-名　　　尽管
　　　sain　baita　bi-qibe,　juse　　omosi　de　enqehen　akv
　　　好　　事情　有-让　　子辈.复　孙辈.复　位　才能　　否
　　　oqi,　erin　de　aqabu-me　faliya-ra　de　mangga.
　　　若是　时候　位　集合-并　祭奠-未　　位　难
　　　阿哥在远些的地方葬埋，虽是好事，要是子孙没力量，难按着时
　　　候上坟啊。(《清文指要》下 32b3-6)

(45) eqimari　　ebsi　　ji-dere-de,　　jugvn　　giyai　　de　　yabu-re
　　　今天早上　这里　来-未-位　　　路　　　街　　　位　　走-未
　　　urse,　gemu　ili-me　mute-ra-kv,　ho ha　se-me
　　　人们　都　　站-并　可以-未-否　喘气貌　助-并

第三章 满语对清代旗人汉语语气词的干扰 | 211

suju-mbi, bi aika edun -i qashvn bi-he biqi
跑-现 我 如果 风 属 顺着 有-完 若是
hono yebe bihe, geli ishun o-joro jakade,
还 稍好 过 又 风 成为-未 因为
dere ai ulme toko-ro adali, qak qak se-mbi.
脸 什么 全然 刺扎-未 一样 凛冽貌 助-现

今日早起往这里来，走着见街道上的人，全站不住，喝喝哈哈的跑啊，我要是顺着风来还好来着，又是迎着风的上头，把脸冻的像针扎的一样疼啊。(《续编兼汉清文指要》上 3b4-4a1)

(46) sain morin se-re-ngge, bethe akdun on doso-mbi,
好 马 助-未-名 腿 坚固 路途 忍耐-现
aba saha de urexhvn, gurgu de mangga.
田猎 狩猎 位 熟练 野兽 位 擅长

好马啊，腿子结实奈得长，围场上熟，牲口上亲。(《续编兼汉清文指要》下 6a6-7)

(47) gabta-mbi se-re-ngge, musei manju-sa-i oyonggo baita.
步射-现 助-未-名 咱们.属 满人-复-属 重要 事情

射步箭啊，是咱们满洲要紧的事。(《清文指要》中 14a3)

(48) jiha efi-re de ai dube, lifa dosi-ka se-he-de,
钱 耍-未 位 什么 末端 深 沉溺-完 助-完-位
ai bi-he se-me taksi-mbi.
什么 有-完 助-并 存续-现

顽钱啊那是了手，要说是贪进去了，就说是有什么能存得住呢。
(《续编兼汉清文指要》上 2b4-5)

满汉比照来看，例（42）—（48）汉语句中的语气词"啊"并无满语直接对译成分。例（42）—（45）句尾"啊"均表示说话人对所说内容的强调和感叹。例（46）—（48）中，"啊"用于话题句后，显示了说话人对话题的强调。

综合我们所调查的文献以及对上面例子的分析来看，"啊"始见于18世纪30年代的《清文启蒙》，其后《清文指要》和《续编兼汉清文指要》中"啊"也可以说是高频出现。"啊"不仅与多个满语语气词、叹词、祈使式等对译，甚至无直接对应的满语成分，而且"啊"可以出现于是非问句、特指问句、选择问句、反问句等疑问句以及非疑问句等多种句子类型当中。但无论对译情况和出现句式如何，语气词"啊"所传达的都是言说者对所述内容的一种强调和感叹的主观情绪。

（二）满汉合璧文献中语气词"啊"的对译情况分析

"啊"在《清文启蒙》等中对译的满语语气词较多，适用句型多样，出现频率较高，这都能显示出"啊"在旗人汉语中的使用已非常普遍和成熟。这也就意味着"啊"的产生应早于《清文启蒙》的成书年代。那么语气词"啊"到底何时出现、诱因如何、发展情况又如何等，这一系列问题都促使我们要对语气词"啊"作进一步的更为精细的调查、观察和分析。基于此，我们把本章第一节表3-1所调查的"啊""呀"的使用情况进行单独的抽离，见下面表格。

表 3-10　清代四种满汉合璧会话书中语气词"啊""呀"
及相关语气词的对译情况 ①

满语语气词	汉语对译语气词 \ 文献对译频次		满汉成语对待	清文启蒙	清文指要	续编兼汉清文指要
u		啊	–	14	3	–
		呀	–	–	1	2
ni		呀	–	–	1	–
		呢啊	–	–	1	–
		呢呀	–	–	–	1
kai		啊	–	47	31②	33
		呀	2	9	6	8
		呢呀	–	–	–	2
		呢啊	–	1	–	1
		无对译	55	7	30	16
n		啊	–	2③	–	–
na		啊	–	1	–	–
ya		啊	–	1	–	–
je		啊	–	–	1	–

① 下文将讨论四种满汉合璧会话书中"呀"的使用情况及与"啊"的关系问题,所以这里一并把"呀"的对译及文献分布情况列出。
② 2 例写作"阿"。
③ 1 例写作"阿"。

续表

满语语气词		汉语对应语气词	文献对译频次 满汉成语对待	清文启蒙	清文指要	续编兼汉清文指要
jiye		啊	–	4	–	–
bai		啊	–	–	1	–
		呀	–	5	1	–
dere		啊	–	–	1	–
dabala		呀	1	–	–	–
		哩呀	–	–	1	–
动词祈使式	-qina	啊	–	–	2	3
		呀	–	–	–	2
	-kini	啊	–	–	1	2
	ki	啊	–	–	–	3
	零形式	呀	1	–	–	–
		啊	–	–	–	1
无对应满语		啊	–	–	31	71
		呀	5	–	8	22
		啊呀	–	–	–	1
		呢呀	–	–	–	1
		里呀	–	–	–	2

由表 3-10 可以看出：

1）从表 3-10 中所列这些语气词与"啊"的对译情况来看，尤其是在《清文启蒙》中与汉语感叹语气词"啊"功能相同、对译达47次之多的 kai，在《满汉成语对待》中竟无一例对译成"啊"，我们似乎可以做出这样的推测：在《满汉成语对待》所反映的17世纪末叶和18世纪初叶语气词"啊"还没有出现或者刚处于萌芽使用期，还没有被使用开来。

2）1702年的《满汉成语对待》还没有出现语气词"啊"，1730年的《清文启蒙》中始见语气词"啊"，但其出现频次已达70次之多，这种情况说明尽管从我们所调查的文献来看，"啊"最早见于《清文启蒙》，但它的实际出现和传播开来应早于《清文启蒙》的成书年代。

3）《清文指要》《续编兼汉清文指要》与《满汉成语对待》和《清文启蒙》相比，不但与"啊"对译的语气词多了 dere、je、bai 等，而且满语动词祈使式也出现了与"啊"对译的情况，更为突出的情况是《清文指要》和《续编兼汉清文指要》中还出现了大量并无满语对应成分的语气词"啊"，这说明随着时间的推移，语气词"啊"的使用变得更加普遍。

4）表 3-10 还反映出尽管"啊"可与多个满语语气词对译，但相较而言，"啊"与 kai 的对译占压倒性多数，而且较早与之对译的语气词 na、ya 等与 kai 含有共同的元音 [a]，换个思路是否可以认为语气词"啊"除了汉语自身发展的因素外，满语 kai、na、ya 等含 [a] 音的感叹语气词是促使语气词"啊"最终出现的外在诱因。我们的理由是：小频率出现的感叹语气词 na、ya 等先搁置不论，kai 在满语中无疑是一个使用非常频繁的感叹语气词；汉语中元代已经出现的源自"也"的主要元音为 a 的语气词"呀"也表感叹等语气（孙锡信，

1999：124—125），但并没有大量地用来对译满语感叹语气词 kai 等，其主要原因可能是 [a]（"呀"ia）前有介音 [i]；宋代出现的可表感叹的语气词"呵"以及元代出现的"呵"的异体字"阿"一直用到清代（孙锡信，1999：120—124），满汉合璧会话书中没有见语气词"呵"的踪影，语气词"阿"也只是偶见用例——《清文启蒙》中出现 1 例、《清文指要》中出现 2 例，如例（3），这说明旗人并没有直接地、主要地选择汉语中已经存在的语气词"呵/阿""呀"对译 kai 等主要元音为 [a] 的满语语气词，也许这正是进一步促成语气词"啊"出现的外在原因。

三、满汉合璧文献中语气词"呀"的使用情况

（一）满汉合璧文献中语气词"呀"的对译情况

由上面表 3-10 可以看出，《满汉成语对待》等四种兼汉满语会话教材中语气词"呀"可与满语语气词 u/ni/kai/bai/dabala 等对译，也可以与满语动词祈使式对译，也有的无满语直接对应成分。总之，四种合璧文献中"呀"的对译情况多种多样，对此我们不准备着重介绍。我们所要重点观察的是合璧文献中语气词"呀"与前一音节末尾音素的对应情况。

（二）满汉合璧文献中语气词"呀"与前一音节末尾音素的对应

1. 语气词"呀"前一音节末尾音素为 a

（49）tere   durun   fiyanara-ra-ngge   gemu   holo   kai.
　　　那　　样子　　说谎-未-名　　　 都　　 虚假　啊

那样奏作的都是假呀。(《清文启蒙》4b6)

(50) tere amba bou, uthai ini bou kai.
　　　那　　大　　家　　就　　他.属　家　　啊
　　那个大房子，就是他的家呀。(《清文启蒙》36a2-3)

(51) si se-re-ngge boigoji niyalma kai, si je-tera-kv
　　 你　助－未－名　　主　　　人　　　啊　 你　吃－未－否
　　 o-qi, antaha inu omi-ra-kv se-qina.
　　成为－条　客　　也　喝－未－否　说－祈
　　你是主人家呀，你若不吃，客也不饮。(《清文启蒙》52a3-4)

(52) tere se-re-ngge, fulhv -i dorgi suifun kai.
　　　他　 助－未－名　　口袋　属　中间　　锥子　　啊
　　他呀，是囊中之锥啊。(《清文指要》中 20a5-6)

(53) aika qeni gese asiha-ta be o-qi, meni
　　 如果 他们.属 一样 年轻人－复 宾 成为－条 我们.属
　　 yasa-i hoxo de inu dabu-ra-kv kai.
　　眼睛－属　角　　位　也　算－未－否　　啊
　　要像他们那样少年，我眼脊角里也不夹呀。(《清文指要》下 13b1-2)

(54) ede guqu-se imbe jondo-mbihe-de, gemu emekei
　　这.位　朋友－复　他.宾　想起－过－位　　都　　可怕
　　se-me uju finta-ra-kv-ngge akv.
　　助－并　头　疼－未－否－名　　否
　　因此朋友们提起他来，都说是可怕呀，无有不头疼的。(《清文指要》下 28a7-28b2)

(55) hefeli wakjahvn fuhali beliyen waji-ha bi-me, xuqila-me
肚子　下垂　竟然　痴人　完结-完　有-并　假装知道-并
taqi　nakv,　absi　niyalma　be　yali mada-bu-mbi.
学.祈　之后　真是　人　宾　肉　肿胀-使-现
臕着个大肚子竟是呆人，又学充懂文脉，好叫人肉麻呀。(《清文指要》下 29b2-4)

(56) karu de karu, furu de furu se-re-ngge, sain ehe
报应　与　报应　脓疮　与　脓疮　说-未-名　善　恶
-i karulan helmen beye-de daha-ra adali.
属　报应　影子　身体-与　跟随-未　同样
善有善报恶有恶报的话呀，善恶的报应如影随形的一样的啊。(《续编兼汉清文指要》上 29a4-5)

(57) hojo sanggv, waburu wasihvn bethe gai-ha aise.
很　正确　该死的　下边　脚　取-完　或是
好啊呀，砍头的岂不是走到四达运气里了吗？(《续编兼汉清文指要》上 31a1-2)

例(49)—(57)中，"呀"前一字的末尾音素均为 a，这符合现代汉语中"啊"的音变规律。但是我们看到例(57)，语气词"啊""呀"连用，表明"呀"是一个独立的语气词，而不是"啊"的变体。

2. 语气词"呀"前一音节末尾音素为 o

(58) inenggi se-qi mou-i abdaha qi hono fulu kai.
日子　说-条　树-属　叶子　从　还　多余　啊
论日子比树叶儿还多呀。(《清文启蒙》19a3)

（59）ini　　gisun　de　boxo-bu-fi　mimbe　gisure-bu-mbi-kai,
他.属　　话语　与　催促－被－顺　我.宾　　说－使－现－啊

gvwa　be　dalda-qi　o-joro　dabala,　sinde　gida-qi
别人　宾　隐瞒－条　可以－未　　而已　　你.与　隐瞒－条

o-mbi-u?
可以－现－疑

被他的话逼着叫我说呀，蒙蔽得别人罢咧，瞒藏得你吗？（《清文指要》下25b6-26a1）

（60）qira　fuhun　unenggile-mbi　kai,　we　inde　　o-mbi.
脸色　怒火　竭诚－现　　　啊　谁　彼.与　合得来－现

一脸怒气认真的说呀，谁合他过的去呢。（《清文指要》下27a3-4）

（61）tere　nantuhvn,　ai　ton　bi　seme　jing　dabu-fi
那　　贪赃　　　什么　数目　有　虽然　正好　算－顺

gisure-mbi.
说－现

把那个混账东西，算在那个数儿里仅着说呀。（《续编兼汉清文指要》下3a3-4）

例（58）—（61）中，语气词"呀"前一音节的末尾音素为o，现代汉语中"啊"前一个字的末尾音素为o时，"啊"可以音变为"呀"也可以不变，由此来看，这几例"呀"的出现也是符合现代汉语中"啊"的音变规律的。

3. 语气词"呀"前一音节末尾音素为e

（62）tere　erin　de　o-ho　manggi,　si　aliya-me　gvni-ha
那个　时候　位　成为－完　以后　　你　等－并　　想－完

se-me inu amqa-ra-kv o-mbi, udu gai-ki se-he
助-并 也 赶上-未-否 成为-现 即使 拿-祈 说-完
se-me inu baha-ra-kv kai.
助-并 也 得到-未-否 啊

到了那时候,你后悔也不及了,总然说要也不得呀。(《清文启蒙》12b3-4)

(63) ta-ha manggi bele baha-ra-kv bime, fulhv
绊-完 以后 米 得到-未-否 而且 口袋
waliya-bu-re balama, ai gese boqihe tuwa-bu-re
丢失-使-未 轻浮 什么 样子 丑态 看-使-未
be, gemu boljon akv.
宾 全 定准 否

到了个绊住的时候了不但不得米,反把口袋丢了,出什么样的丑,全定不得呀。(《续编兼汉清文指要》下2b4-6)

(64) tuttu sekserje-me sarbaxa-mbi, sui ai dabala.
那样 愤怒-并 挣扎-现 罪 什么 罢了

那们样的揸巴舞手的作怪,受罪的呀。(《满汉成语对待》一18a5-6)

(65) enteke-ngge, beye fusihvxa-bu-re yabun efuje-re be
这样-名 身体 忽视-使-未 行为 破坏-未 宾
hono aise-mbi, weri ini ama aja be suwaliya-me
还 说什么-现 别人 他.属 父 母 宾 合并-并
gemu tou-mbi-kai.
都 骂-现-啊

这们样子的岂但辱身坏品，人家连他父母都是要骂的呀。(《清文指要》中 10b2-4)

(66) mayan sain, amqabu-ha-ngge turi-bu-he, mura-kv-ngge
运气 好 赶得上-完-名 落下-使-完 吹哨.未-否-名
elemangga nambu-ha.
反倒 捕捉-完

彩头好的呀，赶上的放跑了，没哨的倒得了。(《续编兼汉清文指要》上 1b7-2a1)

(67) yala oqi, efiku waka kai, majige bargiya-ha
果真 若是 儿戏 不是 啊 稍微 收敛-完
de sain.
位 好

要是真，可不是顽的呀，料收着些才好呢。(《续编兼汉清文指要》上 2a6-7)

(68) niyalma o-fi tanggv se de banji-re-ngge akv kai.
人 成为-顺 一百 岁 位 生存-未-名 否 啊
人没有活一百岁的呀。(《续编兼汉清文指要》上 19b1)

(69) sini ere gisun mimbe sa-me gisure-he-ngge-u?
你.属 这个 话语 我.宾 知道-并 说-完-名-疑
eiqi mimbe sar-kv tubixe-me gisure-he-ngge-u?
或是 我.宾 知道.未-否 揣测-并 说-完-名-疑
你这个话是知道着说我的呀？或是不知道约莫着说的呀？(《续编兼汉清文指要》上 20a4-6)

(70) si   xorgi-fi   aina-mbi,   bi   banitai   uthai   uttu
     你   催逼-顺   做什么-现   我   本性   就是   这样
     qa   mangga.
     筋   难

你催我作什么，我生来就是这样宁折不湾的呀。(《续编兼汉清文指要》上 21b7-22a1)

(71) sain   niyalma   sinqi   qala   jai   akv   se-qina.
     好   人   你.从   之外   再   否   说-祈

说比你往那们好的人再没有的呀。(《续编兼汉清文指要》下 3a1)

(72) absi   halhvn.
     何其   热

好热呀。(《清文指要》中 6a3)

(73) mini   ji-he   gvnin   inu   waji-ha,   si   emdubei
     我.属   来-完   心   也   完结-完   你   只管
     bargiya-ra-kv   o-qi,   bi   eiqi   uba-de   te-re-u?
     收-未-否   成为-条   我   或者   这里-位   坐-未-疑
     amasi   gene-re-u?
     返回   去-未-疑

我来的意思也完了，你只管不收，我还是在这里坐着呀？还是回去呢？(《清文指要》下 11a5-6)

(74) tede   bi   faijuma,   ayan   edun   da-ra   isi-ka,   edun
     那.位   我   怪异   大   风   吹-未   到-完   风
     dekde-re   onggolo,   muse   yo-ki   se-fi.
     起-未   之前   咱们   走.祈   说-顺

那个上我说，大风要来了呀，乘着风还未起咱们走罢。(《续编兼汉清文指要》上 3a6- 3b1）

(75) jalan -i niyalma ejesu akv-ngge, sinqi qala jai
世间 属 人 记性 否-名 你.从 之外 再
akv se-qina.
否 助-祈
世间上比你没记性的人，再也没有了呀。(《续编兼汉清文指要》下 8a7-8b1）

例（62）—（75）中，"呀"前一音节末尾音素均为 e，现代汉语中"啊"前一个字的末尾音素为 e 时，"啊"可以音变为"呀"，也可以不变，所以说这几例"呀"的出现也是符合现代汉语中"啊"的音变规律的。

4. 语气词"呀"前一音节末尾音素为 i

(76) abka fangkala, fiyarana-ra be ainu beye wen
天 低 生蛆-未 宾 为什么 自己 弓扣
te-bu-mbi.
坐-使-现
天底呀，叫蛆搭拉的营省自己怎么紧着崔自己。(《满汉成语对待》二 30a6-7）

(77) age si atanggi wesi-ke-ngge, amba urgun kai.
阿哥 你 什么时候 上升-完-名 大 喜庆 啊
阿哥你是几时高升了的，大喜呀。(《清文启蒙》4a5）

(78) erdemu be taqi-ra-kv, alban de faxxa-me yabu-ra-kv
　　　才艺　　宾　学-未-否　公务　与　努力-并　做-未-否
　　　oso　　nakv,　baibi　ede　gvnin　girkv-fi　taqi-qi,
　　　成为.祈　之后　只管　这.位　心思　专心-顺　学-条
　　　manju　be　gvtu-bu-ha　ai　dabala.
　　　满洲　宾　耻辱-使-完　什么　罢了
　　　不学本事，不当差效力，只管在这上头专心去学，玷辱满洲哩呀。(《清文指要》中 22b1-4)

(79) tere　　da-de,　yen　jugvn　deri　biraga　be　bai-me
　　　那个　原本-位　弯曲　路　　经　　小河　宾　寻求-并
　　　nimaha welmiye-re-ngge, yala oihori.
　　　鱼　　钓-未-名　　　　真是　非常
　　　那上头，又有从茅路上寻我小河儿去钓鱼的，实在好极里呀。
　　　(《续编兼汉清文指要》上 30a4-5)

(80) majige niyalma-i gvnin bi-qi, inu aliya-me gvni-fi
　　　稍微　人-属　　心　　有-条　又　后悔-并　想-顺
　　　hala-ha-bi.
　　　改-完-现
　　　料有一点人心的时候，也改悔里呀。(《续编兼汉清文指要》上 31a3-4)

(81) falanggv alibu-me sinde bai-qi, si ainahai aqabu-mbi-ni.
　　　手掌　　伸开-并　你.与　求-条　你　未必　相合-现-呢
　　　伸着手向你要，你还未必给呢呀。(《续编兼汉清文指要》上 20b5-6)

第三章　满语对清代旗人汉语语气词的干扰 | 225

(82) weri　　imbe　　gisure-mbi　　kai,　　sinde　　ai　　guwanta.
　　 别人　　他.宾　　说-现　　　 啊　　 你.与　什么　关系

人家说他呢呀，与你什么相干。(《续编兼汉清文指要》下 7a3)

(83) qin　　-i　　bou-de　　niyalma　　ji-fi,　　den　　jilgan　　-i　　gisun
　　 正面　 属　 房-位　　 人　　　 来-顺　 高　　 声　　　 工　 话语

gisure-mbi.
说-现

上屋里有人，高声说话呢呀。(《续编兼汉清文指要》下 19a4-5)

(84) guwele　　mele　　baibi　　hehe-si　　feniyen　　be　　bai-me
　　 贼头　　 贼脑　　只是　 女人-复　　群　　　 宾　 求-并

kvthv-me　　fumere-mbi,　　yabun　　fudasi　　kai.
搅拌-并　　 掺和-现　　　行动　　悖谬　　　啊

溜儿瞅儿的只找着女人们堆儿里混铲，行事怪呀。(《满汉成语对待》二 30a4-5)

(85) inenggi　　waji-re-ngge　　hvdun　　kai,　　abka　　wa-ra-kv
　　 日子　　 完结-未-名　　 快　　　啊　　 天　　 杀-未-否

de　　ainu　　beye　　tokoxo-mbi.
位　 为什么　自己　　刺-现

光阴快呀，天不杀人为什么自己攒多自己。(《满汉成语对待》三 44b6-8)

(86) si　　simbe　　ali-me　　mute-ra-kv　　se-qi,　　i　　sinqi
　　你　 你.宾　　受-并　　能够-未-否　　说-条　 他　 你.从

geli　　ali-me　　mute-ra-kv　　kai.
又　　 受-并　　能够-未-否　　啊

你说你担当不来，他比你更担当不来呀。(《清文启蒙》23b1-2)

（87）amqabu-ha　de　suila-mbi.
　　　赶上－完　位　得罪－现

　　　日子赶上了受罪呀。(《满汉成语对待》一40a7)

（88）ere　　yali　　se-re-ngge,　weqeku　-i　kesi　kai,
　　　这个　　肉　　助－未－名　　祖宗　　属　恩惠　啊
　　　haqihiya-qi　o-mbi-u?
　　　催促－条　　可以－现－疑

　　　这个肉啊，是祖宗的恩惠呀，强让得么？(《清文指要》下4b6-7)

例（76）—（88）中，"呀"前一音节末尾音素均为i，现代汉语中"啊"前一个字的末尾音素为i时，"啊"音变为"呀"，据此判断，例（76）—（88）中"呀"的出现也是符合现代汉语中"啊"的音变规律的。

5. 语气词"呀"前一音节末尾音素为u

（89）tei　　forgon　-i　　abka　fangkala　kai,　absi　　sini
　　　现在　　时运　　属　　天　　低　　　啊　怎么　你．属
　　　funde　joboxo-mbi.
　　　代替　　忧愁－现

　　　如今的天低啊，叫怎么替你愁呀。(《续编兼汉清文指要》上29a7-29b1)

例（89）中语气词"呀"前一音节末尾音素为u，现代汉语中"啊"前一音节末尾音素为u时音变为"哇"，也就是说，该例并不符合现代汉语"啊"的音变规律。四种兼汉满语会话教材中只见此1例。

6. 语气词"呀"前一音节末尾音素为 n/ng

（90）jafata,　　makta-me　　bi-hei　　taqi-mbi.
　　　约束.祈　称赞－并　有－持　习惯－现

　　　管呀，撩搭着看貫了。(《满汉成语对待》一 35b5)

（91）niyalma　　be　　amqada-qi　　o-jora-kv.
　　　人　　　　宾　　追赶－条　　可以－未－否

　　　别赶人呀。(《满汉成语对待》一 40a7)

（92）ninju　　se　　farga-me　　gene-he　　niyalma-i　　kai,　　aika
　　　六十　　岁　　追赶－并　　去－完　　人－属　　　　啊　　难道
　　　ajigen　　se-me-u?
　　　年少　　说－并－疑

　　　往六十岁上去的人呀，还小吗？(《续编兼汉清文指要》上 28b5-6)

（93）musei　　ai　　se-qi　　uthai　　ai,　　gese　　gese
　　　咱们.属　什么　说－条　　就　　　什么　　样子　　样子
　　　daha-me　　yabu-mbi.
　　　随从－并　　施行－现

　　　咱们怎么说就怎么样的，照着样儿的行呀。(《续编兼汉清文指要》下 3a5-6)

例（90）—（92）语气词"呀"前一音节末尾音素为 n，例（93）语气词"呀"前一音节末尾音素为 ng，现代汉语中当语气词"啊"前一音节末尾音素为 n 时音变为"哪"，前一音节末尾音素为 ng 时不发生音变，由此判断，例（90）—（93）中语气词"呀"不符合现代汉语"啊"的音变规律。

为进一步观察《满汉成语对待》等四种合璧文献中语气词"呀"

前一音节末尾音素的对应情况，我们特意绘制了下表：

表 3–11　四种兼汉满语会话教材语气词"呀"前一音节末尾音素对应情况表

前一音节末尾音素	文献数量	满汉成语对待	清文启蒙	清文指要	续编兼汉清文指要
a、o（不包括 ao、iao）、e、ê、i、ü	a	–	5	8	6
	o	–	1	2	1
	e	1	2	3	25
	ê	–	–	–	–
	i	4	2	3	5
	ü				
n	n	2	–	–	1
u（包括 ao、iao）	u	–	–	–	1
	ao	–	–	–	–
	iao				
ng、i（舌尖前、后）、er	ng	–	–	–	1
	i				
	er				

由表 3–11 可以看出：1)《满汉成语对待》中语气词"呀"共出现 7 例，符合现代汉语"啊"音变规律的有 5 例，不符合的 2 例，但是《满汉成语对待》中并没有出现语气词"啊"，因此无论符不符合"啊"的音变规律，"呀"都应看作是独立的语气词；2）自《清

文启蒙》语气词"啊"始见后,《清文启蒙》《清文指要》《续编兼汉清文指要》语气词"呀"共计出现 66 例,其中 63 例符合现代汉语"啊"的音变规律,3 例不符合"啊"的音变规律。

因此,由《满汉成语对待》到《清文启蒙》《清文指要》和《续编兼汉清文指要》反映的"啊""呀"的使用情况来看,因"呀"先于"啊"而产生,所以并不能说合璧文献中尤其是没有出现语气词"啊"的《满汉成语对待》中呈现出的符合现代汉语所说的"啊"的音变而出现的"呀"是"啊"的音变形式。进一步讲,与其说现代汉语中语气词"呀"是语气词"啊"受到前面音节收尾的影响而发生的音变形式,不如说后产生的语气词"啊"与先产生的语气词"呀"在与前面音节收尾的关系上在基本呈互补态势的情况下又有通用交叉之处。

第六节　满语与语气词"么／吗"

一、引言

"吗"是现代汉语常见的句尾语气词,有关其来源和语音演变,学界进行了诸多论述,如吕叔湘(2002:261、288)指出:"'无'字就是白话里的'么'和'吗'的前身。"又指出"么,吗,嚜,末,嘛"为同一个语气词,原来都音 me,写"么(麽)",疑问用的 me 合 a 成 ma,写"吗",非疑问用的除原来的"么(麽)"外,又写作

"噻""末""嘛"①。王力（1980：450—452）认为："吗"的较古形式是"麼"，"麼"是从"无"演变来的，"麼"在中古属戈韵，起初念 mua（细也），后来由于韵头失落变为 ma，借用为语气词的时候已读 ma，后来整个歌戈韵演变为 o，uo，ə，但"麼"没有参与变化，后来就产生了更适合后代音系的形声字"吗"。孙锡信（1999：50—61、102—107）认为"吗"的前身是"麼"，"麼"的前身是"无"，"麼"字两读始自宋代，"麼"本音 mua（五代时记作"摩""磨"均音 mua），由唐入宋，"麼"按照语音演变规律一般改变读音为 muɔ，元代时属戈韵，因此语气词"麼"有的读音改变为 muɔ，但有的读音失落了介音 u 而保留了原来的主要元音 [a]，舌位前移，由 [a] 变 [a]，"麼"音 ma，后来用"吗"表示。太田辰夫（2003：328—330）认为：疑问助词"无"产生于唐代，属微母字，但它在《切韵》时期是明母字，唐末宋初自明母字分化出来，因而又写作"摩""磨"，宋代又写作"麼"，再后来又写作"吗""嘛"。去异存同，以上学者的共识有两点：1）演变路径均是：无→麼→吗；2）读音：自宋代始"麼"字两读，一为 muɔ，一为 ma。

对于"吗"的出现时代学界至今存有分歧：王力（1989：312—314）、太田辰夫（2003：328—330）均认为"吗"始见于清代，所举例子均出自《红楼梦》；钟兆华（1997）认为宋代就已出现"吗"字；孙锡信（1999：158—163）在明末《石点头》中检到 3 例"吗"字，但指出在 18 世纪中叶以前都很少见到例证，目前所见到的清代

---

① 语气词"麼"现代汉语定形为"么"。本书除涉及其时代及用字字形外，均用"么"字。

语料中最早出现的"吗"字见自写于1749—1753年之间的《白姓官话》,并进一步指出1754年的脂砚斋甲戌再评《石头记》尚未使用"吗"字,1792年程伟元乾隆壬子活字本则出现了不少"吗"字。但以上钟兆华所举宋代"吗"字例和孙锡信所举《石点头》例均被蒋绍愚、曹广顺(2005:277)证实为后时资料。

二、清代满汉合璧文献中"么/吗"的使用情况

(一)《清话问答四十条》中"么/吗"的使用情况

综上所述,如果《白姓官话》资料可靠的话,它将是我们目前所见到的"吗"字出现的最早文献。退一步讲,即使《白姓官话》材料不一定可靠,我们在成书于1757年的满汉合璧会话书《清话问答四十条》中也发现了34例"吗"字,1例"么"字。例如:

(1) si　　　yali　　faita-me　　bahana-mbi-u?　bahana-ra-kv
　　你　　　肉　　　割-并　　　学会-现-疑　　学会-未-否
　　bi-qibe,　iqangga　ba-be　kemuni　sa-mbi.
　　存在.助-让　可口的　处-宾　还　　　知道-现
　　你会割肉吗?虽然不会割,好吃的地方还知道。(《清话问答四十条》24a3-4)

(2) gosi-hai　　ji-he　　be　dahame,　gilja-qi　　ojo-rou?
　　怜爱-持　　来-完　宾　既然　　体谅-条　可以-未.疑.祈
　　素蒙疼爱,可以宽恕吗?(《清话问答四十条》38a5)

(3) enenggi　jabxan　de　teisulebu-he　be　dahame,　elben
　　今天　　幸运　　位　相遇-完　　　宾　既然　　茅草

```
    -i   bou  be   elde-mbu-me,  dartai  te-qi    ojo-rou?
    属   家   宾   光照 – 使 – 并   暂时    坐 – 条   可以 – 未 . 疑 . 祈
```
今日幸得遇着,到草舍光降光降,略坐坐使得吗?(《清话问答
四十条》16a5-16b1)

(4) age   si   manjura-me bahanna-mbi-u? te   taqi-me
    阿哥 你   说满语 – 并   学会 – 现 – 疑   现在   学习 – 并
    gisure-mbi.
    说话 – 现

阿哥你会说满洲话吗?现今学着说呢。(《清话问答四十条》3a2)

(5) age   si   ai   uttu   dalhi,   gisun fulu de
    阿哥   你   怎么   这样   唠叨   话   多   位
    endebu-mbi   se-re,   donji-ha-kv-n?
    失误 – 现   说 – 未   听到 – 完 – 否 – 疑

阿哥你怎么这样唠叨?言多语失的话,没有听见吗?(《清话问答
四十条》36b3-4)

(6) ishunde   kundule-re   ishunde   hajila-ra   oqi,   goro
    互相   尊敬 – 未   互相   亲近 – 未   若是   长
    golmin   akv   ni-u?
    远   否   呢 – 疑

彼此相敬相爱,岂不长远吗?(《清话问答四十条》19b1-2)

(7) emgeri   hafu-ka   de,   eiten   de   genggiyen   o-me
    一旦   通晓 – 完 位   一切   与   清楚   成为 – 并
    mute-re   ba-de,   ibe-de-me   taqi-re   jalin   fonji-re
    能够 – 未 处 – 位 前进 – 渐进 – 并 学习 – 未 为了   问 – 未

be baibu-mbi-u?

宾 需要－现－疑

一旦通达了的时节，凡百的都可以能够透彻，前进的工夫还须问吗?（《清话问答四十条》2b3-5）

(8) goro ba-qi ji-he niyalma, herse-ra-kv doro bi-u?

远 处－从 来－完 人 理睬－未－完 道理 有－疑

远路来的人，有个不瞅睬的理吗?（《清话问答四十条》20b3-4）

(9) damu muse daqi banji-re sain bime, niyaman

只是 咱们 起初 相处－未 好 而且 亲戚

daribu-ha-bi, arsari niyalma de duibule-qi

沾亲带故－完－现 普通的 人 与 相比－条

o-mbi-u?

可以－现－疑

但只是咱们起初相处的既好，又系亲戚，比得寻常人吗?（《清话问答四十条》15a5-15b1）

(10) si mimbe gosi-re gvnin ete-re jakade, teni

你 我.宾 怜爱－未 心意 胜－未 之故 才

buhiyequn qi jaila-ra-kv, taqibu-ha dere, gvwa

嫌疑 从 躲避－未－否 教导－完 罢了 别人

o-qi ai hala isi-ka-bi?

成为－条 有什么要紧 到达－完－现

你疼我的心切，才肯不避嫌疑，教导罢了，若是别人肯吗?（《清话问答四十条》42b4-43a1）

(11) iju-me   dari-me   gisure-qi,   minde   o-qi   gvninja-ra
     抹黑－并   讽刺－并   说话－条   我.位   成为－条 思量－未
     ba   akv, gvwa   niyalma   ohode   seye-ra-kv   ne?
     处   否   别的   人   倘若   怀恨－未－否   吗
     若是指东说西的讥诮，在我是不思量的，在别人岂不怀恨吗？
     (《清话问答四十条》38b3-4)

(12) ainu   mara-me   ali-me   gai-ha-kv,   hata-me   gvni-mbi
     为何   推辞－并   承受－并 要－完－否   嫌弃－并   想－现
     aise?
     想是
     为何驳回不受？莫非是弃嫌吗？(《清话问答四十条》49b4-5)

(13) julge-i   hendu-he   be   donji-ha-kv-n?   jalan   -i
     古代－属   说道－完   宾   听到－完－否－疑   世界   属
     uju   jergi   sure   sektu,   kiri-re   anabu-re   be
     第一   等级   聪明   伶俐   忍耐－未   谦让－未   宾
     wesihun   o-bu-re   de   isi-re-ngge   akv   se-he-bi.
     高贵   成为－使－未   与   到达－未－名   否   说.助－完－现
     古语不曾听见吗？世间头等的聪明伶俐，不及那忍耐尽让的为高。
     (《清话问答四十条》40a1-3)

(14) fuzi   -i   hendu-he   be   donji-ha-kv-n?   jeu   gung   ni
     孔夫子 属   说道－完   宾   听－完－否－疑   周   公   属
     gese   muten   saikan   bi-he   seme,   qokto   bime
     一样   才能   美   有－完   虽说   骄傲   并且

jibge　ojo-ro　ohode,　tere-i　gvwa　be　inu　ai
吝啬　成为-未　倘若　其-属　别的　宾　也　什么
tuwa-ra　ba-bi　se-he-bi.
看-未　处-有　说.助-完-现

孔夫子有云不曾听见吗？"如有周公之才之美，使骄且吝，其余不足观也已。"(《清话问答四十条》45a5-45b3）

（15）niyalma　-i　gisun,　uru　waka　be　umai　bodo-ra-kv,
人　属　话　是　非　宾　全然　思考-未-否
ergele-tei　holo　taxan　de　o-bu-qi　o-mbi-u?
强迫-极　虚伪　虚假　与　成为-使-条　可以-现-疑

人家的话，总不论个是非，强派着算作谎谬使得么？(《清话问答四十条》44b5-45a1）

可以看出"吗"均出现于疑问句句尾，这些疑问句的类型又有不同：是非问句，如例（1）—（4），这些句子均需要听话者做出肯定或否定的回答；反问句，如例（5）—（12），这些句子并不需要听话者做出回答，说话者对所说内容已有明确的看法——肯定形式表示否定意思，否定形式表示肯定意思；设问句，如例（13）（14），说话者不需要听话者回答，而是自问自答。

从对译情况来看，"吗"的对译也不是单一对应：有的是满语疑问语气词 u 的对译，如例（1）—（4）（7）—（9）；有的是满语语气词 n 的对译，如例（5）（13）（14）；有的是满语语气词 ne 的对译，如例（11）；有的则不能简单地看成是一一对应的关系，如例（6），满语句尾是两个语气词 ni 和 u 连用，而汉语句中只有一个语气词"吗"与之对译，《清文启蒙·清文助语虚字》（2018：523—524）：

"ni，的字，之字，又以字，用字，又呢字，哉字，乃惊叹想象语气。""niu，呢么字，乃呢字作揣度斟问语，在句尾用。"通过满语句子可以看出，这个句子两个语气词连用，句子语气的重点一般落在最后一个语气词上面，即 u 上，译者可能根据满语句语气重点而把这两个语气词只对译成了一个"吗"；有的无满语直接对译成分，如例（10）（12）。

例（15）是《清话问答四十条》中仅见的一例"么"字，可以看出，"么"是满语语气词 u 的对译，该句是一个反问句。

由例（1）—（15）可以说明：《清话问答四十条》中"吗"已普遍用于是非问句、反问句及设问句句尾，其用法已完全成熟；"吗"出现34例，"么"只1例，显示出"吗"已占据绝对地位，"么"则处于微弱之势。

(二) 清代满汉合璧文献中"么/吗"使用情况的历时考察

为了较好地展示18世纪初至19世纪初旗人汉语"么""吗"的使用情况，我们把《满汉成语对待》《清文启蒙》《清话问答四十条》《清文指要》《续编兼汉清文指要》中"么""吗"与满语的对译情况绘制成如下表格。

表 3-12 清代满汉合璧会话书中"么""吗"的对译情况

			满汉成语对待	清文启蒙	清话问答四十条	清文指要	续编兼汉清文指要
语气词	u	么	74	56	1	13	1
		吗	—	—	24[①]	43	55
	n	么	6	15	—	2	—
		吗	—	—	4	3	3
	ni	么	1	—	—	—	—
		吗	—	—	—	—	1
	na/ne	么	2/—	—	—	—	—
		吗	—	—	—/1	—	—
	kai	么	—	—	—	3	1
		吗	—	—	—	—	—
祈使后缀	-ki	么	1	—	—	—	—
		吗	—	—	—	—	—
	零形式	么	3	—	—	—	—
		吗	—	—	—	—	—
无满语对应成分		么	22	1	—	1	—
		吗	—	—	5	1	7

由表 3-12 我们可以清晰地看出：1)《满汉成语对待》《清文启蒙》没有出现"吗"的用例，《清话问答四十条》则出现了 34 例，

[①] 有 1 例为 ni-u 一起对译成"吗"，见本节例 (6)。

《清文指要》《续编兼汉清文指要》也分别出现了47例和66例。
2)"么"字虽然在这几部文献中都有使用，但是随着"吗"字的出现，二者的使用有一个明显的消长关系，18世纪中期以后，"吗"在数量上已大大超过"么"，占据了疑问语气词的绝对优势。

由此我们可以推断：18世纪中期，语气词"吗"已在旗人汉语中普遍使用，已基本取代了"么"，"么"成了一个残留形式。下面我们再通过实例观察一下"么""吗"在《满汉成语对待》《清文启蒙》《清文指要》以及《续编兼汉清文指要》中的具体使用情况：

1. "么/吗"用于是非问句

(16) beye   saiyvn?   aibi-qi   ji-he?   bou-de   ai   gemu
身体   好.疑   哪里-从   来-完   家-位   什么   都

saiyvn?
好.疑

身上好么？打那里来？家下都好么？（《满汉成语对待》一8a2）

(17) qohome   age   -i   elhe   be   fonji-me,   deu   bi
特意   阿哥   属   平安   宾   问-并   弟弟   我

ginggule-me   jasi-ha,   age   -i   wesihun   beye
尊敬-并   寄信-完   阿哥   属   高贵   身体

saiyvn?   bou-i   gubqi   gemu   saiyvn?
好.疑   家-属   全部   都   好.疑

特候长兄的安，弟谨寄信，兄长的贵体好么？合家俱好么？（《清文启蒙》26a3-4）

(18) bi   sinde   yandu-ha   baita   be,   si   tede   hendu-he-bi-u?
我   你.与   委托-完   事情   宾   你   他.与   说-完-现-疑

我烦你的事，你合他说了么？(《清文启蒙》6a3)

(19) si   gabta-me   niyamniya-me   gemu   bahana-mbi-u?
     你   射箭－并   骑射－并   都   领会－现－疑
     gabta-me   bahana-mbi   niyamniya-me   bahana-ra-kv.
     射箭－并   领会－现   骑射－并   领会－未－否
     你马步箭都会射么？会射步箭不会射马箭。(《清文启蒙》35a3-4)

(20) ara   age   si   ji-he-u?   aibi-qi   ji-he   bihe?
     哎呀   阿哥   你   来－完－疑 哪里－从   来－完   过
     嗳呀阿哥你来了么？从那里来着？(《清文启蒙》48b1-2)

(21) si   kemuni   jura-ra   unde-u?   yamji   qimari   jura-mbi.
     你   还   出发－未   尚未－疑   晚上   明天   出发－现
     你还没起身么？早晚起身。(《清文指要》下 16b4)

(22) atanggi   bi-qibe   bi   inu   bithe   hvla-na-ki,   mini
     什么时候   有－让   我   也   书   读－去－祈   我．属
     funde   majige   gisure-qi   o-joro-u?
     代替   稍微   说－条   可以－未－疑
     多昝我也去念书罢，可以替我说说吗？(《清文指要》中 7a4-5)

(23) enenggi   yaka   ji-he-bi-u?   age   duka   tuqi-me,
     今天   谁   来－完－现－疑 阿哥   门   出去－并
     dahanduhai   juwe   niyalma   tuwa-nji-ha   ji-he.
     随即   二   人   看－来－完   来－完
     今日谁来了吗？阿哥一出门，跟着有两个人瞧来着。(《清文指要》中 24a7-24b1)

(24) mama　　　erxe-he-u?　　　　unde.
　　　天花　　　出疹子-完-疑　　　尚未
　　　出了花儿了吗？没有呢。(《续编兼汉清文指要》上 14a3-4)

(25) yargiyan?① 　　mujangga.
　　　果真　　　　　确实
　　　真吗？果然。(《清文指要》下 19a5)

(26) ini　　ama　　sinde　　ai　　o-mbi?　　minde　　eshen
　　　他.属　父亲　　你.与　　什么　成为-现　　我.与　　叔叔
　　　o-mbi.　　banji-ha　　esheng?　　inu.
　　　成为-现　　生长-完　　叔叔　　　是
　　　他父亲是你什么？是我叔叔。亲叔叔么？是。(《清文启蒙》35a2-3)

例（16）—（26），就汉语句子而言，这些句子的结构像陈述句，只能对命题做出肯定或否定的回答，所以这些句子都是是非问句。需要特别指出的是例（23），句中虽有疑问代词"谁"，但它表示虚指，并不是句子疑问的焦点，句子疑问的焦点是有没有人来，所以这是一个是非问句，后面用了疑问语气词"吗"表示询问。例（16）（17），由满汉对照来看，句尾疑问语气词"么"对应满语 n。例（18）—（24），这几个例子中满语句尾语气词都是 u，可汉语对译有所不同：例（18）—（21）u 对译成"么"，例（22）—（24）对译成"吗"。例（25）（26）这两个是非问句中句尾语气词一个是"吗"，一个是"么"，二者都无直接满语对应成分。

---

① yargiyan：[日] 竹越孝、陈晓校注本《清文指要》该句作 yargiyvn，而其他地方均转写为 yargiyan，据此我们把该例改作 yargiyan。

2. "么/吗"用于反问句

(27) muse tere qihe use-i gese heni majige, ini
　　 咱们 那 虱子 种子-属 样子 略微 稍微 他.属
　　 yasa de geli bi-u?
　　 眼睛 位 又 有-疑
　　 咱们那一点半点儿碎零个几儿的，他眼里也有么？（《满汉成语对待》二37b2-3）

(28) ijishvn dahasu de, saixaquka dabala, wesihun sini
　　 温顺 和顺 位 称赞 罢了 尊贵 你.属
　　 tere koisikv de bi-u?
　　 那 傲慢 位 有-疑
　　 顺从的上头，讨彩儿罢了，尊贵在乎你那乔样么？（《满汉成语对待》一48a7-8）

(29) yabu-re-ngge urui sita-mbi se-qi, ere-qi suimangga
　　 实行-未-名 一味 误期-现 助-条 这-从 冤屈
　　 ningge geli bi-u?
　　 事情 又 有-疑
　　 凡事走在人后头，比这个冤屈的还有么？（《满汉成语对待》三29a4-5）

(30) nememe ehe be gvwa de guribu-me nike-bu-fi,
　　 反而 坏 宾 别人 与 移动-并 依靠-使-顺
　　 beye-i ujen aqiha be jalgiya-ki se-mbi, tuttu
　　 自己-属 重 行李 宾 通融-祈 想-现 那样
　　 o-ho-de uthai baha-fi boloko o-mbi-u?

成为－完－位　就　得到－顺　干净　成为－现－疑

反把不好挪给别人,只图轻省自己,那们着就脱得干净么?(《满汉成语对待》一 16b5-7)

(31) ya　inenggi　emu　majige　baita　sita　akv,　baita
　　 哪　 日子　 一　 稍微　事情　否　事情

anagan　de　niyalma　aqa-ra-kv-ni-u?
推托　 位　 人　　 会见－未－否－呢－疑

那一日些须没点子事? 推着事故, 就不会人么?(《满汉成语对待》一 8b8-9a1)

(32) aikabade　gvnin　de　teburakv-qi　geli　o-mbi-u?
　　 如果　　 心思　 位　 存留－条　 也　 可以－现－疑

kiqerakv-qi　geli　o-mbi-u?
努力－条　　也　 可以－现－疑

倘若不存心也使得么? 若不用心也使得么?(《清文启蒙》1b4-5)

(33) niyalma　de　anata-ha　de,　uthai　ukqa-qi　o-mbi-u?
　　 人　　 与　 推脱－完　位　 就　 逃－条　 可以－现－疑

guwe-qi　o-mbi-u?
脱免－条　成为－现－疑

推给了人, 就脱得么? 免得么?(《清文启蒙》16a5-6)

(34) musei　dolo　kai,　si　aika　gurun　gvwa-u?
　　 咱们.属　里面　啊　你　难道　国家　别的－疑

咱们里头, 你还是外人么?(《清文指要》下 30a7)

(35) tere　forgon　ere　erin,　emu　adali　o-bu-fi
　　 那个　时候　这个　时候　一　 同样　成为－使－顺

gisure-qi   o-mbi-u?
说 – 条   可以 – 现 – 疑

那个时候与这个时候,作为一样说得么?(《续编兼汉清文指要》上 19a1-2)

(36) ai   geli,   banitai   uttu   oqi,   uthai   hala-qi
    什么   又   本性   这样   若是   就   改 – 条

o-jora-kv   ni-u?
可以 – 未 – 否   呢 – 疑

岂有此理,生性是这样,就改不得么?(《清文启蒙》15a6-15b1)

(37) uthai   nikasa-i   meni   meni   ba   -i   gisun   -i
    就   汉人.复 – 属   各自   各自   地方   属   话语   属

adali,   bahana-ra-kv-qi   o-mbi-u?
同样   学会 – 未 – 否 – 条   可以 – 现 – 疑

就像汉人们各处的乡谈一样,不会,使得吗?(《清文指要》中 1a2-3)

(38) wei   kouli,   sini   gese-ngge   jakvn   gvsa   gemu
    旧   规则   你.属   一样 – 名   八   旗   都

simne-qi   o-mbime,   sini   beye   teile   simne-bu-ra-kv
考试 – 条   可以 – 而且   你.属   自己   只有   考试 – 使 – 未 – 否

doro   bi-u?
道理   有 – 疑

那格的例呢,像你这样的八旗的都许考,有独不准你考的理吗?(《清文指要》中 4a2-4)

(39) hvla-ha bithe be majige urebu-qi, bahana-ra de
读-完   书   宾   稍微   复习-条   懂得-未   位
gele-mbi-u?
怕-现-疑

把念的书温习温习，怕会了吗？（《续编兼汉清文指要》下 29b2）

(40) age   si   jou   ume,   i   ainqi   onggo-fi
阿哥 你   算了   不要   他   或许   忘-顺
gene-he-kv, ini waka ba-be i ende-re-u?
去-完-否   他.属 错误 地方-宾 他 欺瞒-未-疑问

阿哥你别，他大略忘了没去罢，他的不是他岂不知道？（《续编兼汉清文指要》上 13a2-4）

(41) gasse-fi je-qi aika o-jora-kv-n?
要-顺   吃-条   或是   可以-未-否-疑

要着吃还使不得么？（《满汉成语对待》一 8a8-8b1）

(42) sini   bou   te-he-ngge   umesi goro, geli sini
你.属 家   住-完-名   非常   远   又   你.属
bou-de isinji-tele ai erin o-mbi, nememe meni
家-与   到来-至 什么 时候 成为-现 反倒   我们.属
gene-re be touka-bu-re de isina-ra-kv-n?
去-未   宾   耽搁-使-未   位   到达-未-否-疑

你家住的狠远，及再到你家来可是什么时候，不反倒误了我们去么？（《清文启蒙》14b4-6）

(43) ne   bi-qibe   guqu-se-i   doro, si bi ishunde
现在 有-让   朋友-复-属 道理   你 我 互相

第三章 满语对清代旗人汉语语气词的干扰 | 245

kundule-qi   sain   akv-n?
尊敬－条   好   否－疑
即如朋友们的道理，你我彼此相敬岂不好吗？（《清文指要》下29a3-5）

(44) urui   majige   jabxaki   be   bai-me   yabu-re-ngge   ai
     经常   小   便宜   宾   求－并   做－未－名   什么
     turgun,   enggiqi   ba-de   niyalma   simbe   yasa
     原因   背后   地方－位   人   你.宾   眼睛
     niuwanggiyan   se-ra-kv-n?
     绿色   说－未－否－疑
     只管要估小便宜是什么缘故，背地里人不说你眼皮子浅吗？（《清文指要》下8b6-7）

(45) ese   talude   yerte-he   ibagan   inenggi   xun   de
     他们   万一   羞愧－完   鬼怪   白天   时候   位
     maksi-re   balama,   muse   de   elje-me   isele-re
     跳舞－未   狂妄   咱们   与   抗拒－并   反抗－未
     o-qi   saiyvn?
     成为－条 好.疑
     他们倘若羞恼变成怒，抗拒我们好吗？（《续编兼汉清文指要》下8b4-6）

(46) ishunde   suila-me   elje-re-ngge   ai   temxe-mbi,   oforo
     互相   辛苦－并   抗拒－未－名   什么 争－现   鼻子
     yasa   emu   ba-de   bi-fi   murin tarin   -i   o-ho-de
     眼睛   一   地方－位 有－顺   别别扭扭   工   成为－完－未

tuwa-ra de boqihe akv-na?
看－未 位 丑态 否－啊

大家劳神赌赛争什么,鼻子眼睛在一块扭别着瞧着不丑么?(《满汉成语对待》三34b4-6)

(47) katunja-me kak se-fi qensila-qi, pei tuttu
忍受－并 咳嗽貌 助－顺 仔细观察－条 呸 那样
geli elben fe-mbi-ni.
又 茅草 胡言－现－呢

仗着嗽一声定睛瞧时,自己唾自己那们个胡周也有么。(《满汉成语对待》三16a4-5)

(48) adarame tondokosaka fere gvnin be, inde ala-qi
怎么 正直 底下 心思 宾 他.与 告诉－条
o-mbi-ni.
可以－现－呢

怎么把实实在在的心肠,告诉他使得吗。(《续编兼汉清文指要》下5b3-4)

(49) esi se-qi o-jora-kv qingka-me sisi-re de
当然 助－条 可以－未－否 填塞－并 插入－未 位
kai, tede esi koro baha-qi.
啊 那.位 当然 悔恨 得到－条

只好要撑心柱胁的嚷嗓,岂有个不吃亏的么。(《满汉成语对待》三10b1-2)

(50) uju qirku de makta-me, abka na wei guwanta
头 枕头 位 甩－并 天 地 一点 不管

se-mbi-kai, tede esi yali sinda-qi.
助-现-啊 那.位 当然 肉 放-条

把头撂的枕头上，就天昏地暗了，那上头有个不上臕的么。(《满汉成语对待》三 23b5-6)

(51) uhei emu meiren -i hvsun aisila-me, sasari
共同 一 肩膀 属 力 帮助-并 一齐

ini ogo be wahiya-qi, dara saniya-ra-kv
他.属 咯吱窝 宾 扶-条 腰 伸-未-否

jalin-de aiseme jobo-mbi.
理由-位 怎么 忧愁-现

大家帮助一膀之力，齐搭乎的抽他一把儿，愁他直不起腰儿来么。(《满汉成语对待》二 39a6-7)

(52) sabu-ha-dari baibi jili bi, dere jilehun -i
看见-完-每 平白 怒气 有 脸 恬不知耻 工

asuru kara fara se-me akv kai, jai adarame
太 盛 盛怒貌 助-并 否 啊 再 为什么

yabu-me feliye-mbi.
行走-并 走动-现

遭遭儿使性谤气的，枕着个脸子没个和超气儿，这个再还有个行走的分儿么。(《满汉成语对待》二 9b7-10a1)

(53) baitakv gala joula-fi inenggi wa-me banji-re-ngge
没用 手 束手-顺 日子 了结-并 生活-未-名

sini dolo ai tuttu xolo akv, erin inenggi
你.属 心里 什么 那样 空闲 否 时候 日子

dasame   ji-dere   ai-bi?
再   来-未   什么-有

白白的朝着手儿了日期,你打心里怎么那们没分儿,光阴还来么?(《满汉成语对待》三 19a1-2)

(54) ere-be   tuwa-qi,   abka-i   fejergi   amba   kai,   mangga
     这-宾   看-条   天-属   下面   大   啊   善于
     urse   ai   yadara?
     人们   怎么   少

以此看来,天下最大啊,能人岂少吗?(《续编兼汉清文指要》上 5b1-2)

例(27)—(54)的这些句子都是无疑而问,有问无答,且肯定形式表示否定意思,否定形式表示肯定意思,这表明这些句子都是反问句。由满汉对照来看,例(27)—(35),汉语句句尾疑问语气词"么"对译满语疑问语气词 u。例(36)与前面例(6)情况相类,满语句句尾是两个语气词 ni 和 u 连用,而汉语句句尾只有一个语气词"么"与之对译,就满语句而言,句子语气的重点显然是落在最后一个语气词 u 的上面,译者可能就择其语气重点而把这两个语气词对译成一个汉语语气词"么"。例(37)—(40),满语疑问语气词 u 对译成汉语疑问语气词"吗"。例(41)—(43),满语疑问语气词 n 对译成汉语疑问语气词"么"。例(44)和例(45),满语疑问语气词 n 对译成汉语疑问语气词"吗"。例(46)中满语语气词 na 对译成汉语疑问语气词"么"。例(47)和例(48)两例中满语句句尾语气词都是 ni,只是一个对译成"么",一个对译成"吗",但两句末尾的标点都不是问号。季永海(2011:75)指出满文标点符号很简单，一个是"﹐"，相当于逗号或顿号；一个是"»"，相当于句号或标题号等。但在实际运用中这两个标点符号并不严格，比如"﹐"用于句中有时并不是表示断句而是表示句中的语气停顿，所以对于满文材料不能只依据标点符号断句，而是必须结合文献的内容来判断。这里的例（47）（48）也是如此，我们不能只依据句末的逗号或句号就说这两个句子不是问句。从上下文语境和具体句式来看，句子并不是表示说话人对事件的一种陈述，而是说话者用是非问句的形式表示对所述内容的一种否定态度，所以这两个句子都应该是反问句，"么""吗"是用于反问句句尾的疑问语气词。例（49）—（52），汉语句句尾语气词"么"均无直接对应的满语成分，这几个句子句尾也都不是问号，但是它们同例（47）（48）一样，语境和句式表明这些句子都应该是反问句，"么"是用于反问句句尾的疑问语气词。由此而言，如例（47）—（52）这类句子，我们也可以依据句子语义及句式特点把汉语句句末标点改为问号。例（53）和例（54），汉语反问句句尾语气词"么""吗"都无直接对译的满语成分。

3. "么/吗"用于设问句

（55） si   ai   ere-i   bengsen de   ilibu-ha   hethe   ten,
      你   什么   这-属   本事   位   起-完   家产   极限
      hede   da   se-mbi-u?   waka   kai.
      根   原本   称作-现-疑   不是   啊
      你当是他的本事上立起来的产业，根基么？不是家。(《满汉成语对待》二 36a5-6)

（56） bi   hendu-he-kv-u?   buqe-he-u   se-qi,   baitakv   gisun
      我   说-完-否-疑   死-完-疑   助-条   没用   话语

baita de ai tusa.
事情　与　什么　益处

我没说么？可死了，不着要的话与事何益。(《满汉成语对待》三 15b1-2)

(57) emu yohi duin dobton waka-u? ekxe-me saksi-me
一　部　四　册　不是-疑　急忙-并　慌忙-并
gene-fi, damu ilan dobton gaji-ha, tede emu
去-顺　只是　三　册　取来-完　他.与　一
dobton melebu-ha.
册　遗漏-完

一部不是四套么？慌速去了，只拿了三套来，遗漏了一套。(《清文指要》下 14a7-14b2)

(58) age si donji-ha-u? gisun -i ujan xala de,
阿哥　你　听-完-疑　话语　属　尽头　边沿　位
gemu mimbe hoilashvn se-me yekerxe-mbi.
都　我.宾　陈腐　说-并　打趣-现

阿哥你听见了吗？他那话头话尾的口气，都刻薄我说穿的酚。(《清文指要》下 12b3-4)

(59) age si sa-mbi-u? ere gemu forgon ehe -i
阿哥　你　知道-现-疑　这　全都　运气　坏　属
haran, yaya bou-de umai gai akv.
原因　大概　家-位　完全　关系　否

阿哥你知道吗？这也是运气不好的过失，无论什么房子里并没缘故。(《续编兼汉清文指要》上 9a4-6)

（60）age　si　donji-ha-kv-n?　ehe　niyalma　de　ehe　karulan
　　　阿哥　你　听－完－否－疑　恶　　人　　与　恶　报应
　　　bi　se-he-bi.
　　　有　助－完－现

阿哥你没有听见说吗？恶人自有恶报应啊。(《续编兼汉清文指要》上 27a5-6)

例（55）—（60），从问句及答语的关系来看，说话者发出疑问，但并不需要听话者回答，而是自己知道问题的答案，自问自答，所以这些句子都是设问句。满汉比照可以看出，例（55）—（57），满语句尾疑问语气词 u 对译成汉语句尾疑问语气词"么"；例（58）（59）满语句尾疑问语气词 u 对译成汉语句尾疑问语气词"吗"；例（60）满语句尾语气词 n 对译成汉语句尾语气词"吗"。

4. "么/吗"用于非疑问句

（61）si　damu　donji,　nememe　ini　gisun　uru　o-ho-bi.
　　　你　只是　听.祈　更加　他.属　话语　正确　成为－完－现
你听么，他到有了狠是的理性了。(《满汉成语对待》四 16a2)

（62）guwele　gala　bai　faqihiyaxa-ra　dabala,　lahin　fasilan
　　　躲躲　闪闪　白白　努力－未　　　罢了　繁琐　权枝
　　　tuqi-ra-kv　　o-qi　muse　aika　mekte-ki.
　　　出－未－否　成为－条　咱们　什么　赌－祈
溜儿瞅儿的瞎挣揸罢了，要不出个别外生枝的活乱儿咱们睹着么。(《满汉成语对待》— 42a2-3)

（63）ere　gese　goqishvda-me　bai　te-fi,　darabu-ha　se-me
　　　这　样子　谦逊－并　平白　坐－顺　让酒－完　助－并

umai omi-ra-kv inu sabkala-ra-kv-ngge, ainqi mini
全然 喝-未-否 也 用筷子夹-未-否-名 想必 我.属
nure hatan akv-n, sogi bouha amtangga akv-n aise[①]
酒 烈 否-疑 蔬菜 菜肴 美味 否-疑 吧
这样谦谦逊逊的白坐着，让着竟不呵，也不动筋儿，想是我的酒不酽，菜没有味么。(《清文启蒙》52b1-4)

(64) simne-qi o-qi, esi sain o-qi, damu bithe-i
考试-条 可以-条 当然 好 成为-条 但是 文-属
xusai ainahai o-mbi-ni.
秀才 未必 成为-现-呢
要考得，自然好么，但是文秀才未必使得。(《清文指要》中4a1-2)

(65) te aina-mbi o-joro, emgeri uda-me jabdu-ha kai,
现在 如何做-现 可以-未 已经 买-并 妥当-完 啊
aina-me bi-kini dabala.
做什么-并 有-祈 罢了
如今可怎么样呢，业已买了么，任他有着去罢咧。(《续编兼汉清文指要》下6b5-7)

(66) sini gabta-ra-ngge ai hendu-mbi, yamji qimari
你.属 步射-未-名 什么 说-现 晚上 明天
ferhe de akda-fi funggala hada-mbi-kai.
大拇指 位 仰仗-顺 尾翎 钉-现-啊

---

① aise [小]：想是，想必，想许，或是。见胡增益主编：《新满汉大词典》，乌鲁木齐：新疆人民出版社，1994年，第18页。

你射步箭有什么说的,早晚仗着大拇指头戴翎子的么。(《清文指要》中 14b4-5)

例(61)中满文 si damu donji 是一个祈使句,donji 是动词的词干形式表示的祈使式,即我们所说的零形式祈使式。对译汉语句"你听么"也是一个祈使句,综合语境和句子本身来看,汉语句中祈使的语气是由"你听"这一祈使句本身赋予的,"么"并不表示祈使语气,而是表示说话者对祈使内容的申明和强调的主观情绪。例(62)同例(61)一样,满语句 lahin fasilan tuqirakv oqi muse aika mekteki 是一个祈使句,动词祈使式由词干 mekte- 加祈使后缀 -ki 构成,其汉语对译句"要不出个别外生枝的活乱儿咱们睹着么"也是一个祈使句,句子的祈使语气由句子本身赋予,"么"表示说话者对祈使内容的申明和强调语气。例(63),从满汉对照来看,"么"与疑问语气词 n 对应,说话人根据听话人的表现"这样谦谦逊逊的白坐着,让着竟不呵,也不动筯儿",推测出"想是我的酒不酽,菜没有味","么"的使用表达了说话人对推测内容的申明和强调。例(64)中语气词"么"没有直接对译的满语成分。从整个句子来看,这是一个假设条件复句,"么"表示说话人对前面假设条件实现后的结果"好"的申明和强调。例(65),比照满汉文,"么"与 kai 相对应,kai 多表示感叹或肯定语气,从句子语境来看,"么"表示说话人对"业已买了"的情况的强调语气,而肯定语气与强调语气是相通的。例(66)也是如此。

综上所述,"么/吗"在清代满汉合璧会话书中主要表示两种语气:一用于疑问句句尾,表示疑问语气;二用于非疑问句句尾,表示申明和强调语气。依据满汉合璧文献中"么""吗"的对译情况、使用语境、所表语气，我们又进一步绘制了表 3-13。

表 3-13 《满汉成语对待》等合璧文献中"么""吗"的对译及出现句型

			满汉成语对待	清文启蒙	清话问答四十条	清文指要	续编兼汉清文指要
u	么	是非问句	6	9	–	4	–
		反问句	64	47	1	7	1
		设问句	4	–	–	2	–
	吗	是非问	–	–	13	9	5
		反问	–	–	10	33	49
		设问	–	–	1	1	1
n	么	是非问	2	10	–	–	–
		反问	4	4	–	2	–
		非疑问句	–	1	–	–	–
	吗	反问	–	–	2	3	1
		设问	–	–	2	–	2
na/ne	么	反问	2	–	1	–	–
kai	么	非疑问句	–	–	–	3	1
ni	么	反问	1	–	–	–	–
	吗	反问	–	–	–	–	1
祈使	零形式祈使	么	非疑问句	3	–	–	–	–
	-ki	么	非疑问句	1	–	–	–	–

续表

			满汉成语对待	清文启蒙	清话问答四十条	清文指要	续编兼汉清文指要
无满语对译	么	是非问	—	1	—	—	—
		反问	21	—	—	—	—
		非疑问句	1	—	—	1	—
	吗	是非问	—	—	—	1	—
		反问	—	—	5	—	7

三、清代纯汉语文献中"么/吗"的使用情况

学界研究语气词"吗"用的多是纯汉语文献，而且主要调查对象是《歧路灯》《红楼梦》《儿女英雄传》《老残游记》等，再加上《小额》，我们对这五部文献中的句尾语气词"吗""么"进行了穷尽性统计和分析。

(一)"么""吗"使用语境及所表语气

1. "么/吗"用于是非问句

（67）耘轩便向学生道："还认得我们么？"那学生道："去年二位老伯在这里时，我爹已对小侄说过，小侄时常记得。"（《歧路灯》2回）

（68）滑玉道："姐夫在书房么？"滑氏道："昨日有人送个帖儿，说是南马道张家请哩，想是今日赴席去了。你这二三年也没个信儿，你是在那里？"（《歧路灯》40回）

（69）周瑞家的因问他道："那香菱小丫头子，可就是常说临上京时买的、为他打人命官司的那个小丫头子么？"金钏道："可不就是他。"（《红楼

梦》7回）

（70）见了安公子，便问："老师这一向有信么？"安公子说："便是许久没接着老人家的谕帖了。"（《儿女英雄传》3回）

（71）那店主人说了两句闲话，便问公子道："客官，方才走的那个娘儿们，是一路来的么？"公子答说："不是。"（《儿女英雄传》5回）

（72）家人跑到门口，向老残道："这位是铁老爷么？"老残道："正是。你何以知道？你贵上姓什么？"（《老残游记》6回）

（73）白公问道："你们都吃月饼么？"同声答道："都吃的。"（《老残游记》18回）

（74）绳祖道："是了。你是星相公吗？"那人道："正是。"（《歧路灯》34回）

（75）只听王中在角门上拍门道："狗咬的怪紧，有什么歹人吗？"王氏道："天七八分也将明，俺们坐着哩。"（《歧路灯》29回）

（76）凤姐道："你大奶奶没来吗？"兴儿道："过了两天，大奶奶才拿了些东西来瞧的。"（《红楼梦》67回）

（77）林之孝家的因问平儿道："雪姑娘使得吗？"平儿道："使得，都是一样。"（《红楼梦》97回）

（78）推车的把车落下，老爷问："到了吗？"他说："那里，才走了一半儿呀！这叫二十里铺。"（《儿女英雄传》14回）

（79）只见那场院边有三五个庄家坐着歇乏，内中一个年轻的转问他道："你是问道儿的吗？"公子道："正是。"（《儿女英雄传》14回）

（80）看见老残，唤道："先生，先生！你会看喉咙吗？"老残答道："懂得一点半点儿的。"（《老残游记》3回）

（81）善金又问善全，说："二爷，你早晨没跟阿玛上衙门去吗？"善全说："没有。"（《小额》）

例（67）—（81）均为是非问句：例（67）—（73）"么"用在是非问句末尾，表示疑问语气；例（74）—（81）"吗"用于是非问句末尾，表示疑问语气。

2."么/吗"用于反问句

（82）姚荣道："虎将爷好轻薄人，我不过说句笑儿，谁问你要钱么？你就当真的赏人一般，难说我住衙门人，从不曾见过钱么？"（《歧路灯》58回）

（83）林黛玉笑道："你说你会过目成诵，难道我就不能一目十行么？"（《红楼梦》23回）

（84）老爷听了这话，心下一想："要是这样的顽法，这岂不是拿着国家有用的帑项钱粮，来供大家的养家肥己胡作非为么？这我可就有点子弄不来了。"（《儿女英雄传》2回）

（85）你又道你是到河南作幕，你自己自然觉得你斯文一派，象个幕宾的样子，只是你不曾自己想想，世间可有个行囊里装着两三千银子，去找馆地当师爷的么？（《儿女英雄传》5回）

（86）那个演说的人，又在高处大叫道："你们为什么没有团体？若是全船人一齐动手，还怕打不过他们么？"（《老残游记》1回）

（87）子平说："火龙珠那得如此一样大的一对呢？虽说是火龙，难道永远这们热么？"（《老残游记》10回）

（88）茅拔茹道："您是一城人，耳朵不离腮，他只向你，肯向我吗？"（《歧路灯》30回）

（89）王氏送兄弟回来，坐到楼下，对绍闻道："你看你舅，也会热你爹的剩饭吃。我就不待听他那些话。外边跑了这几年，一发把钱看的命一般。难说正经事也苟且的吗？"（《歧路灯》28回）

（90）我看宝玉的心也在我们那一位的身上，听着鸳鸯的说话竟是见一

个爱一个的。这不是我们姑娘白操了心了吗?(《红楼梦》94回)

(91)白脸儿狼说:"你老可要我作甚么呀?有跑堂儿的呢!店里还怕短人使吗?"(《儿女英雄传》4回)

(92)喝,快腿儿王当时炸啦,先是一路大拍,拍着拍着,可就骂起来了。您算就在帐房后头,隔着一层布,连嚷带骂,某大员有听不见的吗?(《小额》)

(93)老残道:"千万不必!我决非客气。你想,天下有个穿狐皮袍子摇串铃的吗?"(《老残游记》6回)

例(82)—(93)均为反问句:例(82)—(87)"么"用于反问句末尾,表示疑问语气;例(88)—(93)"吗"用于反问句末尾,表示疑问语气。

3."么/吗"用于非疑问句

(94)乔龄笑道:"说得很是。我除了年兄们领的胙肉,还着门斗送猪腿、羊脖去,张年兄你好待客。这可不算我偏么!"(《歧路灯》5回)

(95)惠养民道:"咱哥是个老成人,不会曲流拐弯哩。"滑氏道:"你罢么!他方才说,他把四五里路只当耍哩,咱进城将近一年了,不要银子时,就没有多耍几遭儿?"(《歧路灯》40回)

(96)贾菌如何依得,便骂:"好囚攮的们,这不都动了手了么!"(《红楼梦》9回)

(97)那刘住儿一怔,还没及答言,华忠便开口问道:"这是那里的话?我走的时候,他妈还来托付我说:'道儿上管着他些儿,别惹大爷生气。'怎么就会不济事儿了呢?"鲍老说:"谁知道哇!他摔了一个筋斗,就没了气儿了么!"(《儿女英雄传》3回)

(98)贾政道:"你在我这里吃了晚饭去罢。"冯紫英道:"罢了,来了就

叨扰老伯吗!"贾政道:"说那里的话。"(《红楼梦》92回)

(99)那瘦子先说道:"怪咧!怎么他又出来了?这不又象说合了盖儿了吗!"(《儿女英雄传》6回)

(100)翠环收泪道:"那还不是跟水去了吗!要是活着,能不回家来吗?"大家叹息了一回。(《老残游记》14回)

由语境看,例(94)—(100)均为非疑问句:"么""吗"用于句尾,表示申明和强调语气。

基于例(67)—(100)可以看出,自清中期以后纯汉语文献中"么""吗"并用,二者出现的语境相同,所表语气也相同:都可用于是非问句和反问句句尾,也都可用于非疑问句句尾;用于问句句尾都表示疑问语气,用于非疑问句句尾都表示申明和强调语气。

在《清话问答四十条》《清文指要》《续编兼汉清文指要》中"么""吗"有用于设问的例子,而在《歧路灯》《红楼梦》《儿女英雄传》《小额》和《老残游记》中我们没有发现"么""吗"用于设问句的用例,这说明满汉合璧会话书中"么""吗"的使用语境更为全面。

(二)"么""吗"的发展状况

我们先把《歧路灯》《红楼梦》《儿女英雄传》《小额》和《老残游记》中"么""吗"的出现频次用表格展示出来:

表 3-14 《歧路灯》等文献中"么""吗"频率统计表

	歧路灯	红楼梦	儿女英雄传	小额	老残游记
么	508	323	143	1	13
吗	8	78	219	67	168

由表 3-14 可以看出：18 世纪中期的《歧路灯》中语气词"吗"用例还很少见，"么"占绝对的多数；稍后的《红楼梦》中语气词"吗"已有较多用例，但"么"仍占据绝对优势；19 世纪中后期的《儿女英雄传》情况发生了逆转，语气词"吗"数量超过了"么"，但"么"用例依然较多；到 19 世纪末 20 世纪初的《小额》《老残游记》中"吗"占了压倒性多数，"么"数量已非常有限。

表 3-12 至 3-14 比较来看，语气词"么""吗"的消长在满汉合璧文献和纯汉语文献中的进程并不同步："吗"超越"么"而占绝对优势在满汉合璧文献中是 18 世纪 50 年代，纯汉语文献则要到 19 世纪晚期。这种情况可能说明:《清话问答四十条》等满汉合璧文献是会话教材，口语化程度应该很高，其中的旗人汉语可能更接近当时的汉语口语实际，而纯汉语文献可能受书面语和读书音的影响对汉语实际口语的反映反而滞后。

第四章

满语对清代旗人汉语助词的干扰[1]

第一节 满语与时制助词"来着"[2]

一、引言

"来着"一词很早就引起了学界的关注,取得了丰硕的研究成果。这些成果对"来着"的来源、性质和功能等进行了描述和论证,为我们进一步认识"来着"一词奠定了良好的基础。但是就目前的

---

[1] 本章主要指满语对旗人汉语助词的影响,但也并不仅指汉语助词,如本章第三节、第四节、第五节中的"的""着""了"除了助词功能,还有其他词性和功能。另立章节的话显得太零散,所以放在本章一并讨论。
[2] 本节内容曾以单篇论文《汉语时制助词"来着"源流探究》写成于2018年5月份,杨永龙先生给初稿提出了诸多宝贵意见。该论文在2018年10月26—29日由湖北大学承办、于武汉举行的第十八届全国近代汉语学术研讨会小组会议上宣读。在听取与会专家的意见后,又进一步作了修改。至此书稿提交商务印书馆定稿之日,又见郭军连的《旗人汉语"来着"的形成及其对北方汉语影响》(《语言科学》2022年第3期)、祖生利、高云晖《也谈句末时体助词"来着"的来源》(《历史语言学研究》2022年第一辑(总第十七辑),第64—102页)。两篇文章资料翔实、论证充分,反映出学界对"来着"的来源及性质认识日益深刻。在认真研读学界现有研究成果的情况下,虽然认识到本节内容与现有观点有相同之处,但也有诸多不同的地方。尽管本人有些看法可能武断,但还是把这部分内容附于书稿出版,以就教于大方之家,一切错陋之处由作者本人承担。

研究成果来看，还存在以下几个主要问题：

第一，对"来着"的来源及得名之由的论述尚存争议。

Sun（1995）以《老乞大谚解》中的例子论述了"来着"的形成过程，他认为句末助词"来"和"着"都是完结体（perfect aspect）标记，二者可以互换，它们的结合经历了一个重新分析的过程。而《老乞大谚解》是明初（1480—1483）对编写于元代的古本《老乞大》的修改，朝鲜中宗时（1515年左右）由汉学家崔世珍译成韩语，并用训民正音给汉字注音，故此叫"谚解"（[韩]李泰洙，2000：1)。但《老乞大谚解》中句法上相邻的"来着"不仅数量少而且"来"还具有动词性，"来着"还不是一个词，再有"来着"一词并未见于明代其他文献，因此 Sun（1995）只以《老乞大谚解》为例来论证"来着"的形成过程缺乏可靠性和说服力。余志鸿（2002）认为"来着"是北方汉语阿尔泰化的产物，是由元代"了着"演变而来的，在对《兼汉满洲套话》初步分析的基础上认为"来着"叙述的是未完成的事件。这为我们认识"来着"开启了语言接触的新视角，为进一步深入认识"来着"提供了很好的研究思路和方向。陈前瑞（2006）认为汉语"来着"的用法可能源于满语过去时的用法，但他并没有对"来着"与满语的渊源关系进行详细明晰的论证。祖生利、高云晖（2022：64—102）认为："来着"最早的用例见于满汉对照文献《满汉成语对待》中，是对应满语动词 bi 的过去时形式 bi-he 的结果；认为"来着"的"来"源自满人对于明清官话"来"所犯的习得错误，是满人在习得汉语事态助词"来"的过程中受到母语 bi-he 的干扰，出现在目标语变体里的新的时体标记形式。郭军连（2022）也有类似的看法："在满汉合璧会话书中，'来着'对应的只是与'过去时'相关的语法形式，这其中以 bihe(-he) 及 bihe

构成的语法形式最具代表性。"他指出"来着"的语法基础是汉语中早于"来着"出现的语法助词"来"和"了着"。由此可见,学界对"来着"的来源认识虽有分歧,但也越来越深刻。

第二,对"来着"的性质认识不一。

赵元任(1926)把"来着"分为两种:一种是"近延长",如"你干嘛来着?——我睡觉来着。"并指出这个有点像英文的"have been…ing"或"was…ing";一种是"近过去",如"我今天看见王先生来着",并指出这种口气在英文就用简单的过去式:"I saw Mr. Wang today."太田辰夫(2003:356)指出"来着"是北方话,表示过去或回忆,也表示持续和完了后的状态。龚千炎(1995:55—57)指出句末语气词"来着"一方面表示句子的语气,一方面表示近经历体。陈前瑞(2005)把"来着"区分为四种,它们之间有衍生关系:"来着$_1$"→"来着$_{12}$"→"来着$_{21}$"→"来着$_{22}$",顺着箭头的方向,"来着"由表过去时间到不表过去时间,且在语用的主导作用下"来着"由体貌标记发展出情态或语气标记的功能,并认为"来着"的主要功能是表示完成体。张谊生(2000)把"来着"区分为"来着$_1$""来着$_2$",认为"来着$_1$"是表过去时间的时制助词兼表完成体的意义,"来着$_2$"是表委婉语气的语气词,并认为"来着"产生之初即有表语气和时制两种功用。王丹荣(2013)认为"来着"可作时制助词("来着$_1$"),也可作语气助词("来着$_2$"),二者之间没有源流关系。王力(1985:222)称之为"近过去貌",朱德熙(1982:209)认为"来着"是表示最近的过去发生过的事的时态语气词,熊仲儒(2009)认为自《清文启蒙》以来"来着"一直都是个语气词,而不是完成体标记。祖生利、高云晖(2022:64—102)认为"来着"是句末时体标记,郭军连(2022)认为汉语中"来着"由时体标记又发展出表达情态的语用功能。

由此不难看出,到目前为止学界对"来着"的性质依然是众说纷纭,莫衷一是。

鉴于上述情况,基于对满汉合璧文献中"来着"的对应形式、性质及功用的不同看法,本节也对"来着"的相关问题进行了爬梳。

二、"来着"的满语来源

目前学界查检到的"来着"一词最早见于1702年成书的兼汉满语会话教材《满汉成语对待》,之后的《清文启蒙》《清文指要》《续编兼汉清文指要》中也有不少例子。于是我们对四种兼汉满语会话书中的"来着"进行了细致的考察。

"来着"在四种兼汉满语会话材料的汉语部分共出现130例,可以说是一个高频出现的词。与相应满文进行比照,"来着"基本上对应下列两种情况:

(一)"来着"对应 bihe[①]

这又分为两种情况:

[①] -he 为满语动词完整体后缀,助动词 bi 加 -he 后用于句子的终止即句尾,并不表示完成体意义,而是表示过去的时制意义;实义动词 bi 加 -he 之后,既有表示"存在/有/是"的实词意义,又表示过去的时制意义。因此,我们总体上称 bihe 为 bi 的过去时终止形式。在北京大学出版社出版的《满汉成语对待》等中,把助动词 bi+he,标识为"过",即 bihe 为过去时附加成分;实义动词 bi+he,标识为"有/在/是+完","完"即表示完整体后缀。本书仍依照北京大学出版社《满汉成语对待》等文献的原有标识。

1. "来着"对应助动词 bi 的过去时终止形式 bihe

这里 bi 是助动词，bihe 附于其他动词时体构式后帮助动词实现其语法功能。又分为三种情况：

1.1 动词词干 +mbihe

-mbi 是满语动词的现在时后缀，动词词干 +mbi 表示在当前时间范围内动作的进行或惯常发生。当后面加助动词 bi 的过去时终止形式 bihe 时，-mbi 中的 bi 就省去，从而形成动词词干 +mbihe 的形式，而句子所叙述的事件也由现在变成了在过去某个时间内进行或惯常发生。

（1）baita　be　oihori　narhvxa-me　akdula-mbihe,　tuqi-nji-re

　　事情　宾　非常　　精细-并　　保证-过　　　出-来-未

　　giyan　o-fi.

　　道理　　成为-顺

　　把事情何等的机密严紧来着，活该事出。(《满汉成语对待》三 15b4-5)

（2）mafari　kemuni　hendu-mbihe,　emu　mou　be　gingsi-mbi

　　祖先　　还　　　说-过　　　　一　　木头　宾　哼哼叫-现

　　se-mbi,　juwe　mou　be　songgo-mbi,　ilan　mou

　　助-现　　两　　木头　宾　哭-现　　　　三　　木头

　　be　inje-mbi　se-he-bi.

　　宾　笑-现　　助-完-现

　　老家儿们时常说来着，一块木头像哼哼，两块木头像哭声，三块木头像欢笑。(《满汉成语对待》四 4b4-6)

(3) bi   asihan -i   fonde, inu aniya haqin -i   uquri
    我   少年   属   时候   也   年   种类   属   时候
    be   buye-me   ere-mbihe.
    宾   爱-并   盼望-过
    我少年的时候,也爱盼望年节来着。(《清文启蒙》32a5-6)

(4) neneme   sebkesaka   imbe   aqa-ha   de,   nomhon
    起先   难得   他.宾   见面-完   位   老实
    ergi-de   bi   se-mbihe.
    这边-位   在   助-过
    原先才见他的时候,还在老实一边来着。(《续编兼汉清文指
    要》上 11a2-3)

(5) si   dule-ke   aniya   de   inu   simne-mbihe-u   akv-n?
    你   过-完   年   位   也   考-过-疑   否-疑
    你旧年也考来着没有啊?(《清文启蒙》37a4-5)

(6) bi   jing   age   be   tuwa-nji-ki   se-mbihe,   gaitai   emu
    我   正   阿哥 宾   看-来-祈   助-过   突然   一
    ajige   baita   de   uxa-bu-re   jakade,   tuttu   baha-fi
    小   事情   位   连累-被-未   因为   那样   得到-顺
    ji-he-kv.
    来-完-否
    我原正要来瞧阿哥来着,忽然被一件小事儿拉扯住,故此没得来。
    (《清文启蒙》43a2-4)

1.2 动词词干 +ra/re/ro+bihe

-ra/re/ro 是满语动词未完整体后缀,依据元音和谐律,动词词干

+ra/re/ro 表示动作行为或事件在当前时间范围内正在进行或将要发生。而加上助动词 bi 的过去时终止形式 bihe 后，则使得句子表述的行为或事件由现在变成了在过去某个时间正在进行或将要发生。

(7) suqungga   bi   hono   akda-ra   dulin   kenehunje-re   dulin
    起初   我   还   信-未   半   疑-未   半
    bihe,   amala   guqu-se   de   fonji-qi   mujangga.
    过   后来   朋友-复   与   问-条   果然
    起初我还半信半疑的来着，后来问朋友们果然。（《清文指要》中 8a2-3）

(8) i   aika   emu   usun   seshun   niyalma   oqi,   bi   inu
    他   如是   一   可憎   厌恶   人   若是   我   也
    gisure-ra-kv   bihe.
    说-未-否   过
    他要是一个搬搬弄弄的厌恶人，我也不说来着。（《续编兼汉清文指要》下 4b1-3）

1.3 动词词干 +ha/he/ho+bihe

-ha/he/ho 是满语动词完整体后缀，依据元音和谐律，动词词干 +ha/he/ho 表示动作行为已发生、已完成。而满语动词词干 +ha/he/ho 还可以再加助动词 bi 的过去时终止形式 bihe，从而表明句子所表述的动作行为在过去某个时间内持续进行或已经完成。

(9) dosi-ki   se-re   gvnin   jalu   jafa-ha   bihe,   amala
    进入-祈   助-未   心思   满   拿-完   过   后来
    gvni-fi   jou,   weri   jing   amtangga   de   gvnin
    想-顺   算了   人家   正在   高兴   位   心

faqa-bu-rahv   se-me   tuttu   naka-ha.
散－使－虚   助－并   那样   停止－完

满心里要进去来着,后头想了一想罢,他们正高幸呢,恐怕败了幸头因此撩开手了。(《满汉成语对待》—9b8-10a1-2)

(10) xara   fanqa-fi   uju   lasihi-mbi,   neqi-ki   se-me
极   生气－顺   头   甩－现   招惹－祈   助－并
bodo-me   tokto-ho   bihe.
打算－并   决定－完   过

急个拉叉的摆下头来不依,成心要惹他来着。(《满汉成语对待》—15a5-6)

(11) tere   udu   aniya   de,   i   meni   bou -i   duka-i
那   几   年   位,   他   我们.属   家 属   门－属
bokson   be   gemu   feshele-bu-me   mana-bu-ha   bihe.
门槛   宾   都   踢－使－并   破－使－完   过

那几年上,他把我们家的门坎子都踢破了来着。(《清文启蒙》54b6-55a2)

(12) i   ji-dere   fonde   bi   hono   amga-ha   bihe.
他   来－未   时候   我   还   睡－完   过

他来的时候我还睡觉来着。(《续编兼汉清文指要》下19a3)

(13) we   tuqi-fi   yabu-ha?   mini   beye   duka-i   jakade
谁   出去－顺   行事－完   我.属   自己   门－属   跟前
ili-ha   bihe.
站－完   过

谁出去答应了?我在门口站着来着。(《清文指要》中24b1-2)

（14）bethe-i　fejile　kubun　-i　farsi　be　fehu-he　adali,
　　　脚-属　下面　棉花　属　块　宾　踩-完　一样

elekei　makta-bu-ha-kv　bihe.
几乎　抛-被-完-否　过

脚底下踩着绵花瓜子是的，险些儿没有撩倒来着。(《清文启蒙》29a4-5)

（15）si　qananggi　yafan　de　waliya-me　gene-he　bihe-u?
　　　你　前几天　园子　位　祭奠-并　去-完　过-疑

你前日往园里上坟去来着吗？(《清文指要》下 32a1)

由这三种情况的满文看：

1）以说话时为参照点的绝对时制。由于这四种文献本身就是会话教材，所以 bihe 及由其构成的相关时体构式都出现在对话语境中。这些对话中有的有明确表示过去时间的词语，如例（2）(3)—(7)(9)(11)(12)(15)，有的则没有，如例（1）(8)(10)(13)(14)。但这并不是说这些没有明确表示时间词语的句子就没有时间的要素。因为对话都是某个具体的时间说出的，这个具体的时间即是说话时。换言之，说话时是蕴含于会话语境中的一个必有要素，也是理解句子时间要素的必要条件，是事件参照点的绝对时制。我们观察例（1）—（15)，这些句子都是以说话时为时间参照的，由于句尾出现助动词 bi 的过去时终止形式 bihe，使得句子所表示的行为事件无论是正在进行如例（12）、完成如例（11）还是未完成如例（6）等都成为了过去。这些过去的行为事件相对于说话时刻，有的较近，如例（12）(15）等，有的可能较远，如例（3）。但近和远是一个相对的概念，有时并不好说明相较于说话时刻之前的动作行为是近时发生还是远时发生，如例（1）（2）（4）（5）（8）等。

2）(m) bihe 为满语动词过去时附加成分。时制也简称时，时态也简称体。时和体是与时间密切相连的两个范畴。时间是一维性的，以现在为基点——这个"现在"可以是说话时间，也可以是特定的参照时间，那么在"现在"之前，就是过去，在"现在"之后就是将来。"时"表示事件在时间的一维轴线上所处的位置。"体"旨在说明事件本身在某一时间范围内的进程，即在某一时段事件的开始、完成、持续等。所以时和体均是与时间密切相关而又相互区别的两个范畴。四种兼汉满语会话教材中，凡动词词干 +mbi //ra/re/ro//ha/he/ho 再加助动词 bi 的过去时终止形式 bihe 的句子，从时制的角度看都发生在过去，从时态的角度看表示事件的正在进行、完成或未完成。

3）bihe 及其相关时体构式可以出现在祈使式、条件式和陈述式中。这些句子可以是肯定句，也可以是否定句。如例（6）是第一人称祈使式，句中不止一个动词，句子主要动词是 tuwanjiki，其中动词词干 tuwa- 表示探望、看望义，后缀 -ki 表示欲、要；se- 是引语动词词干，表示主观想法。《清文启蒙·清文助语虚字》(2018：529) 指出 -ki se- 连用表示"实在的欲字要字"义，也就是说 tuwanjiki se- 表示本要去探望。但由于 se- 后加了过去时附加成分 -bihe，使得过去本要发生的行为 tuwanji 实际并未发生。例（8）是一个条件式否定句，前一分句中假设后置连词 oqi 构成条件式，表示假设和虚拟，后一分句中动词词干 gisure+ra+kv+bihe 表示过去在某种条件下本不该发生的行为 gisure- 发生了。例（14）是一个陈述式否定句，动词词干 makta(-bu)+ha，表示动作已完成，而加上否定成分 -kv 和过去时附加成分 bihe 后则表明 makta(-bu)+ha 这种情况并没有真的发生。

4) bihe可与语气词连用①。由于bihe处于句尾，或正反问句的前一部分结尾，而句尾（或分句结尾）也是满语语气词经常出现的地方，所以bihe后常与语气词连用，如例（5）（15）等。

由这三种情况相应的旗人汉语可以看出：

1) 说话时是绝对的时间参照点。与bihe一样，"来着"都出现在对话语境中。这些对话中有的有明确表示过去时间的词语，有的则没有。不论句子有无表示时间的词语，这些句子都是以说话时为时间参照的，句子表示的是相对于说话时间之前行为事件的进行、完成或未完成。相较于说话时刻，这些行为事件的发生可以有近与远的相对区别，即按照一般对时间近远的理解，有的可以说是近时发生的，也有的可以说是远时发生的，也有的不好确认是近时还是远时发生的。但无论如何，相较于说话时间，句子叙述的整个行为事件是在过去发生的。

2) "来着"是一个过去时标记。汉语与满语有很大不同，汉语缺乏显性形态，无法通过动词的屈折变化来表明时体状况，只能借助一些副词、助词等来表示。与相应满语句进行比照，旗人汉语中的"来着"句所表示的时体状况基本上承袭了 -mbihe、-ra/re/ro bihe 和 -ha/he/ho bihe 所表示的语法意义，即表明行为事件在过去时间上

---

① u、dabala、kai、ni、jiye 等，爱新觉罗·瀛生称之为感叹词，见爱新觉罗·瀛生：《满语杂识》，北京：学苑出版社，2004年，第121页。胡增益称 u、dabala、kai、ni 为小词，jiye 为叹词，见胡增益主编：《新满汉大词典》，乌鲁木齐：新疆人民出版社，1994年，第154、467、574、596、871页。季永海称之为语气词，见季永海编著：《满语语法》（修订本），北京：中央民族大学出版社，2011年，第233—237页。尽管名称不一，但都认为这些词表示一定的语气，类似汉语的"吗""啊""呢""罢了"等，故此我们在本书中称之为语气词。

的进行、完成或未完成。具体而言，句尾有"来着"的句子，从时的角度看均表过去；从体的角度看可能是进行、完成或未完成，而这些状况是通过句子中的一些副词、助词等来实现的，如例（12）借助副词"还"表示动作行为"睡觉"的持续进行，例（6）通过副词"原""正要"表明"来瞧"的行为未实现，例（15）借助时间词"前日"表明"往园里去上坟"这一行为事件的完成。由此可以看出，旗人汉语"来着"句体的语法意义是借助于一些时间词、副词、助词等来实现的；时的语法意义是由"来着"体现的，换言之"来着"基本对应满语过去时终止形式 bihe 的语法意义，是一个表示过去时间的时制标记。因此"来着"句也不排斥其他体助词的出现，如例（11）"破了来着"用"了"对应 manabuha bihe 中的 -ha、例（13）"站着来着"用"着"对应 iliha bihe 中的 -ha，从而形成"了来着""着来着"体时连用的现象。

3）"来着"出现在句末。"来着"出现在句子或分句的末尾，句子可以是肯定的，也可以是否定的；可以是陈述句，也可以是疑问句等；可以是单句，也可以是复句。

4）"来着"后可与语气词连用。由于"来着"处于句尾，句尾也是汉语语气词常出现的位置，所以与满文相一致，句尾"来着"后还可再出现语气词"吗""啊""罢了"等。

除了上述情况之外，我们还在《满汉成语对待》中发现一例 akv 后跟 bihe、《清文启蒙》中发现一例"动词词干+mbihe+ngge+语气词"的句子和一例"动词词干+bihe biqi"的句子。

(16) da   jokson   de   bi   akv   bihe,   amala   musihvri
     根本   当初   位   我   否   过   后来   将将

dubeheri　amqabu-ha.

末尾　　　赶上－完

起初可没有我来着,后头赶了个临期末尾儿。(《满汉成语对待》—17a2-3）

(17) muse　da-qi　ishunde　targaqun　akv　gisure-me, ton

咱们　原来－从　彼此　　忌讳　否　说－并　次数

akv　yabu-mbihe-ngge　kai.

否　　走－过－名　　　啊

咱们原是彼此说话没有忌较,行走没有遍数儿来着的啊。(《清文启蒙》38a6-38b1）

(18) sain　ba　akv　bihe　biqi①, we　ji-fi　herse-mbihe-ni.

好　地方　否　过　若是　谁　来－顺　理睬－过－呢

若是没有好处来着,谁肯来理呢。(《清文启蒙》18a5-6）

例（16）akv 意为"没有",是无词尾变化的动词,后面直接跟了 bi 的过去时终止形式 bihe,表明叙述的是过去的情况。例（17）,-ngge 为动名词后缀,加在 yabumbihe 这一时体构式后使其名词化,相应汉语用"的"与 ngge 对应。例（18）,无词尾变化的动词 akv 后带了 bihe biqi,《清文启蒙·清文助语虚字》（2018：534）指出"bihe biqi 若有来着字,若在来着字,倘曾字,乃设言已前事务之词"。简言之,bihe biqi 用在句中构成过去时条件式,表示在过去时间内动作完成其行为所需的条件。

---

① [日] 竹越孝、陈晓校注本 bihe 标注为"有－完"。但该句中 akv 为表示否定的动词,而 bihe 应是表示过去的时制助词。径改。

2. "来着"对应实义动词 bi 的过去时终止形式 bihe

(19) ere   seibeni   mahala   makta-me   tuwa-ha   niyalma
　　 这   以前   帽子   抛-并   看-完   人
　　 bi-he,   te   oyo-fi   hesihi   hasihi   o-ho-bi.
　　 有-完   现在   衰落-顺   零零   星星   成为-完-现
　　 他先是个可仰望的个人来着，如今促促的槽顿了。(《满汉成语对待》— 16b2-3)

(20) fe   urse   uttu   bi-he-u?   qouha   se-he-de   gala
　　 旧   人们   这样   有-完-疑   兵   助-完-位   手
　　 monji-me   fekuqe-mbi.
　　 磨擦-并   跳-现
　　 老家儿们像这们来着么？听见兵的信儿磨拳擦掌喜欢的跳塔。(《满汉成语对待》— 29b7-8)

(21) sikse   nomun   -i   douqan   ara-ra-de,   bi   gulhun
　　 昨天   经卷   属   道场   做-未-位   我   完全
　　 emu   inenggi   tuba-de   bi-he.
　　 一   日子   那里-位   在-完
　　 昨日念经作道场的上，我整一日在那里来着。(《续编兼汉清文指要》上 17a4-5)

(22) musei   da   jokson   de,   ere   gese   kouli   bi-he-u?
　　 咱们   原本   起初   位   这   样子   规矩   有-完-疑
　　 咱们起初，有这样的规矩来着么？(《清文指要》下 4b5-6)

(23) suwe   terei   emgi   emu   ba-de   bi-he-kv   ofi,
　　 你们   他.属   一起   一   地方-位   有-完-否   因为

第四章 满语对清代旗人汉语助词的干扰 | 275

  terei yabun faxxan be sar-kv dabala.
  他.属 行为 业绩 宾 知道.现－否 罢了
  因为你们没有同他在一处来着，不知他为人动作罢咧。(《清文启蒙》57b4-6)

(24) neneme donji-ha gisun, hono buru bara bi-he.
   先 听－完 话语 还 朦朦 胧胧 是－完
   先听见的话，还恍恍惚惚的来着。(《清文启蒙》17b5)

(25) ilan aniya-i onggolo, muse -i uba-de tere geli
   三 年－属 前 咱们 属 这里－位 他 又
   we bi-he.
   谁 是－完
   三年以前，咱们这里他又是谁来着呢？(《清文指要》下22a4-5)

(26) daqi suwembe akdula-ha-ngge, sain mujilen bi-he
   原来 你们.宾 保证－完－名 好 心 是－完
   dabala①.
   罢了
   原保了你们，是好心来着罢咧。(《清文启蒙》59b3-4)

(27) sikse umai edun su akv, abka hoqikosaka
   昨天 完全 风 丝 否 天气 爽快
   bi-he-ngge.
   是－完－名
   昨日并没风，是好好的天气来着。(《续编兼汉清文指要》上3a5)

---

① 例(24)(26)[日]竹越孝、陈晓校注本bihe标注为"有－完"，根据句意bi应为"是"义。径改。

例（19）—（27）满文部分反映出这么几点：

1）句子均为对话语境。bi 为句子主要动词，表示存在、有、是。bi + he 构成动词过去时的终止形式，表明句子所叙述的整个事件发生在说话时刻之前。这个过去事件可以是近时发生的，如例（19）（21）（24）（26）（27）；也可以是远时发生的，如例（25）；也有的不好判断远时还是近时，如例（20）（22）（23）。

2）例（19）—（23）bihe 分别表示存在、有。例（24）—（27）bihe 表示判断，其中又有不同：例（24）为形容词 buru bara + bihe，表示对性状的判断；例（27）形容词 hoqikosaka + bihe + ngge 也是表示对性状的判断，不同的是 bihe 带了动名词词缀 ngge；例（25）为代词 we + bihe，表示对这个代词所表示的人进行判断；例（26）为名词（或名词短语）（sain）mujilen + bihe，表示对这个名词（或名词短语）所表示的事物进行判断。

3）bihe 可以用于肯定句，如例（19）—（22）、例（24）—（26）；也可以用于否定句，如例（23），bihe 后附加了否定词缀 -kv。

4）bihe 还可与语气词 u、dabala 等连用，如例（20）（22）（26）。

要之，名词 / 代词 +bihe 多用"有 / 在 / 是……来着"对译；形容词 + bihe 多用"……来着"对译。"来着"均出现在对话语境中，用于句末，标示相较于说话时刻句子所叙述的事件是过去发生的，这个过去事件可以是近过去也可以是远过去。"来着"可用于肯定句，也可用于否定句。"来着"还可与语气词"吗""罢咧"等连用。

(二)"来着"无对应满语成分

在《满汉成语对待》中发现了不少"来着"无对应满语成分的用例。如：

(28) we simbe damu niyalma-i-ngge be hiqu kiqe
　　 谁　你.宾　只是　人-属-名　宾　寻隙.祈　勤勉.祈
　　 se-he-ni.
　　 助-完-呢
　　 何曾着你瞅人的空子算计别人来着。(《满汉成语对待》二 1a8-1b1)

(29) xun darhvwal-me mukde-ke-de ili-kini, etuku mahala
　　 太阳　套车-并　上升-完-位　站-祈　衣服　帽子
　　 dasata-me waji-tala, buda je-tele, inenggisahvn o-mbi.
　　 整理-并　完成-至　饭　吃-至　临近正午　成为-现
　　 打算日高起来着，赶整理了衣冠，吃了饭，到傍晌了。(《满汉成语对待》四 21b7-8)

(30) goqi-mbu-fi hirinja-ha ele, koro baha-fi amqa-me
　　 抽-被-顺　胆战心惊-完　愈发　痛苦　得到-顺　追赶-并
　　 aliya-ha niyalma labdu dabala, uruxe-he be xan
　　 后悔-完　人　多　罢了　赞成-完　宾　耳朵
　　 -i hoho de si emke donji-ha-u?
　　 属　耳垂　位　你　一个　听-完-疑
　　 肫肫的牵挂着不舍的人，吃了亏后来又后悔的多罢了，说是的你耳躲眼儿里听见一个来着么？(《满汉成语对待》三 28a3-5)

(31) inu   ainqi   fe   demun   be   dasa-ha   hala-ha   se-me
     也   想必   就   毛病   宾   改正-完   更换-完   助-并

     gvni-ha,   fonji-qi   da   doro   kemuni   dunda   je-me
     想-完   问-条   原本 道理   还是   猪食   吃-并

     hamu   sefere-mbi.
     屎   抓-现

想是旧毛病都改换了那们想着来着，问人呢还是不改旧营生嚷屎
干膬。(《满汉成语对待》二 15a4-6)

例（28）—（31），虽然这些句子中都没有过去时成分 bihe，但
从上下文语境看，句子所叙述的行为事件都是在说话时刻之前发
生的，句子中动词也加了完整体后缀，例（28）se-he-、例（29）
mukde-ke-、例（30）donji-ha-、例（31）gvni-ha-。完整体后缀表示
的是某种动作行为的完成，即在某个时间段内做完了某动作或行为，
从满汉对译来看，完整体后缀如果译出来，一般用完成助词"了"
来对译，比如前面例（10）。所以这些句子中动词后的完整体词缀表
示的是某些动作行为的完成体意义，至于表示"过去"时的意义，
则是由对话语境反映出来的。相较于例（1）—（27），动词词干+
mbi//ra/re/ro// ha/he/ho + bihe 等"来着"对应的是 bihe 而不是这些时
体后缀，那么例（28）—（31）中并不能因为没有 bihe 便说"来着"
是对应完整体后缀 -ha/he/ke 的结果。我们认为例（28）—（31）的
对话语境显示了"说话时刻之前"这样的过去时意义，因此虽没有
直接的对译成分 bihe，但旗人对译这种语境语句时灵活使用了"来
着"这一表示过去时的助词。

综合以上各种情况我们可以得出如下结论：旗人汉语中的"来着"是对应满语句中过去时终止形式 bihe 的结果。-mbi//-ra/re/ro // -ha/he/ho 所表示的"进行、未完成、完成"等体意义，相应汉语句借助一些时间词、副词、助词等来实现；bihe 所表示的过去时语法意义由"来着"来实现，换言之，"来着"是一个表示过去时间的时制助词。而且这一时制助词对旗人汉语产生了较深的影响以致在没有满语直接对译成分 bihe 的情况下，也会使用"来着"。

为便于更加直观地了解四种兼汉满语会话教材中"来着"与满语的对应情况，列简表如下：

表 4-1　四种兼汉满语会话材料中"来着"与满语的对应情况

		形式	文献	频次
bihe	bi 为实义动词	一般形式 bihe	满汉成语对待	13
			清文启蒙	6
			清文指要	2
			续编兼汉清文指要	5
		特殊形式 bihe+ngge	满汉成语对待	—
			清文启蒙	—
			清文指要	—
			续编兼汉清文指要	2
		bihe+ni/u/kai/dabala	满汉成语对待	3
			清文启蒙	3
			清文指要	1
			续编兼汉清文指要	—

续表

	形式		文献	频次
bihe	bi 为助动词	一般形式		
		词干 +mbihe	满汉成语对待	9
			清文启蒙	5
			清文指要	14
			续编兼汉清文指要	10
		词干 +ra/re/ro+bihe	满汉成语对待	—
			清文启蒙	—
			清文指要	2
			续编兼汉清文指要	1
		词干 +ha/he/ho+bihe	满汉成语对待	2
			清文启蒙	9
			清文指要	7
			续编兼汉清文指要	1
		特殊形式	词干 +mbihe+u/ni/kai/jiye	满汉成语对待	—
			清文启蒙	2
			清文指要	2
			续编兼汉清文指要	1
			词干 +he+bihe+u	满汉成语对待	—
			清文启蒙	—
			清文指要	1
			续编兼汉清文指要	—
			词干 +mbihe+ngge+kai	满汉成语对待	—
			清文启蒙	1
			清文指要	—
			续编兼汉清文指要	—

续表

形式				文献	频次
bihe	bi 为助动词	特殊形式	形容词/词干等 +bihe+（u）	满汉成语对待	11
				清文启蒙	—
				清文指要	—
				续编兼汉清文指要	—
			bihe biqi	满汉成语对待	—
				清文启蒙	1
				清文指要	—
				续编兼汉清文指要	—
	无对应			满汉成语对待	16
				清文启蒙	—
				清文指要	—
				续编兼汉清文指要	—

三、"来着"得名之由

清代旗人汉语为什么选用"来着"来对译 bihe 呢？"来"和"着"分别扮演着怎样的角色、承担着怎样的功能呢？要解开这个疑问，我们只能分别来考察"来着"出现之前"来"与"着"的功能和使用状况。

（一）"来"的选取

"来"在汉语中是一个用法非常丰富的词。《说文解字》（1963：111）对"来"字的解释是："周所受瑞麦来麰，一来二缝。象芒束之形。天所来也,故为行来之来。"由《说文》看,"来"是象形字,指小麦,名词,引申为来去的来,动词。目前学界一般认为"行来"之来是名词"来"的假借义,而且这两个义项在甲骨文中都有出现。《汉语大词典》(1997:549)对动词"来"的解释是:"由彼及此;由远到近。与'去''往'相对。"《现代汉语八百词》(1980:308)解释为:"从别的地方到说话人所在的地方。"这都说明"来"是以说话人(参照点)或假设的参照点所作的空间上的近向移动。顾倩(2013:127)把"来"在空间域的特征描述为:"方向性、目的性、由起点趋近终点和过程性。"显然这种空间位移与时间有密切联系,因此"来"在其后的使用中由空间位移动词引申出了与时间相关的助词:表示"将来",表示"完成",表示"曾经";表示"曾经"的助词"来"学界一般称之为事态助词,其产生时代至迟在唐代;事态助词"来"位于句子或分句的末尾,用来"指明某一事件、过程是曾经发生的,是过去完成了的,在句子里使用它,是给句子所陈述的事件、过程加上了一个'曾经'的标志"(曹广顺,1995:98)。下面通过一些例子观察事态助词"来"的具体使用情况:

(32)红树萧萧阁半开,上皇曾幸此宫来。(张祐:华清宫,全唐诗)

(33)报道莫贫相,阿婆三五少年时,也会东涂西抹来。(《唐摭言》)

(34)比丘前后从孔飞下,遂至五六十人,依位坐乞,自相借问:今日斋时,何处食来?(侯君素旌异记,太平广记,卷一〇〇)

(35)衣钵分付什么人了来?(云门匡真禅师广录,大正藏,卷四七)

(36)圣人说底,是他曾经历过来。(朱子语类,卷一〇)

第四章　满语对清代旗人汉语助词的干扰　283

（37）初立课程额数，斟酌当时价直立了来，如今比在前物价赠了数倍。（元典章，户八）

（38）曹大家里人情来么？（朴通事谚解）

（39）我有一个火伴落后了来，我沿路上慢慢的行着等候来。（老乞大谚解）

（40）我先番北京来时，你这店西约二十里来地，有一坐桥塌了来，如今修起了不曾？（老乞大谚解）

（41）我见你辛苦着来，所以济助做伴去。（元朝秘史）[①]

（42）问："有人死而气不散者，何也？"曰："他是不伏死。如自刑自害者，皆是未伏死，又更聚得这精神。安於死者便自无，何曾见尧舜做鬼来！"（《朱子语类》卷三）

（43）当初咱在勺儿合勒昆山的忽剌阿讷呱的山行不曾共说来：若有人离间呵，不要信，对面说话了时方可信。如今父亲，咱每曾对面说话来么？（《元朝秘史》，见《近代汉语语法资料汇编·元代明代卷》）

（44）俺在前绊着来，今日忘了，不曾绊。咱每众人邀当着拿住者。（《古本老乞大》）

（45）拜揖哥哥，那里去来？角头买段子去来。（《朴通事谚解》）

（46）（金莲）又问："那没廉耻货进他屋里去来没有？"春梅道："六娘来家，爹往他房里还走了两遭。"（《金瓶梅词话》35回）

（47）应伯爵便问："哥，今日怎的不叫李铭？"西门庆道："他不来我家来，我没的请他去！"（《金瓶梅词话》72回）

---

① 例（32）—（41）转引自曹广顺：《近代汉语助词》，北京：语文出版社，1995年，第98—105页。

例（32）—（47）反映出"来"的用法有如下特点：

1. 对话语境，说话时是绝对的参照时制。例（32）虽不是对话语境，但该诗具有强烈的倾诉性，读者成了诗人潜在的听话者，该诗句明显是以诗人写诗时为时间参照，在此之前"上皇曾幸此宫"。例（33）—（47）均为对话语境，有的句子有表示过去时间的词语，如例（32）(33)(34)(36)(37)(40)(42)(43)(44)(47)等，其余例句则没有明确表示时间的词语。无论句子有无表示过去时间的词语，说话时都是这些句子所叙述事件的绝对时制，即句子叙述的是在过去时间——说话时之前发生的行为事件。这些事件可以是近时发生的，如例（34)(35)(38)(39)(41)(43)(45)(46)(47)等；也可以是远时发生的，如例（32)(33)(36)(37)等；也有的不好判断是近时还是远时，如例（40)(42)(44)等。

2. 与其他体助词连用。例句显示句末助词"来"可与汉语体助词连用，如例（35)(37)(39)(40)与完成体助词"了"连用，例（36）与经历体助词"过"连用，例（41)(44)与持续体助词"着"连用，表明句子所述事件在说话时之前完成、持续等状态。

3. 出现在多种句子形式中。"来"不仅可以出现在肯定句，也可以出现在否定句，如例（47）；不仅可以出现在陈述句，也可出现在疑问句，如例（34)(35)(38)(43)(45)(46)，尤其是例（46）"来"出现在正反问句的前一部分结尾；不仅可以出现在单句，也可出现在复句，如例（41）。

4. 与句尾语气词连用。句末助词"来"还可与句尾语气词连用，如例（38)(43)。

与本节第一部分相对比不难看出，清代旗人汉语里对应满语

bihe 而产生的"来着"与之前汉语中使用的事态助词"来"在表示事件、过程的"曾经"发生这一点上具有高度的一致性。另外我们对《老乞大》四种版本进行比照，发现了一例在《古本老乞大》和《老乞大谚解》中句尾用"来"而在《老乞大新释》中改用"来着"的例子：

(48) a. 你谁根底口（原本缺一字，疑为"学"字）文书来？我在汉儿学堂里学文书来。(《古本老乞大》)

b. 你谁根底学文书来？我在汉儿学堂里学文书来。(《老乞大谚解》)

c. 你跟着谁学书来着？我在中国人学堂里学书来着。(《老乞大新释》)

例（48）很好地说明清代出现的"来着"与元明时期使用的事态助词"来"有密切的关系。

由此我们试着推断：由于清之前汉语中使用的事态助词"来"的功能和用法与 bihe 在表示事件、过程的"曾经"发生及所适用语境上具有高度的一致性，所以旗人操满语的先辈在习得汉语的过程中为对应满语 bihe 表示的语法功能，就选用了"来"作为语素。可以说"来着"的功能和用法主要是由语素"来"承担的。

(二)"着"字的选取

前文证明旗人汉语中"来着"的功能和用法主要由语素"来"承担，换言之，语素"着"并不承担语法上的功能。那么为什么又选用"着"呢？

在汉语历史上，"着"由附着义的动词陆续衍生出多种用法：处所介词、持续体助词、完成体助词、语气助词、先时助词等，唐以后不同用法的"着"在文献中并存使用。除此之外，我们在元明时代的文献中还看到这样一些例子：

（49）小校，将那老子与我打着者！（关汉卿《邓夫人苦痛哭存孝》，见《全元曲·杂剧篇》）

（50）那孽龙见了……就提那长枪，迳来刺着真君。老龙亦举起钢叉迳来叉着真君。(《警世通言》卷四十)①

（51）"你这店里草料都有那没？""草料都有。料是黑豆，草是秆草。""是秆草好，若是稻穰时，这头口每多有不吃的。黑豆多少一斗？草多少一束？""黑豆二两半一斗，草一两一束。""是真个么？你却休瞒俺。""这大哥甚么言语？你是熟客人，咱们便是自家里一般。俺怎么敢胡说！怕你不信时，别个店里试商量去。尽教，俺则是这般道。""俺通是十一个马，量着六斗料与十一束草着。"(《古本老乞大》)

从上下文语境来看，例（49）"打"的动作行为还未开始，所以"着"并不表示动作的持续或完成；例（50）仿此。陈志强（1988）认为这两例中的"着"是"没有实在意义的，既不表时态，又不表全句语气的助词'着'"，并且"在早期白话作品里是经常出现"。例（51）同例（49）（50）。这说明元明时期动词后的助词"着"在进一步虚化，功能也随之发生了变化。再来看下面的例子：

（52）那厮便道："我是伴当，他是娘子，你怎么赶着我叫官人？"（撰者不详《争报恩三虎下山》，见《全元曲·杂剧篇》）

例（52）中"赶着"，雷冬平（2006：82）认为是介词，相当于

---

① 例（49）（50）转引自陈志强：《试论〈老乞大〉里的助词"着"》，《广西师院学报》，1988年第3期。

"管"。梁姣程(2016：20)认为该例中的"赶着"确实已经词汇化，但语义上仍没脱离"赶"的核心语义即"追赶"义。在此基础上，我们认为该例"赶着"已经词汇化，在语境的作用下其语义由"追赶"义衍生出了"主动逢迎"的语义特征[①]。显然"赶着"的词汇化与元明时期"着"的进一步虚化有直接关系，"赶着"最初是由"追赶义"动词"赶"+持续体助词"着"组成的结构形式，在语境语用的作用下，"着"的持续义逐渐消失，"着"由动词后的助词进一步语法化为构词成分，成了一个构词语素。"着"作为构词语素在元明清时期的文献中已见不少用例，如：

（53）【赚煞】我与你踢倒鬼门关，却早梦绕槐安路，一枕南柯省悟。子被这利锁名韁相缠住，点头时暮景桑榆。你若是到蓬壶，我与你割断凡俗。这的是袖里青蛇胆气粗。趁着烟霞伴侣，舞西风归去，我交你朗吟飞过洞庭湖。(《元刊杂剧三十种·陈季卿悟道竹叶舟杂剧》)

（54）【哪吒令】陛下！道你污滥如宠西施越王，好色如奸无祥楚王，乱宫如宠妲己纣王。对着众宰臣，诸卿相，咱则是好好商量。(《元刊杂剧三十种·承明殿霍光鬼谏杂剧》)

（55）当下崔宁和秀秀出府门，沿着河，走到石灰桥。(《警世通言》卷八)

（56）【鹊踏枝】他可也忒矜夸、忒豪华，争知俺少米无柴，怎地存札？子母每看看的饿杀，天那！则亏着俺这百姓人家。(秦简夫《宜秋山赵礼让肥》，见《全元曲·杂剧篇》)

（57）差人正嚷着说："怎么着哩？嚷不出来？俺就进去哩！"(《聊斋俚

[①] "赶着"详细的语法化和词汇化过程可参看梁姣程：《汉语副词"X着"的多角度研究》，湖南大学硕士学位论文，2016年，第18—24页。

曲・磨难曲》11回）

"着"作为构词语素可以构成：介词，如例（53）"趁着"、例（54）"对着"、例（55）"沿着"；动词，如例（56）"亏着"；疑问代词，如例（57）"怎么着"。可以说正是元明时期汉语中已经存在的内化为构词成分的"着"的存在和广泛使用，为旗人汉语中"来着"一词的形成提供了语素来源。

语音方面，尽管现代汉语的"着"[tʂə]在明清时期北京话中读[tʂo]（马思周、李海洋，2007），但央元音[ə]与后元音[o]相近，即"着"的元音音素[o]与bihe中后一音节的元音音素[ə]相近，所以满族先辈选用"着"对应bihe也有语音上的考量。

由此可否作出如下推理：一方面，由于清之前汉语中使用的事态助词"来"的功能和用法与bihe在表示事件、过程的"曾经"发生及所适用语境上具有高度的一致性，旗人操满语的先辈在习得汉语的过程中为对应满语bihe表示的语法功能，就选用了"来"作为语素；另一方面，从音节上看，满语bihe有两个音节，且与"着"有相近的元音，同时也顺应汉语词汇双音化的趋势，旗人操满语的先辈在习得汉语的过程中又选用了汉语中已经内化为构词成分的"着"来凑足音节，从而形成了旗人汉语中的标记过去时的双音节时制助词"来着"。

四、"来着"的发展演变

时制助词"来着"在清代旗人汉语中产生之后其使用地域如何？是否在汉语中保留了下来？其用法有无变化？为弄清这一系列的问

题，我们对有清以来一些文献进行了调查，以期在整体使用状况和具体用法上对"来着"有更深入的了解。

（一）有清以来"来着"的整体使用状况

为了更好地从宏观上了解"来着"自清初以来的分布和使用状态，我们首先把对文献的调查结果绘制成表4-2。

表4-2 有清以来"来着"文献用例调查

时代	作家		出生地	作品	作品字数（万字）	例次
清代	西周生		不详	醒世姻缘传	80	—
	张南庄		上海	何典	6	—
	李绿园		河南宝丰	歧路灯	60	—
	曹雪芹		南京	红楼梦	90	25
	文康		北京	儿女英雄传	54	39
	石玉昆		北京	三侠五义	54	11
	吴敬梓		安徽全椒	儒林外史	33	—
	李宝嘉		江苏武进	官场现形记	65	—
	韩邦庆		上海	海上花列传	32	—
	刘鹗		江苏镇江	老残游记	12	—
清末民国至今	旗人作家	蔡友梅	北京	小额	7	7
				损公作品	50	19
		穆儒丐	北京	北京	16	4
		庄耀亭	北京	白话聊斋·胭脂	4	1

续表

时代	作家		出生地	作品	作品字数（万字）	例次
清末民国至今	旗人作家	杨曼青	北京	杂碎录	21	5
		陆瘦郎	北京	陈七奶奶	16	1
		冷佛	北京	春阿氏	18	11
		老舍	北京	骆驼祥子	13	—
				二马	14	12
				四世同堂	70	14
		端木蕻良	辽宁昌图	曹雪芹	20	7
		叶广芩	北京	青木川	8	1
				黄连厚朴	19	—
		赵大年	北京	公主的女儿	7	—
		舒群	黑龙江阿城	没有祖国的孩子	1	—
		赵玫	天津	秋天死于冬季	32	—
	非旗人作家	周立波	湖南益阳	暴风骤雨	25	—
		曹禺	天津	雷雨	8	2
				北京人	13	
		张爱玲	上海	红玫瑰与白玫瑰	30	
				倾城之恋	30	2
		王蒙	北京	青春万岁	21	2

续表

时代	作家		出生地	作品	作品字数（万字）	例次
清末民国至今	非旗人作家	路遥	陕西清涧	平凡的世界	80	3
		陈忠实	陕西西安	白鹿原	46	—
		贾平凹	陕西西安	废都	38	2
		莫言	山东高密	红高粱家族	27	—
		铁凝	河北赵县	大浴女	24	3
		陆文夫	江苏苏州	清高	13	—
		郭敬明	四川自贡	悲伤逆流成河	12	—

由表4-2可以看出如下两点：

1. 由调查的清代文献来看，只有满族作家作品清中后期的《红楼梦》《儿女英雄传》《三侠五义》中出现了"来着"，而且用例较多。其余清前期反映章丘、历城、济南方言的《醒世姻缘传》，清中期反应河南方言的《歧路灯》，以及清中后期具有江淮方言背景的《儒林外史》《老残游记》、具有吴方言背景的《何典》《官场现形记》《海上花列传》等均没有"来着"的踪迹。这一现象反映出清代"来着"还主要限于旗人为主体的北京话当中，其他地域方言中还没有出现。但由于调查的文献有限以及书面语与口语的差距，我们不能排除清代中晚期"来着"已经向其他地域渗透。

2. 清末民国以来"来着"的使用人群和地域与前期已有很大不同："来着"既出现在了旗人/满族作家的作品当中，也出现在了非旗人/满族作家的作品当中；既出现在了北京作家作品当中，也出现在了非北京作家作品当中；同一地域的作家作品中有的有"来着"，有的没有；同一作者的不同作品，有的有"来着"，有的没有；清末民初旗人/满族作家作品中"来着"出现的频率稍高，其后除了老舍和端木蕻良的作品外，其他作者及其作品中"来着"或不出现，或者出现的频率较低。

总体来说，"来着"在清代应主要使用于旗人话中，是清代北京话中较为常见的一个词语。清末以来随着北京官话在全国影响的扩大、现代汉语普通话的确立和推广，"来着"一词由北京官话进入了现代汉语普通话当中。但与清代旗人话中使用的频率相比，现代汉语普通话中"来着"的使用频率相对较低。同时我们也注意到当代日常生活中，尤其是90后、00后的人群，使用"来着"的频率似乎比80后及其之前的人群要高，而且呈现出"来着"的使用频次与说话者的主要生活语境（主要是家庭语境）、受教育程度、职业、身份等有很大关系。

（二）有清以来"来着"的用法

（58）黛玉笑道："……今儿他来了，明儿我再来，如此间错开了来着，岂不天天有人来了？"（《红楼梦》8回）

（59）张金凤笑道："可又来！谁又说姐姐有甚么贪图来着呢？"（《儿女英雄传》26回）

（60）秀卿的娘道："头几天他考县知事来着，也不知中了没有。"（《北京》）

（61）在那里待了二三年，后来给人包治打胎来着，打死了一口子，本家儿倒没不答应，他自己起了贼尾（音以）子啦，收拾了收拾，半夜里就起

第四章　满语对清代旗人汉语助词的干扰 | 293

了黑票啦，二次又逃回北京。(《小额》)

（62）小伙儿说："二太爷别听一面之辞，他们先动手打我来着。"二虎一听，心说："他还会把式呢，这孩子浑浑实实的，倒有个意思。"(损公作品·张二奎)

（63）一时春英进来，望见普二在此，过来请安，周旋了两三句话，怒气昂昂，望着阿氏道："我那个白汗褂，洗得了没有？"阿氏皱着眉头，慢慢的答应道："方才洗孝衣来着，你若是不等着穿，后天再洗罢！明天大舅那里，奶奶还叫我去呢！"(《春阿氏》)

（64）大家说道："好在一晚上罢，那儿就会冻坏了。若是能冻坏了，昨天晚上在露天地里蹲了半夜，后来好容易到了屋里，亦是四面透风，赛过冰窖似的，那大家怎么受来着？"(《陈七奶奶》)

（65）姑娘见老妇要搀起他来，忙说："积德行好的老太太在上，今夜应该受苦孩子一拜。"说着话就掉下几点眼泪。老妇说："姑娘你不要哭，想必是你伯母说你来着。"(《杂碎录》)

（66）吴公说："那是自然，凭你这个人焉能有错儿。不过把你传了来，本府跟你打听打听，你平日既跟臙脂相好，他的人性你总知道喽，可是当初他见鄂生之后，你是怎样涮他来着？"(《白话聊斋·胭脂》)

（67）四（凤）：(想想) 太太，今天我想跟您告假。繁（漪）：是你母亲从济南回来么？——嗯，你父亲说过来着。(《雷雨》第一幕)

（68）金蝉道："那范柳原是怎样的一个人？"三奶奶道："我哪儿知道？统共没听见他说过三句话。"又寻思了一会，道："跳舞跳得不错罢！"金枝咦了一声道："他跟谁跳来着？"四奶奶抢先答道："还有谁，还不是你那六姑！"(《倾城之恋》)

（69）孟云房尴尬地只是笑笑，出来，老太太却坐在客厅里说："你们说

什么来着，鬼念经似的。我这耳朵笨了，只听着说是谁丢了？"（《废都》）

（70）"不知道！"瑞宣假装在语声中加上点困意，好教她不再说话；他要静静的细琢磨老三的一切，从老三的幼年起，象温习历史似的，想到老三的流亡。可是，她仿佛是问自己呢："他真打仗来着吗？"瑞宣的眼睛得很大，可是假装睡着了，没有回答她。（《四世同堂》）

（71）大概是家里的谁已经叫白军打死了，他们现在才不跑……谁哩？她在心里开始一个一个点家里的人；尽管许多原来的熟人她都忘了，但这些人她不会遗忘一个，家里在门外的人她算得来。玉厚？他早上不是还在家吃饭来着？玉亭？他已经超过当兵年龄了。那么，看来就是孙子中的谁发生了凶险！（《平凡的世界》）

（72）她们望着那根闪着微小光芒的树枝，唐菲仍然紧紧抓住尹小跳的肩膀说："你刚才说什么来着？"（《大浴女》）

（73）——昨天我们这下雪了来着。

——太好了，那你出去玩雪了吗？（山东方言）

由例（58）—（73）可以看出：

1."来着"主要使用于对话语境，如例（58）—（60）、（62）—（70）、（72）—（73）。例（61）表面上看似叙述性语境，但作者以类似说书人的身份把读者当成了直接的听众，他在向听众（读者）交代孙先生的情况，可以说这句话是作者意念上的对话语境。例（71）描写玉厚妈的心理活动，她认为又发生了战乱，家里可能死人了，从而进行的自我内心对话。

2."来着"仍是一个标示过去时间的时制助词。无论例（58）—（73）中有无表示时间的词语，这些句子都是以说话时为时间参照的，句子表示的是相对于说话时间之前或远时发生或近时发生的行为事件的进行、完成或未完成，所以说"来着"仍是一个标示过去的时制助词。时制助词"来着"也可与其他体助词连用，如例（58）（73）"来着"前有完成体助词"了"，例（67）前有经历体助词"过"等。

3."来着"居于句子或分句的末尾。句子可以是肯定的，也可以是否定的；可以是陈述句，也可以是疑问句等；可以是单句，也可以是复句。

4."来着"后可与语气词连用。如例（59）（70）。

与例（1）—（31）相比，例（58）—（73）所反映的"来着"的用法没有什么不同。

我们进一步调查了清末民国日本和西人北京话教科书如《改订官话指南》《华语跬步》《华言问答》《燕京妇语》《虎头蛇尾》《四声联珠》《官话类编》、朝鲜日据时期汉语教科书《速修汉语自通》《修正独习汉语指南》等，从中检得36例"来着"，经过一一分析，我们认为这些"来着"也都是表示过去时的时制助词。由我们所调查的文献语料看，"来着"自清代在旗人汉语中形成并由北京话进入现代汉语普通话之后，一直保持着其过去时时制助词的功能和用法[①]。

---

① 我们并没有对现代汉语方言进行大面积的调查，因此不知在方言中"来着"是否发展出了表达情貌的用法。

第二节 满语与比拟助词"一样"

一、引言

比拟式是比喻修辞在句法上的表现形式，一般由"像"义动词、比拟助词、本体、喻体等部分参与构成，根据本体和喻体之间的相似性通过喻体使人产生联想从而达到对本体形象而深刻的认识。这类句式往往给人以无限的夸张和想象空间，具有非常强烈的感染力，所以从古至今比拟句都是汉语中一种重要的句式形式。我们依照江蓝生（1999）的研究用 D 表示"像"义动词，X 表示喻体，Z 表示比拟助词，归纳出常见的汉语比拟构式有如下几种：

1. （本体）+D+X 如：像神仙 | 像哭 | 嘴像抹了蜜

2. （本体）+D+X+Z 如：像神仙似的 | 像哭似的 | 嘴像抹了蜜似的

3. （本体）+X+Z 如：神仙似的 | 哭似的 | 嘴抹了蜜似的

可以看出，比拟式中"像"义动词与比拟助词可以同时出现（B式），也可以单独出现（A式、C式）。如果考察比拟助词的话，也就只有 B 式和 C 式了。比拟句中喻体都需出现，而本体有时出现，有时不出现。

"像"义动词是一个略显粗疏的说法，较为显性和直观的比拟动词多是表"像"义的动词"如/若/似/像/好像/仿佛"等，除此之外还有"是/比/有/同/跟/与/和"等词。喻体可以是单个的名词，如上面例子中的"神仙"；可以是单个的动词，如上面例子中的"哭"；也可以是短语和句子，如上面例子中的"抹了蜜"。历史上汉语比拟助词有"然／者／焉／馨／相似／一般／般／一样／样／似／也似／似的／也似的／是的／也是／也是的"等。

纵观整个汉语历史，丰富多样的汉语比拟表达式的发展既离不开汉语自身的发展和结构的制约，也离不开语言接触的冲击，是 VO 和 OV 两种语序类型相互接触、交互作用的结果，而且佛经翻译、蒙古语等都对汉语比拟助词的形成产生了影响（江蓝生，1999；杨永龙，2014）。继蒙古语之后，清代满语和汉语的接触融合达到了空前的广度和深度。我们拟以清代满汉合璧文献为契机，结合汉语比拟式和比拟助词的历史发展状况来考察清代满汉两种语言纵深接触的历史背景下，满人由满语单语逐渐学习和转用目标语汉语的过程中，满语比拟表达对旗人汉语比拟句及比拟助词的干扰和发展。

二、汉语比拟助词的历史概况

（一）先秦至元明时期比拟助词及其使用情况

1. 比拟助词"然""者""焉""馨""相似""似（的）／也似（的）""是的／也是／也是的"等

据江蓝生（1999）的研究可知先秦时期比拟助词常见的有"然"和"者"；两汉时期出现了比拟助词"焉"，而"焉"可能是"然"的音借字；魏晋南北朝时期出现了新的比拟助词"馨"；唐宋时期出现了新的比拟助词"相似"和"一般"；金元时期出现了新的比拟助词"似／也似"；明代出现了更多新的比拟助词：比拟助词"似／也似"进一步与结构助词"的"结合出现了比拟助词"似的/也似的",在"是""似"义通的情况下产生了新的比拟助词"也是"和"也是的",句末表判断语气的助词"是的"也发展出了比拟助词用法。我们略举一些例子以见一斑:

(1) 孝子亲死,悲哀志懑,故匍匐而哭之,若将复生然,安可得夺而敛之也!(《礼记·问丧》)

(2) 孟子自齐葬于鲁,反于齐,止于嬴。充虞请曰:"前日不知虞之不肖,使虞敦匠事。严,虞不敢请。今愿窃有请也,木若以美然。"(《孟子·公孙丑下》)

(3) 孔子过泰山侧.有妇人哭于墓者而哀,夫子式而听之,使子路问之曰:"子之哭也,壹似重有忧者。"(《礼记·檀弓》)

(4) 明旦,桓宣武语人曰:"昨夜听殷、王清言,甚佳,仁祖亦不寂寞,我亦时复造心,顾看两王掾,辄翣如生母狗馨。"(《世说新语·文学》)

(5) 兵众各自平章:"王见怒蜗,犹自下马抱之,我等亦须努力,身强力健,王见我等,还如怒蜗相似。"(《敦煌变集新书·伍子胥变文》)

(6) 每日在长连床上,恰似漆村里土地相似!(《祖堂集》卷七)

(7) 若是根机迟钝,直须勤苦耐志,日夜忘疲,无眠失食,如丧考妣相似。(《五灯会元》卷七)

(8) 真个是布机也似针线,缝的又好又密,真个难得!(《金瓶梅词话》3回)

(9) 鱼水似夫妻正美满,被功名等闲离拆。然终须相见,奈时下难捱。(《董解元西厢记》)

(10) 又别僧云:"和尚作什摩?"师云:"吐却着!"师示众云:"明镜相似,胡来胡现,汉来汉现。"(《祖堂集》卷七)

(11) 问着黑漆相似,只管取性过时。(《五灯会元》卷十五)

（12）上堂："古人留下一言半句，未透时撞着铁壁相似，忽然一日觑得透后，方知自己便是铁壁。如今怎么生透？"（《五灯会元》卷十九）

（13）捣蒜也似阶前拜则么？（《元刊杂剧三十种·陈季卿悟道竹叶舟杂剧》）

（14）这李瓶儿那里肯放，说道："好大娘，奴没敬心也是的。"（《金瓶梅词话》15回）

（15）丫鬟执壶，李瓶儿满斟一杯递上去，插烛也似磕了四个头。（《金瓶梅词话》16回）

（16）西门庆于是心中大怒，令琴童往前边去取拶子来。须臾把丫头拶起来，拶的杀猪也是叫。（《金瓶梅词话》44回）

（17）春梅道："他和小厮两个在书房里，把门儿插着，捏杀蝇子儿是的，赤道干的什么茧儿，恰似守亲的一般。"（《金瓶梅词话》35回）

例（1）—（8）"像"义动词和比拟助词共现，例（9）—（17）只出现了比拟助词。特别指出的是江蓝生（1999）认为金元时期"喻体＋比拟助词'似/也似'＋NP/VP"，如例（9）（13），这一前面不用"像"义动词后面必须出现中心语NP或VP的比拟式是受蒙古语影响而产生的。杨永龙（2014）认为"喻体＋似/也似"的产生和发展既有汉语自身发展的基础又离不开多种OV语言和佛经翻译的持续影响，后置词"似/也似"能够在元代以后繁荣起来，与蒙古语的影响和强化密不可分。

2. 比拟助词"般""一般""样""一样"等

颇有争议的"样/一样"，现代汉语中仍具有明显的实词义。"样"可以作名词，表示"样子/样式"；也可以作量词，与量词"种""类"相似。由此"一样"也是一个具有多种性质和语义的形式：数量短语；形容词，"相同"义。而"样/一样"的比拟助词用法也因其实词义并未完全消失而使得我们对其判断举棋不定。

盛新华、魏春妮（2011）指出比拟助词"一样"在元代已经产生，在具体的语境语义和句法位置等因素影响下其词汇化和语法化的过程如下：数量短语→形容词→比拟助词；其意义也随之由具体到抽象：具体意义→属性特征→抽象特征，这也是一个主观性由弱到强的过程。姚尧（2015）指出"一般"在唐代也经历了与"一样"相类的词汇化和语法化过程；认为量词"般"本身没有演变为比拟助词的途径，比拟助词"般"应由"一般"省略而来，由于"一般"发生了语法化，凝固为内部不可分析的助词，"一"便失去了称数意义，故而脱落，并举有下面一个例子：

(18) 晚山眉样翠，秋水镜般明。（辛弃疾《临江仙》）

可以看出，诗句中"样"与"般"无论是句法环境和位置都是相同的，那么它们的功能也应该是相同的。如果说句中"般"为比拟助词的话，那么"样"也应该是比拟助词。如此，我们可以说至迟在宋代比拟助词"样"既已产生。这也就意味着比拟助词"样"比比拟助词"一样"产生的时代早。

那么据以上材料和观点，比拟助词"般""样"来源存在两个可能：

1)"样"与"般"不同，"般"由"一般"脱略"一"而成，"样"则不是在"一样"的基础上发展而来。

2)"样""般"均不是在"一般""一样"基础上产生，而可能由"般""样"指称样态且在"然/馨/焉"等影响下而产生的类同引申和发展变化。

比拟助词"般""样"的来源问题不是这里着重要谈的问题,我们将另文讨论。下面略举一些"般""一般""样""一样"用作比拟助词的例子:

(19)如今说,便是公之心一般!(《朱子语类》卷二十一)

(20)如今说底,恰似画卦影一般。(《朱子语类》卷八)

(21)咱是的亲爹娘生长,似奴婢一般摧残。(《刘知远诸宫调》)

(22)你今日既无父母,又丧公姑,恰便是我的女孩儿一般。(《琵琶记》)

(23)至大元年六月,江浙行省准中书省咨:大德十一年十二月二十六日奏过事内一件:"刑法如权衡一般,不可偏了。"(《元典章·刑部》)

(24)人于恶恶,必如恶那恶臭一般,惟恐有些染着于身;好善,必如好那好色一般,务要得之于己,这等呵,便自家心上方才快足,所以谓之"自谦"。(《大学直解》)

(25)可恨他近来恋上个甚么小陆儿,妈妈恐怕他跟了他去,我说:"若要打我老麻手里走了粉头,就是孙行者在佛爷手里打筋头的一般。"(《红罗镜》)

(26)你肌骨似美人般软弱,与刀后怎生抡摩?(《董解元西厢记》)

(27)杨三嫂道:"看这样花枝般个亲娘,周舍料是恩爱,想是老亲娘有些难为人事。"(《型世言》3回)

(28)粉艳明,秋水盈,柳样纤柔花样轻,笑前双靥生。(张先《长相思〔般涉调〕》,见《全宋词》)

(29)左手捽住张叶头稍,右手扯住一把光霍霍冷搜搜鼠尾样刀,番过刀背,去张叶左肋上劈,右肋上打。(《张协状元》,见《近代汉语语法资料汇编·宋代卷》)

(30)这星宿把身变小了,那角尖儿就似个针尖一样,顺着铍,合缝口上,伸将进去。可怜用尽千斤之力,方能穿透里面。(《西游记》65回)

(二) 清代比拟助词的使用情况

既然汉语历史上比拟助词的发展与语言接触密不可分，清代又是阿尔泰语系中的满语与汉语接触最为深广的时期，那么我们就非常有必要结合清代满文材料观察满语的比拟表达方式及其对汉语的影响。为此，我们要先梳理一下历史上汉语比拟助词发展到清代的基本状况。于是我们不仅对清代一些传统文献中的比拟助词进行了穷尽性的调查统计，而且对元明时期一些文献中的比拟助词也进行了穷尽性的调查统计，并且分别绘制了表 4-3、4-4、4-5，这样就可以直接宏观地对比比拟助词在元明清时期的发展变化。

表 4-3 元代文献比拟助词频次统计表[1]

	小孙屠	宦门子弟错立身	琵琶记	直说通略	元刊杂剧三十种	老乞大	通制条格	元典章	直说大学要略	经筵讲义	大学直解	孝经直解
样	-	-	-	-	2	-	-	2	-	-	-	-
一样	-	-	-	-	-	-	-	-	-	-	-	-
般	-	-	-	-	37	-	-	-	-	-	-	-
一般	-	-	3	44	2	-	-	6	3	1	12	9
相似	-	-	-	1	-	-	-	-	-	-	1	-
也似	-	-	-	13	13	2	-	1	2	-	-	-
似	-	-	-	-	-	-	-	-	-	-	-	-

---

[1] 表 4-3 除"似"外的比拟助词的频次统计参见李崇兴、丁勇：《元代汉语的比拟式》，《汉语学报》，2008 年第 1 期。

表 4-4　明代文献比拟助词频次统计表

	水浒全传	西游记	金瓶梅词话	型世言	红罗镜
样	–	1	–	–	–
一样	–	1	–	–	–
般	55[①]	2	42[②]	19	–
一般	72	75	177	64	5
似	10	1	1	12[③]	–
也似	80	–	44	7	–
似的	2	–	4	1	–
也似的	1	–	–	–	–
也似价	1	–	–	–	–
相似	30[④]	9[⑤]	31[⑥]	6[⑦]	–
是的	–	–	5	–	–
也是	–	–	2	–	–
也是的	–	–	1	–	–

---

① 其中有 2 例 "也似般"。
② 其中有 1 例 "也般"。
③ 其中有 1 例 "般似"。
④ 其中有 1 例 "一般相似"。
⑤ 其中分别有 1 例 "一般相似" "飞也相似"。
⑥ 其中有 1 例 "也相似"。
⑦ 其中有 1 例 "一般相似"。

表 4-5 清代及民国时期文献比拟助词频次统计表

	清代文献							清末民国旗人作家作品						
	醒世姻缘传	红楼梦	儿女英雄传	三侠五义	歧路灯	儒林外史	何典	海上花列传	损公作品	小额	北京	白话聊斋·胭脂	杂碎录	陈七奶奶	春阿氏
样	3	-	-	-	-	-	-	-	-	-	-	-	-	-	-
一样	44	10	5	1	6	-	-	2	6	-	20	2	2	5	5
般	53	2	19	-	2	1	1	1	-	-	1	-	2	-	1
一般	448	111	100	117	124	40	19	43	5	1	30	7	5	16	49
似	2	-	-	-	-	-	-	-	-	-	-	-	-	-	1
也似	14	2	-	4	21	2[①]	-	2	-	-	-	-	-	-	-
似的	10	110	63	10	1	-	-	3	21	17	12	8	27	30	20
也似的	3	2	12	9	-	1	-	-	2	-	-	-	2	-	-
也似价	-	-	15[②]	-	-	-	-	-	-	-	-	-	-	-	-
相似	32[③]	-	3	12	3	2[④]	-	-	7[⑤]	2	-	-	-	-	2[⑥]

---

① 其中有 1 例 "一般也似"。
② 其中有 10 例 "也似价", 2 例 "似价"。
③ 其有 2 例 "相似的"。
④ 其中有 1 例 "般相似"。
⑤ 其中有 1 例 "相仿"。
⑥ 这两例均为 "也相似"。

续表

	清代文献						清末民国旗人作家作品						
	醒世姻缘传	红楼梦	儿女英雄传	三侠五义	歧路灯	儒林外史	何典	海上花列传	损公作品	小额	北京白话聊斋·胭脂	杂碎录	陈七奶奶	春阿氏
是的	5	—	—	—	—	—	—	—	—	1	—	—	1	—
也是	—	—	—	—	—	—	—	—	—	—	—	—	—	—
也是的	—	—	—	—	—	—	—	—	—	—	—	—	—	—

由表4-3可以看出：1）到了元代，先秦至魏晋时期的比拟助词"然""者""馨"已难觅踪迹；2）尽管比拟助词"似"金元时期已经产生，如上面例（9），但从对元代文献的调查来看，"似"多做"像"义动词，比拟助词"似"并不多见；3）比拟助词"一样"在元代较为罕见，比拟助词"样"也不多见；4）元代比拟助词"般"虽然用例可观，但集中出现在杂剧当中，其他文献难以见到；5）比拟助词"一般"和"也似"可以说是这一时期分布相对较广、使用频次较高的比拟助词，尤其是比拟助词"一般"的普遍性和频次都占绝对优势。

由表4-3、4-4可以看出：1）明代比拟助词的种类明显比元代增多；2）尽管具体比拟助词的使用频次各文献不同，但"般/一般""也似"占绝对优势，比拟助词"相似"频次也较高；3）比拟助词"样""一样"从元代直到明末出现频次都非常低；4）明代新产生的比拟助词"是的/也是/也是的"也只见于《金瓶梅词话》当中，还没有广泛使用开来，明代始见的比拟助词与词缀"价"的组合形式"也似价"也只在《水浒全传》中出现一例。

由表4-4、表4-5可以看出：1）清代主要比拟助词的种类与明代相比变化不大；2）明代新产生的比拟助词"也是""也是的"清代没有见到其踪迹；3）自产生起就使用频次较低的比拟助词"样"只见于清初的《醒世姻缘传》中，比拟助词"似"也只在清初《醒世姻缘传》见到2例和清末民初的《春阿氏》中见1例，这两个比拟助词在汉语中近乎绝迹；4）比拟助词"般""相似"虽然都有较高的出现频次，但从清初至清末都有明显减少的趋势；5）"一样"虽然在清初《醒世姻缘传》中出现高达44次，但清代及民国时期的其他文献中其出现频次并不高，但是还算稳定，没有大的使用频次上的起伏；我们认为"一样"在《醒世姻缘传》中的相对高频是因为《醒世姻缘传》中所有比拟助词出现的频次都明显高于其他文献，在比拟助词整体呈高频的情况下比拟助词"一样"出现的频次比其他文献多也就可以理解了；6）比拟助词"是的"只出现在具有山东方言背景的《醒世姻缘传》中，旗人作家作品北京方言背景的《红楼梦》《儿女英雄传》则没有出现，民国时期的旗人作家作品中偶见；7）比拟助词"一般"仍然是使用频次非常高的比拟助词；8）比拟助词"似的"的使用频次虽有文献差异，但整体呈增多趋势，而且在清末民初旗人作家作品中整体上已超过比拟助词"一般"而跃居首位。

表4-3、表4-4及所加注释反映出：1）比较而言，比拟助词"一般"自元至清一直是比较高频和普遍的比拟助词；2）比拟助词

"似的"在明代的用例还极少，到清代却一跃而成与比拟助词"一般"相抗衡甚至在清末北京话中反超"一般"的比拟助词；3）明清时期比拟助词连用的现象尤为突出；4）可能受比拟助词"也似""也似的"影响出现了"也相似""也般"、受"似的""也似的"影响出现了"相似的"、受"也似价"影响出现了"似价"等；5）《损公作品》中还出现了一例"相仿"作比拟助词的用例。对于比拟助词连用和新出现的比拟助词形式举例如下，以窥一斑。

（31）看那草房被风一煽，刮刮杂杂火起来。那火顷刻间天也似般大。"（《水浒全传》46回）

（32）那师祖定公甚是奇他，到得十岁，教他诵经吹打，无般不会。到了十一二岁，便无所不通。定公把他做活宝般似，凡是寺中有人取笑着他，便发恼，只是留他在房中，行坐不离。（《型世言》35回）

（33）燕青歇下担儿，分开人丛，也挨向前看时，只见两条红标柱，恰与坊巷牌额一般相似，上立一面粉牌，写道："太原相扑擎天柱任原。"（《水浒全传》74回）

（34）佛祖慧眼观看，见那猴王风车子一般相似不住，只管前进。（《西游记》7回）

（35）死之刻云雾昏惨，迅风折木，雷雨大作。两县令着他家中领尸，只见天色开霁，远近来看的、送的云一般相似。到家他妻子开丧受吊，他妻子也守节，策励孤子成名。（《型世言》2回）

（36）说着，将行李搬出，把老和尚簇拥上马。那几个人都上了牲口。牛浦送了出来，只向老和尚说得一声："前途保重！"那一群马泼刺刺的如飞一般也似去了。（《儒林外史》21回）

（37）这城外中军已到，与前军先锋合为一处，将一座青枫城围的铁桶

般相似。(《儒林外史》39回)

（38）出了那"六道轮回"之下，有朱太尉请朕上马。飞也相似，行到渭水河边，我看见那水面上有双头鱼戏。(《西游记》11回)

（39）把吴银儿哭的泪人也相似，说道："我早知他老人家不好，也来伏侍两日儿。"(《金瓶梅词话》63回)

（40）原来王八正和虔婆鲁长腿，在灯下拿黄杆大等子称银子哩，见两个凶神也般撞进里间屋里来，连忙把灯来一口吹灭了。(《金瓶梅词话》50回)

（41）晁大舍道："你且消停，这事也还没了哩！计老头子爷儿两个外边发的象酱块一般，说要在巡道告状。他进御本，我不怕他，我只怕他有巡道这一状。他若下狠已你一下子，咱什么银钱是按的下来，什么分上是说的下来？就象包丞相似的待善哩！"(《醒世姻缘传》11回)

（42）这个当儿，越耗雨越不住，雨越不住水越加长，又从别人的上段工上开了个小口子，那水直串到本工的土泊岸里，刷成了浪窝子，把个不曾奉宪查收的新工，排山也似价坍了下来！(《儿女英雄传》2回)

（43）那女子对面一看，门里闪出一个中年妇人。只见他打半截子黑炭头也似价的鬓角子，擦一层石灰墙也似价的粉脸，点一张猪血盆也似价的嘴唇。(《儿女英雄传》7回)

（44）安太太听了，便同张太太各拈了一撮香，看着那张姑娘插烛似价拜了四拜，就把那个弹弓供在面前。(《儿女英雄传》13回)

（45）却说何玉凤姑娘，此时父母终天之恨已是无可如何，不想自己孤另另一个人，忽然来了个知疼着热的世交伯母，一个情投意合的义姊，一个依模照样的义妹，又是嬷嬷妈、嬷嬷妹妹，一盆火似价的哄着姑娘。(《儿女英雄传》20回)

（46）老焦说："这个丫头，鬼灵精儿似的，狐狸崽子相仿。大爷正在高

兴，大奶奶也让他迷惑住了。"（《损公作品·搜救孤》）

例（31）—（37）是比拟助词连用：例（31）比拟助词"也似"与"般"连用；例（32）比拟助词"般"与"似"连用；例（33）—（35）比拟助词"一般"与"相似"连用；例（36）比拟助词"一般"与"也似"连用；例（37）比拟助词"般"与"相似"连用。与比拟助词单用相比，比拟助词连用并没有特别的修辞效果。在明代和清代虽然都出现了比拟助词连用的现象，但就总体数量而言并不多，这就说明比拟助词的连用不是一种普遍的稳定的现象，而可能是作家个人一时的随机行为。

例（38）（39）比拟助词是"也相似"，例（40）比拟助词是"也般"，这两个比拟助词的出现可能是受了比拟助词"也似""也似的"的影响而在比拟助词"相似""般"的基础上加"也"形成的。例（41）比拟助词是"相似的"，这可能是受比拟助词"似的""也似的"的影响而在比拟助词"相似"的基础上加"的"形成的。例（42）比拟助词是"也似价"，其所在的比拟构式"排山也似价"作状语修饰后面的"坍了下来"；例（43）虽然"也似价"后面有"的"，但是这个例子中三处比拟构式"打半截子黑炭头也似价""擦一层石灰墙也似价""点一张猪血盆也似价"分别作后面体词性成分"鬓角子""粉脸""嘴唇"的定语，而元明以来汉语定语和中心语之间经常加结构助词"的"，结合例（42）非定语时比拟助词"也似价"后面没有出现"的"的情况，我们认为例（43）中比拟助词依然是"也似价"而不是"也似价的"。例（44）（45）中比拟助词为"似价"，这可能是受"也似价"的影响而出现的比拟助词。例（46），"鬼灵精儿似的""狐狸崽子相仿"都是描绘说明"这个丫头"

的,"鬼灵精儿似的"很明显是用比拟助词"似的"构成的比拟表达式,比喻"这个丫头"精明、点子多;"狐狸崽子相仿"与"鬼精灵儿似的"句式相对,那么与比拟助词"似的"处于相同句法位置的"相仿"也应该具有相同的功能和性质,即"相仿"也应该是比拟助词,与"狐狸崽子"组成一个比拟构式,比喻"这个丫头"狡猾。

三、清代满汉合璧会话书比拟助词使用情况

(一) 满汉合璧会话书中汉语比拟助词句

经调查,满汉合璧文献《满汉成语对待》《清文启蒙》《清文指要》《续编兼汉清文指要》中的汉语比拟句根据比拟助词的不同可分为三类:一类是带有比拟助词"是的"的比拟句,我们称之为"是的"比拟句;一类是带有比拟助词"似的"的比拟句,我们称之为"似的"比拟句;一类是带有比拟助词"一样"的比拟句,我们称之为"一样"比拟句。

1."是的"比拟句

除《清文启蒙》出现一例"是的"比拟句外,其余"是的"比拟句都出现在《满汉成语对待》当中。

(47) xahvrun,   tere   xan   yaribu-me,   hari-mbi,   huwesi
　　　寒冷　　　那个　耳朵　冻伤-并　　烙-现　　　刀刮
　　　faita-ra   gese.
　　　切-未　　一样

寒那,蜇脸蜇耳躲的腊势,刀子刮的是的。(《满汉成语对待》三36b3-4)

(48) kata　　fata　　akv　　se-re　　anggala,　　kib　　se-me
　　　亲热　　亲近　　否　　助－未　　与其　　　　安静貌　助－并
　　　ergen　sukdun　inu　akv,　sini　gene-he　halukan
　　　呼吸　　气息　　也　　否　　你.属　去－完　　热
　　　-i　gvnin　be,　xahvrun　muke　bura-ha　gese,　seruken
　　　属　　心　　宾　　凉　　　水　　浇－完　一样　　冷
　　　-i　o-bu-ha　ba-de.
　　　工　成为－使－完　地方－位
　　　且别说没一盆火儿的光景，鸦雀不动的鼻子口儿气也没有，把
　　　你去的热心肠，凉水浇的是的，弄的冷冰冰的。(《满汉成语对
　　　待》二 4b1-4)

(49) monggon　sa-mpi,　dere　yasa　fuhun,　ini　baru
　　　喉咙　　　伸－延　　脸　　眼睛　　凶暴　　他.属　向
　　　gergen　gargan　se-hai,　kimun　bata　-i　adali.
　　　吵吵　　嚷嚷　　助－持　仇　　　敌　　属　一样
　　　扯着脖子红着脸的，望着他争争嚷嚷，有仇的是的。(《满汉成语
　　　对待》三 4b2-3)

(50) hamu　tuwakiya-me　je-tere　indahvn　-i　adali,　ejele-fi
　　　屎　　看守－并　　　吃－未　狗　　　属　相似　　占领－顺
　　　ger　se-me,　asuki　be　tuwa-me　kvwang　se-mbi.
　　　连连叫貌　助－并　声音　宾　看－并　　狗咬声　助－现
　　　看着一泡热屎吃的狗是的①，占拉着恶狠狠的，有个动星儿就咬。

---

① "吃的"中的"的"听松楼本、先月楼本作"屎"。

(《满汉成语对待》二 16b5-6)

(51) beye   piu   se-me,   bethe-i   fejile   kubun   -i   farsi
身体   轻飘貌   助-并   脚-属   下面   棉花   属   块
be   fehu-he   adali,   elekei   makta-bu-ha-kv   bihe.
宾   踩-完   一样   几乎   抛-被-完-否   过
身子虚飘飘，脚底下踩着绵花瓜子是的，险些儿没有撩倒来着。(《清文启蒙》29a3-5)

(52) sini   tere   ai,   nimenggi   de   tuhe-ke   derhuwe
你.属   那   什么   油   位   落-完   苍蝇
-i   adali.
属   一样
你那是甚么样儿，倒象雷震了的鸭子是的。(《满汉成语对待》一 40b7-8)

(53) ji-qi   aibi-de?   mimbe   emu   xuntuhun   ni   fayangga
来-祈   哪里-位   我.宾   一   整天   属   魂
hemgi-re   adali,   tuqi-re   dosi-re   oihori   hergi-me
摸索前进-未   一样   出-未   进-未   轻率   游荡-并
jodo-bu-ha.
来往-使-完
望他来在那儿呢？把我好相游魂的是的，出来进去跑了一日到晚的荡荡儿。(《满汉成语对待》三 6a7-8)

(54) qargi-qi   tokoxo-ro   adali,   yasa   tuwa-hai   faya-me
那边-从   催促-未   一样   眼睛   看-持   浪费-并
waqihiya-ra,   seshe-me   getere-mbu-re   de,   sinde   ainu
完结-未   厌烦-并   洗净-使-未   位   你.与   为什么

第四章　满语对清代旗人汉语助词的干扰 | 313

　　qihe　use　gese　majige　hairaquka　akv-ni.
　　虱子　蚤子　一样　稍微　可惜　否－呢
　　倒像鬼摧的是的，眼瞧着费尽了，抖搜个精光，在你怎么没有一星星儿的心疼。(《满汉成语对待》一 43a4-6)

(55) sain　gvnin　-i　aqa-bu-ki　se-me　dosi-qi,　aimaka
　　　好　心意　属　相合－使－祈　助－并　进入－条　好像
　　　ini-ngge　be　edele-fi　touda-ha-kv　adali,　umai
　　　他.属－名　宾　欠－顺　偿还－完－否　一样　完全
　　　emu　sain　qira　bu-ra-kv①.
　　　一　好　脸　给－未－否
　　　好意倒要和劝他们进去了呢，倒像少欠甚么没还的是的，并不给个好脸儿。(《满汉成语对待》三 12b4-6)

(56) fuhali　dungki,　xuwe　farhvn,　suhele-he　igan　balame
　　　全然　昏庸　竟然　昏昧　用斧砍－完　牛　一样
　　　mur mar　se-mbi.
　　　执拗貌　助－现
　　　儜懂，浑了个动不的，到像着了斧子的牛是的混撞。(《满汉成语对待》二 13a8-13b1)

(57) matan　tata-ra　balame　liyar　se-me　dalhvn,　terei
　　　麻糖　拉－未　一样　稀粘貌　助－并　粘　他.属
　　　xude-me　yeye　niulodo　de　hoto　nime-mbi.
　　　穿凿－并　粘　腻人　位　秃子　疼痛－现

---

① 该句 aimaka 有"莫非"的意思，也有"好像"的意思，[日] 竹越孝、陈晓校注本注为"莫非"，本书据文句所表达的含义注为"好像"。

作糖的是的拉扯不断的粘,他那一番酸文加醋的粘说话讨人嫌,叫人脑袋疼。(《满汉成语对待》二 20a1-2)

(58) nimeku undara-ka, hvsi-bu-fi daru-ha-bi, sunggi-me
病 病重-完 缠住-被-顺 赊欠-完-现 衰弱-并
nime-re arbun, bi tuwa-qi uthai waka.
疼-未 样子 我 看-条 就 不好
病久了,恹缠的觉重,病央儿是的,我瞧着就不好。(《满汉成语对待》三 21a1-2)

(59) mujilen xahvrun, guqu niyalma de duyen.
心 寒冷 朋友 人 位 冷淡
心里冰井是的冷,没亲没友的疏淡。(《满汉成语对待》二 9b6)

(60) yasa durahvn -i talixa-mbi, gakdahvri beye giratu
眼 愣怔 工 乱转-现 瘦而高 身体 骨骼大
kektehun -i emu amba haha.
驼背 属 一 大 男人
骲头是的个贼眼,高大的个大骨膀子个身量,干吃乎拉光骨头的个大汉。(《满汉成语对待》二 13a2-3)

(61) tuqi-ke gvnin be tuwa-me jai karula-qi, nanda-bu-ha
出-完 心 宾 看-并 再 报答-条 乞求-使-完
kai ai ba-be gvnin akvmbu-ha se-mbi.
啊 什么 地方-宾 心 尽-完 叫作-现
见了心才报达,如同张口要后才给的是的何谓尽心。(《满汉成语对待》二 27b6-7)

（62）qejen   qekjehun,   dara   giyodohon,   arbuxa-ra-ngge
　　 胸膛   胸脯   腰   紧束   行动－未－名

　　 kiyab kib   se-mbi.
　　 整整齐齐貌   助－现

　　 叠着胸脯子，笔管儿是的腰，行动来的溜撒。(《满汉成语对
　　 待》一 27a6)

　　例（47）—（62）都是带有比拟助词"是的"的比拟句。例
（47）（48），与满文相比照，汉语句中的比拟助词"是的"应该是对
译满文 gese 的结果。《新满汉大词典》（1994：329）指出满语 gese
是一个后置词，它前面的词或是主格、属格形式，或是动词的形动
形式，表示"相似／好像／如／同／一样"等义。例（47）gese 前是
形动词 faitara，例（48）gese 前是形动词 buraha，gese 在句中均表
示"一样"之义，汉语句把它对译成了比拟助词"是的"。总的来
看，四部合璧文献中 gese 对译成比拟助词"是的"的用例只出现在
《满汉成语对待》中，而且用例具有数量少和没有出现表示比拟的动
词"如""像"等特点。

　　例（49）—（55），满汉文比较来看，汉语句中的比拟助词"是
的"应该是对译满语 adali 的结果。爱新觉罗·瀛生（2004：117）
指出 adali 是满语后置词，有"似／同"义，前面接属格 -i、与位
格 -de 或者动词词缀 -ra/re/ro//-ha/he/ho 等。动词词干＋词缀 -ra/re/
ro//-ha/he/ho 实际上就构成动词的形动形式。可以看出，后置词 adali
与后置词 gese 的用法基本相同。例（49）（50）（52）adali 前是属
格 -i，例（51）、例（53）—（55）adali 前动词词干 fehu-、hemgi-、
tokoxo-、touda- 分别加词缀 -he、-re、-ro、-ha 构成了形动词形式。

adali 对译成汉语比拟助词"是的"在《满汉成语对待》中有较多用例,《清文启蒙》中仅见一例,《清文指要》《续编兼汉清文指要》中则没有把 adali 对译成比拟助词"是的"的用例。而且汉语句中比拟助词"是的"和比拟动词共现的例子多于只有比拟助词"是的"的例子。再进一步观察,比拟动词基本都是"像"义动词,但是用字不一,如例(52)—(55)分别写作"象""(好)相""像"。例(52)—(54)"像"义动词没有直接对应的满语成分,而例(55)中比拟动词"像"与满语连词"好像"义的 aimaka 正相对应。

通过满汉对比,例(56)和例(57)中的比拟助词"是的"应该是受满语具有"相同/一样"义的名词 balame 的影响的结果,例(58)中的比拟助词"是的"应该是受满语具有"样子/样貌"义名词 arbun 的影响的结果,例(59)—(62)中比拟助词"是的"则没有直接对译或明显影响的成分。不过这些例子显示出在没有直接满语成分对译的情况下,汉语译文比拟句既有比拟助词和比拟动词共现的例子,如例(61);也有只出现比拟助词的例子,如例(59)(60)(62)。

2."似的"比拟句

"似的"比拟助词句只出现在《满汉成语对待》中,如:

(63) fusur se-re-ngge hvsun baibu-ra-kv axu-me we-mbi,
   酥软 助-未-名 力量 需要-未-否 含-并 融化-现
   kifur se-re-ngge be buge niyaniu-re <u>gese</u>
   咀嚼脆骨声 助-未-名 宾 软骨 嚼-未 样子
   jayen xada-mbi.
   牙关 劳乏-现

酥的到口就化，坚硬的嚼脆骨似的牙关都乏。(《满汉成语对待》四18a5-7)

(64) mini　　dolo　　faqa-ha　　sirge　　gese　　farfa-bu-ha-bi,　　si
　　　我.属　心里　散－完　　丝线　样子　　打乱－被－完－现　你
　　　mini　　funde　　emu　　gvnin　　tuqi-bu-reu　　se-me.
　　　我.属　代替　　一　　主意　　出－使－祈　助－并
　　　我如今心里刀子搅似的心乱了，你替我出个主意儿。(《满汉成语对待》四19a2-3)

(65) guwejige　niyanggv-re　adali　　keser　　se-re-ngge　bi,
　　　胃　　　嚼－未　　　样子　　咀嚼硬脆物声　助－未－名　有
　　　hvwaliya-ka-kv　　buda-i　　adali.
　　　调和－完－否　　饭－属　　一样
　　　嚼肚子似的脆生生的肐咥肐咥的，没煮到的饭似的。(《满汉成语对待》四18a7-8)

(66) aimaka　we　terebe　omihon　-i　wa-me,　edun　ukiye-bu-re
　　　好像　谁　他.宾　饿　　　工　杀－并　风　　喝－使－未
　　　adali　uttu　simbe　niubo-me　fanqa-bu-mbi.
　　　一样　这样　你.宾　戏弄－并　生气－使－现
　　　到像谁饿着他，只教他喝风似的，那们样的呕着你生气。(《满汉成语对待》四18b7-8)

(67) talude　hvwanggar　se-me,　hungkere-me　tura-mbi,　guksen
　　　偶然　哗哗水声　助－并　倾注－并　　倾倒－现　一阵
　　　guksen　-i　hukside-me　honggono-mbi.
　　　一阵　　工　下暴雨－并　水面起泡－现

几里可里的瓢泼似的大雨,直顷直倒,急一阵慢一阵的发喘起泡儿。(《满汉成语对待》四42a7-8)

(68) majige andan-de alhata ba-be neigen sekte-fi, tugi
稍微 片刻-位 分散 地方-宾 平均 铺-顺 云
lakqa-ra-kv dabkiya-me yur se-mbi.
间断-未-否 重叠-并 细水长流貌 助-现
不多时花搭云彩普里铺匀了,云彩不断头流水似的跑。(《满汉成语对待》四5b4-5)

(69) tong se-me silemin pak se-re nimenggi akv
极硬 助-并 皮实 食物干燥貌 助-未 油 否
fisin yali be, bi asuru qihakv.
稠密 肉 宾 我 甚 不喜好
皮喇的嚼木饳饳似的没油的精肉,我不大爱。(《满汉成语对待》四11a7-8)

满汉比照可以看出,例(63)(64)中比拟助词"似的"对译满语后置词 gese;例(65)(66)中比拟助词"似的"对译满语后置词 adali,同时例(66) aimaka 对译为"像",从而构成"像……似的"比拟构式;例(67)—(69)严格来说满文句中并没有与比拟助词"似的"直接对译成分,但这些句子都带有极具描摹性质的词语,如例(67)的 hvwanggar、例(68)的 yur、例(69)的 pak 等,译者把这些描绘性十足的词语转化成了汉语具有鲜明修饰色彩和极具感染力的比拟句式,这完全是译者灵活意译的结果。

3. "一样"比拟句

与"是的""似的"比拟句主要分布在《满汉成语对待》中大不

相同,以"一样"为比拟助词的比拟句出现在《清文启蒙》《清文指要》和《续编兼汉清文指要》中,而《满汉成语对待》当中没见到其踪影。

(70) sefu   se-re-ngge   uthai ama   -i   adali   kai, sefu
　　 师傅   助-未-名   就   父亲 属   一样   啊   师傅
　　 de   gele-ra-kv   oqi,   geli   we   de   gele-mbi-ni.
　　 位   怕-未-否   若是   又   谁   位   怕-现-呢
　　 师傅就是父亲一样啊,若不怕师傅,还怕谁呢。(《清文启蒙》36b5-6)

(71) sain gisun   be   umai   donji-ra-kv,   aimaka   qargi-qi
　　 好   话语   宾   全然   听-未-否   好像   对面-从
　　 tokoxo-ro   adali,   muri-me   gene-fi,   naranggi   giruqun
　　 刺戳-未   一样   勉强-并   去-顺   终须   羞耻
　　 tuwa-bu-ha-bi.
　　 看-被-完-现
　　 总不听好话,倒像神鬼指使的一样,牛强着去了,倒底受了辱磨了。(《清文指要》下24b3-5)

(72) sar-kv   urse-de   ala-qi,   aimaka   yasa   gehun   holto-ro
　　 知道.未-否 人们-与 告诉-条   好像   眼睛   明显   说谎-未
　　 adali.
　　 一样
　　 若要是告诉那不知道的人,倒像睁着眼睛撒谎的一样。(《续编兼汉清文指要》上2a1-2)

(73) uju -i ninggu-de emu aldungga jaka ili-ha-bi,
头　属　上-位　一　奇怪　东西　站-完-现
dere xanyan houxan -i adali.
脸　白　纸　属　一样
头前里一个怪物站着呢,脸像纸一样的白。(《续编兼汉清文指
要》上 22b4-6)

(74) beye -i gubqi wenje-re-ngge, uthai tuwa de
身体　属　全部　发烧-未-名　就　火　与
fiyakv-bu-ha adali.
烤-被-完　一样
浑身发热,就像火烤的一样。(《续编兼汉清文指要》下 16a4-5)

(75) ineggi-dari hergi-re fayangga adali, omihon be
日子-每　游荡-未　灵魂　一样　饥饿　宾
kiri-me ba ba-de faqihiyaxa-me.
忍耐-并　地方　地方-位　努力-并
终日游魂一样,饿着肚子各处张罗。(《清文指要》下 22a7-22b1)

(76) umesi oitobu-ha, hexene-he giuhoto -i adali.
很　穷困-完　衣衫褴褛-完　乞丐　属　一样
艰难的至极,讨吃的一样了。(《续编兼汉清文指要》上 30b6-7)

(77) indahvn -i gese ger se-re be, niyalma gemu
狗　属　一样　相争貌　助-未　宾　人　都
ek se-fi donji-ra-kv o-ho kai.
厌烦貌　助-顺　听-未　否　成为-完　啊
像狗呲着牙叫的一样,人都厌烦不听了。(《清文指要》下 29b4-5)

第四章 满语对清代旗人汉语助词的干扰 | 321

(78) qihe　　use　　-i　　gese　　majige　　baita　　bi-qi,　　ini
　　　虱子　　跳蚤　　属　　一样　　　小　　　　事情　　有-条　　他．属

　　　angga　de　isina-ha　se-he-de,　jubexe-hei　fikatala
　　　嘴　　　与　到达-完　助-完-位　诽谤-持　　往远

　　　gene-mbi.
　　　去-现

　　　有像虱子一样的小事儿，到了他的嘴里的时候，说到一个离乎了。(《续编兼汉清文指要》下23b3-4)

(79) xun　　biya　　homso　　makta-ra　　gese,　　geri　　fari　　uju
　　　日　　月　　　梭子　　　抛-未　　　一样　　恍　　　惚　　　头

　　　funiyehe　　xahvn　　xara-pi.
　　　头发　　　　白色　　　发白-延

　　　日月如梭的一样，一仰一合头发就白了。(《续编兼汉清文指要》上19b3-4)

(80) age　　-i　　jombu-ha-ngge,　　aisin　　gu　　-i　　gese　　gisun
　　　阿哥　属　提醒-完-名　　　　金　　　玉　　属　一样　　话语

　　　kai,　　bi　　ufuhu　　de　　uli-me　　fahvn　　de　　fali-me
　　　啊　　　我　　肺　　　位　串联-并　　肝　　　位　牢固-并

　　　eje-ki.
　　　记住-祈

　　　阿哥提拨的，金玉一样的话呀，我牢托肘肠罢。(《清文指要》下18a3-5)

(81) si　　　gasa-ra　　be　　jou,　　ine　　mene　　sar-kv　　-i
　　　你　　抱怨-未　　宾　算了　　干脆　　诚然　　知道．未　属

gese　bisu.
一样　有．祈

你也别埋怨，就那们不知道的一样有着去罢。(《续编兼汉清文指要》下 9a5-6）

(82) sargan　de　ergele-bu-fi　fuhali　horon　gaibu-ha,
　　 妻　　与　压迫－被－顺　完全　威力　败－完
　　 imbe umainame mure-ra-kv bi-me, niuhon yali
　　 他.宾　怎么样　能够－未－否　有－并　青色　怒气
　　 banji-hai, ergen susa-ka.
　　 发生－持　命　死－完

被女人吓的一点不能施威，竟把他不能怎么样的，而耳忍着气儿死人一样的。①(《续编兼汉清文指要》上 25b1-3)

(83) majige andan-de seme ekisaka banji-ra-kv, kvwak qak
　　 一点　时间－位　虽然　安静　产生－未－否　棍棒相打貌
　　 se-me moniuqila-mbi.
　　 助－并　像猴子一样做－现

一会儿不闲着，猴儿一样的跳踏。(《续编兼汉清文指要》下 12b6-7)

满汉比照反映出：例（70）—（76），比拟助词"一样"正好与满语后置词 adali 相对，这些句子有的有比拟动词"是""像"等共现，如例（70）—（74），同时例（71）（72）中比拟动词"像"正好与满语"好像"义连词 aimaka 相对应，有的则没有比拟动词，如

---

① 耳：双峰阁本作"且"。

例（75）（76）；例（77）—（81），比拟助词"一样"与满语后置词 gese 对应，汉语对译句有的有比拟动词"像""如"等共现，如例（77）—（79），也有的只有比拟助词，如例（80）（81）；例（82）（83）满语句中没有与比拟助词"一样"直接的对应成分，可见汉语比拟句是译者根据满语的语义表达灵活意译的结果。

我们把对《满汉成语对待》《清文启蒙》《清文指要》《续编兼汉清文指要》等四部合璧文献中汉语比拟助词与满语的对应情况的穷尽性调查作了一个简表，通过这个简表我们可以更为直观地了解清代合璧文献中汉语比拟助词的使用情况。

表 4-6　清代满汉合璧文献中比拟助词对译情况统计表[①]

		满汉成语对待	清文启蒙	清文指要	续编兼汉清文指要
是的	gese	–/6	–	–	–
	adali	16/8	–/1	–	–
	其他	2/20	–	–	–
似的	gese	–/2	–	–	–
	adali	1/2	–	–	–
	其他	–/12	–	–	–

[①] "/"前的数字为有比拟动词的比拟助词的统计数字，"/"后的数字为不出现比拟动词的比拟助词的统计数字。《满汉成语对待》中除 1 例比拟动词为"如同"外其余的及《清文启蒙》《清文指要》中的比拟动词均是"像"，有的写作"相"或"象"。《续编兼汉清文指要》中与 gese 对译的比拟句比拟动词有 1 例"如"、1 例"若"，与 adali 对译的比拟句比拟动词有 1 例"是"，其余全部是比拟动词"像"。

续表

		满汉成语对待	清文启蒙	清文指要	续编兼汉清文指要
一样	gese	–	–	1/1	8/1
	adali	–	1/–	4/1	14/1
	其他	–	–	–	–/4

表 4-6 反映出：1）与同期传统汉语文献相比，合璧文献中比拟助词的数量较少，相对比较单一。同时我们注意到合璧文献中出现的几个比拟助词"是的""似的""一样"都是元明时期新产生的比拟助词。2)《满汉成语对待》比拟助词以"是的"占绝对优势，达52 例之多；比拟助词"似的"共 17 例，明显低于比拟助词"是的"；比拟助词"一样"不见踪影。《清文启蒙》比拟助词出现的非常少，仅有的两例：一例是"是的"，一例是"一样"。《清文指要》《续编兼汉清文指要》中比拟助词"是的""似的"集体消失，比拟助词换成了清一色的"一样"。换言之，这几种文献呈现出从清早期到清中期旗人汉语比拟助词的使用由"是的"为主到"一样"一统天下的转变过程。由此我们需要讨论两个问题：1）旗人在转用汉语的早期阶段，为什么使用更多的是汉语中较为新兴的但汉语文献中使用还并不广泛的比拟助词"是的"，而不是纯汉语文献中出现较高的"般/一般""似的"等；2）为什么旗人汉语的比拟助词由"是的"为主变成了"一样"一统天下？

我们先来看第一个问题。由满文句子来看，从《满汉成语对待》到《清文指要》并没有大的差异，这似乎无法给我们答案。由现有历史材料看，京旗满人 18 世纪初期已普遍进入满汉双语阶段，《满汉成语对待》口语性非常强，是保存和反映这一阶段旗人汉语的较为宝贵的材料。《满汉成语对待》中旗人汉语比拟助词的使用可能更接近于汉语口语实际。也就是说尽管在清代文献中仍是"般/一般"占绝对优势，但实际口语中"是的"的使用可能已较为广泛，故而旗人转用汉语的较早时期使用比拟助词"是的"较多。这也只是个推测，我们需要更为可靠的语言材料方面的证据。

再来看第二个问题。由表4-6看出，从《满汉成语对待》到《续编兼汉清文指要》汉语比拟助词所对应的满语情况并没有大的改变。换言之，对译相同的满语成分，而比拟助词却发生了由"是的"到"一样"的转变。我们似乎能找到一些理据。具有山东方言背景的清初文献《醒世姻缘传》比拟助词"一样"出现高达44例，尽管有《醒世姻缘传》全书比拟助词相对高频出现的情况，但也不能排除明末清初尤其是北方话中比拟助词"一样"的使用已经扩张。而满语后置词gese、adali也是表示比拟的词语，都有"一样""像……一样"等含义，与汉语比拟助词"一样"更为契合，所以旗人汉语的比拟助词由"是的"为主转换为"一样"占绝对地位。简言之，旗人汉语比拟助词由"是的"为主转换为"一样"占绝对主导，是汉语比拟助词"一样"使用逐渐增多和满语后置词gese、adali两方面影响的结果。但是由旗人作家的纯汉语文献来看，旗人汉语中无论"是的"还是"一样"的这种主导地位并没有对其产生太大的影响，如清中期的《红楼梦》和清后期的《儿女英雄传》中比拟助词"是的"没有出现，"一样"用例也较少。到清末民国时期的旗人作家作品中"是的"只见少数用例，"一样"虽有所增多，但也没有超越比其产生早的"一般"和同时代产生的"似的"，这与满汉合璧会话书中的情况并不一致。这说明满语对旗人汉语中比拟助词使用的干扰和影响并没有扩散开来，没有影响清代北京话对汉语比拟助词的整体使用情况。

第三节 满语与"的"

一、引言

结构助词"地"可能始见于魏晋南北朝，至今只有见于《世说新语·方正》的一个孤例，唐代有了零星用例，主要用于动词、形容词、副词之后；结构助词"底"比"地"晚出，可能始见于唐代，仅见的2个例子是用于名词之后[①]。可以说这一时期"地"参与形成的是谓词性结构，"底"参与形成的是体词性结构，二者的前面都主要是单个的词，还没有出现较为复杂的形式。到了五代时期，随着用例的增加，谓词性结构中的"地"又有写作"底"的，这可能是由于语音关系而形成的借用现象，谓词性结构中的"地""底"属异形同词。从此结构助词"地""底"出现了混用的局面。由于语音的演变，北宋的时候这两个助词逐渐改写成"的"。而且在北宋结构助词"底"已经发展出句尾语气词的用法（梁银峰，2019：131—151、336）。在"的"字取代"地""底"的过程中既继承了"地""底"

[①] 曹广顺认为《世说新语·方正》"地"的例子及唐代2个"底"的例子并不可靠。见曹广顺：《近代汉语助词》，北京：语文出版社，1995年，第125—126页。

的结构助词用法，如用于名词、动词、形容词、副词、代词等单个的词之后，用于动宾短语、并列短语、偏正短语等短语之后等；又继承了表示肯定强调的语气词用法。同时在元代以后其自身也有了新的发展，如用在主谓之间、谓宾之间表示强调的用法等，并且这些用法一直延续到现代汉语当中（冯春田，2000：424—483）。

另外，汉魏时期表示"获得"义的动词"得"由先秦时期用于"取得"义的动词后构成连动式发展出了用于非"获得"义动词后的述补结构形式"动+得+宾"。到了唐代，"得"字出现于多种结构形式，并发展出多种功能：1."动+得+宾"，一方面"得"还略有"获得"义，作补语，整个格式还是强调动作获得了什么结果的述补结构；另一方面，"得"发展成了完成体助词，近于"了"；2."动$_1$+得（+动$_2$）"，其中"得"为表示动作或状态持续的持续体助词，近于"着"；3."动+得+补"，"得"为动词和补语之间标示二者述补关系的述补结构助词。到了宋代"得"字的这四种功能发展情况并不一致：1."得"作动词补语的功能与唐代并没有太大变化；2.完成体助词"得"所在结构形式出现了新情况，即"趋向动词+得+处所词"；3.持续体助词"得"的频次已不及唐代；4.述补结构助词"得"前后的成分变得更为丰富复杂：其前成分由动词扩展到了形容词，其后成分由唐代形容词和趋向动词扩展到了动宾短语、主谓短语、介宾短语等。元明清时期"得"字大体上继续维持宋代的用法，但是字形上又有写作"的"的（曹广顺，1995：72—80）。

综上可以看出，到了元明清时期"的"字因替代"地""底""得"而成了一个使用频次高而且功能多样的词语。学界已从多个方面对汉语传统文献中"的"的用法进行了研究，但对合璧文献中"的"的关注还不是很多，因此本节就清代满汉合璧会话书《清文启蒙》

《清文指要》《续编兼汉清文指要》中的"的"进行了穷尽性统计和分析,发现其与满语的对译情况主要有五种:1.对译满语名物化形式;2.对译满语形动词后缀;3.对译满语副动词后缀;4.对译满语属格助词、工具格助词;5.无直接的对译成分。这些"的"字的功能主要有:1.结构助词,分别对应近代汉语的"地""底""得";2.动态助词,表示持续或完成;3.语气词,表示肯定强调的语气;4.构词语素。下文将对这些方面着力论述。

二、"的"与满语的对译情况

(一)"的"与满语后缀 -ngge/ningge 的对译

名物化是动词、形容词、数词、代词等转换成名词的派生过程。满语中动词形动形式、形容词、数词、代词生格形式等的名物化途径之一就是后面加词缀 -ngge 或 ningge(爱新觉罗·瀛生,2004:72—111)。这些词名词化后就具有了名词的性质,起名词的作用。穷尽性对勘比较,三种满汉合璧会话书中有相当一部分"X+ ngge/ningge"对译成了名词性的"的"字短语。

表 4-7 三种满汉合璧文献中"的"与"X+ngge/ningge"的对译情况

	X+ningge		X+ngge					
	名词+ningge	形容词+ningge	生格代词+ngge	名词+ngge	形容词+ngge	akv+ngge	形动词+ngge	数词+ngge
清文启蒙	-	6	2	4	4	1	63	-

续表

	X+ningge		X+ngge					
	名词+ningge	形容词+ningge	生格代词+ngge	名词+ngge	形容词+ngge	akv+ngge	形动词+ngge	数词+ngge
清文指要	-	5	2	1	2	-	67	-
续编兼汉清文指要	1	8	1	1	3	1	61	1

表 4-7 的对译情况根据 -ngge/ningge 前 X 的词性可以分为两种：

1. 名词 +ngge/ningge

名词本身不需要名物化，但是"名词 + ngge/ningge"后可以替代由名词和中心词组成的名词性偏正短语，如：

(1) aina-hai　　waliya-bu-mbi-ni,　hairakan　bodisu　ningge　ai
　　做什么 - 持　丢失 - 被 - 现 - 呢　可惜　菩提子　东西　什么

　　yada-ra?
　　稀少 - 未

　　如何至于丢了呢，普提子的岂少吗？（《续编兼汉清文指要》下 17a6-17b1）

(2) hontoho-ngge-u　niru-ngge-u?　niru-ngge.
　　官领 - 名 - 疑　牛录 - 名 - 疑　牛录 - 名

　　是浑托和的啊是牛录的啊？牛录上的。（《清文启蒙》34a3-4）

例（1）和例（2）中名词 bodisu 后加 -ningge，hontoho、niru 后加 -ngge 分别对译成了与其具有高度一致性的名词性"的"字短语

"普提子的""浑托和的""牛录的""牛录上的"等,用以指称名词/代词和中心词组成的名词短语所指代的人或事物。

2. 形容词（数词/代词/动词等）+ngge/ningge

-ngge/ningge 附在形容词、数词、代词、动词等后面使这些词名词化。满汉比较来看，有些满语形容词（数词/代词/动词等）+ngge/ningge 对译成汉语的"的"字结构。

2.1 形容词 + ngge/ningge

(3) ambakan ningge hono yebe, ajigesi ningge inenggi-dari
    稍大   者   还 稍好   小   者   日子-每
    gar miyar se-hei banji-mbi, alimbaharakv yangxan.
    呱哇叫 貌 助-持 生活-现   不胜   聒噪
    大些的还好些，小的们终日里哭哭喊喊的，不胜唠叨。(《续编兼汉清文指要》上14b1-2)

(4) arkan teni tanggv jiha funqe-me buta-fi ergen
    刚刚 才   一百   钱 剩余-并 挣钱-顺 生命
    hetumbu-mbi-kai, mini adali beleni-ngge be je-fi,
    度日-现-啊   我.属 一样 现成东西   宾 吃-顺
    elehun -i hergen ara-ki se-qi baha-mbi-u?
    泰然   工 文字 写-祈 想-条 能够-现-疑
    将将的剩个一百多钱养命，像我吃着现成的，安安静静的写字能彀得吗？(《续编兼汉清文指要》下18b4-6)

(5) julge-i baita be eje-me gai-fi, sain ningge be
    以前-属 事情 宾 记录-并 取-顺 好   东西 宾

alhvda-me　yabu-re, ehe-ngge　be　targaqun　　o-bu-re
　　效法－并　　做－未　　坏－名　宾　忌讳　　　成为－使－未
　　o-qi,　　beye　gvnin　de　ambula　tusangga.
　　成为－条　身体　心　位　甚　　　有益
　　记了古来的事情，以好的为法，以不好的为戒，于身心大有益啊。
　　(《清文指要》下 11b2-4）

(6) tere　gese-ngge　oqi,　　ai　　amtangga.
　　那个　样子－名　若是　什么　　有趣
　　若像那样的，有什么趣儿。(《清文启蒙》5a3-4)

　　例（3）—（6）中，ambakan、ajigesi、beleni、sain、ehe、gese 都是形容词，后面带上 -ngge/ningge 变成了名词，用以替代由这些形容词和中心词组成的名词性偏正短语，分别对译成汉语的"的"字短语"大些的""小的（们）""现成的""好的""不好的""（那）样的"。

2.2 生格代词 +ngge/ningge

满语中代词的生格形式即生格代词皆可后加 -ngge，构成名词化形式。如：

(7) ere　emgeri　mini-ngge　o-ho　　kai,　we　　ai
　　这个　一次　　我.属－名　成为－完　啊　　谁　什么
　　gelhun　akv　ji-fi,　　mini　ejele-he　jaka　be　gai-mbi.
　　敢　　否　来－顺　我.属　占据－完　东西　宾　拿－现
　　这个已经一遭是我的了，谁敢来要我占下的东西。(《清文启蒙》12b4-6)

(8) giyan -i sini-ngge oqi①, si urunakv baha-mbi.
　　道理　属　你.属-名　若是　你　必定　得-现
　　若该当是你的，你必然得。(《清文启蒙》11b3)

(9) enteke-ngge, beye fusihvxa-bu-re yabun efuje-re be
　　这样-名　　身体　忽视-使-未　行为　破坏-未　宾
　　hono aise-mbi, weri ini ama aja be
　　还　说什么-现　别人　他.属　父　母　宾
　　suwaliya-me gemu tou-mbi-kai.
　　合并-并　　都　骂-现-啊
　　这们样子的岂但辱身坏品，人家连他父母都是要骂的呀。(《清文指要》中 10b2-4)

(10) tenteke-ngge emken bi-qi juwan de tehere-mbi-kai,
　　那样-名　　 一个　有-条　十　 与　匹敌-现-啊
　　utala baitakv-ngge be uji-fi aina-mbi.
　　许多　废物-名　　宾　养-顺　做什么-现
　　那样的要有一个就胜强十个啊，养活着那些无用的作什么呢。
　　(《续编兼汉清文指要》上 15a7-15b1)

例（7）mini 为第一人称代词生格形式，例（8）sini 为第二人称代词生格形式，例（9）（10）enteke、tenteke 为指示代词的生格形式，它们后面加 -ngge 构成名词性的所属代词，分别对译成名词性的"的"字结构"我的""你的""这们样子的""那样的"。

---

① 注音本、刘东山本作 siningge，[日] 竹越孝、陈晓校注本作 si ningge。我们认为满语"代词的生格形式 +ngge"即构成所属代词，也就是相当于英语中的名词性物主代词，所以本书依注音本、刘东山本，生格形式 sini+ngge 组成所属代词。

2.3 否定动词 akv+ngge/ningge

akv 是满语中无词尾变化的表示否定的动词，其后加 -ngge 即可构成名词化形式，从而使 akv 及其宾语所组成的动宾短语变成指称人或事物的名词性成分。

（11）hangsi　　inenggi　　o-joro　　jakade,　hoton　qi　　waliya-ra
　　　清明节　　日子　　　成为-未　因为　　城　　从　　供养-未

　　　niyalma　ton　akv-ngge　tuqi-ke.
　　　人　　　数　　否-名　　出-完

　　　因为是清明日子，上坟的人从城里出来了个没数儿的。（《清文启蒙》55b6-56a1）

（12）tere　kesi　akv-ngge　be　si　absi　tuwa-ha-bi.
　　　那　　恩惠　否-名　　宾　你　为什么　看-完-现

　　　你把那个没福的怎么看了。（《续编兼汉清文指要》下 23a6）

例（11）（12）中否定动词 akv 后加 -ngge，从而使动宾短语 ton akv、kesi akv 变成了指称人或事物的名词性成分，分别对译成"的"字结构"没数儿的"和"没福的"。

2.4 数词 +ngge/ningge

满语数词在后面添加 -ngge 即可转化为名词，起名词的语法作用。如：

（13）age　　ere　　jui　　sini　　udu-qi-ngge?　ere　　mini
　　　阿哥　　这个　孩子　你.属　几-序-名　　这个　我.属

　　　fiyanggv.
　　　末子

阿哥个的这个孩子是第几个的[①]？这是我的老格儿。(《续编兼汉清文指要》上 14a3)

例（13）序数词 udu-qi 后加 -ngge 变成了名词指称人，对译成"的"字短语"第几个的"。

2.5 形动词 +ngge/ningge

满语的形动词由动词加完整体后缀 -ha/he/ho//-ka/ke/ko 或未完整体后缀 -ra/re/ro 转化而来，具有动词的形态和形容词的功能。形动词后面加 -ngge 可构成名词，表达现在、将来或过去行为的名物化。如：

(14) gebu tuqi-ke-ngge giyanakv udu.
     名字 出-完-名   能有   几个
     出名的能有几个。(《清文指要》中 14a6)

(15) udu sele wehe-i gese niyalma se-he seme, terei
     即使 铁   石-属   一样 人   说-完 虽然   他.属
     gisun de mujilen efuje-ra-kv-ngge akv.
     话语   位 心   疼-未-否-名   否
     就说是铁石人心，听见那个话没有不动心的呀。(《续编兼汉清文指要》下 12a2-3)

例（14），动词词干 tuqi 加完整体后缀 -ke 构成形动词，后面再加词缀 -ngge 转化成名词，也就是使形动词及其宾语所表示的行为转化为指称性成分，从而替代由这一动作行为和中心语组成的名词性偏正短语，汉语对译为名词性的"的"字结构"出名的"。例（15）

[①] 例中"阿哥个的"中"个的"是满语 sini 的对译，所以应该是"你的"。

与例（14）的不同仅在于形动词 efuje-ra 后面加了否定词缀 -kv，从而对译成否定的"的"字结构"不动心的"。

（二）"的"与满语形动词后缀的对译

前文说过满语的形动词由动词加完整体后缀 -ha/he/ho//-ka/ke/ko 或未完整体后缀 -ra/re/ro 转化而来，具有动词的形态和形容词的功能，在句中多用于名词前作定语。如：

(16) je-ke　　jaka　　singge-ra-kv　　bime,　te-qibe　ili-qibe
　　 吃-完　　东西　　消化-未-否　　而且　坐-让　站-让
　　 elhe　 akv.
　　 平安　 否
　　 吃的东西不消化，坐立也不安。（《清文启蒙》28b3-4）

(17) age　　si　　se-re-ngge　　gvnin　　sa-ha　　guqu　　ofi,
　　 阿哥　 你　 说-未-名　　 心　　 知道-完　朋友　　因为
　　 teni　 uttu　 tafula-ra　 dabala.
　　 才　　这样　 劝谏-未　 罢了
　　 皆因阿哥你是知心的朋友，才这样劝罢咧。（《清文启蒙》9a2-3）

(18) uqe　 be　 tuqi-ra-kv　　kouli　 bi-u?
　　 房门　宾　 出-未-否　　道理　 有-疑
　　 那里有不出房门的礼？（《清文指要》中 27a6-7）

例（16），形动词 je-ke 修饰名词 jaka 作定语，对译成定中结构"吃的东西"，显然结构助词"的"是对译形动词后缀 -ke 的结果。例（17），满语形动词 sa-ha 带上宾语 gvnin 构成动宾短语 gvnin sa-ha 作名词 guqu 的定语，对译成汉语定中结构"知心的朋友"，结构助词"的"应该是对译形动词后缀 -ha 的结果。例（18），形动词 tuqi-ra 后加 -kv 构成形动词的否定形式，uqe be tuqi-ra-kv 修饰名词 kouli, 对译成定中结构"不出房门的礼"，结构助词"的"应该是对译形动词后缀 -ra 的结果。

(三)"的"与满语副动词后缀的对译

满语副动词是由动词词干后加相应的后缀构成的，具有动词的形式，起着副词的作用。经过满汉对比，副动词后缀对译成汉语"的"的主要有 -me/-fi 等。如：

(19) mini baru ijarxa-me inje-mbi, yala nei tuqi-fi
我．属 向 笑盈盈－并 笑－现 实在 汗 出－顺
umesile-me dule-ke-bi.
实现－并 通过－完－现
望着我瞇嘻瞇嘻的笑，实在可是攥着把汗过来了。(《续编兼汉清文指要》下 24b6-7)

(20) taqi-fi jurgan giyan be getukele-he se-he-de,
学－顺 义 理 宾 显明－完 助－完－位
bou-de bi-qi niyaman de hiyouxula-ra, hafan
家－位 在－条 亲人 与 孝顺－未 官人
te-qi gurun bou-de hvsun bu-re.
坐－条 国 家－与 力量 给－未
学的义理明白了，在家孝亲，作官给国家出力。(《清文指要》中 10a1-3)

满语句子很多时候有多个动词，主动词在后，副动词在前，副

动词通过添加副动词后缀构成，有时并不起动词的作用而是起着副词的作用，即说明主动词发生的方式、情状等。例（19）句子中有两个动词 ijarxa-me 和 inje-mbi，inje-mbi 是句子的主要述语动词，ijarxa-me 是并列副动词，说明 inje-mbi 的方式情貌，换言之，副动词后缀 -me 是动词 ijarxa- 作状语的一种标识；其汉语对译句"瞇嘻瞇嘻的笑"与之结构对应，"笑"为中心语动词，"瞇嘻瞇嘻"作状语，表示"笑"的方式情貌，"的"是标识"瞇嘻瞇嘻"和"笑"的状中关系的结构助词，所以说该例中结构助词"的"是对译并列副动词后缀 -me 的结果。例（20），从满语句子看，getukele-he 是句子的主动词，taqi-fi 是顺序副动词，表示发生在主动词之前的行为，作主动词 getukele-he 的宾语 jurgan giyan 的修饰语，taqi-fi jurgan giyan 对译成定中结构"学的义理"，由此说结构助词"的"与顺序副动词后缀 -fi 相对应。

（四）"的"与满语格助词的对译

满语中名词、代词等具有格的变化，不同的格助词表示名词、代词等处于不同的格。在满汉对勘中发现，满语的属格助词 -i/ni 大量对译成汉语的"的"字，另外工具格助词 -i 也有对译成"的"的现象。

1. "的"对译属格助词 -i/ni

（21）emu　niyalma-i　baita　oqi,　kemuni　ja　bi-he.
　　　一　　人－属　　事情　若是　　还　　容易　有－完
　　　若是一个人的事，还容易来着。(《清文启蒙》6a5)

(22) yebe　　o-qi　　ini　　gungge,　　endebu-qi　　sini
　　　好　　成为-条　他.属　　功绩　　　失误-条　　你.属
　　　hesebun　se-me.
　　　命运　　　助-并
　　　好了是他的功,死了是你的命。(《续编兼汉清文指要》下 28a2-3)
(23) beye　　beye-i　　nimeku　be　　ende-mbi-u?
　　　自己　　自己-属　　病　　　宾　　瞒过-现-疑
　　　自己不知道自己的病吗?(《续编兼汉清文指要》下 28a3-4)

满汉对照很容易看出例(21)—(23)中"的"对译名词或代词后属格助词 -i/ni。

2. "的"对译工具格助词 -i

(24) emu　　jilgan　　tuqi-ke-kv,　　ijisakvn　-i　　ali-me　　gai-ha.
　　　一　　　声音　　出-完-否　　　温顺　　工　接-并　　受-完
　　　一声也不哼,顺顺的领受了。(《清文指要》中 19a2-3)

(25) giyan　　giyan　　-i　　ala-mbi.
　　　道理　　道理　　工　　告诉-现
　　　一件件的告诉。(《清文启蒙》4a1-2)

满汉文比较来看,例(24)(25)中"的"应是对译工具格助词 -i 的结果。

(五)"的"无直接对译成分

除了以上四种情况外,满汉合璧会话书中还有相当数量的"的"并没有直接的对译成分。如:

（26）uttu　　hvluri　　malari　　yabu-qi,　　oyombu-re　　ai-bi.
　　　 这样　　马虎　　潦草　　施行－条　　必要－未　　什么－有
　　　 若是这样哈哩哈账的行，有何着要。(《清文启蒙》16a2)

（27）donji-ha-kv　　se-re,　　baibi　　erken　　terken　　se-me
　　　 听－完－否　　说－未　　平白　　推三　　阻四　　助－并
　　　 mini　　baru　　silta-mbi.
　　　 我.属　　向　　推脱－现
　　　 说没听见，平白的支吾望着我推托。(《清文启蒙》4a3-4)

（28）enqu　　inenggi　　jai　　qohome　　ji-fi,　　gulhun　　emu
　　　 另外　　日子　　再　　特意　　来－顺　　完全　　一
　　　 inenggi　　gisure-me　　te-qe-ki.
　　　 日子　　说－并　　坐－齐－祈
　　　 另日特来，坐着说一整天的话儿罢。(《清文指要》中 6b1-2)

　　例（26）中形容词 hvluri malari 修饰动词 yabu-qi，译成状中结构"哈哩哈账的行"；例（27）中副词 baibi 修饰形容词 erken terken 对译成状中结构"平白的支吾"；例（28）中形数名短语 gulhun emu inenggi 修饰动词 gisure-me，对译成宾语带有定语的动宾结构"说一整天的话儿"。由此可以看出，无直接对译成分，但译出"的"的情况又比较复杂。

三、满汉合璧文献中"的"的功能分析

　　前文分析表明，满汉合璧文献中出现的"的"字是对译满语多种形式的结果，从汉语句法功能的角度来看，这些"的"字功能并

不一致，几乎囊括了近代汉语时期所有"的"字的用法。

(一) 结构助词"的"

1. 体词性结构中的助词"的（底）"

这里体词性结构主要指以名词性成分为中心语的偏正结构或"的"字结构。三种兼汉满语会话书中用于体词性结构中的助词"的（底）"出现频率非常高。

1.1 "的"处于定中关系的偏正结构中

1.1.1 "的"处于动词或动词性短语作定语的偏正结构中

(29) emgeri　dule-ke　baita　be　geli　jono-fi　aina-mbi.
　　　一次　　过去-完　事情　宾　又　 提起-顺　做什么-现
　　　一遭过去了的事又提起来作什么。(《清文启蒙》25b1)

(30) sinde　mejige　isibu-ha-kv-ngge,　umai　gvnin　bi-fi
　　　你.与　消息　　送到-完-否-名　　 全然　心思　有-顺
　　　simbe　gobolo-ki　se-re-ngge　waka.
　　　你.宾　故意遗漏-祈　思-未-名　不是
　　　没给你信的缘故，并不是有心偏你。(《续编兼汉清文指要》上 30b3-4)

(31) tede　　bi　gequhun　-i　erin-de　isina-fi,　jai
　　　那.位　我　冰冻　　 属　时候-与　到达-顺　再
　　　tuwa-ra　dabala　se-qi.
　　　看-未　　 罢了　　助-条
　　　到了那冻着的时候，再瞧罢咧。(《续编兼汉清文指要》上 31b1-2)

例（29）满语的形动词 dule-ke 作其后名词 baita 的定语，对译成动词性成分作定语的偏正结构"过去了的事情"。例（30）中 isibu-ha-kv-ngge 是形动词 isibu-ha 的否定式动名词形式，满语动名词形式及其相关成分多对译成"的"字结构，但是如果直译成"的"字结构"没给你信的"会显得语义不够顺畅，显然对译汉语句根据上下文义作了灵活变通，添加了名词中心语"缘故"，isibu-ha-kv-ngge 及其相关成分对译成了动词性短语来作定语，"的"为定中关系助词。例（31）中 gequhun -i erin-de 为名词作修饰语的定中结构，而对译部分"冻着的时候"虽然也是定中结构，但汉语中"冻着"一般视为动词，即"冻着的时候"是一个动词性成分作定语的偏正结构。例（29）—（31）中"的"均处于动词性修饰语与中心语之间，标识其定中结构关系。

1.1.2 "的"处于名词性成分作定语的偏正结构中

(32) damu　　ishunde　　mujilen　　de　　tebu-me　　bi-qi,　　teni
　　　只要　　　互相　　　　心　　　位　　装载－并　　有－条　　才

　　　guqu　　-i　　doro　　dabala.
　　　朋友　　属　　礼仪　　罢了

　　　只要彼此心里盛着，才是朋友的道理罢咧。(《清文启蒙》4b5-6)

(33) emgeri　　jaila-bu-me　　saqi-me　　ofi,　　gida　　-i　　dube
　　　一次　　躲避－使－并　　砍－并　　因为　　枪　　属　　尖端

　　　uthai　　mokso　　emu　　meyen　　gene-he.
　　　就　　　截断　　　一　　　节　　　去－完

　　　磕一下，把长枪的头儿就磕折了一节子去了。(《续编兼汉清文指要》上 5a3-4)

(34) jalan -i niyalma uthai uttu, juse bayan
世间 属 人 就 这样 孩子.复 丰富
urse geli eime-me gasa-mbi.
人们 都 厌烦-并 抱怨-现

世上的人就是这样的啊,孩子们多的人又厌烦埋怨。(《续编兼汉清文指要》上 14b2-3)

例(32)中名词 guqu 加属格助词 -i,作后面名词 doro 的定语,guqu -i doro 对译成相同的偏正结构"朋友的道理",其中"的"对译属格助词 -i,处于名词定语"朋友"与中心语"道理"之间标明二者的定中关系。例(33)(34)也是如此。

1.1.3 "的"处于代词作定语的偏正结构中

(35) we-i mukvn? jalan -i janggin bayantu -i mukvn.
谁-属 氏族 参领 属 章京 巴烟图 属 氏族

谁的户中? 参领巴烟图的户中。(《清文启蒙》34b1-2)

(36) qeni yafan ya ergi-de bi? meni yafan qi
他们.属 园子 哪个 方向-位 有 我们.属 园子 从
hanqi.
近

他们的坟园在那里?与我们的园里相近。(《续编兼汉清文指要》上 17a6-7)

(37) age sini ere ai gisun se-re-ngge? musei
阿哥 你.属 这 什么 话 说-未-名 咱们.属
guqule-he-ngge, gvwa de duibule-qi o-mbi-u?
交往-完-名 另外 与 对比-条 可以-现-疑

阿哥你说的这是什么话？咱们的相与，比得别人么？(《清文启蒙》39a2-3)

(38) jai-de　　o-qi,　　ji-he　　taitai　sa,　　mini　mentuhun
　　 二-位　　成为-条　来-完　太太　 复　 我.属　愚钝
　　 sargan　jui　be　inu　majige　tuwa-ki.
　　 女　　孩子　宾　也　稍微　　看-祈
　　第二件来的太太们，也瞧瞧我的丑女儿。(《续编兼汉清文指要》上24b3-4)

(39) sini　　gvnin　de　aqabu-me　soli-ki.
　　 你.属　心意　 与　相合-并　 邀请-祈
　　合着你的主意请罢。(《清文指要》中24a4)

(40) ini　　ehe　nimeque　ba-be　 si　qende-he-kv　be
　　 他.属　坏　 严酷　　 地方-宾　你　试验-完-否　 宾
　　 dahame,　sar-kv-ngge　inu　giyan.
　　 因为　　 知道.未-否-名　也　道理
　　他的利害不好处你没有试过，不知道也是应该的。(《续编兼汉清文指要》下5a3-4)

(41) ere　ji-he-ngge　beye-i　　baita　waka,　guqu　-i
　　 这　 来-完-名　 自己-属　事情　不是　 朋友　属
　　 jalin　kai.
　　 理由　啊
　　这来意不是自己的事，为的是朋友啊。(《清文指要》中18b7-19a1)

(42) uba-i　　 nure　tumin,　tuba-i　　bouha　amtangga　se-me.
　　 这里-属　酒　 浓厚　 那里-属　菜　　好吃　　 说-并

说这里的酒艷，那里的菜好。(《续编兼汉清文指要》上 31a6-7)

(43) eje-he-ngge   getuken   akv   oqi,   gvwa-i   bithe-de
　　 记录－完－名   正确   否   若   其他－属   书－位
　　 teisule-bu-he-de,   uthai   tengkime   sa-me   mute-ra-kv
　　 遇见－被－完－位   就   明确   知道－并 能够－未－否
　　 o-mbi.
　　 成为－现
　　 若记的不明白，别的书上礤见了，可就不能的确知道。(《清文启蒙》1b1-2)

例（35）—（43），均是代词的属格形式作定语，修饰其后的名词或名词性短语：例（35）中 wei 是疑问代词的属格形式，例（36）—（40）中 qeni、meni、musei mini、sini、ini 是三身代词的属格形式，例（41）中 beyei 是反身代词的属格形式，例（42）中 ubai、tubai 是处所指示代词的属格形式，例（43）中 gvwai 是他称代词的属格形式，这些属格代词作后面名词性成分的修饰语，相应的汉语对译也均是三身代词、反身代词、处所指示代词、他称代词作定语，名词性成分作中心语的偏正结构，其中"的"是属格助词 -i/ni 的对译，标明定语和中心语的结构关系。

1.1.4 "的"处于形容词作定语的偏正短语中

(44) we   ya   de   emu   hexu   haxu   -i   baita   akv   ni.
　　 谁   谁   位   一   冗杂   冗杂   属   事情   否   呢
　　 谁没一个冗杂的事儿呢。(《清文启蒙》5b5-6)

(45) ere-qi   injequke   baita   geli   bi-kai.
　　 这个－从 可笑   事情   又   有－啊

比这个可笑的事还有呢啊。(《续编兼汉清文指要》上 11b4)

例（44）中满语形容词与名词没有严格区分，-i 用在 hexu haxu 的后面，既表明形容词 hexu haxu 直接用作了名词，又说明 hexu haxu 与后面的名词 baita 构成了定中关系，hexu haxu 的汉语对译"冗杂"在汉语中看作形容词，因此"冗杂的事儿"是一个形容词作定语的偏正结构，其中"的"对译满语属格助词 -i，标明定语与中心语的结构关系。例（45）中 injequke baita 是满语形容词 injequke 直接修饰名词 baita 的偏正结构，其汉语对译"可笑的事情"中形容词修饰语"可笑"与名词中心语"事情"中间加了一个无对译成分的结构助词"的"，它应该是受目标语汉语定语与中心语之间往往加"的"的影响而出现的。

1.1.5 "的"处于主谓短语作定语的偏正结构中

（46）ini　　ere　　gemu　　se　　asigan, senggi sukdun
　　　他.属　这　　都　　岁数　年轻　血　　气

　　　etuhun　-i　haran.
　　　强壮　　属　缘由

　　　这全是年青，血气强壮的过失。(《续编兼汉清文指要》上 4a5-6)

（47）teni　　alin　be　daba-me　ishun　ji-dere-ngge, tob
　　　才　　山　宾　跨越－并　对面　来－未－名　恰好

　　　se-me　mini　gabta-ha　niru　de　goi-bu-fi.
　　　助－并　我.属　射－完　　箭　与　钉－被－顺

　　　才过了山迎着来，正中在我射的箭上。(《续编兼汉清文指要》上 1b5-6)

例（46）中 senggi sukdun etuhun 与 haran 之间因加属格助词 -i 而构成了一个定中结构关系，其汉语对译"血气强壮的过失"也是一个定中结构关系，其中主谓关系的 senggi sukdun 对译成主谓结构"血气强壮"，"的"对译属格助词 -i，标明定语和中心语之间的结构关系。例（47）中 mini gabta-ha niru 里 gabta-ha 是动词的形动形式，作 niru 的直接修饰语，mini 是第一人称代词属格形式，作定中结构 gabta-ha niru 的修饰语，mini gabta-ha niru 的汉语对译"我射的箭"则与之内部结构略有改动，即第一人称代词由满语的属格代词变成了汉语动词"射"的直接施事，"我射的箭"整体上依然是一个定中结构，只是定语"我射"成了一个主谓短语，"的"是处于定语和中心语之间的结构助词。

1.1.6 "的"处于比况短语作定语的偏正结构中

我们所调查的满汉合璧文献中比况短语作定语的例子并不多，如：

(48) qihe use -i gese majige baita bi-qi, ini
 虱子 跳蚤 属 一样 小 事情 有-条 他.属
 angga de isina-ha se-he-de, jubexe-hei fikatala gene-mbi.
 嘴 与 到达-完 助-完-位 诽谤-持 往远 去-现
 有像虱子一样的小事儿，到了他的嘴里的时候，说到一个离乎了。（《续编兼汉清文指要》下 23b3-4）

例（48）中 qihe use -i gese majige baita 里的 qihe use -i gese 是一个以 gese 为中心语、qihe use 为修饰语的定中结构，属格 -i 是定中关系标志；qihe use -i gese 和 majige 又是名词 baita 的两个修饰语，译者把 qihe use -i gese majige baita 对译为"像虱子一样的小事儿"，

显然对定中关系修饰语 qihe use -i gese 作了适当的调整，译成了一个比况短语，因此我们说"像虮子一样的小事儿"是一个比况短语作定语的偏正结构，无直接对应成分的"的"是标明定语和中心语关系的结构助词。

例（29）—（48）中分析的满汉对译部分，满语句子均为"修饰语+（……）+名词性中心语"的结构形式，这与汉语的体词性短语"修饰语+（的）+名词性中心语"所表达的句法结构和语义关系基本上是一致的，所以标识满语词性类别的名物化后缀 -ngge/ningge、形动词后缀 -ha/he/ho//-ra/re/ro//-ka/ke/ko、属格助词 -i/ni 等对译成了汉语中标识汉语体词性偏正结构关系的结构助词"的"。甚至在满语中没有标识成分的时候，受目标语汉语定语与中心语之间往往加"的"的影响而出现结构助词"的"的情况，如例（45）（48）等，这可以说是旗人对目标语汉语的掌握日趋成熟的反映。而且旗人汉语中体词性结构助词"的"之前的修饰语大多都相当复杂，尤其是出现了一些较长的谓词性修饰语，这与满语形动词有密切关系，因为满语形动词既具有形容词的性质和功能，又具有动词可以带宾语及其他相关成分的性质和功能，从而使得中心语前的修饰语变得长而复杂。

1.2 "的"处于"的"字短语中

（49） si　　umesi　sain　ningge　be　sabu-ha-kv　　ofi,
　　　你　　非常　　好　　东西　　宾　看见－完－否　因为
　　　teni　ere-be　　sain　se-re　　dabala.
　　　才　　这个－宾　好　　说－未　罢了
　　　因为你没有看见着实好的，才说这个好罢咧。(《清文启蒙》9b5-6)

（50）sini　　gisure-re-ngge　　umesi　　inu,　　esi　　yabu-qi.
你.属　　说－未－名　　　　完全　　对　　当然　　走－条
你说的很是，自然要行走。(《清文启蒙》2a2-3)

（51）damu　　korso-ro-ngge　　minde　　asuru　　guqu　　gargan
只是　　怨恨－未－名　　　　我.与　　很　　　朋友　　伙伴
akv,　emhun　bithe　taqi-qi,　dembei　simeli.
否　　独自　　书　　学－条　　甚是　　冷清
但所恨的我没有什么朋友，独自念书，甚冷落。(《清文指要》中 9b1-2)

（52）jakan　hoton　-i　tule,　emu　jakvn　hergen　tuwa-ra
最近　　城　　属　外面　一　　八　　字　　看－未
niyalma　ji-he-bi,　umesi　ferguweduke　mangga　se-mbi.
人　　　来－完－现　非常　　奇特　　　　出众　　助－现
新近城外头，来了一个算命的，狠是出奇的好啊。(《续编兼汉清文指要》上 9b4-6)

（53）etu-qi　fiyan　tuqi-ra-kv,　je-qi　amtan　baha-ra-kv,
穿－条　颜色　出－未－否　吃－条　味道　得到－未－完
bi-he　se-me　ai　baita.
有－完　助－并　什么　事情
穿的没样儿，吃的没味儿，就是活着何用。(《续编兼汉清文指要》上 19b7-20a1)

例（49）中形容词 sain 后面带上 ningge 变成了名词，用以替代由形容词 sain 和中心词组成的名词性偏正短语，对译成汉语的"的"字短语"好的"。例（50）中属格代词 sini 和形动词的名物化形式

gisure-re-ngge 组成一个前者作定语后者作中心语的定中结构，而定语又是形动词的实际动作执行者，所以译者把 sini gisure-re-ngge 译成汉语时按照汉语的表述习惯作了调整，"你说的"则是一个主谓结构"你说"加"的"组成的"的"字结构。例（51）中形动词的名物化形式 korso-ro-ngge 的对译部分"所恨的"是一个所字结构和"的"字结构的结合体形式。例（52）中 jakvn hergen tuwa-ra niyalma 是一个形动词 tuwara 及其宾语 jakvn hergen 作定语、名词 niyalma 作中心语的定中结构，其汉语对译省去了中心语译成了一个"的"字结构"算命的"。例（53）从满汉比照来看，动词的条件副动词形式 etu-qi 和 je-qi 分别对译成了"的"字结构"穿的""吃的"。

2. 谓词性结构中的助词"的（地）"

这里谓词性结构指的是以谓词性成分为中心语，副词、形容词等为修饰语的偏正结构，其修饰语我们又称作状语。近代以来汉语中这种谓词性偏正结构中常加结构助词"的（地/底）"。

(54) age   ere   durun -i   mimbe   gosi-me   ofi,
     阿哥   这   样子   属   我.宾   慈爱-并   因此
     teni   emu   hvntahan omi-re   dabala.
     才   一   杯   喝-未   罢了
     因为阿哥这样的疼爱我①，才呵一钟罢咧。(《清文启蒙》46b5-6)

(55) erken   terken -i   inenggi   anata-hai,   atanggi   dube
     推三   阻四   工   日子   推脱-持   什么时候   末端
     da.
     根源

---

① 的：注音本、刘东山本无"的"字。

这样那样的支误日子，几时才是了手。(《续编兼汉清文指要》上 21a2)

(56) si akda-ra-kv oqi, narhvxa-me fujurula-qina.
你 相信－未－否 若是 辨别－并 访问－祈
你要不信，可细细的打听是呢。(《续编兼汉清文指要》上 2b1-2)

(57) ergen xele-fi faqihiyaxa-me aitu-bu-re dabala.
命 舍弃－顺 努力－并 苏生－使－未 罢了
拼命的吧啫 着搭救罢咧。(《清文指要》下 6a2-3)

(58) bi ainu je-tera-kv? esi je-qi.
我 为什么 吃－未－否 自然 吃－条
我为什么不吃？自然的吃。(《清文启蒙》52a4-5)

例（54）中 ere durun -i mimbe gosi-me 可分为两部分，指示代词 ere 与名词 durun 组成的定中结构为一部分，动宾结构 mimbe gosime 为一部分，二者之间加了属格助词 -i，这说明整个结构体词化，即这是一个以 mimbe gosime 为中心语 ere duruni 为属格定语的体词性短语，其汉语对译"这样的疼爱我"，基本上是满语的直接对译，但是汉语对这个结构的理解与满语不同，动宾结构"疼爱我"是中心语，"这样"是修饰语，二者组成的是状中结构关系，对译属格助词 -i 的"的"字也成了状中结构关系标志。

例（55）中 erken terken -i inenggi anata-hai 也分两部分，形容词短语 erken terken 为一部分，动宾结构 inenggi anata-hai 为一部分，二者之间有工具格助词 -i，工具格表示动作行为进行的方法、工具、方式等，也就是说满语工具格及其前面的成分是修饰说明后面动词或动词性短语的，换言之，工具格助词 -i 可以看作是满语状语的一种标识，这与汉语中状语标识"的（地）"的功能是相一致的。汉语对译"这样那样的支误日子"也是以"这样那样"为修饰语，以动词短语"支误日子"为中心语的状中结构，"的"应该是工具格 -i 的对译，标明状语和中心语的结构关系。

例（56）中并列副动词 narhvxa-me 用于主动词 fujurula-qina 的前面，说明主动词动作行为发生的方式，二者之间构成实际的状中关系，汉语对译"细细的打听"是以形容词"细细"为修饰语，动词"打听"为中心语的状中结构，"的"可看作是并列副动词后缀 -me 的对译，标明状语和中心语的结构关系。

例（57）的满文句中 xele-fi 为顺序副动词，表明其行为在后面动词 aitu-bu-re 之前发生，对后面动词有修饰说明的作用，二者之间构成实际的状中关系，换言之，顺序副动词后缀 -fi 有时也可看作前后两动词之间状中结构关系的标识，汉语对译"拼命的吧嗒着搭救"是以动词"搭救"为中心语、副词"拼命"和动词"吧嗒"为修饰语的偏正结构，"的"可视为顺序副动词后缀 -fi 的对译，用在修饰语"拼命"和中心语"搭救"之间标识其状中结构关系。

例（58）中副词 esi 直接修饰动词 je-qi，对译成"自然的吃"，严格来说"的"并无直接的对译成分，它应该是受目标语汉语状中结构关系一般有结构助词"的"的影响而加。但是"自然的吃"这种说法在汉语中并不多见，更常见的说法是省去"的"，即"自然吃"。这又说明旗人对目标语汉语掌握得还不十分熟练。

由例（54）—（58）可见，满语中形成状中结构关系的方式多样，无论满语中有无直接的标识状中结构关系的形式出现，汉语对译一般都加了标识状中结构关系的结构助词"的"，这说明旗人知道汉语中状语和谓词性中心语之间往往借助结构助词"的"来标识。但并不是所有汉语状中结构都一定要有结构助词"的",有时"的"字的出现反而不符合一些表述习惯,如例(58),旗人在这些细微的使用上还没有完全熟练掌握。现代汉语中标识状中结构关系的结构助词一般写作"地"。

3. 述补结构中的助词"的(得)"

这里指的述补结构是谓词性成分后面带助词"的(得)"字的述补结构,三种兼汉满语会话教材中有一些"的"是标识述补结构关系的。

(59) qai be halukan wenje-fi benju se.
茶 宾 温热 加热-顺 送来.祈 助.祈
教把茶热的温温的送来。(《清文启蒙》40a4-5)

(60) imbe tuwa-qi, gebsere-fi giranggi teile funqe-he-bi.
他.宾 看-条 瘦-顺 骨头 只有 剩-完-现
看起他瘦的寡剩了骨头了。(《续编兼汉清文指要》下11a4)

(61) musei niyalma gene-he-ngge umesi labdu, siran
咱们.属 人 去-完-名 非常 多 陆续
siran -i lakqa-ra-kv jalu fihe-ke-bi.
陆续 工 断绝-未-否 满 拥挤-完-现
咱们人去的狠多,接连不断填的满满的了。(《续编兼汉清文指要》上10a2-3)

(62) gvni-qi, geli suihu-me omi-ha, damu sabu-ha-kv
想-条 又 醉-并 喝-完 只是 看见-完-否

第四章 满语对清代旗人汉语助词的干扰 | 353

  donji-ha-kv ton o-kini.
  听－完－否 数 成为－祈
  想来又是喝的撒酒疯了，只当是没看见没听见是呢。(《清文指要》下 26b4-5）

  例（59）中 qai 为顺序副动词 wenje-fi 的宾语，形容词 halukan 作 wenje-fi 的状语，说明对茶加热的程度，对译汉语句中宾语"茶"用处置介词"把"介引，状中结构 halukan wenje-fi 用述补结构形式"热的温温的"表述，动词"热"与形容词补语"温温的"之间的"的"是标识二者为述语和补语关系的结构助词。例（60）中顺序副动词 gebsere-fi 表明在动词 funqe-he-bi 之前发生的动作行为，而 funqe-he-bi 及其宾语 giranggi 和状语 teile 在语义上则是 gebsere-fi 这一动作行为的结果，所以汉译句把满语两个先后发生的动作行为对译成了述补结构"瘦的寡剩下骨头了"，"的"为述补标识。例（61）中 jalu 为形容词，放在动词 fihe-ke-bi 的前面作状语，说明动作行为的状态。汉译部分则把满语的这种状动结构变成了述补结构——形容词"满满的"放在动词"填"的后面作补语，并用结构助词"的"来标明其述补关系。例（62）中并列副动词 suihu-me 作动词 omi-ha 的状语，说明动作的结果，汉译句把满文的状中结构对译成了述补结构"喝的撒酒疯了"，"的"为述补结构助词。

  由例（59）—（62）可以看出，汉译句的述补结构基本上都是对满语状中结构的灵活对译，"的"是出现在这些灵活对译的述补结构中的补语标识助词。换言之，这些标识述补结构关系的助词"的"并没有直接对译成分，而是旗人熟练掌握汉语述补结构并熟练使用而出现的。现代汉语中述补结构关系助词一般写作"得"。

(二) 完成体助词"的"

完成体助词用法的"的"在满汉合璧文献中较为罕见，仅《续编兼汉清文指要》中出现 1 例。

(63) inenggi-dari　jafaxa-hai　gemu　siberi　da-ha,　umesi
　　　日子-每　　　握-持　　　全都　　汗　　干涉-完　非常

　　　nilgiyan　　o-ho-bi.
　　　光滑　　　　成为-完-现

　　　每日拿着的上汗全浸透的，狠光润了。(《续编兼汉清文指要》下 17b1-2)

例(63)中动词词干 da- 加上了完整体后缀 -ha，表示动作行为已经发生或完成，"汗全浸透的"中"的"应该是对译完整体后缀 -ha 的结果，表示"浸透"这一动作行为的完成，即"的"为表示完成的助词，与完成体助词"了"功能相当。

(三) 持续体助词"的"

持续体助词用法的"的"在满汉合璧文献中也较为罕见，仅《续编兼汉清文指要》中见得 1 例。

(64) tuktan　　bi　　abala-me　　gene-he-de,　　emu　　morin
　　　初次　　　我　　打围-并　　去-完-位　　　一　　　马

　　　yalu-mbihe-bi,　katara-ra-ngge　neqin,　feksi-re-ngge　hvdun.
　　　骑-过-现　　　　颠-未-名　　　　平稳　　跑-未-名　　　快

　　　我初次打围去，骑的一匹马，颠的稳，跑的快。(《续编兼汉清文指要》上 1a2-3)

例（64）中满语后缀 -mbihe 表示过去进行，-mbihe-bi 表示过去某时内已经存在着，因此 yalu-mbihe-bi 表示在过去的时间"初次打围的时候""骑"这一动作的持续，因而"骑的一匹马"即"骑着一匹马"，也就是说"的"用在动词"骑"后表示"骑"这一动作行为的持续，与持续体助词"着"功能相当。

（四）语气词"的"

"底"用作语气词，宋代已有用例，元代以后"的"作语气词的用例更加多了起来。三种兼汉满语会话教材中也有一些"的"用作语气词的例子。

(65) bi　　simbe　gisure-ra-kv　oqi,　baibi　doso-ra-kv.
　　 我　　你.宾　说－未－否　若是　只是　忍受－未－否
　　 我要不说你，怪受不得的。(《续编兼汉清文指要》上 28b4)

(66) niyalma-i　sain　ehe　be　urunakv　inenggi　goida-ha
　　 人－属　　好　坏　宾　必定　　日子　　经过－完
　　 manggi,　teni　taka-mbi　se-me-u?　dartai　andande
　　 以后　　才　　认识－现　助－并－疑　瞬间　顷刻
　　 inu　taka-bu-mbi-kai.
　　 也　认识－被－现－啊
　　 岂有人的好歹必定到日久才认得么？倾刻之间也认得出来的啊。
　　 (《清文启蒙》25a4-6)

(67) sa-qi　　uthai　sinde　　ala-mbi　　dere.
　　 知道－条　就　　你.与　　告诉－现　　吧
　　 若是知道就告诉你罢咱的。(《清文启蒙》3b3)

例（65）从满汉比照来看，"的"并无直接对译成分；从汉译句来看，"的"用在结果分句的末尾，去掉之后，句子的句法结构和语义表达也基本不受影响，所以该句中的"的"是一个句尾语气词，表示对假设条件下产生的结果的一种确认和肯定。例（66）从满汉对勘来看，"的"并无直接对译成分；从句法和组合关系来看，动补短语"认得出来"是句子的述语，着重表明动词"认"这一行为的结果，"的"并不附着于前面的动补短语，而是对述语部分的内容加以肯定和确认，所以该句中"的"也是语气词。

竹越孝（2017：132—142）认为例（67）"罢咱"为表推测的句尾语气词，与满语的动词词尾 -kini、-qina 相对应，表示说话人的愿望、容许或祈使，或与 dere 相对应，表示推测，并且明确指出《清文启蒙》中的这例"罢咱"对译 dere，表推测，但是竹文并没有对"罢咱"后的"的"进行分析说明。祖生利（2013：187—227）把"罢咱的"看成一个词，加之《儿女英雄传》中的"不咱/则"等，认为可能是满语 dabala、dere 等语气的对应。根据我们对清代文献的调查，"罢（把）咱/不则（咱）"见于满汉合璧文献或旗人作家作品当中，现存最早的满汉合璧会话书《满汉成语对待》中出现的用例最多，共 16 例，其次是《庸言知旨》10 例，其他一些文献共见 3 例，这样总计 29 例。这 29 例中"罢咱的"共有 3 例，《满汉成语对待》、《庸言知旨》和《清文启蒙》各 1 例。《清文启蒙》中的例子见例（67），《满汉成语对待》《庸言知旨》的用例如下：

（68）dolo　　uthai　we　　ya　　bi-qi　　bi-kini　aise,　　age
　　　里面　　就　　谁　　哪个　有-条　有-祈　想必　　阿哥

ai　　　tuttu　　seuleku　　taqi-ha.
什么　　那样　　　计较　　　学-完

里头凭他有谁们罢咱的，阿哥学的这们多心。(《满汉成语对待》— 10a7-10b1)

（69）ama　　eniye　　-i　　jui　　banji-ha-ngge，qohome　enen
　　　父亲　　母亲　　属　　孩子　　生-完-名　　　原以　　后裔
　　　sirabu-re　jalin　kai，　jui　　o-ho　　niyalma，　ama
　　　接续-未　　为了　　啊　　孩子　成为-完　　人　　　　父亲
　　　eme　be　elde-mbu-me　mute-ra-kv，　jou　　dere.
　　　母亲　宾　增辉-使-并　　能-未-否　　　罢了．祈　　吧

父母生了儿子，原为继续后嗣啊，为儿子的人，不能光耀父母，罢咱的。(《庸言知旨》卷— 52b2-3)

例（68）的满语句中有动词祈使式 bi-kini 表祈使语气，同时也有表推测的小词 aise；对译汉语句句尾的"罢咱的"，并不参与句子的构成，而是表示说话者的主观情绪——既有推测又有确认，加之"罢咱"在满汉合璧文献中出现的整体情况，我们认为"罢咱"是表推测的语气词，"的"是表肯定和确认的语气词。换言之，该例中"罢咱的"是两个表示不同语气的语气词"罢咱"和"的"的连用。例（69）从满语句子来看，jou dere 单独成句，其对译成分"罢咱的"也独立成句，所以这就排除了"罢咱的"是一个语气词的可能性，我们倾向于把该句中的"罢咱的"作如下切分：罢咱+的，"罢咱"就是算了的意思，仍具有动词义，"的"为附于句子后的语气词，表示肯定和确认的语气。

表 4-8 清代文献"罢咱（的）"等频次分布

	罢咱	罢咱的	把咱	不咱	不则
满汉成语对待	13	1	2	—	—
庸言知旨	9	1	—	—	—
清话问答四十条	—	—	—	—	—
清语易言	—	—	—	—	—
清文启蒙	—	1	—	—	—
清文指要	—	—	—	—	—
续编兼汉清文指要	—	—	—	—	—
红楼梦	—	—	—	—	—
儿女英雄传	—	—	—	1	1
北京	—	—	—	1	—
白话聊斋·胭脂	—	—	—	—	—
陈七奶奶	—	—	—	—	—
损公作品	—	—	—	—	—
小额	—	—	—	—	—
杂碎录	—	—	—	—	—

（五）构词语素

三种满汉合璧文献中"的"作为构词语素主要出现在假设助词"的时候"和概数词"来的"中。

1."……的时候"

三种满汉合璧文献中"……的时候"既可以表时间,又可以表假设条件。

1.1 "……的时候"表示时间

"……的时候"表示时间时,"的"均为标识定语与中心语"时候"之间结构关系的结构助词,并不是构词语素,这里略举几例,以见一斑。

(70) neneme donji-ha gisun, hono buru bara bi-he,
先　　　听-完　　话语　　还　　朦朦　胧胧　有-完
amala dur se-me gisure-re jakade, bi teni akda-ha.
后来　议论纷纷貌　助-并　说-未　时候　我　才　信-完
先听见的话,还恍恍惚惚的来着,后头乱烘烘说的时候,我才信了。(《清文启蒙》17b5-6)

(71) te-i forgon juwan bou-i dorgi uyun bou-de,
现在-属　时运　十　家-属　里面　九　家-位
gemu hesihete-me inenggi be hetumbu-re dabala.
都　　踉跄-并　　日子　宾　度日-未　罢了
如今的时候十家内九家,都是打着晃儿度日罢咧。(《清文启蒙》29b6-30a2)

(72) bi asihan -i fonde, inu aniya haqin -i uquri
我　少年　属　时候　也　年　种类　属　时候
be buye-me ere-mbihe.
宾　爱-并　盼望-过
我少年的时候,也爱盼望年节来着。(《清文启蒙》32a5-6)

(73) ji-he　　manggi,　huthu-fi　nixa　emu　jergi　ura
　　 来-完　　之后　　 捆-顺　 结实　一　 次　　屁股
　　 tv-qi,　teni　sain.
　　 打-条　 才　　好
　　 来了的时候，捆起来屁股上重重的打一顿，才好。(《清文指要》下 15a2-3)

(74) ere　 gese　 hvkta-me　halhvn　de,　taseme　tuwa-nji-re.
　　 这　样子　 闷-并　　　热　　 位　　常常　　 看-来-未
　　 这个样的燥热的时候，常常的来瞧。(《续编兼汉清文指要》下 21b3)

(75) etuku　nisi-hai　uju　 makta　hiri　amga-ha,　jai　 ging
　　 衣服　 穿-持　　头　 甩．祈　充分　睡-完　　 二　 更
　　 o-tolo　　　teni　gete-he.
　　 成为-至　　才　 醒-完
　　 穿着衣裳把头一倒竟自睡熟了，到了第二更的时候才醒了。(《续编兼汉清文指要》下 16a1-2)

例（70）—（74）中"(的)时候"分别对译满语表示时间的连词 jakade、名词 forgon 与 fonde、后置词 manggi、位格助词 -de，均表示时间。例（75）从满汉比照来看，"的时候"并无直接对译成分，而是根据上下文义添加出来的，也是表示时间。这些例子中"时候"具有明确的时间义，"的"均为标识定语与中心语"时候"之间结构关系的结构助词。

1.2 "……的时候" 表示假设 / 条件

(76) emu   qimari,   andande   jalan   -i   baita   be   sa-ha
     一   早上   顷刻   世间   属   事情   宾   知道-完
     se-he-de,   ini   qisui   dasa-bu-mbi.
     助-完-位   他.属   擅自   改正-被-现
     一朝，要说是知道了世间上的事情的时候，自然就改了。(《续编兼汉清文指要》下 25b7-26a1)

(77) aikabade   sini   baru   bai-me   o-ho-de,   bisirei   teile
     如果   你.属   向   求-并   成为-完-位   所有   尽量
     inde   aqabu-me   bu-qi,   teni   inu   -i   gese.
     他.与   符合-并   给-条   才   正确   属   样子
     倘若是望着你寻的时候，尽所有的应付他，才像是。(《清文启蒙》11a6-11b2)

(78) uttu   ohode,   bi   teni   sini   funde   gene-fi   faxxa-qi
     这样   若   我   才   你.属 代替   去-顺   努力-条
     o-mbi.
     可以-现
     若是这们样的时候，我才可以替你去吧咭。(《清文启蒙》8b2-3)

(79) fita   jokja-ra-kv   oqi,   gvni-qi   suwe   inu   ise-ra-kv
     结实   打-未-否   若是   想-条   你们   也   怕-未-否
     se-he   manggi.
     助-完   时候
     要不往死里重打的时候，想来你们也不怕啊。(《续编兼汉清文指要》下 23a3-4)

（80）majige niyalma-i gvnin bi-qi, inu aliya-me gvni-fi
稍微 人-属 心 有-条 又 后悔-并 想-顺
hala-ha-bi.
改-完-现

料有一点人心的时候，也改悔里呀。(《续编兼汉清文指要》上31a3-4)

假设是产生某种结果的一种虚拟条件，条件是产生某种预设结果的一种假设前提，所以条件与假设有同质关系。例（76）中 -de 为位格助词，表示"在……时候"，根据上下文语境，这里是对将来事件的一种预测，所以位格助词 -de 并不表示事件发生的具体时间，而是表示一种对未然事件的假设；例（77）中假设连词 aikabade 与后面位格助词 -de 相呼应，表示一种假设条件；例（78）中 ohode 为后置连词，义为"如果……的话"，表示一种假设条件；例（79）中 oqi 也是后置的假设连词；例（80）中 -qi 为条件副动词后缀，表示一种预设的前提。满语这些表假设条件的语义形式，译者有的用汉语表假设的连词"如/若/倘/要（是）"等形成一种框式结构"如/若/倘/要（是）……的时候"相对应，如例（76）—（79），有的则只用"……的时候"对译，如例（80）。无论前面有无假设连词相呼应，"的时候"都作为一个整体用在分句的末尾表示一种假设条件，因此我们把这种用法的"的时候"称为表示假设的助词，其中"的"就是这一假设助词中的一个语素。

表 4-9　三种满汉合璧文献"……(的)时候"用法及频次分布

	表假设/条件		表时间		
	若(倘)要(是)……的时候	……的时候	……的时候 句尾	……的时候 句中	其他①
清文启蒙	7	5	4	1	5
清文指要	–	1	5	2	4
续编兼汉清文指要	13	12	31	7	9

时间名词"时候"在先秦即已出现，但直到明代前期用例都不是特别多，表示时间及相关义项的主要是"时"。明代"(的)时候"用例明显增多，这一方面可能有汉语复音化趋势的影响，另一方面也与"时"出现表假设和话题的功能有关，语义上"时候"均表示时间。清代以来"(的)时候"使用频率更高。根据我们对自清至民国时期的文献调查来看，非满汉合璧文献除清后期旗人作家文康的《儿女英雄传》中有 6 例"的时候"表假设之外，其余无论是北京方言背景文献还是非北京方言背景文献中的"(的)时候"均没有表假设的用法。清代满汉合璧会话书中"(的)时候"除表时间外，出现了不少表假设的用例，相当于近代汉语时期出现的表假设的助词"时""后""的话"等（江蓝生，2002/2004）。据此我们推理：尽管汉语中表示时间的名词"时"和"后"在唐五代时期在表示未然的句法语境下发展出了假设助词的功能，但时间词"时候"似乎并

---

① 其他情况指"时候"前不带"的"，居于句首、句中或句尾，独立使用或前面有"什么""那"等修饰的情况。

没有经历一个由时间名词到假设助词的类同语法化的渐变过程，而是在满语的影响下，清代旗人汉语中直接出现了"（的）时候"表示助词的用法。这可以说是满汉语言接触导致的汉语"（的）时候"功能的突变。"（的）时候"作为假设助词的用法并没有在清代北京话及现代汉语中扎下根来，这可能是受唐宋时期已产生且延续到清代及现代汉语的表假设的语气助词"时"和清代《绿野仙踪》中已出现的话题标记及后来在话题标记基础上发展出假设语气助词功能的"的话"的竞争而没能被日趋成熟的旗人话和北京话接受。

2. 概数词"来的"

（81）qeni   yafan   ya   ergi-de   bi?   meni   yafan   qi
　　他们.属 园子   哪个 方向-位   有   我们.属 园子   从

　　hanqi,   tuttu   oqi   jugvn   goro   kai.   dehi   ba
　　近   那样   若是   路途   远   啊   四十   里

　　isina-mbi   dere.
　　到-现   吧

他们的坟园在那里？与我们的园里相近。要是那样路远啊。四十来的里。（《续编兼汉清文指要》上 17a6-17b1）

要分析例（81）中"来的"的性质和功能，我们先来看汉语中概数词"来"及其与"的"共现的情况。

概数词"来"在唐代已经出现，可能来源于"以（已）来"（吕叔湘，1957/1957；[日]太田辰夫，2003：141；江蓝生，2000：1—18）。近代汉语时期概数词"来"常见的主要格式有："数词+来""数词+量词+来""数词+来+量词""数词+量词+来+名词""数词+量词+来+形容词""数词+来+名词"（王庆，2017）。

第四章　满语对清代旗人汉语助词的干扰　365

除了这些格式外，我们在近代以来的汉语文献中还检到了如下格式："数词+来的+名词""数词+量词+来的+名词""数词+量词+来的""数词+来的""数词+来的+量词"。如：

（82）禹明吾道："他那线就卖五分一条哩；一斤白丸子，破着值了一钱；两副带子，值了一钱二分；两幅画，破着值了三钱：通共六钱来的东西。"(《醒世姻缘传》4回)

（83）还有金姐送大爷的衣服、首饰，若变卖起来，小的估计着也可卖二百来的银子。(《绿野仙踪》63回)

（84）说着，又栖在安老爷耳朵底下悄悄儿的说道："你老瞧，我这倒有俩来的月没见了，也摸不着是病啊是喜。你老瞧瞧，老娘娘这签上怎么说的？给破说破说呢！"(《儿女英雄传》38回)

（85）眼睛下面搭拉着一对小眼镜，因为鼻子过高的原故，眼镜和眼睛的距离足有二寸来的；所以从眼镜框儿上边看东西，比从眼镜中间看方便多了。(《二马》)

（86）这真让祥子的心跳得快了些！真要凑上三四十块，再加上刘四爷手里那三十多，和自己现在有的那几块，岂不就是八十来的？虽然不够买十成新的车，八成新的总可以办到了！(《骆驼祥子》)

（87）我给你个好主意：起上一只会，十来个人，至多二十个人，一月每人两块钱，你使头一会；这不是马上就有四十来的块？(《骆驼祥子》)

例（82）中"六钱来的东西"是一个"修饰语+中心语"的结构形式，中心语是名词"东西"，数量短语"六钱"后加概数词"来"，表示一种约数，"的"似乎应该看成是标识修饰语与中心语结构关系的结构助词。据我们对文献的调查，这种"数词+量词+来+的+名词"的结构形式较早的例子见于明末清初的《醒世姻缘传》,清之前的文献中"数词+量词+来"修饰名词中心语是不出现"的"的。所以这里"的"并不是一个必要的、典型的标识修饰语与中心语结构关系的结构助词。例(83)中"二百来的银子"为"数词+来+的+名词"的偏正短语,但是这种"数词+来"修饰名词中心语的结构形式在清以前也是以不加"的"为常。换言之,这里结构助词"的"并不是必须的。例(84)与例(83)基本相同,但是"俩来的月"中"的"如果看成结构助词的话,不是可有可无的问题,而是显得多余。那么在这种情况下我们就有必要重新看待"的"的性质和功能及其在句子中的组合关系:"的"标识结构关系的助词功能基本消失,随着功能的消失,"的"的独立性消弱,与其前面的"来"黏性增强,"的"看作"来"的后附成分,句子似乎更为合理通顺。例(85)"数词+量词+来+的",我们姑且看作是省略了中心语,如果这样的话,该例就应该是具有指称性的"的"字结构,但"二寸来的"并不具有指称性,这说明"的"并不宜再看作结构助词,而更适合看作概数词"来"的后附成分。例(86)根据语境可知"八十来的"就是表示一种概数概念,并不宜补出中心语,"来的"应看作一个表概数的词。例(87)中"四十来的块"里"块"为量词,汉语数词与量词之间是不加结构助词的,这里"的"也就不具有助词功能,而是概数词"来的"的一个构词语素。

根据以上分析,例(81)"四十来的里",用在数词"四十"与量词"里"之间的"来的"为概数词,"的"是一个构词语素。但明显例(81)比我们调查的纯汉语文献中"数词+来的+量词"出现的要早,这说明在汉语实际中概数词"来的"的形成应早于1789年。

明末清初的《醒世姻缘传》虽说作者不详，但其反映山东章丘、历城、济南一带方言的看法得到了学界的认可。清中期《绿野仙踪》的作者李百川的籍地也是争议颇多，南北不定：吴晗（字辰伯）（1932）认为其作者为"江南人"，陈新（1988）认为是山西人，郑振铎（1929）、崔建波（1999/2004）等力主是山东人，综合来看，我们更倾向于认为李百川为北方人。清后期的《儿女英雄传》、《三侠五义》，清末的《杂碎录》，以及老舍作品均为北京旗人作家著述的反映北京方言的文献。"数词＋（量词）＋来的＋（名词/量词）"结构出现在这些文献当中，而清代具有江淮方言、吴方言背景的文献如《何典》《儒林外史》《官场现形记》《海上花列传》等均没有出现这种结构形式。由于所调查的具有明晰方言背景的文献材料的数量有限，我们还不能确定"数词＋（量词）＋来的＋（名词/量词）"结构具体使用的地域范围，但至少从调查文献来看，清代民国时期"数词＋（量词）＋来的＋（名词/量词）"结构均出现在有北方方言背景的文献当中。现代山西文水、离石、榆次（许宝华、[日]宫田一郎，1999：2515），山东济南等地仍使用"数词＋来的"（李荣、钱曾怡，1997：139）。

表4-10 "数词＋（量词）＋来的＋（名词/量词）"结构在清代以来北方文献中的分布情况

	数词＋来的＋名词	数词＋量词＋来的＋名词	数词＋量词＋来的	数词＋来的	数词＋来的＋量词
醒世姻缘传	1	1	—	—	—

续表

	数词+来的+名词	数词+量词+来的+名词	数词+量词+来的	数词+来的	数词+来的+量词
绿野仙踪	1	1	–	–	–
儿女英雄传	3	2	–	–	–
三侠五义	–	1	–	–	–
杂碎录	–	1	–	–	–
二马	–	–	1	–	–
骆驼祥子	–	–	3	1	2
四世同堂	–	2	–	–	–

四、小结

满汉合璧文献中"的"的大量出现有两个方面的因素：一是"的"与满语名物化形式、形动词后缀、副动词后缀、格助词等相关成分对译的结果；二是在并无直接对应成分的情况下，旗人根据汉语的结构关系和表述习惯添加上去的。对译汉语句中的这些"的"功能和性质多样，不仅囊括了近代汉语时期已有的"的"字所有用法，而且反映出满语对旗人汉语的干扰，如假设助词"的时候"的形成，也有的为考察词语的形成时代提供了参照，如概数词"来的"。下面附上本节"的"的对译情况表。

第四章 满语对清代旗人汉语助词的干扰 | 369

表 4-11 三种满汉合璧文献中"的"的对译及功能情况总表[1]

		名物化	形动词后缀			副动词后缀			格助词[2]		其他
		-ngge/ ningge	-ra/re/ro	-ha/he/ho	-ka/ke/ko	-me	-fi	-qi	-mbihe	-i/ni	-i	
结构助词	底(的)	启	60/5	67	18	2	—	—	—	—	63/39	—	31
		指	54/3	76	51	3	1	—	—	—	49/39	—	62
		续	61/9	94	69	5	4	1	2	—	70/48	—	165
	地	启	1/-	1	2	—	11	—	—	—	—	12	14
		指	-/-	4	2	—	17	2	—	—	1/-	12	42
		续	-/-	4	1	—	18	—	—	—	—	16	71
	得	启	—	—	—	—	—	—	—	—	—	—	15
		指	—	—	—	—	—	—	—	—	—	—	40
		续	—	—	—	—	—	—	—	—	—	—	48

[1] 《清文启蒙》《清文指要》《续编兼汉清文指要》在本表中分别简称《启》《指》《续》。
[2] 表 4-11 格助词部分:前一列 -i/ni 为属格助词,后一列 -i 为工具格助词。属格助词部分:"/"前为 -i 的对译频次,"/"后为 -ni 的对译频次。

续表

		名物化	形动词后缀			副动词后缀				格助词[2]		其他
		–ngge/ ningge	–ra/re/ro	–ha/he/ho	–ka/ke/ko	–me	–fi	–qi	–mbihe	–i/ni	–i	
动态助词	完成 启	—	—	—	—	—	—	—	—	—	—	—
	承	—	—	—	—	—	—	—	—	—	—	—
	续	—	—	1	—	—	—	—	—	—	—	—
	持续 启	—	—	—	—	—	—	—	—	—	—	—
	承	—	—	—	—	—	—	—	—	—	—	—
	续	—	—	—	—	—	—	—	1	—	—	—
语气词	启	4/1	2	—	—	—	—	—	—	—	—	9
	承	3/2	—	—	—	—	—	—	—	—	—	3
	续	—/—	2	—	1	—	—	—	—	—	—	8
构词语素	启	—	—	—	—	—	—	—	—	—	—	12
	承	—	—	—	—	—	—	—	—	—	—	1
	续	—	—	—	—	—	—	—	—	—	—	26

第四节 满语与"着"

一、引言

"着"自上古就已存在于汉语中,本作"著",后来写作"着"。《汉语大词典》(1997:5373—5375)、《现代汉语词典》(2016:1654、1661、1730)等指出其读音主要有四种:zhāo、zháo、zhuó、zhe,前三种读音下,"着"主要用作动词、介词和名词,义项多样;最后一种读音为助词。助词"着"在近现代汉语中又可分为以下几类:1.时体助词,包括完成体和持续体;2.祈使语气助词,表示命令、愿望等祈使语气;3.先时助词,表示先时,与"再说"相当。王 力(1980:305—309;1985:480—484)、梅祖麟(1988/1998:69—98)、曹广顺(1995:26—37)、孙朝奋(1997)、吴福祥(2004:17—26)、太田辰夫(2003:208—209)、蒋绍愚(2006)等都对时体助词"着"及其来源进行了论述,尽管内部过程看法不一,但基本共识是:到唐为止,"着"由附着义动词到最终的时体助词的发展过程已基本完成,"V_1+着+V_2"的构式也已出现。吕叔湘(1984:58—72)、孙锡信(1999:85—87)等认为从唐五代开始"着"由表持续的助词发展出了表祈使语气的功能。杨永龙(2002)指出元末明初表祈使语气的助词"着"发展出了表先时的助词"着",邢向东

(2004)也提出了同样的看法,但邢文与杨文所论述的由祈使语气词"着"到先时助词"着"的语法化动因和过程不太一致。因此,据现有研究成果,去异求同,我们推演出"着"在中古及近代的简略发展路径:附着义动词→(处所介词)→时体助词→祈使语气助词→先时助词。明清之际,助词"着"进一步词素化,与其前动词、形容词、副词、连词等词汇化成双音的介词(如望着、向着、照着)、副词(如跟着、紧着)等。董秀芳(2003:138—151)、亓文香(2008)、梁姣程(2016:68—69)等对"着"的词素化及其参构的词语均有所论述,但多集中在个别词的研究上,还缺乏系统性。相较于对助词"着"的研究,学界对"着"的词素化研究还较为薄弱。

我们在调查清代满汉合璧会话书《满汉成语对待》《清文启蒙》等时发现,其中汉语部分"着"的出现频率较高,读音和用法不一。本节拟结合汉语中"着"的发展使用情况和这些合璧文献中"着"用作时体助词、语气助词和构词语素等的功能,来探究满语对旗人汉语"着"的影响[①]。

二、满汉合璧文献中助词"着"与满语的对译情况

为了准确了解清代满汉合璧文献中助词"着"与满语的对译情况[②],我们对《清文启蒙》《清文指要》《续编兼汉清文指要》进行了

[①] 满汉合璧会话书中,"着"与"的"有平行的现象,这里不作讨论。
[②] 因为合璧文献中"着"作为助词主要是持续体助词和语气助词,而"着"的语气助词用法又较少,所以"着"作为持续体助词和语气助词的对译情况不再分别论述。

穷尽性的统计分析,详情见下。

(一)助词"着"与满语副动词后缀的对译

1. 助词"着"对译满语并列副动词后缀 -me

(1) amasi　gene-re-de　xuwe　yabu-ra-kv,　fisa　foro-fi
　　返回　　去-未-位　　径直　去-未-否　　后背　朝向-顺
　　amasi　sosoro-me　tuqi-mbi.
　　往后　　退-并　　　出-现
　　并不一直的走,转过脊背往外倒退着出去。(《续编兼汉清文指
　　要》上 12a3-4)

(2) tere　age　se-re-ngge,　musei　fe　adaki　kai,
　　那个　阿哥　助-未-名　　咱们.属　旧　邻居　　啊
　　xa-me　tuwa-me　mutu-ha　juse.
　　盯-并　　看-并　　成长-完　孩子.复
　　那个阿哥,是咱们旧街坊啊,看着长大的孩子。(《清文指要》中
　　7b7-8a1)

(3) niyalma-i　gvnin　be　muruxe-me　baha　manggi,
　　人-属　　　心思　宾　大致了解-并　能够.完　以后
　　amala　tuwaxa-me　aliyakiya-me　sini　eden　ba-be
　　后来　　监视-并　　等候-并　　　你.属　欠缺　地方-宾
　　hiraqa-mbi,　majige　jaka　ba　bi-qi,　dahala
　　窥伺-现　　　稍微　　缝隙　地方　有-条　跟随.祈
　　nakv,　uthai　emgeri　ura　te-bu-mbi.
　　之后　　就　　一次　　屁股　坐-使-现

把人的心料得了一点规模的时候，后来才看着等着瞅你的短处，料有了一点破绽就跟进去，就给一个凑手不及。(《续编兼汉清文指要》下 5a6-5b2)

动词词干加副动词后缀 -me 构成并列副动词，表示动作行为并列或同时发生，但不独立作谓语，而是相当于副词修饰后面的动词，说明后面动词的表达方式或目的，并与后面动词一起充当谓语。例（1）中并列副动词 sosoro-me 修饰动词 tuqi-mbi，表示 tuqi-mbi 的方式。其汉语对译"倒退着出去"也构成了"方式－动作"的状中结构语义关系，即"倒退着"说明"出去"的方式，"着"应该是并列副动词后缀 -me 的对译，说明"倒退"这一动作的持续状态。例（2）的 xa-me tuwa-me mutu-ha 中，近义并列副动词 xa-me 和 tuwa-me 共同说明 mutu-ha 的伴随状况，汉语对译成含有一个伴随状语的结构式"看着长大"，"着"应该是满语两个并列副动词后缀 -me 的对译，表示"看"这一动作的持续状态。例（3）中 tuwaxa-me 和 aliyakiya-me 作主动词 hiraqa-mbi 的状语，两个并列副动词后缀 -me 各自译作"着"，附于动词"看"和"等"后，表示动作持续的状态，"看着等着"与"瞅你的短处"构成"动作－目的"的状中结构。

2. 助词"着"对译满语顺序副动词后缀 -fi

(4) suwe   tede   aqa-na-qi,   mimbe   guile-fi   sasa   yo-ki.
    你们   他.与   见面－去－条   我.宾   约请－顺   一起   去－祈
    你们若是去见他，会着我一齐儿走。(《清文启蒙》14b2)

(5) ishunde   te-qe-fi   gisure-mbihe-de,   ere-be   gisure-me
    互相   坐－齐－顺   说－过－位   这个－宾   说－并

bihe-ngge, holkonde　tere-be　　gvni-na-fi　　leule-mbi.
过－名　　突然　　那个－宾　　想－出－顺　谈论－现
彼此一处坐着讲话的时候，正说着这个，忽然又题起那个来了。
（《续编兼汉清文指要》上 11b5-6）

动词词干加副动词后缀 -fi 构成顺序副动词，表示动作行为按时间、逻辑等顺序依次发生，作后面动词的状语或与后面动词组成连动结构一起作谓语。例（4）中顺序副动词 guile-fi 是为实现 yo-ki 而在 yo-ki 之前发生的动作行为，"着"对译后缀 -fi，表示"会"这一动作结果的持续，"会着"与"走"构成"动作－目的"的状中结构。例（5）中顺序副动词 te-qe-fi 表示主动词 gisure-mbihe-de 进行的一种方式，"着"对译顺序副动词后缀 -fi，说明 te- 行为的持续状态，te-qe-fi gisure-mbihe-de 的汉语对译"坐着讲话"也是"方式－动作"的状中结构语义关系。

3. 助词"着"对译满语持续副动词后缀 -hai/hei/hoi[①]

(6) ere　udu　inenggi　gvngka-me　halhvn　o-joro　jakade,
　　这　　几　　日子　　闷热－并　　热　　成为－未　因为
　　fa　be　suja-hai　tulergi　giyalan　bou-de　amga-ha　bihe.
　　窗户　宾　支撑－持　外面　　房间　　屋子－位　睡－完　过
这几日因为闷热的上，把窗户支着在外间夜里睡觉来着。（《续编兼汉清文指要》上 22b1-2）

---

① 后缀 -hai/hei/hoi 及下文出现的 -tala/tele/tolo、-ha/he/ho、-ra/re/ro 依照元音和谐规律附于动词之后。

(7) buda bouha be inu hahila-me dagila-bu, bi kemuni
饭　　菜　　宾　也　　快－并　　准备－使．祈　我　还
aliya-hai je-ki se-mbi-kai.
等－持　　吃－祈　助－现－啊

也把饭菜教快着收什,我还等着要吃。(《清文启蒙》50b6-51a1)

动词词干加副动词后缀 -hai/hei/hoi 构成持续副动词,表示这个动作、行为持续不停,多作状语修饰后面的动词。例(6)动词词干 suja- 加持续副动词后缀 -hai 表示 suja- 这一动作一直持续,作动词 amga-ha 的方式状语。"着"对译后缀 -hai,表示"支"这一动作的持续,"支着"与"睡觉"之间也是"方式－动作"的结构语义关系。例(7)从语义上看,aliya-hai 这一持续动作是为了实现后面 je-ki 这一行为,其汉语对译为"等着要吃","着"对译持续副动词后缀 -hai,说明"等"这一动作一直持续,"等着"是为了"要吃",二者为"动作－目的"的状中结构关系。

4. 助词"着"对译满语直至副动词后缀 -tala/tele/tolo

(8) qiksi-ka amba haha oso nakv, hendu-tele geli
长大－完　大　　男人　成为．祈　之后　说－至　又
uttu xan de donji-re gojime, gvnin de
那样　耳朵　位　听－未　　虽然　　　心　　位
tebu-ra-kv-ngge, dere jaqi silemin bai.
放置－未－否－名　脸　甚　皮实　　啊

已成了壮年的大汉子,说着说着又这样耳朵里听了,心里废弃的光景,太皮脸了啊。(《清文指要》中21b2-4)

（9）se-me　hendu-tele，uthai　xor　se-me　aga-me　deribu-he.
　　　助－并　说－至　　就　潇潇貌　助－并　下雨－并　开始－完
　　　正说着，就刷刷的下起雨来了。(《清文指要》下 34a6-7)

动词词干加副动词后缀 -tala/tele/tolo 构成直至副动词，延续该动词词义，并加强语气，作状语。例（8）中直至副动词 hendu-tele 强调 hendu- 的动作一直在延续，作动词 donji-re、tebu-ra-kv 的状语。汉语部分用助词"着"对译 -tele，并把 hendu-tele 对译成重叠式"说着说着"，强调"说"这一动作的持续进行。例（9）与此类同。

5. 助词"着"对译满语延伸副动词后缀 -mpi

（10）duibuleqi　hvda-i　　urse　　o-kini,　　haijung　　se-re
　　　比如　　　市场－属　人们　　成为－祈　负载沉重　助－未

　　　ujen　jaka　　be　damjala-fi,　monggon　sa-mpi　　ba
　　　沉重　东西　　宾　挑－顺　　　脖子　　　伸－延　　地方

　　　ba-de　　xodo-me　hvla-hai,　nei　taran　waliya-tala,　arkan
　　　地方－位　逛－并　　叫－持　　汗　大汗　抛－至　　　刚刚

　　　teni　tanggv　jiha　funqe-me　buta-fi　ergen　hetumbu-mbi-kai.
　　　才　　一百　　钱　　剩余－并　挣钱－顺　生命　度日－现－啊

　　　譬如买卖人们，挑着沉重的东西，伸着脖子往各处奔定吻呼，压的浑身是汗，将将的剩个一百多钱养命。(《续编兼汉清文指要》下 18b2-5)

动词词干加副动词后缀 -mpi 构成延伸副动词，表示动作行为逐渐完成，加深动词词义。例（10）中延伸副动词 sa-mpi 修饰后面的副动词 xodo-me hvla-hai，表示方式。"着"对译后缀 -mpi，说明"伸"这一动作的持续进行，"伸着"表示"往各处奔定吻呼"的一种方式。而且例（10）中出现了多个副动词形式 damjala-fi、sa-mpi、xodo-me、hvla-hai、waliya-tala、funqe-me、buta-fi 等，不难看出，正是副动词后缀各自不同的语义功能，满语才得以多个动词同时参与到句子所叙述的行为事件当中，使得句子所表述的内容条理清晰、复杂而又丰富。

6. 助词"着"对译满语条件副动词后缀 -qi

（11）xumin -i bujan dolo, sebderi de serguwexe-me,
　　　深处　属　树林　里面　树荫　位　乘凉－并
　　　nure omi-qi, umesi amtangga.
　　　酒　喝－条　非常　有趣
　　　在深林内，乘着凉，饮着酒，狠有趣。（《续编兼汉清文指要》上 30a5-6）

（12）jui o-ho niyalma, ama eme jobo-me suila-me
　　　孩子 成为－完 人　父　母　劳苦－并 辛苦－并
　　　uji-he hvwaxa-bu-ha kesi be gvni-qi.
　　　培养－完 生育－使－完 恩惠 宾 想－条
　　　为人子的，要想着父母勤劳养育的恩。（《清文指要》下 6a7-6b2）

动词词干加副动词后缀 -qi 构成条件副动词，表示该动作行为是其后动作行为或性状发生的前提条件。换言之，在条件副动词所表示的动作行为持续进行或完成的前提下，其后动作行为或性状才得以发生。例（11）在条件副动词 omi-qi 表示的这一动作持续进行的前提下，谓语 amtangga 才能实现。汉语部分用助词"着"对译后缀 -qi，说明"饮"这一动作的持续进行，同时"饮着"与并列副动词 serguwexe-me 的对译成分"乘着"一起作为实现"有趣"的条件。例（12）中条件副动词 gvni-qi 作句子的谓语动词，其汉语对译"想着"中"着"为持续体助词表示心理动词"想"的持续状态。

7. 助词"着"对译满语让步副动词后缀 -qibe

（13） gete-qibe　　weri　　amga-ra　　adali,　　bai　　niyalma-i
　　　　醒－让　　　别人　　睡－未　　一样　　　白白　　人－属
　　　　ton　　dabala.
　　　　数目　　而已

醒着倒像睡觉的一样，白一个人数儿罢咧。（《续编兼汉清文指要》上 11a7-11b1）

（14） angga　　de　　uttu　　gisure-qibe,　　beye　　sere-bu-me
　　　　嘴　　　位　　这样　　说－让　　　　身体　　发觉－使－并
　　　　katunja-me　　mute-ra-kv.
　　　　忍耐－并　　　可以－未－否

嘴里虽然这样说着，身子显着勉强不住。（《续编兼汉清文指要》下 22a1-2）

动词词干加副动词后缀 -qibe 构成让步副动词，让步实际上是后面动作行为得以发生的前提或条件，这与条件副动词有相通之处。因此我们可以像理解条件副动词一样认为在让步副动词所表示的动作行为的持续进行或完成的前提下，其后动作、行为、性状才得以发生。例（13）里让步副动词 gete-qibe 所表示的行为状态与 amga-ra 形成一种对比，汉语部分用"着"对译后缀 -qibe，表示"醒"这一状态的持续。例（14）里让步副动词 gisure-qibe 表示在让步条件下 gisure- 这一动作的持续，汉语部分用"着"对译让步副动词后缀 -qibe，表示动作"说"的持续进行。

(二)助词"着"与满语动词时体后缀的对译

1. 助词"着"对译满语动词完整体后缀 -ha/he/ho

满语动词完整体后缀 -ha/he/ho 表示行动已经发生、已经完成,但是行动完成后造成的结果可能一直在持续,这与汉语助词"着"的用法一致,所以汉语部分往往用持续体助词"着"来对译。

(15) beye   piu   se-me,   bethe-i   fejile   kubun   -i
     身体   轻飘貌   助-并   脚-属   下面   棉花   属
     farsi   be   fehu-he   adali,   elekei   makta-bu-ha-kv
     块   宾   踩-完   一样   几乎   抛-被-完-否
     bihe.
     过

身子虚飘飘,脚底下踩着绵花瓜子是的,险些儿没有撩倒来着。
(《清文启蒙》29a3-5)

(16) inu   sini   bou-de   ududu   morin   hvwaita-ha-bi
     是   你.属   家-位   几   马   拴-完-现
     kai,   ere   giyan   ningge.
     啊   这个   当然   事情

是阿你家拴着好几匹马,这是该的。(《清文指要》下 19b3-4)

例(15)中完整体动词 fehu-he 表示动作已经发生和完成,但动作完成后产生的结果一直持续,所以汉语用"踩"对译满语动词词干 fehu-,"着"对译满语完整体后缀 -he,表示"踩"完成后的状态一直持续。例(16)仿此。

2. 助词"着"对译满语动词未完整体后缀 -ra/re/ro

满语动词未完整体后缀 -ra/re/ro 表示动作发生、没结束或者将要发生。动作发生或没结束的状况也就是动作在持续进行中，这与汉语持续体助词"着"的用法较为吻合。

(17) teni　　aba　　sara-fi　　gene-re-de,　　orho-i　　dorgi-qi
　　　才　　围　　扩大－顺　　去－未－位　　草－属　　里面－从

　　　emu　　jeren　　feksi-me　　tuqi-ke.
　　　一　　黄羊　　跑－并　　出－完

才放开围走着，从草里跑出一个黄羊来了。(《续编兼汉清文指要》上 1a4)

(18) ere　　gemu　　age　　si　　seibeni　　guqu-se　　de
　　　这个　　都　　阿哥　　你　　曾经　　朋友－复　　位

　　　habqihiyan　　ofi,　　teni　　gemu　　uttu　　hing　　se-me
　　　亲热　　因为　　才　　都　　这样　　专心　　助－并

　　　gvnin　　de　　tebu-re　　dabala.
　　　心意　　位　　放置－未　　罢了

这皆因是阿哥你平素间合朋友们和钞，才都这样诚心垫着罢咧。(《清文启蒙》18a4-5)

例(17)中未完整体动词 gene-re 表示动作正在发生和持续进行，汉语用"走着"对译，显然"着"因未完整体后缀 -re 的时体意义而译出。例(18)中未完整体动词 tebu-re 表示动作现在存续的状态，"着"对译为完整体后缀 -re，表示"垫"这一心理行为动词的持续状态。

3. 助词"着"对译满语动词现将时后缀 -mbi

满语动词的现在将来时，简称现将时，其后缀为 -mbi，表示动作行为正在进行或将要发生，与汉语持续体助词"着"的功能相近，三种满汉合璧文献中出现了用汉语持续体助词"着"对译现将时后缀 -mbi 的用例。

（19）bi　　dosi-ki　　se-qi,　　aifini　uthai　dosi-mbi-kai,　geli
　　　我　　进入-祈　想-条　　早已　　就　　进入-现-啊　　又

　　　sini　　anahvnja-ra　be　aliya-mbi-u?
　　　你.属　让-未　　　　宾　等-现-疑

　　　我若是要进去，早已就进去咧，还等着你让么？（《清文启蒙》
　　　49a2-3）

（20）yasa　faha　guribu-ra-kv,　hada-hai　simbe　tuwa-mbi.
　　　眼睛　球　　动-未-否　　　钉-持　　你.宾　看-现

　　　眼珠儿也不动，直直的望着你。（《续编兼汉清文指要》上 11b7-
　　　12a1）

例（19）中现将时后缀 -mbi 说明词干 aliya- 所表行为的持续状态，译者用持续体助词"着"对译后缀 -mbi，说明"等"这一动作持续进行。例（20）同此。

(三) 助词"着"与满语动词祈使式的对译

满语的祈使语气是通过满语动词祈使式来表达的。满语动词祈使式是由满语动词词干或加相应词缀构成的，表示请求、希望、祝愿、命令等祈使语气，且随人称的不同而有不同的表示形式。其中词缀 -ki 可用于第一人称和第二人称祈使式，-kini 可用于第二人称和第三人称祈使式，单用动词词干也可构成第二人称祈使式。近代汉语中"着"可用于动词后表祈使语气，满汉合璧文献中有不少用"动词+着"来对译满语动词的祈使式。

(21) bi　　　ini　　arbun　be　tuwa-qi,　inu　baita　be　sarta-bu-re
　　 我　　　他.属　态度　宾　看-条　　又　　事情　宾　耽误-使-未
　　 niyalma　waka,　si　damu　mujilen　be　sulakan　sinda.
　　 人　　　　不是　　你　只管　　心　　　宾　轻松　　　放.祈
　　 我看他的光景儿，也不是误事的人，你只管把心放宽着。（《清文启蒙》6b3-5）

(22) beye-be　　saikan　uji-kini,　hvdun　yebe　o-kini.
　　 身体-宾　　好好　　养-祈　　 快　　　好　　成为-祈
　　 把身子好好的着，快好罢。（《续编兼汉清文指要》下22a3-4）

(23) beye-i　　gubqi　hvmbur　se-me,　nei　tuqi-re　jakade,
　　 身体-属　整个　湿淋淋貌　助-并　汗　出-未　　因为
　　 majige　serguwexe-ki　se-me,　sijigiyan　be　su-he.
　　 稍微　　凉快-祈　　　想-并　　上衣　　　宾　脱-完
　　 出了通身的汗的上，把袍子脱了凉快着。（《续编兼汉清文指要》上7a7-7b1）

(24) age　muse　ere　xolo　de,　neneme　dere　be
　　 阿哥　我们　这　空闲　位　先　　　桌子　宾
　　 hvwa　de　guri-bu-fi　te-ki　bai.
　　 院子　位　挪-使-顺　　坐-祈　吧
　　 阿哥咱们称着这个工夫，先把桌子挪在院子里去坐着罢。（《清文启蒙》45a2-3）

例(21)从满汉比照来看,满语动词零形式祈使式 sinda 对译成汉语"放宽着","放宽"是一个动作及其结果的动补结构,所以"着"不再可能表示持续,"着"在这里应该是对译满语动词的祈使式,表示祈使语气,表达说话人希望、规劝的主观情绪。例(22)中 beye-be saikan uji-kini 对译成了"把身子好好的着",从句子的主干来说,满语句是 OV 结构,译者把它对译成了一个处置句,而且这个处置句并没有出现动词,所以"着"并不表示持续,而是用在处置句末尾表示说话人的一种期望,所以"着"应是对译 ujikini 的祈使后缀 -kini 的结果。例(23)中动词祈使式 serguwexe-ki 对译成"凉快着","凉快"是一个状态动词,状态可以持续,所以"着"用于"凉快"之后有两种理解的可能:一是"凉快"只是表达一种状况,"着"与动词"凉快"没有直接的关系,而是表达说话人的一种语气,此时"着"是祈使语气词;一是说话人表述的是"凉快"这种状态的持续,此时"着"是一个持续体助词。例(24)中 te-ki 对译成"坐着","着"理应是祈使后缀 -ki 的对译,但是汉语中"坐"是一个可持续性动词,"着"在动词"坐"后一般理解成持续体助词,表示"坐"这一动作的持续,而且该例句尾还有表示祈使语气的语气词"罢",所以"着"应视为持续体助词。

由以上分析可以看出,"着"之所以能够对译满语的副动词后缀和动词的时体后缀,是因为这些副动词后缀或时体后缀都可以使满语动词具有表示动作行为或其结果持续的含义,这与汉语持续体助词"着"的功能正相一致。时体助词"着"自唐代以来发展出了语气助词的功能,可跟在动词后面表祈使语气,这使得其在对译满语祈使式时占得了先机。对译满语动词祈使式的"着",在汉语语句中功能有别：有的可看作祈使语气助词，有的则更倾向于看作持续体助词。

（四）助词"着"与满语形容词的对译

1. 满语形容词对译成"动词+着"

满汉对照来看，不少满语句的形容词对译成了"动词+着"的形式。

（25）angga　labdahvn　ergen　sukdun　akv.
　　　嘴　　 下垂　　 气息　　呼气　　否
　　　把嘴唇子搭拉着没气儿的一样。(《续编兼汉清文指要》上 11b6-7)

（26）teni　alin　be　daba-me　ishun　ji-dere-ngge.
　　　才　　山　 宾　跨越－并　对面　 来－未－名
　　　才过了山迎着来。(《续编兼汉清文指要》上 1b5)

（27）ere　gese　hvnta-me　halhvn　de，weri　beye　niuhuxun，
　　　这　 样子　燥热－并　热　　 位　 别人　身体　 裸身
　　　bai　te-he-de　hono　halhvn　qali-rahv　se-mbi-kai.
　　　只是　坐－完－位　还　　热　　中暑－弱　助－现－啊
　　　这样的燥热，人家光着身子，闲坐着还怕受热中暑呢。(《续编兼汉清文指要》下 18a5-6)

（28）yasa　gakda　bi-me　hiyari，kerkene-he　kerkeri，
　　　眼睛　单个　有－并　 斜眼　 满脸麻子－完　麻子
　　　hoshori　salu.
　　　卷曲　　 胡须
　　　一只眼又邪着，酱稠的麻子，倒卷着的胡子。(《清文指要》中

24b7-25a1）

（29）beye gubqi xahvn, uju-i funiyehe lebdehun, na
身体 全部 淡白色 头－属 头发 下垂 地
de fekuqe-me bi.
位 跳跃－并 现

浑身雪白的，蓬着头发，在地下跳呢。(《续编兼汉清文指要》上 22b6-7)

例（25）中 labdahvn 为形容词，有"(耳唇)下垂"之义，描绘名词 angga 的状态。labdahvn 汉语对译为"搭拉着"，"搭拉"在汉语中是一个动词，助词"着"一方面表示"搭拉"这一动作的持续，同时也弱化了"搭拉"的动作性，增强了其描摹性，使其与形容词 labdahvn 更为一致。例（26）中形容词 ishun 修饰动名词 ji-dere-ngge，ishun ji-dere-ngge 对译为"迎着来"，"迎"在汉语中一般当作动词，"迎"加助词"着"即"迎着"，这一持续性动作放在动词"来"的前面表示"来"的方式。例（27）中形容词 niuhuxun 表示不着衣物，汉语对译为"光着"，表示"身体露"时"光"为动词，助词"着"用于动词"光"后表示"光"这一行为结果的持续。例（28）中 hoshori 是形容词，意思是"卷毛的""毛（发）卷生的"，其汉语对译为"倒卷着"，这里"卷"汉语一般视为动词，"着"用于其后，表示"卷"这一行为发生后的结果一直持续。例（29）中形容词 lebdehun 意为"疲软的""无精神的"等，对译成"蓬着"，"蓬"为动词，"使蓬松"的意思，助词"着"用于其后，表示"蓬"这一动作结果的持续。

2. 满语形容词对译成"形容词+着"

合璧文献中也出现了满语形容词对译成汉语"形容词+着"的例子。

(30) mimbe　tuwa-hai　bi-kai,　bi　mangga　mujilen　-i　ya
　　　我.宾　看-持　现-啊　我　硬　　　心　　工　谁

　　　emken　be　lashala-me　mute-re　se-me.
　　　一个　　宾　断绝-并　　可以-未　助-并

　　　全不过白看着我罢咧，我就狠着心可离得开谁呢。(《续编兼汉清文指要》下 11b6-12a1)

(31) gvnin　werixe-fi　aldangga　o-bu-ra-kv　　se-qi,　ini
　　　心　　确认-顺　远　　　　成为-使-未-否　助-条　他.属

　　　geuden　de　tuhene-ra-kv　bi-he-u?
　　　奸计　　位　陷入-未-否　　有-完-疑

　　　要不留心远着他，有不落在他的局骗里头的吗？(《清文指要》下 28b5-6)

例(30)中形容词 mangga 意思为"意志坚决""狠"等，定中关系的 mangga mujilen 对译为"狠着心"，而"狠着心"则是动宾关系，"狠"本为形容词，加"着"之后具有了动词性，"心"是其宾语，助词"着"用于"狠"后表示这种性状的持续。例(31)中形容词 aldangga 对译为"远着"，汉语中"远"也是一个形容词，但"远着他"组成了一个动宾结构，即"远着"具有动词性，"着"表示"远"这种性状的持续。

那么形容词"狠""远"+"着"怎么具有了动词性呢？我们认为这应该是体助词"着"作用的结果。作为体助词，"着"经常用在动词后表示动作或其结果的持续和进行，后来"着"也可用于形容词后表示状态的持续，同时也增强了该形容词的动词性，使得"形容词＋着"后可带宾语。这两例就是旗人灵活运用汉语"形容词＋着"对译满语形容词的结果。

(五) 助词"着"与满语叹词的对译

（32）yasa　nei-fi　mini　gala　be　jafa-fi　geli　jafa-xa-me,
　　　眼睛　开－顺　我．属　手　宾　握－顺　又　握－常－并
　　　ai　ere　mini　gaji-ha　oron　sui.
　　　哎　这　我．属　拿来－完　刑罚　罪过
　　　睁开眼睛拉着我的手不放，叹着说这也是我作的罪。（《续编兼汉清文指要》下 11a6-11b1）

例（32）ai 为叹词，表示叹息、唉之义，汉语灵活对译成"叹着说"，"叹"在汉语中一般看作动词，后加助词"着"说明"叹"这一状态的持续，"叹着"表示"说"的一种方式。

(六) 助词"着"无对译成分

（33）bou-de　bai　tere　anggala,　sargaxa-ra　gese　gene-qi,
　　　家－位　白白　那　而且　游玩－未　样子　去－条
　　　ai　o-jora-kv　se-re　ba-bi.
　　　什么　可以－未－否　助－未　地方－有
　　　与其在家里白坐着，莫若闲旷的一样，消着愁闷儿去走走。（《续编兼汉清文指要》上 10b6-11a1）

（34）yasa　　kaikara　　nakv,　　urui　　hehe-si　　feniyen　　de,
　　　 眼睛　　斜视.祈　 之后　　只管　　女人-复　　人群　　位
　　　 guwele　 qele　 gohodo-ro-ngge.
　　　 窥探　　漏　　卖俏-未-名
　　　 斜着眼儿必定在妇人们的群里，躲躲闪闪的晃着稀软的身子摆浪子的。(《续编兼汉清文指要》上29a1-2)

（35）giyan　　be　　bodo-me　　o-ho-de,　　bi　　esi　　mutere-i
　　　 道理　　宾　 筹算-并　　成为-完-位　 我　 当然　 能力-属
　　　 teile　 faxxa-qi.
　　　 只有　 努力-条
　　　 论起理来的时候，我自然尽着量儿吧咭①。(《清文启蒙》8a6)

例（33）"坐着"没有直接对译的满语相关成分，而是根据上下文义灵活译出的成分，因此本文称之为无对译成分，"着"用在动词"坐"的后面表示动作的持续；"消着"也是如此。例（34）中"晃着"也没有直接的满语对应成分，"着"用于"晃"后表示状态的持续。例（35）中"尽着量"也无满语对译成分，汉语中"尽量"为一个动词，表示"达到最大限度"的意思，"着"用于其中形成了词的离合形式。

---

① 量：注音本、刘东山本作"力"。

表 4–12　助词"着"与满语的对译情况[①]

		清文启蒙	清文指要	续编兼汉清文指要
副动词后缀	–me	18/–	47/–	72/–
	–fi	6/–	12/–	24/–
	–hai/hei/hoi	5/–	11/–	13/–
	–mpi	–/–	–/–	1/–
	–tala/tele/tolo	–/–	2/–	–/–
	–qi	4/–	3/–	7/–
	–qibe	–/–	–/–	5/–
动词时体后缀	–ha/he/ho	4/–	10/–	16/–
	–ra/re/ro	7/–	9/–	10/–
	–mbi	2/–	3/–	3/–
动词祈使后缀	–kini	1/–	–/–	1/1
	–/ki	2/–	–/–	1/–
	零形式	3/2	11/–	10/–
形容词	tulgiyen	1/–	–/–	–/–
	aldangga	–/–	1/–	–/–
	hoshori	–/–	1/–	–/–
	labdahvn	–/–	–/–	2/–
	doholon	–/–	–/–	1/–
	gehun	–/–	–/–	2/–
	ishun	–/–	–/–	2/–
	lebdehun	–/–	–/–	1/–
	mangga	–/–	–/–	1/–
	mongniuhon	–/–	–/–	1/–
	niuhuxun	–/–	–/–	1/–
叹词	ai	–/–	–/–	1/–
无对译成分		1/–	–/–	6/–

---

① 表 4–12 "/"前数字为持续体助词频次,"/"后数字为语气助词频次。

三、构词语素"着"与满语相关成分的对译

(一) 汉语文献中构词语素"着"

从对元明清时期的文献调查及现有研究来看，至少在明代"着"已由助词进一步语法化为词内成分，即构词语素，像"赶着""趁着""紧着"等。如：

(36) 不则一日，早到京口，趁着东风过江。(《拍案惊奇》卷八)

(37) 当时定哥虽对贵哥说了这一番，心中却不舍得断绝乞儿，依先暗暗地赶着空儿干事。(《醒世恒言》23卷)

(38) 那武松紧着心中不自在，那婆子不知好歹，又徯落他。(《金瓶梅词话》87回)

把"着"前成分用 X 代指，由例(36)—(38)来看，X 原来的词性可以是动词，如"趁""赶"，也可以是副词，如"紧"[①]；X 与"着"组合成词后，"X 着"词性不一，可以是介词，如"趁着""赶着"，也可以是副词，如"紧着"。由近代汉语语料及"着"的语法化历程来看，构词语素"着"应该是在"V_1+着(+O)+V_2"的语境下发展而来的。"V_1+着(+O)+V_2"在唐代就已出现，宋代以后这种结构式日渐普及开来，如：

(39) 房房下着珠帘睡，月过金阶白露多。(王建：宫词，全唐诗)

[①] "紧"作程度副词在近代汉语中使用较为普遍，详细论述见冯春田：《近古汉语里"紧"、"打紧"、"紧着(自)"之类虚词的语法分析》，《古汉语研究》，1996年第1期。

（40）皇帝忽然赐匹马，交臣骑着满京夸。(《敦煌变文集·长兴四年讲经文》)①

例（39）（40）中"V_1着（+O）"旨在说明V_2所表示的动作行为得以进行的一种方式、状态或目的，换言之，"V_1+着（+O）+V_2"构式的语义重心在V_2，"V_1着（+O）"处在一个语义不太凸显的修饰语位置，而这一位置更加促使其语义的弱化。元明时期，"V_1+着（+O）+V_2"构式的使用明显增多，V_1的适用范围越来越大，"V_1着"的修饰语角色更趋明显。随着"V_1着"与V_2由连动关系到修饰与被修饰关系的转变，V_1的动词义逐渐弱化和消失，"着"表示持续和进行的功能也随之磨灭，"V_1着"凝结成一个词，V_1与"着"都成了其中的一个构词语素。由于V_1及词汇化后的"V_1着"词性的多样性，我们这里无法一一描述其成词过程。

(二) 三种合璧文献中构词语素"着"

三种满汉合璧文献中因对译满语格助词、副词、代词等形式出现了不少构词语素"着"。

1. 构词语素"着"与满语与位格助词 de、工具格助词 i 的对译

满语与格助词 de 表示动作行为的方向和目的，与汉语"对于……""向着……"相当；满语位格助词也是 de，表动作行为所处的地点和时间；满语工具格助词 i，也称以格助词，表示动作行为赖以实现的方法、工具、方式等。三种合璧文献中有不少构词语素

---

① 例（39）（40）转引自曹广顺：《近代汉语助词》，北京：语文出版社，1995 年，第 32 页。

第四章 满语对清代旗人汉语助词的干扰 | 393

"着"与满语与位格助词 de、工具格助词 i 对译的例子。

(41) i   sinde   angga   juwa-fi   bai-ra-kv   o-qi   waji-ha,
    他 你.与   嘴   开-顺   求-未-否   成为-条 完结-完
    aikabade   sini   baru   bai-me   o-ho-de,   bisirei
    如果   你.属 向   求-并   成为-完-位 所有
    teile   inde   aqabu-me   bu-qi,   teni   inu   -i   gese.
    尽量   他.与 符合-并   给-条   才   正确 属   样子
    他不望着你开口寻罢了，倘若是望着你寻的时候，尽所有的应付
    他，才像是。(《清文启蒙》11a6-11b2)

(42) juse   omosi   de   enqehen   akv   oqi,   erin   de
    子辈.复 孙辈.复 位   才能   否   若是   时候   位
    aqabu-me   faliya-ra   de   mangga.
    集合-并   祭奠-未   位   难
    要是子孙没力量，难按着时候上坟啊。(《清文指要》下 32b5-6)

(43) qe   aika   uttu   tuttu   se-re   nimequke   gisun
    他们 如果   这样   那样   说-未   厉害   话语
    -i,   niyalma   be   jalida-me   hoxxo-ra-kv.
         工   人   宾   使奸计-并   骗哄-未-否
    他们要不拿着怎长怎短的利害话，诓骗人。(《清文指要》下 1b3-4)

满汉对勘看出，例（41）中复音介词"望着"是对译与格助词 de 的结果，例（42）中复音介词"按着"是对译位格助词 de 的结果，例（43）中复音介词"拿着"显然是对译工具格助词 i 的结果。

2. 构词语素"着"与满语副词、形容词的对译

（44）emdubei　amasi　julesi　niyalma　be　akabu-mbi,
　　　只顾　　返回　　往前　　人　　　宾　　为难-现

　　　umai　toktoho　gisun　akv.
　　　完全　确定　　话语　　否

　　　尽着来回勒揹人，竟没个一定的话。(《清文启蒙》15a3-4)

（45）muritai　ini　gisun　be　uru　ara-fi,　aina-ha
　　　执意　　他.属　话语　宾　正确　做-顺　做什么-完

　　　seme　waka　be　ali-me　gai-ra-kv　kai.
　　　虽然　错误　宾　受-并　取-未-否　啊

　　　一定要强着说他的话是，任凭怎的不认不是。(《续编兼汉清文指要》下 13b7-14a2)

（46）tede　emu　dobton　melebu-ha,　si　jai　hvdun　gene.
　　　他.与　一　　册　　遗漏-完　　你　再　　快　　去.祈

　　　遗漏了一套，说你再快着去。(《清文指要》下 14b1-2)

例（44）中副词 emdubei 意为"只管/总是"，与汉语双音副词"尽着"语义相同，说明其后动词一种持续的状况。例（45）中副词 muritai 意为"固执到底"，与汉语副词"强着"相近，表示后面动词"说"的一种情态。例（46）hvdun 为形容词，意为"快/迅速"，对译成副词"快着"，与动词"去"形成手段和目的的语义关系。很显然这些例子中的构词语素"着"均是灵活对译满语形容词、副词而出现的。

3. 构词语素"着"与满语代词、动词的对译

因对译满语代词、动词而出现的构词语素"着"只出现在《清

文启蒙》中,《清文指要》和《续编兼汉清文指要》中没有出现。

(47) gaitai　uttu　　o-ki　　se-mbime,　holkonde　geli　tuttu
　　　突然　 这样 　成为-祈　助-而且　　忽然　　又　 那样
　　　o-ki　　se-mbi,　absi　toktohon　akv　bai.
　　　成为-祈　助-现　 何其　 定准　　否　 吧
　　　忽然要这们着,忽然又要那们着①,好没个定准罢。(《清文启蒙》
　　　7a1-2)

(48) ai　　o-qibe,　ini　qisui　emu　doro　giyan　bi.
　　　什么　成为-让　他.属　任意　一　 规则　道理　 有
　　　凭他怎么着,自然有一个道理。(《清文启蒙》12a4-5)

(49) aikabade　　te　　mute-mbi　se-me　hendu-fi,　amaga
　　　如果　　 现在　 能够-现　 助-并　说-顺　　后来
　　　inenggi　mute-ra-kv　　o-ho-de　　aina-ra.
　　　日子　 能够-未-否　 成为-完-位　怎么做-未
　　　倘或如今说了能得来,日后不能的时候怎么着。(《清文启蒙》
　　　8a3-4)

　　例(47)中"这们着""那们着"分别对译指示代词 uttu、tuttu,例(48)中"怎么着"对译疑问代词 ai,例(49)中"怎么着"对译动词 ainara。从句子语境来看,"这们着/那们着/怎么着"等都应是一个独立的词,即"这们""那们""怎么"等与"着"之间不可再切分,这也就意味着"着"是一个词内成分,即构词语素。

---

① "这们着""那们着"中"着"刘东山本作"说"。

4. 构词语素"着"与满语方位词的对译

（50） bi　　aika　　edun　-i　　qashvn　　bi-he　　biqi　　hono

　　　我　　如果　　风　属　顺着　　有–完　若是　　还

yebe　bihe.

稍好　过

我要是顺着风来还好来着。(《续编兼汉清文指要》上 3b6-7)

例（50）中 qashvn 为方位词，意为"背对着 / 相反"。edun -i qashvn 是一方位短语，其汉语对译"顺着风"则是一个介宾短语，"着"是复音介词"顺着"中的一个构词语素。

5. 构词语素"着"与满语后置词的对译

满语后置词位于动词、名词及其他词类之后，能够表示各种语义，但不能单独存在，必须与其前面的词共同发挥语法作用。三种满汉合璧文献中有一部分"着"就是对译满语后置词的结果，而这种结果可分为两类：一类"着"确实已经成为构词语素，一类"着"既可看作构词语素又可看作持续体助词。

5.1 "着"为构词语素

因对译而出现构词语素"着"的满语后置词主要有 baru、baime、songkoi、dahame。其中 baru、baime 为一类，均有"向、往、朝着"等意思，baru 要求它前面的词为属格形式（...i baru...），baime 要求它前面的词为宾格形式（be...baime）；songkoi、dahame 算作一类，有"依照、按照"等意思，songkoi 要求它前面的词为属格或与格形式或动词的形动形式，dahame 要求它前面的词为宾格形式（...be dahame...）。

(51) fonjin　　hese　　akv,　　faha-me　　tuhei　　nakv,　　aktala-me
　　　询问　　命令　　否　　摔－并　　倒．祈　　之后　　跨－并
　　　te-fi,　　dere　　yasa　　be　　baime　　tanta-me　　deribu-he.
　　　坐－顺　　脸　　眼睛　　宾　　朝向　　打－并　　开始－完
　　　也不问一问，就摔个仰面筋斗拉倒，照着脸上眼睛打起来了。
　　　(《续编兼汉清文指要》上26b3-4)

(52) aikabade　　ini　　baru　　emu　　gvnin　　mujilen　　-i
　　　如果　　他．属　　向　　一　　想法　　心　　属
　　　baita　　be　　hebde-ne-qi,　　damu　　oilori　　deleri　　se-me
　　　事情　　宾　　商量－去－条　　只是　　上面　　表面　　助－并
　　　jabu-mbi.
　　　回答－现
　　　倘若望着他去商量一件心腹的事儿①，只是浮面皮儿的答应。(《清文启蒙》5a2-3)

(53) bi　　gvnin　　akvmbu-me　　taqibu-re　　de,　　giyan　　be
　　　我　　心　　竭尽－并　　教导－未　　位　　道理　　宾
　　　dahame　　taqibu-qi　　waji-ha,　　donji-re　　donji-ra-kv-ngge
　　　跟随　　教导－条　　完结－完　　听－未　　听－未－否－名
　　　suweni　　qiha　　dabala.
　　　你们．属　　任凭　　罢了
　　　我该尽心教的，按着理教就完了，听不听随你们罢了。(《清文指要》中22a2-3)

---

① 刘东山本无"望着"的"着"字。

（54）ala-ha　songkoi　bai-me　gene-fi　tuwa-qi,　umesi　koqo
　　　 告诉-完　依照　 求-并　 去-顺　看-条　 很　 弯弯
　　　 wai,　duka　yaksi-fi　bi.
　　　 曲曲　 门　 闭-顺　 有
　　　 照着告诉的话我了去瞧[①]，狠背的小地方，关着门呢。(《清文指
　　　 要》中 26a1)

例（51）中"照着"对译 baime，由语境看，句中"照"并不表示"遵照"这样的动作义，而是与"着"一起把"脸上眼睛"介绍给后面的动词"打"，表示这一动作针对的方向、对象，所以"照着"应看作一个复音介词，"着"是其中一个语素。例（52）对译 baru 的"望着"与例（51）同。例（53）中"按着"对译 dahame，"按"缺乏动作义，与"着"一起把"理"介绍给"教"，说明"教"这一动作实施的标准，"按着"即为一复音介词，"着"为其中一个构词语素。例（54）中对译 songkoi 的"照着"也是如此。

5.2 "着"既可看作构词语素又可看作持续体助词

在对译满语后置词 iqi、qiha、qihai、ishun 时出现了既可看作构词语素又可看作持续体助词的"着"。后置词 iqi、qiha、qihai 为一类，有"顺着、随着、由着、任凭"等意思：iqi 要求它前面的词为属格形式或动词的形动形式；qihai 与 qiha 同，要求它前面的词为属格形式（...i qiha (i)...）。ishun 为一类，有"迎着"的意思，要求它前面的词为属格形式（...i...ishun）。

[①] 我：[日] 竹越孝校注本《新刊清文指要》作"找"。

第四章　满语对清代旗人汉语助词的干扰 | 399

(55) damu　angga-i　iqi　gisure-he　gojime,　amaga　inenggi
　　 只是　 嘴－属 顺从　 说－完　 虽然　 后来　 日子
　　 aqana-ra　aqana-ra-kv　ba-be　inu　majige　bodo-ra-kv
　　 符合－未　符合－未－否　地方－宾　也　稍微　筹算－未－否
　　 o-qi.
　　 成为－条
　　 只顾信着嘴说出来，也不算计一算计日后应不应。(《清文启蒙》13b3-5）

(56) gene-ra-kv　oqi,　inu　mini　qiha　dabala.
　　 去－未－否　若　 也　 我.属　任意　罢了
　　 若是不去，也由着我罢咧。(《清文启蒙》3a1-2)

(57) damu　eigen　sargan　se-re-ngge,　gemu　nenehe　jalan
　　 只是　 夫　　 妻　　 助－未－名　 全都　 前　　 世
　　 -i　tokto-bu-ha　salgabun,　niyalma-i　qihai　o-qi
　　 属　决定－使－完　姻缘　　 人－属　　 擅自　成为－条
　　 o-jora-kv.
　　 可以－未－否
　　 但只夫妻啊，全是前世里造定的啊，不是由着人的啊。(《续编兼汉清文指要》上24a5-6)

(58) suqungga　inenggi　hoton　-i　duka　nei-re　ishun
　　 起初　　 日子　　 城　　 属　门　　开－未　向
　　 uthai　jura-ka,　yamji-tala　yabu-fi　teni　isina-ha.
　　 就　　出发－完　晚上－至　 行走－顺　才　 到达－完
　　 头一日顶着城门就起了身，直到晚上才到去了。(《清文指要》下

32a4-6)

例（55）中"信着"对译 iqi，"信"可理解成动词，表示"听凭""任凭"之义，那么"着"即为体助词，"信着嘴"表示动词"说"的方式；而"信着嘴"这一方式，其实也是动词"说"的一种途径，"信着"把"嘴"介绍给"说"，那么"信着"可理解成一个复音介词，"着"即为一个构词语素。例（56）"由着"对译 qiha 后没有再出现动词，因此我们更倾向于把"由"理解成动词，"着"为体助词。但"由"是一个非动作性动词，导致其后"着"的持续体功能较弱，"由着"结合得较为紧密，"着"更像是附着在"由"后的一个构词语素。例（57）"由着"对译 qihai，与例（56）同。例（58）"顶着"对译 ishun，"顶"可理解为动词，表示"迎"的意思，"着"为体助词，"顶着城门"表示"起身"的方式；而"顶着城门"也可理解为"起身"的方向，所以"顶着"可看作复音介词，"着"为构词语素。

6. 构词语素"着"无满语对译成分

(59) arga akv katunja-hai, arkan se-me dule-mbu-he.
方法 否 忍耐-持 刚好 助-并 通过-使-完
没法儿尽着强扎挣着①，刚刚儿的好了。（《清文启蒙》29a5）

(60) tere nantuhvn, ai ton bi seme jing dabu-fi
那 人 贪脏 什么 数目 有 虽然 正好 算-顺
gisure-mbi.
说-现

---

① 尽着：注音本、刘东山本无"尽着"。

把那个混账东西，算在那个数儿里仅着说呀。(《续编兼汉清文指要》下 3a3-4)

(61) eiqi   we-i   juleri   gisure-he   bihe,   inu   emu   siden
　　或者　　谁-属　　前面　　说-完　　　过　　　也　　一　　　证

bakqin   bi-dere.
对手　　　有-吧

或是当着谁的面前说来着，也要有一个对证罢咧。(《清文启蒙》31b2-3)

(62) ayan   edun   da-ra   isi-ka,   edun   dekde-re   onggolo,
　　大　　　风　　　吹-未　　到-完　　风　　　起-未　　　之前

muse   yo-ki   se-fi.
咱们　　走-祈　　说-顺

大风要来了呀，乘着风还未起咱们走罢。(《续编兼汉清文指要》上 3a7-3b1)

例（59）—（62），由汉语句子来看，"尽着""仅着"应该是复音副词、"当着""乘着"是复音介词，"着"是其中的一个构词语素。与相应满语句对比，这几个词并无满语直接对译成分。

表 4-13　构词语素"着"与满语的对译情况

		清文启蒙	清文指要	续编兼汉清文指要
格助词	–de	与格	1	–	–
		位格	1	4	4
	–i	工具格	–	2	–

续表

		清文启蒙	清文指要	续编兼汉清文指要
副词	emdubei	5	–	2
	hasa	1	–	–
	muritai	–	–	1
形容词	hvdun	–	1	–
代词	tuttu	10	–	–
	uttu	2	–	–
	ai	1	–	–
动词	ainambi	2	–	–
方位词	qashvn	–	–	1
后置词 "着"为构词语素	baru	3	5	4
	baime	–	1	2
	songkoi	–	1	1
	dahame	–	1	1
"着"既可看作构词语素又可看作持续体助词	iqi	1	1	3
	qihai	2	–	2
	qiha	2	–	–
	ishun	1	–	–
无对译成分		3	–	7

四、"着"与满语相关成分对译结果分析

汉语中可作助词、语气词、构词语素等的"着"的后置位置及

其语义语法功能与满语动词的时体、祈使等表达范畴的一致性使得满汉合璧文献中"着"字高频出现，并对北京话产生了较大的影响。

（一）进一步扩大了"X 着"中 X 的适用范围

三种兼汉满语会话书中出现在体助词"着"前的成分我们用 X 标记，表 4–14 对 X 及其出现的句法环境进行了穷尽性列举。

表 4–14　三种满汉合璧文献"X 着"中 X 及其出现的句法结构

	句法结构	X
X 为动词	V₁ 着（O）（C）	盛、垫、绷、倒、听、骑、走、站、住、跟、印、觉、活、有、饿、等、攥、睡、顶、放、逼、扣、诓、长、包、跪、瞪、跐、想、借、记、问、养、遇、忍、张、闭、坐、遵、踩、趁、乘、仗、拴、叠、拾、收、催、臜、睁、迎、加、襕、撑、说、摸、穿、望、算、披、受、犯、仰、看、伏、对、照、吃、作、光、卷、尽、挨、充、合、消、打、估量、算计、打算、仰望、养活、摇晃、提防、搭拉、卧失、疑惑
	V₁ 着（O₁）V₂（O₂）（C）（V3…）	会、接、盛、托、赶、合、放、骑、饿、冒、掐、撑、费、斜、学、照、指、拉、遵、伸、磕、拴、闭、哄、找、皱、拿、打、匀、仗、望、舍、剚、睁、低、撅、想、要、坐、强、瘸、求、让、收、等、随、依、邀、挨、对、说、寻、问、瞧、守、急、就、抱、算、逼、走、显、叹、蓬、迎、骂、跟、买、赶、支、扬、躺、扑、看、瞒、闲、忍、躲、穿、敲、喜欢、推脱、分析、瓜搭、知道、打算、冤屈、收什、指望、压派、酌量、猜彷、吧咭、抱怨、牛强、惜罕、约摸、倒退、吵闹、叫喊、侍候、勉强、密缝、打扫

续表

句法结构		X
X为动词	V₁着V₂—V₂	坐
	V₁着（O₁） V₂着（O₂） (V₃着V₄…)	加、催、跑、吃、想、斜、晃、挑、伸、闭、打、 恋、活、闹、逼、看、等、坐、站、说、拴、喂、 拿、算、乘、饮、忍、压派
	V₁V₁着	混
	V₁着V₁着	说
X为形容词	A着	闲、快
	A着V	快、强、明显
	A着O	远、狠、皮、外道
	A着C	长

由表 4-14 可以看出：X 既可是动词，又可是形容词。适用于"X着"的形容词数量较少，而且句法结构也相对简单，这与其他汉语文献反映的情况相一致，说明汉语形容词带"着"的能力并不强，但"外道""明显"等形容词带"着"是此前汉语文献中没有看到的。动词的情况则相反，不仅数量多、结构复杂，而且既有强持续性的动词如"等/坐/站/忍/躲/闭……"，也有弱持续性的动词如"看/打/问/叹/听/说/踩……"，更有在此前的汉语文献中不曾看到的"知道/惜罕/牛强/瓜搭/吧嗒/有/失……"等带"着"的用例。这些都说明与满语的对译扩大了汉语"X着"中 X 的适用范围。

（二）推动了"V₁着"的词汇化

汉语介词主要是由动词语法化而来，至今有些词语如"望""由""向""顺""沿""按""照""冲""随""挨""对""拿""朝""趁"

"赶"等既可作动词又可作介词,其中有些与"着"组成的复音介词像"赶着""趁着"等在明代已出现。这种动介兼具的词在三种满汉合璧文献中与"着"的组合也不在少数,其来源主要有两个:一来自与满语副动词的对译,一来自与满语后置词的对译。要考察"X着"是否是复音介词,就应该在"V₁着+O+V₂"句法结构下来观察。三种兼汉满语会话教材中与满语副动词的对译符合这一构式的汉语句子共有如下几例:

（63）elemangga   juse   omosi   -i   senqehe   be
　　　反而   孩子.复 孙子.复 属   下颚   宾
　　　<u>xa-me   tuwa-me</u>, banji-re dabala, ai amtan?
　　　瞧－并   看－并   生活－未   而已   什么 趣味
　　　反倒望着孩子们的下颏子,过日子罢咧,什么趣儿呢?(《续编兼汉清文指要》上19b5-6)

（64）unqehen <u>dahala-hai</u> amqa-na-ha   bi-qi, geli alin
　　　尾巴   跟随－持   追赶－去－完 有－条   又   山
　　　be   daba-me.
　　　宾   跨越－并
　　　我跟着尾巴赶去,过了山。(《续编兼汉清文指要》上1b1-2)

（65）akda-ra-kv   oqi,   si   <u>bulekuxe-me</u>   tuwa-ki,   oforo
　　　相信－未－否 若是   你   照镜子－并   看－祈   鼻子
　　　gemu   ibtene-he-bi.
　　　都   糟－完－现
　　　要是不信,你照着镜子看看,鼻子全糟了。(《续编兼汉清文指要》下29a3-4)

(66) musei　　　ai　　　se-qi　　uthai　　ai,　　gese　　gese
　　　咱们.属　什么　说-条　就　什么　样子　样子
　　　daha-me　　yabu-mbi.
　　　随从-并　　施行-现
　　　咱们怎么说就怎么样的,照着样儿的行呀。(《续编兼汉清文指
　　　要》下 3a5-6)

(67) niyaman　-i　sakda-ra　onggolo　be　amqa-me,　sain
　　　亲人　　属　老-未　　前　　　宾　趁-并　　好
　　　etuku　　etu-bu-me　iqangga　jaka　be　ali-bu-me.
　　　衣服　　穿-使-并　　好吃　　东西　宾　受-使-并
　　　该当趁着父母未老之前,将好衣服美食物事奉。(《清文指要》下
　　　6b2-3)

例(63)"望着"是对译满语并列副动词 xa-me 和 tuwa-me 的结果,"望"为视觉动词,"着"为体助词,"望着"表示后面动词"过"的方式。例(64)"跟着"对译满语持续副动词 dahala-hai,与"赶去"两个动作在时间上同时进行,而且构成"方式—动作"的语义关系。例(65)"照着"对译满语并列副动词 bulekuxe-me,体助词"着"表示"照"这一动作的持续,"照着"表示后面重叠动词"看看"的方式。例(66)"照着"对译满语并列副动词 daha-me,"照"可理解为动词,"遵照"义,"照着样儿",与后面动词"行"构成"方式—动作"的语义关系;另一方面,"样儿"也是"行"的依凭,通过"照着"介绍给动词"行",此时"照"的动词义就消失,"着"也随之失去体助词功能,"照着"词汇化成一个复音介词。例(67)对译并列副动词 amqa-me 的"趁着"仿此。

简言之，对译满语副动词的"照着""望着"等在句中有的仍是"动词+着"，表示动作的持续或进行，但也有的在特定语境下有了两可理解的可能，"照"等的动词义消失，从而"照着"等词汇化成复音介词，这与前面例（51）—（58）所反映的对译满语后置词的情况相一致。可以说副动词的状位功能及方式和目的的语义特征弱化了"V_1 着（O）V_2"结构中 V_1 的动词性，推动了"V_1 着（O）V_2"结构由连动式向状中式发展，进而推动了"望着""照着"等的词汇化。

（三）促进了"这们着/那们（么）着/怎么着"的使用及"那么着"的连词化

1. 满汉合璧文献中"代词+着"的对译情况

尽管在《清文指要》《续编兼汉清文指要》中没有因对译满语指代词、动词而出现指代词"这们着/那们着/怎么着"，但在更早期的满汉合璧会话书《满汉成语对待》中出现了不少用例，与《清文启蒙》相对照，列表如下：

表 4-15 《满汉成语对待》《清文启蒙》中"代词+着"的对译情况[①]

满语词	代词+着	满汉成语对待	清文启蒙
uttu	这们着	-	2
	这么著	1	-
	这们者	1	-
	那么著	1	-

[①] 为便于说明情况，表 4-15 及例（68）—（76）中"代词+着"中"着"的用字保持文献原貌。

续表

满语词	代词+着	满汉成语对待	清文启蒙
X①	这们著	2	–
tuttu	那们着	1	10
	那们著	2	–
	那们者	1	–
tere	那么著	1	–
ai	怎么着	–	1
ainara	怎么着	–	2
adarame	仔么著	1	–
X	怎么著	1	–
合计		12	15

由表 4–15 看出，两种文献中"代词+着"总体出现的次数差别不大，但《满汉成语对待》较之《清文启蒙》情况略显复杂：1)《满汉成语对待》中有 1 例写作"着"字，2 例写作"者"字，9 例写作"著"字，《清文启蒙》中均写作"着"字；2)《满汉成语对待》中"们""么"并用，《清文启蒙》中指示代词均用"们"，疑问代词均用"么"；3)《满汉成语对待》中出现了个别用远指指示代词"那么著"对译满语近指指示代词"uttu"的情况，而且还出现了"这们著""怎么著"无对应满语词的情况，《清文启蒙》中近指、远指及疑问词的满汉对译则较为工整。这反映出时代略晚的《清文启蒙》在用字及语词的使用上更加规范、更趋成熟。

前文例（47）—（49）已见《清文启蒙》中"这们着""那们

---

① 表 4–15 中"X"表示无具体对应的词。

着""怎么着"的用例，下面列举见于《满汉成语对待》而不见于《清文启蒙》的"代词+者（著）"的用例。

（68）amala　　sa-fi　　bi　yala　bomboko　o-ho,　　iletu
　　　 后来　　知道-顺　我　真是　没意思　　成为-完　明显
　　　 herquhekv　　de　　uttu　　　o-ho,　　　ai　　hendu-me
　　　 不知不觉　　　位　　这样　　成为-完　　什么　说-并
　　　 angga　bufaliya-fi　　　holto-mbi.
　　　 嘴　　改口-顺　　　　说谎-现
　　　 到后来知道了真个的羞的我，了不的分明是不大理会的上头那么著了，怎么好改了逛子哄人。（《满汉成语对待》三 43b3-5）

（69）tede　　　bi　hono　beye　beye-be　　wakaxa-me.
　　　 那个.位　我　还　　身体　身体-宾　　责怪-并
　　　 因为那么著我还自己怪自己。（《满汉成语对待》四 45b4-5）

（70）tede　　　ai　　giyanakv　tuttu　　o-qi　　aqa-mbi,　budun
　　　 那.位　　什么　能有多少　那样　　成为-条　应该-现　　懦弱
　　　 waji-ra-kv,　　minde　bi　labdu　usa-ka.
　　　 完结-未-否　我.与　　我　多　　灰心-完
　　　 那上头你有什么应该那们著，屡行子，自己吊了味儿了。（《满汉成语对待》四 48b3）

（71）muse　　bi-fi,　　nantuhvn　be　　ai-se-mbi,　　tuwa-me
　　　 咱们　　有-顺　　污秽　　　宾　什么-说-现　　看-并
　　　 geli　　tuttu　　　o-bu-mbi-u?
　　　 又　　那样　　　成为-使-现-疑
　　　 放着咱们，看他那一涝儿的怎么，眼看着叫他那们者么？（《满汉

成语对待》二 39a4-5）

(72) si se-me ai-se-mbi, da uttu bi-he-u?
你 助－并 怎么－想－现 原来 这样 有－完－疑

你心里是仔们的，原是这们者来么？（《满汉成语对待》一 11a1）

(73) be gemu uba-de sehehuri jalu bi, simbe
我们 都 这里－位 并排 满 有 你．宾

aina-rahv se-mbi, ise-fi sabu-qi o-jora-kv dembei
做什么－虚 助－现 怕－顺 看见－条 可以－未－否 非常

xurgeqe-re-ngge aide.
战栗－未－名 为什么

我们大伙儿黑护护的都在这里，他把你怎么样的呢，你打那上头
慊了怕见人堆尿的这们著。（《满汉成语对待》一 35a7-35b1）

(74) ere-qi amasi agu si damu fede, muse we
这－从 以后 兄长 你 都 努力．祈 咱们 谁

we-be tuwa-ra-kv aibi-de gene-mbi.
谁－宾 看－未－否 哪里－与 去－现

这往后阿哥只请这们著，咱们谁不眴谁望那里跑。（《满汉成语
对待》四 39a8-39b1-2）

(75) si bai de hono uttu kai, unenggi ba-de
你 平白 位 还 这样 啊 诚然 地方－位

bi-he bi-qi.
有－完 有－条

不怎么的上头你还这么著的，到个四角台儿上怎么著好。（《满汉
成语对待》四 48b4）

(76) fu　　tarini　　de,　　haran　　bi-se-qi,　　enduri　　o-fi
　　　符　　符咒　　位　　缘由　　有-助-条　　神仙　　成为-顺
　　　seibeni　adarame,　　emu　　behe-i　　jijun　　ai　　gese
　　　曾经　　如何　　　一　　墨-属　　阴阳　　什么　　样子
　　　udu　　gisun　　de　　ergele-bu-mbi.
　　　几　　话语　　与　　逼迫-被-现
　　　说符咒有个过失，既是神仙当初仔么著，墨道子甚么样的几句话就讹住了。(《满汉成语对待》三 37a1-2)

　　由例（68）—（76）看出，例句中代词后的"著（者）"紧附于代词，不可拆分，也就是说"代词+著（者）"是一个词，"著（者）"是词的内部成分，即构词语素。从满汉对译来看，例（68）中近指代词 uttu 对译成了汉语的远指代词"那么著"，例（69）—（73）中满语远指代词都对译成了汉语的远指代词"那么著""那们著""那们者"。尽管例（68）—（71）中这几个代词的用字不同，但从纯汉语文献和满汉合璧文献具体使用来看它们应该是同一个词。例（72）和例（75）中的 uttu 分别对译成"这们者"和"这么著"，例（73）（74）汉语句中的"这们著"并无直接对译的满语成分，例（72）—（75）中的这几个近指代词也应该只是用字的差异。例（75）中的"怎么著"也没有对应满语成分，例（76）中"仔么著"应该是对译"adarame"的结果。冯春田（2002）指出"仔么"是"怎么"的口语音变形式，所以例（76）中的"仔么著"与例（75）中的"怎么著"也应该是同一个词。

　　为进一步观察"这们着""那们着""怎么着"等的使用情况，我们对明末以来的汉语文献进行了调查，结果如表 4-16：

表 4–16　明末以来"代词 + 着"文献用例调查

时代	作家	出生地	作品	作品字数[①]	这们着/这么着	那们着/那么着	怎么着
明末及清代	陆仁龙	浙江钱塘	型世言	34	–/–	–/–	–
	东鲁狂生	不详	醉醒石	11	–/–	–/–	–
	陈沈	乌程	水浒后传	25	–/–	–/–	–
	西周生	不详	醒世姻缘传	80	3/–[②]	–/–	5
	蒲松龄	山东淄川	聊斋俚曲	46	–/–	–/–	34[③]
	张南庄	上海	何典	6	–/–	–/–	–
	李绿园	河南宝丰	歧路灯	60	–/–	–/–	1
	曹雪芹	南京	红楼梦	90	1/68	1/10[④]	22
	文康	北京	儿女英雄传	54	–/29	–/9[⑤]	13
	石玉昆	北京	三侠五义	54	–/3[⑥]	–/1[⑦]	3
	吴敬梓	安徽全椒	儒林外史	33	–/–	–/–	–

---

① 作品字数以万计。
② 《醒世姻缘传》另有 3 例"这们样着"。
③ 《聊斋俚曲》另有 2 例"怎么样着"。
④ 其中 6 例可看作连词。
⑤ 其中 6 例可看作连词。
⑥ 《三侠五义》另有 4 例写作"这末着"。
⑦ 《三侠五义》另有 1 例写作"那末着"。

第四章 满语对清代旗人汉语助词的干扰 | 413

续表

时代	作家	出生地	作品	作品字数①	调查项 这们着/这么着	调查项 那们着/那么着	调查项 怎么着
明末及清代	李宝嘉	江苏武进	官场现形记	65	–/–	–/–	–
明末及清代	韩邦庆	上海	海上花列传	32	–/–	–/–	–
明末及清代	张春帆	江苏常州	九尾龟	75	–/–	–/–	–
明末及清代	刘鹗	江苏镇江	老残游记	12	–/–	–/–	2
清末民国至今 旗人作家	蔡友梅	北京	小额	7	–/–	–/–	18
清末民国至今 旗人作家	蔡友梅	北京	损公作品	50	–/–	–/–	13
清末民国至今 旗人作家	穆儒丐	北京	北京	16	–/–	–/–	1
清末民国至今 旗人作家	庄耀亭	北京	白话聊斋·胭脂	4	–/–	–/–	–
清末民国至今 旗人作家	老舍	北京	二马	14	–/12	–/1	6①
清末民国至今 旗人作家	老舍	北京	茶馆	3	–/–	–/–	2
清末民国至今 旗人作家	端木蕻良	辽宁昌图	曹雪芹	20	–/3	–/–	3
清末民国至今 旗人作家	叶广芩	北京	黄连厚朴	19	–/–	–/–	2
清末民国至今 旗人作家	丁玲	湖南临澧	太阳照在桑干河上	18	–/–	–/–	1
清末民国至今 旗人作家	王朔	南京	一点正经没有	5	–/2	–/–	5

① 《二马》另有 1 例 "怎着"。

续表

时代		作家	出生地	作品	作品字数①	调查项		
						这们着/这么着	那们着/那么着	怎么着
清末民国至今	非旗人作家	茅盾	浙江嘉兴	子夜	28	–/6	–/3	3
		赵树理	山西晋城	三里湾	14	–/6	–/–	–/–
		曹禺	天津	原野	9	–/–	–/–	4
		张爱玲	上海	倾城之恋	30	–/–	–/–	2
		王小波	北京	黑铁时代	30	–/1	–/–	3
		梁斌	河北蠡县	红旗谱	30	–/15	–/–	13
		王蒙	北京	青春万岁	21	–/–	–/–	1
		贾平凹	陕西西安	废都	38	–/1	–/1	12
		莫言	山东高密	红高粱家族	27	–/–	–/–	1
		陈忠实	陕西西安	白鹿原	46	–/–	–/–	1
		韩寒	上海	三重门	17	–/–	–/–	1

表4-15、表4-16综合反映出以下几个方面的问题：

1）"这们着""怎么着"等在明末清初已见于山东方言背景文献《醒世姻缘传》和《聊斋俚曲》中，而地域偏南的方言背景文献直到晚清的《老残游记》才略见用例。

2）"那们着/那么着"较早见于满汉合璧文献《满汉成语对待》和《清文启蒙》中。这是"那们着"在汉语口语中已经存在，只是由于书面文献没能反映口语全部面貌而导致我们没能在清初汉语文献中见到"那们着"的身影呢？还是汉语口语中没有出现"那们着"，旗人在不完全习得汉语的情况下依照"这们着""怎么着"等形式类推出来的呢？就我们目前调查情况看，还不好回答这一问题。

3）"这们着"等是否是代词加助词"着"词汇化而成的呢？就我们所调查的文献语料还无法勾勒出其词汇化的过程，因为我们调查到的例子最早见于《醒世姻缘传》《聊斋俚曲》《满汉成语对待》等，而其中的"这们着""那们着""怎么着"已经是不可切分的整体。所以我们推想：也许"这们着"等并没有经历一个词汇化过程，而是随着"着"语法化为构词语素，性状指示代词"这们/那们"和疑问代词"怎么"与语素"着"直接结合成新的代词形式"这们着""那们着""怎么着"，或者说是受"形容词+着"词汇化结果类推的影响而直接产生的词汇形式。无独有偶，《醒世姻缘传》和《聊斋俚曲》中不仅出现了"这们着""怎么着"，而且还出现了"这们样着""怎么样着"。如：

（77）狄周媳妇道："鹞鹰见开着门，屋里没有人，是待进屋里偷东西吃。怕他怎么？就嘹的这们样着！"（《醒世姻缘传》63回）

（78）俊是他，美是他，俏的是他，怎么转眼没情，又像是仇家，又像是仇家？怎么样着才是好，好难打发。（《聊斋俚曲·禳妒咒》14回）

这似乎印证了"着"作为构词语素直接与性状指代词组合成新的指代词形式的可能性。

4）同为北方方言背景作品，"这们着"等在清中叶旗人作品《红楼梦》中的频次远高于河南方言背景的《歧路灯》，而且清后期的旗人作品《儿女英雄传》中"这们着"等也是高频出现，并且这种现象一直持续到清末民初的旗人作家作品中，这与满语对旗人汉语及北京话的影响应该有很大关系。而且由于自身较虚的语义特点及特定的句法位置,"那么着"在《红楼梦》及《儿女英雄传》中进一步连词化[①]。

5) 民国以来旗人与非旗人作家的作品中,"这们着"等的使用频次差异渐趋消失,整体使用频次与《红楼梦》及《儿女英雄传》相比大幅消减。这似乎说明满语的影响日渐减弱,旗人汉语渐趋规范。

(四) 推动了方言词的产生

因对译而产生的"搭着"和"眼见着"成了典型的北京方言词。

1. 搭着

(79) meiren   neqin,   umesi   elhe   sulfa,   ere   da-de
     肩膀   平   非常   平安   舒展   这个   原本-位
     beri   mangga,   agvra   tuqi-bu-re-ngge   hvsungge,   geli
     弓   硬   器械   出-使-未-名   有力   又
     da   tolo-me   goi-bu-re   o-qi,   teni   mangga   se-qi
     一支 数-并   射中-使-未 成为-条   才   出众   说-条
     o-mbi.
     可以-现

     膀子要平,狠自然,又搭着弓硬,箭出的有劲,再根根着,才算得好啊。(《清文指要》中 14a7-14b2)

(80) qeni   te-he-ngge   goro,   wargi   heqen   -i

---

① "那么着"的连词化见张俊阁:《明清山东方言指示词"这""那"与"这么""那么"及其连词化》,《鲁东大学学报》,2011年第2期。

他们.属	住-完-名	远	西	城	属
genqehen	de bi,	ere	da-de	geli	yamji
边沿	位 有	这个	原本-位	又	晚

buda	ulebu-re	jakade,	majige	sita-bu-ha.
饭	款待-未	因为	稍微	迟到-使-完

他们住的远,在西城根底下,又搭着给晚饭吃,所以迟了些。
(《清文指要》中 11a3-5)

例(79)(80),比照满汉文句,"搭着"应该是对译 dade。《新满汉大词典》(1994:158):"dade,副词,压根儿,原来,原先,当初,起根儿。"从汉语句子语境看,"搭着"并没有动作义,而是表示"加上""外带着"的意思,即在前述情况下,另外还有"原本……"的因素导致后面情况的发生,因此"搭着"有对事发原因进行补充和说明的功用。从语音上讲,dā zhe 与 dade 音近;从语义上讲,"搭"有一物加在另一物之上的意思,所以表补充说明原因的"搭着"应该是 dade 音译加意译的结果。

2. 眼看着

(81)
jai	inenggi	enqu	emu	oktosi	be	hala-fi
再有	日子	别的	一	医生	宾	替换-顺

dasa-bu-re	jakade,	yasa tuwa-hai,	emu	inenggi
治疗-被-未	因为	眼睛 看-持	一	日子

emu	inenggi	qi	yebe	o-ho.
一	日子	从	稍好	成为-完

第二日另请一个医生来一治,眼看着,一日比一日好了。(《续编兼汉清文指要》下 24b1-2)

(82) lak   se-me   gvnin   de   aqana-ra-kv-ngge   akv,
　　 干脆   助-并   心   与   符合-未-否-名   否
　　 yasa   tuwa-hai   dabali   dabali   wesi-mbi.
　　 眼睛   看-持   超越   超越   上升-现
　　 无有不爽爽利利随心的,眼看着超等优升。(《清文指要》中12a6-7)

(83) juse   be   uji-fi,   beye   xa-me   tuwa-me   sain   -i
　　 孩子.复 宾 抚养-顺 自己 瞧-并 看-并   好   属
　　 juru   aqa-bu-qi,   ama   eme   o-ho   niyalma
　　 成对   适合-使-条 父亲 母亲 成为-完 人
　　 jobo-ho   suila-ha   gvnin   inu   waji-mbi.
　　 烦恼-完   困苦-完   心   也   完结-现
　　 养活着孩子们啊,亲身眼看着成双成对的了,为父母的那些劳苦心肠也就完了。(《续编兼汉清文指要》上24a6-24b1)

(84) uttu   hendu-qibe,   eiqi   aina-ra,   yargiyan   -i   tuwa-me
　　 这样   说-让   到底 做什么-未 真实   工   瞧-并
　　 buqe-bu-mbi-u?
　　 死-使-现-疑
　　 虽然这样说,或者怎么样呢,眼看着叫死吗?(《续编兼汉清文指要》上31b2-3)

(85) yaya   baita   tuwa-ha   tuwa-hai   mutebu-re   hanqikan   o-me,
　　 凡是   事情   看-完   看-持   完成-未   近   成为-并
　　 urui   niyalma   de   sihele-bu-fi,   fasilan   tuqi-mbi.
　　 只管 人   与   阻挠-被-顺   分岔   出-现
　　 凡事眼看着将成了,偏被人阻挠,生出枝杈来了。(《清文指

要》中 12a3-5）

（86）ne　　je　　angga　　de　　isinji-ha　　jaka　　be　　baha-fi
　　　现在　是　　口　　与　　到来－完　　东西　宾　　能够－顺

je-tera-kv,　　baibi　　niyalma　　de　　anabu-mbi.
吃－未－否　　白白　　　人　　　与　　谦让－现

眼看着到了嘴里的东西了不得吃，白白的让给人了。（《续编兼汉清文指要》下 1a5-6）

例（81）中"眼"对译 yasa，"看着"对译持续副动词 tuwa-hai，"眼看着"为施动关系。例（82）与例（81）相同。例（83）中"眼"并没有直接的满语对译成分，"看着"对译并列副动词 xa-me 和 tuwa-me，"看"具有实际动词义。例（84）与例（83）相类。例（81）—（84）显示的汉语语境中"看着"表示的是视觉动作的持续过程，动作持续的过程，也是事件经历的时间。例（85）中"眼"也没有直接对译成分，"看着"对译视觉副动词 tuwa-ha 和 tuwa-hai，"看着"仍具有实际动词义，这与例（81）—（84）相同；不同的是例（85）"眼看着"后有表示时间的副词"将"，在这种语境下，"眼看着"容易沾染上"时间不久""即将"的时间义。例（86）中"眼看着"并无直接的满语成分相对译，从表义角度看，"眼看着"并不在于表示"眼睛看着"的视觉动作义，而是更倾向于表示随着时间的推移，某种情景、状况已经或即将出现，"眼看着"词汇化为一个具有强烈主观性的时间副词。

(五) 出现了非汉语使用习惯的助词"着"

三种满汉合璧文献因对译满语副动词后缀等而使用的"着",多数情况符合汉语的表达习惯,如:

(87) edun　　da-hai　　umai　　naka-ra-kv,　　jai　　uqe　　de
　　　风　　刮-持　　全然　　停止-未-否　　再　　房门　　位

　　　geli　liyanse　lakiya-ha-kv　ba-de,　ainu　　uttu
　　　又　　帘子　　挂-完-否　　地方-位　为什么　这样

　　　nantuhun　akv　ni?
　　　脏　　　　否　　呢

风尽着刮竟不住,再房门上又没挂着帘子①,为什么不这样脏呢?
(《清文启蒙》44b5-6)

例(87)持续副动词 dahai,如果直译应为"刮着",表示"刮"这一动作的持续进行,但是汉语对译为"尽着刮",即用"总是/一个劲儿"义的副词"尽着"来修饰动词"刮",说明"刮"这一动作一直在持续,而且"尽着刮"比"刮着"主观感情色彩强烈,口语化强,显示了旗人使用汉语的熟练程度。但也有一些带有明显的满语痕迹,不符合汉语的常规表述。

1. 单音节 V_1 着 + 单音节 V_2

(88) bi　　gene-fi　　mutere-i　　teile　　gisure-me　　tuwa-ki,
　　　我　　去-顺　　能力-属　　仅仅　　说-并　　　看-祈

　　　i　　daha-qi　　si　　inu　　ume　　urgunje-re,　　i
　　　他　　跟随-条　　你　　也　　不要　　欢喜-未　　　他

---

① 刘东山本、注音本无"挂着"的"着"。

daha-ra-kv　　　o-qi,　　　age　　inu　　ume　　gasa-ra.
跟随－未－否　成为－条　阿哥　也　不要　抱怨－未
我去尽量儿说着瞧，他若是依你也别喜欢，他若是不依，阿哥也别报怨。(《清文启蒙》32b5-33a1)

(89) minde　　bithe　　akv,　　bi　　guqu-se　　de　　bai-me
　　 我.与　　书　　否　　我　　朋友－复　　位　　求－并
　　 tuwa-ki,　baha-qi　niyalma　be　takvra-fi　sini
　　 看－祈　　得－条　　　人　　宾　派遣－顺　你.属
　　 jakade　　bene-bu-re.
　　 跟前　　送去－使－未
　　 我没有书，我合朋友们寻着瞧，若是得使人送到你跟前去。(《清文启蒙》41b5-6)

(90) age　　si　　bai　　gvni-me　tuwa,　ama　eme　-i
　　 阿哥　你　　只管　　想－并　　看.祈　父亲　母亲　属
　　 baili,　jui　　o-ho　　niyalma　tumen　de　emgeri
　　 恩情　孩子　成为－完　　人　　　一万　与　一次
　　 karula-me　mute-mbi-u?
　　 报恩－并　　能－现－疑
　　 阿哥你白想着瞧，父母的恩，为人子的岂能答报万一？(《清文指要》中10b4-5)

(91) akda-ra-kv　　oqi,　　si　　qende-me　　fonji-me　tuwa-me
　　 相信－未－否　若是　你　　试－并　　　询问－并　看－并
　　 gene-ki,　okto　banin　be　sa-ha-u　　unde-u?
　　 去－祈　　药　　性质　　宾　知道－完－疑　不是－疑

要不信，你试问着瞧，知道药性了没有？(《续编兼汉清文指要》下 27b4-6)

例（88）的满汉比照，gisure-me 对译成"说着"，其中"着"是并列副动词后缀 -me 影响的结果；tuwa-ki 是第一人称祈使式，表示主语 bi 的一种希望、一种祈愿、一种尝试；对译 tuwa-ki 的"瞧"在语义上也传递一种尝试性的愿望，这种用法与规范汉语中表示尝试态的助词"看"相当；而汉语尝试态助词"看"前如是单音节光杆动词，则动词一般用重叠式，如"说说看""尝尝看""试试看"等；如此，按规范汉语 gisure-me tuwa-ki 译成"说说看"更符合汉语的表述习惯。例（89）（90）与例（88）一样，依照规范汉语 bai-me tuwa-ki 应译成"寻寻看"，gvni-me tuwa 应译成"想想看"。例（91）中 fonji-me 为并列副动词，对译成"问着"，tuwa-me 也是一个并列副动词，但其后面跟着祈使式 gene-ki，fonji-me tuwa-me gene-ki 一起对译成"问着瞧"，"瞧"依然含有尝试性的祈愿，"问"是一个单音节动词，所以与例（88）—（90）一样，按规范汉语对译应为"问问看"。

2. 双音节 V₁ 着 + 双音节 V₂

(92) talu de kesi akv emu jobolon baita tuqi-nji-he
    偶然 位 幸运 否 一 灾祸 事 出现-来-完
    de, inu ahvn deu siren tata-bu-me o-fi,
    位 又 兄 弟 脉络 牵扯-被-并 成为-顺
    ergen xele-fi faqihiyaxa-me aitu-bu-re dabala.
    命 舍弃-顺 努力-并 苏生-使-未 罢了

偶然不幸出一件祸患事，也还是弟兄脉络相关，拼命的吧嗒着搭

第四章　满语对清代旗人汉语助词的干扰 | 423

救罢咧(《清文指要》下 6a1-3)

(93) sain　jaka　be　haira-me　malhvxa-qi, teni　banji-re
　　　好　东西　宾　爱惜-并　节省-条　才　生活-未

we-re　niyalma-i　doro.
存活-未　人-属　道理

把好东西惜罕着俭省的时候,才是过日子人的道理呢。(《续编兼汉清文指要》下 9b3-4)

例(92)中 faqihiyaxa-me aitu-bu-re 对译成"吧咭着搭救"。"吧咭"和"搭救"是两个并列的动词,若连用,汉语中通常直接说成"吧咭搭救",也就是说由对译并列副动词后缀 -me 而出现在"吧咭"和"搭救"之间的"着"是羡余的。例(93)同此。

3. 叠加式"V_1 着又 V_2"

(94) niyaman　hvnqihin　leksei　uba-de　bi-sire　jakade,
　　　亲戚　　亲族　　全部　这里-位　有-未　因为

bi　ai　hendu-me　waliya-me　amgana-mbi,　tuttu
我　什么　说-并　　抛弃-并　　睡-现　　　那样

ofi　katunja-ra　da-de　geli　katunja-me,　beye
因为　挣扎-未　原本-位　又　挣扎-并　　身体

udu　simen　ara-me　te-qe-qibe.
即使　趣味　做-并　坐-齐-让

因为亲戚们全在这里的上头,我怎么说撂了睡觉去呢,因为那样虽然勉强着又勉强,打着精神坐着。(《续编兼汉清文指要》下 15b4-6)

例(94)"勉强着又勉强"表示的是同种情况的叠加,在规范汉语中持续体助词"着"是不出现在这种结构中的,因而"着"在这里是羡余的。与相应满文对照不难看出,这一羡余的"着"是对译满语 katunja-me 中并列副动词后缀 -me 的结果。

4. V₁ 着 V₂ 着……V_n

（95）morin　　dabki-me　emu　ergen　-i　feksi-me　amqa-hai,
　　　马　　　拍鞭-并　一　　气　工　跑-并　　赶-持
　　　dube-he-qi　amqabu-ha.
　　　终-完-从　　追赶-完
　　　加着鞭子催着马一气儿跑着赶,赶上了个末尾儿。(《清文指要》下 21a2-3)

规范汉语中常用"V₁ 着 V₂ 着……V_n"构式表示动作的同时进行或紧接着发生,所以从表层形式上看例（95）中"加着鞭子催着马一气儿跑着赶"没有什么不妥。但是该句中的动宾成分"加着鞭子""催着马"在汉语的习惯表述中多说成"加鞭""催马",带有某种熟语的性质;"方式-动作"关系的"跑着赶"更有专门动词"追赶"来表示,所以该句并不符合汉语的常规表述,该句汉语的通常表述应该是"加鞭催马一气儿地追赶"。

第五节　满语与"了"

一、引言

自 20 世纪 50 年代起,助词"了"的产生和发展过程一直是近现代汉语语法研究的热点问题之一,学界或就某个时期或就某个文献中"了"的发展和使用情况进行了深入的研究，基本共识是：近现代汉语中有两个助词"了"，用于句中动词后的为"了$_1$"，用于句尾的为"了$_2$"。但这些研究对"了$_1$""了$_2$"的来源、产生过程、名称及"了$_2$"的功能仍有分歧：

1. 来源和产生过程。学界对"了$_1$"的来源和产生过程认识较为统一，即"了$_1$"来源于"完结"义动词"了"。学界对"了$_2$"的来源分歧较大：有源于"完结"义动词"了"说（曹广顺，1987/1995：84—97；石毓，1999：90—105）；有源于"了$_1$"说（王力，1980：302—305；太田辰夫，2003：349—356）；有"了也"合音说（刘勋宁，1985）。就这些论点的得与失，杨永龙等进行了较为详细的评述（杨永龙，2001：169—178；蒋绍愚、曹广顺，2005：226—238）。抛开分歧，我们看到的是绝大多数学者认为助词"了$_1$""了$_2$"是汉语自身语法化的结果。但宋金兰（1991）则认为汉魏之际出现的"完结"义的口语词"了"与阿尔泰诸语的词尾 -l/r 存在着某种对应关系，因汉语为孤立语和多单音节词的特点，阿尔泰诸语词尾 -l/r 在影响和渗入汉语时最初变为一个单音节词，其语法意义也随之转换成词汇意义，并借用了"了"的书写形式，唐以后随着阿尔泰诸语系语言对汉语影响的加剧，"了"也由词汇层面逐渐进入语法层面。社会语言背景和汉魏之际"完结"义"了"的突然出现支持了宋金兰的说法。

2. "了$_1$""了$_2$"的名称和功能。"了$_1$"一般称为动态助词或完成体助词，主要用于动词后，表示动作的完成。"了$_2$"一般称为事态助词或语气词，用于句尾，主要肯定事态出现了变化或即将出现变化，有成句的作用。石毓（1999：90—105）则认为"了$_1$"不仅用于动词后，还用于作谓语的形容词、拟声词、动补结构、动宾结构、谓词性并列结构之后表达谓语的状态和情貌，故称之为谓态助词；因"了$_2$"处于句尾称之为句态助词。谓态助词之于动态助词更加全面地概括了"了$_1$"的适用范围、组合能力及功用，但习惯上，学界还是称之为动态助词或完成体助词。石文虽指出了处于复句前一分句句尾的句态助词"了$_2$"不具有成句的作用，但从名称上并不能显示出句态助词的说法较之于事态助词有何优越性。就事态助词"了$_2$"的语气词称谓和功能有人提出了强烈的质疑，如陈纯贤（1979）通过丰富的例证证明近现代汉语中句尾的"了"主要是表示事态的变化而不是表示语气，他认为现代汉语中用于列举的句子中的"了"表示语气。史冠新（2011）也认为"带语气词的语言片段不能被更大的语言片段所包容，而带'了$_2$'的语言片段可以很自然地充当定语，而且很多情况下'了$_2$'不能省去，否则句义会发生变化。由此可以判定'了$_2$'不是语气词。"陈文和史文较为充分地论证了"了$_2$"不是语气词，打破了学界的主流看法。笔者根据对汉语语料实际的观察，认为用于句尾主要肯定事态出现了变化或即将出现变化、有成句作用的"了$_2$"不表达说话人的主观情绪，不是语气词，依然是表示完成的助词，为了显示与完成体助词"了$_1$"的区别，我们可以因循旧说，仍然称之为事态助词"了$_2$"。至于既用于句尾同时也处于动词之后的表示完成的"了"我们标识为"了$_{1+2}$"，另外近现代汉语中确实有些句尾"了"表语气的现象，符合语气词的功能特征，我们可称之为语气词"了$_3$"，其来源学界也进行了一些探讨，如陈纯贤（1979）认为现代汉语中表语气停顿的"了"与"了$_1$"和"了$_2$"毫无关系，刘月华等（2001：384）认为普通话中的语气词"了"是"了""啊"的合音，史冠新（2011）指出山东淄博话、陕西清涧话、山西临汾话和平遥话中语气词"了"是"了""也"的合音等。

由此可见，迄今为止学界对助词"了"，尤其是事态助词"了$_2$"和语气助词"了$_3$"的认识仍存在很大分歧。在前贤时哲研究的基础上，我们拟借助清代满汉合璧文献《清文启蒙》等来观察满语的相关成分与汉语助词"了"的对应情况，探寻清代旗人汉语及北京话中助词"了"与满语的关系，并通过调查宋代以来大量汉语文献说明近现代汉语语气词"了$_3$"的来源及其所表示的语气。

二、合璧文献中满语与"了"的对应情况

对清代满汉合璧会话书中满语和汉语进行比照，发现汉语中的"了"与满语多种成分相对应，且功能多样：表完成，表持续，也可以作为构词语素等。

（一）"了"表完成

1. "了"对应满语完整体后缀 -ha/he/ho//-ka/ke/ko

从《清文启蒙》等三种满汉合璧文献来看，"了"与完整体后缀 -ha/he/ho//-ka/ke/ko 的对译占"了"全部数量的一半以上，尤其是与 -ha/he/ho 的对译就已达53% 有余。如：

（1）ere   emgeri   mini-ngge   o-ho   kai,   we   ai
　　 这个   一次   我.属－名   成为－完 啊   谁   什么

gelhun akv ji-fi, mini ejele-he jaka be gai-mbi.
敢 否 来-顺 我.属 占据-完 东西 宾 拿-现

这个已经一遭是我的了,谁敢来要我占下的东西。(《清文启蒙》12b4-6）

(2) sek se-me gete-fi donji-qi, qin -i bou-de
惊醒貌 助-并 醒-顺 听-条 正面 属 房-位

niyalma ji-fi, den jilgan -i gisun gisure-mbi,
人 来-顺 高 声 工 话语 说-现

we ji-he-ni, ai uttu konggolo den.
谁 来-完-呢 为什么 这样 嗓子 大

惊醒了听见,上屋里有人,高声说话呢呀,谁来了,怎么这样的嗓子大。(《续编兼汉清文指要》下 19a3-5）

(3) okto banin be sa-ha-u unde-u?
药 性质 宾 知道-完-疑 不是-疑

知道药性了没有?(《续编兼汉清文指要》下 27b5-6）

(4) gaitai ehere-fi soihon, xun -i elden gemu
突然 不好-顺 黄色 太阳 属 光 都

fundehun o-ho-bi, tede bi faijuma, ayan
惨白 成为-完-现 那.位 我 怪异 大

edun da-ra isi-ka.
风 吹-未 到-完

清清亮亮的日色,忽然变的冷飕飕的了,那个上我说,大风要来了呀。(《续编兼汉清文指要》上 3a5-7）

（5）si　　damu　　mini　　ilan　　hvntahan　　nure　　be　　omi-me
　　　你　　只是　　我.属　　三　　　杯　　　　酒　　宾　　喝－并
　　　waji-ha　　manggi,　　bi　　simbe　　guwebu-re.
　　　完结－完　　之后　　我　　你.宾　　宽免－未
　　　你只饮完了我的三杯酒，我饶了你。(《清文启蒙》47a3-4)

（6）emgeri　　dule-ke　　baita　　be　　geli　　jono-fi　　aina-mbi,
　　　一次　　过去－完　事情　　宾　　又　　提起－顺　做什么－现
　　　jongko　　dari　　bi　　yertexe-mbime　　korso-mbi.
　　　提起.祈　每次　　我　　羞愧－而且　　　怨恨－现
　　　一遭过去了的事又提起来作什么，遭遭提起来我愧而且恨。(《清
　　　文启蒙》25b1-2)

（7）hvji-me　　da-hai,　　dobori　　dulin　　o-tolo,　　teni　　majige
　　　刮－并　　吹－持　　夜晚　　一半　　成为－至　　才　　稍微
　　　toro-ko.
　　　定－完
　　　刮到半夜里，才料料的定了些。(《续编兼汉清文指要》上 3b3-4)

满汉比照，例（1）—（7）中"了"分别对译完整体后缀 -ha/he/ho//-ka/ke/ko。满语完整体后缀用在动词后，表示动作行为在过去、现在和将来的某个时间内已经完成或将要完成，换言之，满语动词加完整体后缀构成的完整体形式可以用于过去、现在或将来不同的时间内。如例（2）（6）（7）表示过去完成，例（4）表示过去将要完成，例（1）（3）表示现在完成，例（5）则表示将要完成。由此可见，满语动词完整体用法与汉语完成体助词"了$_1$"和事态助词"了$_2$"表示的语法意义非常契合，这应该是造成"了"大量对译满

语完整体后缀 -ha/he/ho//-ka/ke/ko 的根本原因。根据"了"句法位置的不同，对译完整体后缀 -ha/he/ho//-ka/ke/ko 的"了"，又有区别：用于句中动词后的为"了$_1$"，表示动作行为的完成，如例（5）（7）；用于句尾（或正反问句前一部分结尾）非动词后的为"了$_2$"，表示事态的完成，如例（1）（3）；用于句尾且在动词后的为"了$_{1+2}$"，表示动作和整个事件的完成，如例（2）（4）。

  需要特别说明的是例（6），无论是满语句子还是汉语句子，dule-ke baita 及其对译成分"过去了的事"都是定中关系[①]，但就汉语表述习惯而言，一般说成"过去的事情"，即因对译满语完整体后缀 -ke 而在定语"过去了"中出现的"了"为羡余。"了"在近现代汉语中本来就是一个高频出现的词，像例（6）这种因满语负迁移而使得汉语一般不用"了"的地方在旗人汉语中也用了"了"，这就使旗人汉语相对于标准汉语来说"了"的使用频率会更高一些。

2. "了"对应满语未完整体后缀 -ra/re/ro

  （8）banin be faquhvra-ra beye-be kokira-bu-re ehe

    本性 宾 打乱 – 未 身体 – 宾 打伤 – 使 – 未 坏

    okto kai.

    药   啊

[①] 对于满语中作定语的"动词词干 + 完整体 / 未完整体后缀"形式，有人认为是动词的完整体 / 未完整体直接作定语，如赵志强：《简论满语动词的体》，《满语研究》，2009 年第 1 期；[清] 舞格编著，[日] 竹越孝、陈晓校注《清文启蒙》，北京：北京大学出版社，2018 年，第 11、12 页。也有人认为是动词的形动形式，可以作定语，如爱新觉罗·瀛生：《满语杂识》，北京：学苑出版社，2004 年，第 110 — 112 页。

乱了性伤了身子是不好药啊。(《续编兼汉清文指要》下 29a2)

(9) ere-qi   sain   ningge   be   sabu-ha   se-he-de,   geli
    这个-从   好   东西   宾   看见-完   助-完-位   又
    tere-be   sain   se-mbime,   ere-be   sain   se-ra-kv   kai.
    那个-宾   好   说-而且   这个-宾   好   说-未-否   啊
    倘若是看见了比这个好的，又要说那个好，不肯说这个好了啊①。
    (《清文启蒙》9b6-10a1)

(10) hendu-tele   geli   uttu   xan   de   donji-re   gojime,
     说-至   又   那样   耳朵   位   听-未   虽然
     gvnin   de   tebu-ra-kv-ngge.
     心   位   放置-未-否-名
     说着说着又这样耳朵里听了，心里废弃的光景。(《清文指要》中
     21b3-4)

满语中未完整体后缀 -ra/re/ro 附加在动词后表示动作已经发生、没结束或将要发生。而"已发生或将要发生"的语义特征与汉语助词"了"有部分相似性，所以旗人汉语中用"了"对译部分动词未整成体后缀。例(8)—(10)由上下文语境来看，句子表示的行为事件都是将要实现的事。在句子中不同的位置，"了"又具有不同的性质：表示动作将要发生、实现的"了$_1$"，如例(8)；表示事件的将要发生、实现的"了$_2$"，如例(9)；既表示动作又表示事件的将要发生、实现的"了$_{1+2}$"，如例(10)。

---

① 刘东山本无"啊"字。

3. "了"对应满语现将时后缀 -mbi

(11) fonjin　　hese　　akv,　　nambu-ha　　be　　tuwa-me　　uthai
　　 提问　　言语　　否　　 拿获-完　　 宾　　 看-并　　 就
　　 deleri　　deleri　　se-me　　gama-mbi.
　　 武断　　 武断　　 助-并　　 拿去-现
　　 问也不问,挠着了早早的就拿了去。(《续编兼汉清文指要》下19b6-7)

(12) tere　　aika　　mimbe　　niyalma　　be　　wa-ha　　se-qi,
　　 他　　 如果　　我.宾　　　人　　　 宾　　杀-完　　说-条
　　 uthai　　mimbe　　niyalma　　be　　wa-ha　　se-mbi-u?
　　 就　　　我.宾　　　人　　　 宾　　 杀-完　　说-现-疑
　　 他若说我杀了人,就说我杀了人了么?(《清文启蒙》31b3-4)

(13) emu　　qimari,　　andande　　jalan　-i　　baita　　be　　sa-ha
　　 一　　 早上　　　顷刻　　　世间　 属　　事情　　 宾　　知道-完
　　 se-he-de,　　ini　　qisui　　dasa-bu-mbi.
　　 助-完-位　　他.属　擅自　　改正-被-现
　　 一朝,要说是知道了世间上的事情的时候,自然就改了。(《续编兼汉清文指要》下25b7-26a1)

　　-mbi 为满语现在将来时后缀,附加在动词后面表示动作行为在说话时或将来发生。动作由没发生到发生也是一种变化的实现,所以语义上有时也可用"了"来对译。根据句法位置判断,例(11)—(13)中的"了"对译现将时后缀 -mbi,分别为"了$_1$""了$_2$""了$_{1+2}$"。

　　另外,从满汉对勘来看,《清文启蒙》中有4例满语动词现将时后缀 -mbi 对译成"咧",功能相当于"了$_{1+2}$"。如:

(14) ere　nure　umesi　hatan　nimequke,　bi　damu　emu
　　　这　　酒　　很　　　烈　　厉害　　　我　只是　一

hvntahan　omi-re　jakade　uthai　sokto-mbi-kai.
杯　　　　喝–未　因为　　就　　醉–现–啊

这个酒狠酽利害，我只呵了一钟就醉咧<u>·</u>①。(《清文启蒙》46a6-46b1）

(15) bi　dosi-ki　se-qi,　aifini　uthai　dosi-mbi-kai,
　　　我　进入–祈　想–条　早已　　就　　进入–现–啊

geli　sini　anahvnja-ra　be　aliya-mbi-u?
又　　你.属　让–未　　　宾　等–现–疑

我若是要进去，早已就进去咧<u>·</u>②，还等着你让么？(《清文启蒙》49a2-3）

例（14）中"咧"品经堂本、刘东山本为"了"，这显然是对译 sokto-mbi 后缀 -mbi 的结果。我们从三个方面对此进行推测验证：对译方面，满汉合璧文献中满语语气词 kai/u/n/ni/dabala/bai、祈使后缀 ki/kini/qina 等没有对译出相应汉语语气词的情况非常普遍；语音方面，"了""咧"本就音近，"咧"lie 快读，其中前一元音 i 很容易被轻轻滑过，从而听起来与"了"le 音同音近，进而在口语中这两个字音经常混同，所以在书面语中本该记作"了"的地方写成了"咧"；语法方面，根据汉语句子来看，去掉"咧"，"我只呵了一钟就醉"语义表达不完整，即此句表述的行为"呵了一钟"为一个已完成动

---

① 咧：品经堂本、刘东山本作"了"。
② 咧：注音本作"了呀"，刘东山本作"了"。

作，而动作结果"醉"是否已经出现却无从显示，从而造成整个行为事件的进行状况不明晰，因此"咧"在此并不是表示说话者主观情绪的可以去掉的语气词，而是"了"的记音字，其功能为"了$_{1+2}$"。例（15）中"咧"音注本为"了呀"，刘东山本为"了"。从满汉比照来看，kai 的译出与否，决定了语气词"呀"是否出现，它并不影响"了"的功能和性质；"了"是 dosi-mbi 的后缀 -mbi 的对译，情况与例（14）同。

4."了"对应满语过去时后缀 -mbihe

-mbihe 为满语动词的过去时后缀，表明动作行为在说话时刻之前发生，所以旗人汉语中也偶尔用"了"对译过去时后缀 -mbihe。如：

(16) akvqi   aifini   qi   ji-fi   te-me   xada-mbihe.
　　　否则　　早就　　从　来－顺　坐－并　疲乏－过
　　　不然早来坐乏了。(《清文指要》中 13b2)

(17) gur gar etu-fi, niyalma be sabu-mbihe-de, beye-be
　　　整　洁貌　穿－顺　人　宾　看见－过－位　身体－宾
　　　tob se-me o-bu-fi.
　　　正直　助－并　成为－使－顺
　　　穿上衣裳雄雄实实的一见了人，端然正立。(《续编兼汉清文指要》上 15a2-3)

(18) kiyab se-me jebele asha-fi yalu-mbihe-de, tere
　　　整齐　助－并　箭袋　佩戴－顺　骑－过－位　那个
　　　tukiye-bu-fi, naqin xongkon -i gese o-mbi.
　　　抬－使－顺　鸦鹘　海东青　属　样子　成为－现
　　　系上一副俏皮撒袋骑上了的时候，仰着脸儿就像莺一样的呀。

(《续编兼汉清文指要》下 6b1-3）

以上三例中"了"均是对译满语动词过去时后缀 -mbihe 的结果，例（16）为"了$_2$"，例（17）为"了$_1$"，例（18）也是"了$_1$"，"骑上了"作"时候"的定语，与前面例（6）一样，这里的"了"标准汉语中一般不用，虽然所调查的文献中这种例子较少，但总归是提高了旗人汉语中"了"的使用频率。

5."了"对应满语祈使式后缀

(19) gvni-ha-kv   sini   beye   ji-he-de,   dulba   ahasi
　　 想－玩－否　 你.属　 自己　 来－完－位　 糊涂　 仆人.复
　　 inu   songkoi   jabu-fi,   unggi   nakv,   teni   dosi-fi
　　 也　　沿袭　　 回答－顺　差遣.祈　之后　 才　 进入－顺
　　 minde   ala-ha.
　　 我.与　 告诉－完

不想你来了，懵懂奴才们也照样的答应，打发去了，才进来告诉了我。（《清文指要》下 31b3-5）

(20) enenggi   fiyaratala   tanta-ra-kv   oqi,   bi   uthai   gashv-kini.
　　 今天　　 狠狠　　　 打－未－否　 若是　 我　 就　　 发誓－祈

今日要不重重的打他的时候，我就说誓了。（《续编兼汉清文指要》上 13a1-2）

(21) ere   uthai   ferguwequke   se-qina,   minde   bi-sire-ngge
　　 这　 就　　 奇怪　　　　 助－祈　　 我.与　 有－未－名
　　 oqi,   inde   bu-mbi   dere.   minde   umai   akv   bade,
　　 若是　 他.与　 给－现　 吧　　 我.与　 完全　 否　 尚且

mimbe　　ai-be　　　bu　　se-mbi.

我.宾　什么-宾　给.祈　助-现

这就奇了，我若是有的，给他罢咧。我并没有，教我给什么。

(《清文启蒙》10b5-11a1)

例（19）unggi 为零形式祈使式，例（20）是动词词干 gashv- 加祈使后缀 -kini，例（21）是助动词 se- 加祈使后缀 -qina，祈使式表示的是说话人对所期许、命令的行为事件的一种语气。对应于满语祈使式汉语句子并没有用相应的语气词来对译，而是把期许、命令的行为事件加上表完成的助词"了"，着重阐明行为事件发生与否。这种对译增加了旗人汉语"了"的使用频率。

6."了"对译满语虚拟式后缀 -rakv

(22) mimbe　　ume　　fude-re,　　amtan　　gama-rahv.

　　　我.宾　　不要　　送行-未　　味道　　拿-虚

　　　别送我，看带了滋味去。(《清文指要》中 27a5-6)

(23) gisure-re　　onggolo,　　baibi　　taxarabu-rahv　　qalabu-rahv

　　　说-未　　　之前　　　只是　　弄错-虚　　　　过失-虚

　　　se-me, tathvnja-me gelhun akv kengse lasha gisure-ra-kv.

　　　助-并　犹豫-并　　敢　　否　　果断　爽快　说-未-否

　　　未从说话，只恐怕差错了，说的迟疑不敢简断。(《清文指要》中 4b5-6)

满语动词的虚拟式，由动词词干 + rahv 或动词后加虚词 ayou 表达说话人或行为者对假设将要实现的某种行为或变化的担心。既然涉及将要实现的行为或变化，那与表完成的助词"了"就有密切的关系，所以在合璧文献中见到因对译满语虚拟式而使用助词"了"

的用例。例（22）（23）分别由动词词干 gama-、taxarabu- 和 qalabu-加后缀 -rahv 构成的虚拟式，表示对动作行为可能要完成或实现的一种担心，相应汉语句中的"看""恐怕"即表示这种担心，"了"则表示动作行为的将要完成或实现。根据句法位置，例（22）为"了$_1$"，例（23）为"了$_2$"。

7."了"对应满语副动词后缀

7.1 "了"对应满语顺序副动词后缀 -fi

-fi 为顺序副动词后缀，可以表示动作、行为已经发生。因此满汉合璧文献中有些顺序副动词后缀 -fi 对译成汉语助词"了"。

(24) age   sinde   aika   xolo   baha-fi,   inu   meni
     阿哥   你.与   如果   空闲   得到-顺   也   我.属
     bou-de   emu   mari   gene-qina.
     家-与   一   次   去-祈
     阿哥你倘或得了工夫，也往我们家里去一遭儿是呢。(《清文启蒙》47b6-48a1)

(25) qeni   adaki   ajige   puseli   de   fi   yuwan   bai-fi,
     他们.属   隔壁   小   店铺   位   笔   砚   求-顺
     meni   gene-he   ba-be   bithele-fi   weri-he.
     我.属   去-完   地方-宾   写-顺   留-完
     合他们间壁小铺儿里寻了个笔砚，把我去了的话写了个字儿留下了。(《清文指要》中 26a6-26b1)

(26) gala   simhun   bebere-fi,   xusiha   jafa-ra   de   gemu
     手   指   抽搐-顺   鞭   拿-未   位   完全
     fakjin   akv   o-ho-bi.
     倚靠   否   成为-完-现

手指头冻拘了,拿鞭子的劲全没了。(《续编兼汉清文指要》上 4a1-2)

根据语境可知,例(24)动词 baha-fi 表示假设将来要完成或实现的行为动作,汉语用"了"对译在此表完成的后缀 -fi,由句中位置可知"了"为"了$_1$"。例(25)顺序副动词 bai-fi、bithele-fi 表示在主动词所表示的动作之前已经发生和完成了的动作,所以汉语用"了"对译副动词后缀 -fi 所表示的语法意义和功能,由句法位置看,两处"了"均为"了$_1$"。例(26)顺序副动词 bebere-fi 也表示在主动词之前发生的情况,所以用表示完成的"了"对译顺序副动词后缀 -fi,"了"的句法位置说明它是"了$_2$"。

7.2 "了"对应满语并列副动词后缀 -me

-me 是满语并列副动词,表示动作行为并列发生,但并列的动作有时会有先后之分,所以并列副动词有时是在主动词之前已经发生的动作行为,所以合璧文献中可见用表示完成的助词"了"对译并列副动词后缀 -me 的情况。

(27) niyaman　　hvnqihin　　leksei　　uba-de　　bi-sire　　jakade,
　　　亲戚　　　亲族　　　全部　　这里－位　有－未　　因为
　　　bi　　ai　　hendu-me　　waliya-me　　amgana-mbi.
　　　我　什么　　说－并　　　抛弃－并　　睡－现
　　　因为亲戚们全在这里的上头,我怎么说撂了睡觉去呢。(《续编兼汉清文指要》下 15b4-5)

(28) emu　dere-i　nure　bouha　be　dagila-bu-ha,　emu
　　　一　桌－工　酒　　菜　　宾　准备－使－完　一
　　　dere-i　　qing　　se-re　　emu　　fileku　　yaha　dabu-ha,
　　　桌－工　火旺貌　助－未　　一　　火盆　　炭　　起－完

tereqi	deute	be	helne-me	gaji-tala,	nure	bouha
自此	弟弟	宾	邀请-并	拿来-至	酒	菜

en	jen	-i	belhe-me	jabdu-ha.
妥	当	工	准备-并	赶上-完

一面叫收拾酒菜,一面点了一盆旺火,赶请了兄弟们来,酒肴早已齐备了。(《清文指要》下 23b4-7)

例(27)并列副动词 waliya-me 是与后面动词 amgana-mbi 并列并先后发生的两个动作行为,amgana-mbi 的发生以 waliya-me 的完成为前提,所以汉语用"了"来对译,此处的"了"为"了$_1$"。例(28)仿此。

7.3 "了"对应满语条件副动词后缀 -qi

-qi 是满语条件副动词后缀,条件副动词所表达的动作行为是主要动词完成其动作所需要的条件,既然是条件,那么条件副动词所表示的动作行为往往先于主要动词所表示的动作行为完成或实现,所以可用表完成的助词"了"来对译。

(29) si	damu	mujilen	be	sulakan	sinda,	sini	baita
你	只管	心	宾	轻松	放.祈	你.属	事情

be	mute-bu-qi	uthai	waji-ha,	ede	ai
宾	完成-使-条	就	完结-完	这.位	什么

labdu	kenehunje-re	ba-bi.
多	怀疑-未	地方-有

你只管把心放宽着,把你的事情成就了就完了,这有什么多疑的去处。(《清文启蒙》6b4-6)

(30) yala   baha-qi,   nure be   ai-se-mbi,   sini   gvnin

果真   得到-条   酒   宾   什么-说-现   你.属   心意

de   aqabu-me   soli-ki.

与   相合-并   邀请-祈

要果然得了，别说酒，合着你的主意请罢。(《清文指要》中 24a3-4)

例（29）条件副动词 mute-bu-qi 所表示的动作行为是主动词 waji-ha 得以实现的前提，换言之 mute-bu-qi 在 waji-ha 之前既已发生，所以用助词"了"来对译条件副动词 mute-bu-qi 所蕴含的完成义，根据句中的位置，该"了"为"了$_1$"。例（30）也是用"了"对译条件副动词 baha-qi 表示的完成义，由句中位置判断，此处"了"为"了$_{1+2}$"。

7.4 "了"对应满语让步副动词后缀 -qibe

-qibe 为满语让步副动词后缀，表示"虽然 / 即使 / 无论……"，它出现的句法语境是一个让步复句，让步副动词所在的分句为让步分句，表示主句所表示的动作行为不因让步副动词所表动作行为的发生或实现而改变，由此也可用完成助词"了"来对译。

(31) meni   beye-se   arkan   dosi-qibe,   bou-i   urse   sibxa

我们.属   身体-复   骤然   进入-让   家-属   人们   骤然

tuta-fi,   gemu   tule   yaksi-bu-ha.

留下-顺   都   外面   关闭-被-完

我们自己虽然将将的进来了，家里人遯在老远的，都关在外头了。(《清文指要》下 21a3-4)

由语境看，例（31）dosi-qibe 所表示的让步的动作行为已完成，所以用"了"来对译。此处"了"既表示"进来"这一动作的完成，同时也表示"进来"这一行为事件的完成，因此"了"为"了$_{1+2}$"。

7.5 "了"对应满语持续/延伸义副动词后缀 -hai/hei/hoi、-tala/tele/tolo、-pi 等

-hai/hei/hoi 为满语持续副动词后缀，表示动作行为持续不停，而这一持续动作往往持续到主动词所表动作行为发生之前；-tala/tele/tolo 是满语直至副动词后缀，表示主要动词所表示的动作行为延续到某时或某种程度结束，换言之，到直至副动词所表示的某时或达到某种程度，主要动词所表示的动作行为发生了变化；-pi 为满语的延伸副动词后缀，表示动作行为逐渐完成，达到某种程度。因此，可以用表示完成的助词"了"来对译持续/延伸义副动词后缀 -hai/hei/hoi、-tala/tele/tolo、-pi 等。

（32）damu　yabu-hai　age　de　eime-bu-re　inenggi　bi-kai.
　　　只是　走－持　阿哥　与　厌烦－被－未　日子　有－啊
　　　只是走长了教阿哥厌烦的日子有啊。（《清文启蒙》2a5）

（33）bi　te　jayan　juxu-tele　faksala-me　gisure-he　se-me.
　　　我　现在　牙关　酸－至　分辨－并　说－完　助－并
　　　我如今就分晰着说到嘴酸了。（《续编兼汉清文指要》下 9a2-3）

（34）geri　fari　uju　funiyehe　xahvn　xara-pi,　eiten　de
　　　恍　惚　头　头发　白色　发白－延　一切　位
　　　baitakv　o-ho　manggi.
　　　废物　成为－完　以后
　　　一仰一合头发就白了，各处全不中用了。（《续编兼汉清文指要》上 19b3-4）

例（32）中，持续副动词 yabu-hai 的持续状态在动词 eime-bu-re 发生之前已经完成，所以用"了"来表示其完成义，该处"了"为"了$_1$"。例（33）主动词 gisure-he 所表示的动作达到了直至副动词 juxu-tele 所表示的"酸"的程度，达到某种程度也意味着某种程度已经实现，所以该例用完成助词"了"对译 -tele，"了"位于句尾，是表示事态变化的"了$_2$"。例（34）延伸副动词 xara-pi 一直持续到 funiyehe 的性状变化的完成之时结束，"了"对译 -pi，用于句尾表示事态的完成，为"了$_2$"。

8. "了"对应满语叹词 dere/jou

(35) sikse weqe-he yali je-ke be dahame, uthai <u>jou</u>
昨天 祭祀-完 肉 吃-完 宾 跟随 就 算了
kai, geli tuibu-he yali be bene-fi aina-mbi?
啊 又 背灯祭-完 肉 宾 送-顺 做什么-现
昨日吃过祭神的肉，也就罢了，又送背灯的肉去作甚么呢?（《清文指要》下 4a2-3）

(36) erin dule-ke-bi, damu halukan o-qi <u>jou</u> kai.
时候 超过-完-现 只是 暖和 成为-条 算了 啊
过了时候了，暖和就罢了。（《续编兼汉清文指要》上 16b2-3）

(37) si dangna-me gisure-ra-kv o-qi o-kini <u>dere</u>,
你 充当-并 说-未-否 成为-条 可以-祈 罢了
fudarame anan xukin -i niyalma-i iqi.
相反 顺次 依顺 工 人-属 顺应
你不替说说就罢了，反倒一溜神气的随着人家的意思。（《续编兼汉清文指要》下 7b2-4）

例（35）—（37），dere、jou 为满语叹词，有"罢了""算了"之义，在句中作谓语，汉语对译成"罢了"，语义上表示"只好如此""就这样算了"的让步义，句法上"罢了"作小句的谓语，"罢"还具有一定的动词性，表示终结，那么"了"就还具有一定的完成义助词功能[①]。由句法位置看这 3 例中的"了"均为"了$_{1+2}$"。

9."了"无满语直接对应成分

(38) age   si   jaqi   gvnin   fulu,   jaqi   kimqikv   bai.
     阿哥   你   太   心思   多余   太   细心   吧
     阿哥你太心多，特仔细了罢。(《清文启蒙》19a6)

(39) yebe   o-jorolame   geli   busubu-ha-ngge,   uthai   hesebun.
     好   成为－伴   又   复发－完－名   就是   命运
     将好了又犯了，就是命了。(《续编兼汉清文指要》下 11b3-4)

(40) emgeri   jaila-bu-me   saqi-me   ofi,   gida   -i   dube
     一次   躲避－使－并   砍－并   因为   枪   属 尖端
     uthai   mokso   emu   meyen   gene-he.
     就   截断   一   节   去－完
     磕一下，把长枪的头儿就磕折了一节子去了。(《续编兼汉清文指要》上 5a3-4)

(41) eiqibe   si   geli   baita   akv,   bou-de   bai   tere
     总之   你   又   事情   否   家－位   白白   那
     anggala,   sargaxa-ra   gese   gene-qi.   ai   o-jora-kv
     而且   游玩－未   样子   去－条   什么 可以－未－否

[①] "罢了"的语义及功能可具体参看本书第三章第二节。

se-re   ba-bi.
助－未   地方－有

总说了罢你又无事，与其在家里白坐着，莫若闲旷的一样，消着愁闷儿去走走。(《续编兼汉清文指要》上 10b6-11a1)

(42) sain   baita   dabala,   sini   funde   majige   gisure-qi,
　　 好   事情   罢了   你.属   代替   稍微   说－条
　　 minde   geli   ai   waji-ha   ni.
　　 我.与   又   什么   耗费－完   呢

好事罢咧，替你说一说，又费了我什么了呢。(《清文指要》中 7b5-6)

例(38)中满语句子并没有直接表明完成的成分，译者根据满语句的语义表达，对译汉语句句尾用"了"直观地说明了句子所描述的事态变化的完成。例(39)中分句 uthai hesebun 中也无表示完成的后缀，相应汉语对译句句尾"了"是旗人根据汉语表达的需要而添加的表示事态完成的"了$_2$"。例(40)中 mokso 为副词，"(一下子)断成两截"之义，mokso emu meyen 的汉语对译"磕折了一节子"中的"了"并无直接对译成分，是旗人根据汉语表述而添加上的完成体助词"了$_1$"。例(41)中 eiqibe 为副词，"到底/总之"之义，其对译成分"总说了罢"显然是按照汉语表述而加以变通的说法，具有熟语性，用在动词"说"后的"了$_1$"，也没有直接的对译成分。例(42)"费了我什么了"为"动词＋了$_1$＋宾语＋了$_2$"的双"了"句，满汉比照来看，"了$_1$"因对译完成动词 waji-ha 而出现，"了$_2$"并没有直接的对译成分，是根据汉语表述的需要而添加上去的。

（二）"了"表持续

《清文启蒙》《续编兼汉清文指要》中各 1 例 "了" 对译持续副动词后缀 -hei 表持续的例子。

(43) lakdahvn -i farxa-tai gaji se-mbi, jiduji bu-he
　　　下垂　　工　下降－极　拿来．祈　说－现　究竟　给－完
　　　manggi, teni urgunje-fi fekuqe-hei gene-he.
　　　之后　　才　欢喜－顺　跳跃－持　去－完

一定瓜搭着脸要，到底给了，才喜欢着跑了去了。（《续编兼汉清文指要》上 33a2-3）

(44) selgiye-re be tuwa-me, deye-re gese feksi-hei jiu,
　　　传－未　　宾　看－并　　飞－未　一样　跑－持　来．祈
　　　ume touka-bu-re.
　　　别　迟误－使－未

瞧着传去，如飞的跑了来，别误下。（《清文启蒙》38a1-2）

例（43）持续副动词 fekuqe-hei 表示其后动词 gene-he 这一行为的一种持续伴随的方式，fekuqe-hei gene-he 的汉语对译 "跑了去了" 也应是 "跑" 为 "去" 的伴随方式，所以 "跑" 后的 "了" 并不表完成，而是表持续，相当于汉语持续体助词 "着"。例（44）与例（43）同。

（三）"了"为构词语素

在《清文启蒙》等三种兼汉满语会话书中，各有 1 例因对译满语后置词 tulgiyen 而出现的构词语素 "了"。

(45) ere   baita   sinqi   **tulgiyen**, gvwa   niyalma   aina-ha
　　 这个　 事情　 你.从　 除外　　 其他　　人　　　怎么-完
　　 se-me   inu   sar-kv.
　　 助-并　 也　　 知道.未-否
　　 这个事情除了你之外，别人断然也不知道。(《清文启蒙》3b1)

(46) sini   nantuhvn   jili   be   kiri-ha   dabala,   minqi
　　 你.属　 龌龊　　　 怒气　 宾　 忍耐-完　 罢了　　 我.从
　　 tulgiyen   yaya   we   se-he   seme,   sinde   ana-bu-re
　　 除外　　　 凡是　 谁　 说-完　 虽然　 你.与　 推托-被-未
　　 ai-bi.
　　 什么-有
　　 你那行次的性子我忍了罢咧，除了我不拘是谁，岂肯让你。(《清文指要》下 8b2)

(47) tere-qi   **tulgiyen**   mujakv   ba-de   gemu   xodo-mbi-kai.
　　 那-从　 以外　　　　 所有　　 地方-位　 都　　 逛-现-啊
　　 除了那个无缘无故的地方全去到。(《续编兼汉清文指要》下 20b1)

例（45）—（47），tulgiyen 为满语后置词，表示"除……之外"，对译为"除了"。由汉语句法结构分析，"除了"为介词，意即"除……之外"，这就意味着介词"除了"中的"了"并不是一个独立的词，而是一个构词语素。

为便于整体观察三种满汉合璧会话书中"了"与满语相关成分的对译情况，现列表如下：

表 4-17 满汉合璧会话书中"了"与满语相关成分的对译情况

了	满语对应情况		清文启蒙	清文指要	续编兼汉清文指要	占比	
完成体	完整体后缀	-ha/he/ho	116	195	220	53.42%	58.55%
		-ka/ke/ko	9	19	23	5.13%	
	未完整体后缀	-ra/re/ro	24	17	22	6.34%	
	现将时后缀	-mbi	2①	11	31	4.43%	
	过去时后缀	-mbihe	–	1	2	0.30%	
	祈使式后缀	-kini 等	2	3	13	1.81%	
	虚拟式后缀	-rakv	1	2②	–	0.30%	
	副动词后缀	-fi	28	45	49	12.27%	18.81%
		-me	–	9	17	2.61%	
		-qi/qibe	6/–	5/1	16/–	2.82%	
		-hai/hei/hoi	2	–	1	0.30%	
		-tala/tele/tolo	–	–	5	0.50%	
		-pi	–	1	2	0.30%	
	叹词	dere/jou	–/1	–/1	1/1	0.40%	
	无对译		8	36	41	8.55%	

① 《清文启蒙》中满语动词现将时后缀 -mbi 另有 4 例对译成"咧",相当于"了$_{1+2}$",即例（28）—（31），没有统计在表内。

② 《清文指要》2 例中有 1 例为两个 -rahv 对应一个"了"。

续表

了	满语对应情况		清文启蒙	清文指要	续编兼汉清文指要	占比
持续体	持续副动词后缀	hei	1	—	1	0.20%
构词语素	后置词	tulgiyen	1	1	1	0.30%
总计					994	

由表 4–17 可以看出：

1）三种合璧文献中"了"主要是表示完成，表示持续和作为构词语素只偶见用例。

2）表示完成的助词当中，"了"主要对译满语完整体后缀 -ha/he/ho 及 -ka/ke/ko、未完整体后缀 -ra/re/ro、顺序副动词后缀 -fi，以及无对译的情况；再次就是并列副动词后缀 -me 和条件副动词后缀 -qi；其余只是有零星用例出现。满语完整体后缀 -ha/he/ho 及 -ka/ke/ko、未完整体后缀 -ra/re/ro、顺序副动词后缀 -fi 等在满语中都是可以表示完成的；并列副动词后缀 -me 和条件副动词后缀 -qi 有时则表示该并列副动词或条件副动词所表示的动作行为已发生或完成的情况下，主要动词所表示的行为事件才得以发生；无对译情况下旗人汉语中出现的表完成的助词"了"，则说明旗人是依据句法语义的表达需要而变通地使用汉语完成助词"了"的。

3）唐宋以来"了"作为持续体助词以及"着"作为完成体助词的用例时有见到，一直到清末民初还偶有用例出现，所以旗人汉语中"了"表持续也并不是特殊的现象。

4）"了"作为构词语素的出现也是旗人熟练运用汉语介词"除了"的结果。

整体来说，三种满汉合璧会话书反映出旗人已经能够比较熟练地掌握和运用汉语助词"了"。同时也不能忽略满语负迁移的影响，如例（6）（18）等，尽管用例不多，但显示了满语负迁移在一定程度上增加了旗人汉语中"了"的使用频次。

三、语气词"了$_3$／啦／拉"

前文说过用于句尾、表示事态的完成、有成句作用的"了$_2$"也是一个完成体助词，只是依照学界旧有的说法我们继续称之为事态助词。但我们要明确的是：事态助词不是语气词，因为事态助词表示事态的完成，有足句作用，不可以省去，而语气词是表示说话人的主观情绪，不具有足句作用，可以省去。在此基础上，我们想借助近代汉语语料来进一步探讨语气词"了$_3$／啦／拉"的来源及其所表示的语气。

（一）语气词"了$_3$"并非"了也""了啊"的合音

为便于分析问题，我们首先对近代汉语文献中句尾助词"了"与语气词连用的情况进行了大面积的历时调查，见下表：

表 4–18 宋代至清末民初句尾助词 "了" 与语气词连用情况调查

	了也	了也公哥	了呵	了啊	了哇	了呀	了啦	了罢	了吧	了要了	了罢咧	了者	了咱	了末	了么	了吗	了来	了呢	了的	了哪
张协状元	—	—	—	—	—	—	—	—	—	—	—	—	—	—	—	—	—	—	—	—
朱子语类	13	—	—	—	—	—	—	—	—	—	—	—	—	—	—	—	—	—	—	—
河南程氏遗书	3	—	—	—	—	—	—	—	—	—	—	—	—	—	—	—	—	—	—	—
刘知远诸宫调	—	—	—	—	—	—	—	—	—	—	—	—	—	—	—	—	—	—	—	—
董解元西厢记	—	—	—	—	—	—	—	—	—	—	—	—	—	—	—	—	—	—	—	—
全宋词	—	—	—	—	—	—	—	—	—	—	—	—	—	—	—	—	—	—	—	—
老学庵笔记	—	—	—	—	—	—	—	—	—	—	—	—	—	—	—	—	—	—	—	—
梦溪笔谈	—	—	—	—	—	—	—	—	—	—	—	—	—	—	—	—	—	—	—	—
容斋随笔	1	—	—	—	—	—	—	—	—	—	—	—	—	—	—	—	—	—	—	—
北梦琐言	1	—	—	—	—	—	—	—	—	—	—	—	—	—	—	—	—	—	—	—
孝经直解	2	—	9	—	—	—	—	—	—	—	—	—	1	—	—	—	—	—	—	—

续表

	了也	了也么哥	了呵	了啊	了哇	了呀	了啦	了罢	了吧	了罢了	了罢咧	了者	了咱着	了末	了么	了吗	了来	了呢	了的	了哪
鲁斋遗书	—	—	1	—	—	—	—	—	—	—	—	—	—	—	—	—	—	—	—	—
吴文正集	1	—	—	—	—	—	—	—	—	—	—	1	—	—	—	—	—	—	—	—
元典章·刑部	103[①]	—	33	—	—	—	—	—	—	—	—	25[②]	—	—	—	—	5	—	—	—
元刊杂剧三十种	9	2	3	—	—	—	—	1	—	—	—	1	1	1	—	—	—	—	—	—
小孙屠	—	—	—	—	—	—	—	—	—	—	—	—	—	—	—	—	—	—	—	—
古本老乞大	30	—	4	—	—	—	—	—	—	—	—	7	—	—	—	—	4	—	—	—
老乞大谚解	10	—	—	—	—	—	—	4	—	—	—	—	6	—	—	—	2	—	—	—
朴通事谚解	15	—	—	—	—	—	—	—	—	—	—	—	3	—	4	—	—	—	—	—

① 《元典章·刑部》有1例为"了"与"也者"连用："俺商量来、拟定来么公道。做官，拟定来么公道。"
② 《元典章·刑部》有1例为"了"与"者呵"连用："前者，我蛮子田地里去，回来时分，见村里唱词聚的人每多有。那得每根底交当了者呵，钦遇赦恩，免了也者，他的职事罢了，不拣几时休教他的罪过。怎生？么道。"

续表

	了也	了也么哥	了呵	了啊	了哇	了呀	了啦	了罢	了吧	了罢了	了者	了咱	了着末	了么	了吗	了来	了呢	了的	了哪
水浒全传	7	—	—	—	—	—	—	15	—	—	—	—	—	1	—	—	—	2	—
西游记	21	—	1	2	—	—	—	34	—	—	—	—	—	2	—	—	—	—	—
金瓶梅词话	—	—	—	—	—	—	—	120	8	—	—	—	—	—	—	—	—	3	—
型世言	—	—	—	—	—	—	—	4	—	—	1	—	—	—	—	—	—	—	—
醒世姻缘传	—	—	—	—	—	—	—	—	—	—	—	—	—	24	—	—	1	10①	—
歧路灯	—	—	—	—	—	—	—	71	—	—	—	—	—	12	—	—	5	1	—
儒林外史	—	—	—	—	—	—	—	7	—	—	—	—	—	7	—	—	—	4	—
红楼梦	—	—	—	—	—	—	—	55	2	1	—	—	—	67	14	1	59	15	—
老乞大新释	—	—	—	—	—	—	—	9	—	—	—	—	—	6	—	—	2	—	—

① 《醒世姻缘传》21回有1例："晁夫人道：'今日是孩子的好日子，请将你来是图喜欢，叫你都见鬼吵来？你待吵，人家里吵去！我这里是叫人吵够了的了！'"人家里吵去！我这里是叫人吵够了的了！'"

第四章 满语对清代旗人汉语助词的干扰 | 453

续表

	了也	了也么哥	了呵	了啊	了哇	了呀	了啦	了罢	了罢吧	了罢了	了罢咧	了者	了咱着	了末	了么	了吗	了来	了呢	了的	了哪
重刊老乞大	—	—	—	—	—	—	—	6	—	—	—	—	—	—	5	—	1	1	—	—
儿女英雄传	—	—	1	14	—	—	—	38	—	—	—	—	—	—	23	44	—	51	11	—
小额	—	—	—	—	—	—	—	—	4	—	2	—	1	—	—	2	—	4	2[①]	1
杂碎录	—	—	—	6	—	—	—	9	—	—	—	—	—	—	11	14	—	7	4[②]	—
损公作品	—	—	—	—	—	3	—	30	3	—	—	—	—	—	—	21	—	11	9	—
官场现形记	—	—	—	—	—	—	—	19	—	—	—	—	—	—	2	25	—	3	14	—
老残游记	—	—	—	—	—	—	—	5	—	—	—	—	—	—	—	19	—	8	4[③]	—

① 《小额》1 例:"后来还是小额说:'要不还是请太医院徐吉春给瞧瞧吧,我那年闹黄病,不是他瞧好了的吗?'"
② 《杂碎录》1 例:"惟有出映一说,还有说让映给打了的哪,与沙场的死士,莫非就不出映么?"
③ 《老残游记》17 回 1 例:"却说翠环听了这话,不住的迷迷价笑,自不费吹灰主力,忽然又将柳眉双锁,默默无言。你道什么缘故?他因听见老残一封书去,托了这样的信从,若替他办那事,倘若便随便说说就耍了的呢,一定妥当的,所以就迷迷价笑。又想他们的权力,虽然够用,只不知昨晚所说的话,究竟是真是假;倘若随便说说耍了的呢,这个机会错过,便终身无出头之望,所以双眉又皱起来了。"

表4-18显示的频次和具体运用情况说明合音说不成立。下面将逐一分析。

1. "了₃"不是"了也"的合音

如果语气词"了₃"是"了也"的合音,那么就应该出现如下现象:

首先,在"了也"大量使用的时候"了₃"即已出现。由表4-18可以看出自宋至《西游记》时代,"了也"的用例还相当普遍,但这一时期文献中并没有发现"了₃"的端倪,更没有见到"了₃"的使用。

其次,"了₃"逐渐取代"了也"。由"了也"在《西游记》之前的文献用例来看,"了₃"在明代中期以后的使用也不应太少见,至少在明中叶至清中叶这一时期文献中应该有"了₃"用例。可是据我们调查,"了₃"较早的用例见自《儿女英雄传》[①]。

鉴于以上两点,我们认为"了₃"不是"了也"的合音。

2. "了₃"不是"了啊"的合音

首先,"了""啊"连用的频次低。

如果语气词"了₃"是"了啊"的合音,又写作"啦/拉"的话,那么"了""啊"连用的例子应该较为普遍,这样才能够为其合音提供必要的频率条件。可是表4-18所列文献反映出近代汉语时期"了""啊"连用实为罕见。故此,我们进一步调查了清代的几部满汉合璧文献。

[①] "了₃"的同词异形"拉"见于稍早一些的《重刊老乞大》、"啦"则到清末民初旗人作家作品《小额》等中始见。详情见下文。

表 4-19 四种满汉合璧文献中"了啊"连用及对译情况

对译成分＼频次＼文献	满汉成语对待	清文启蒙	清文指要	续编兼汉清文指要
-ha/he/ho//-ka/ke/ko kai	-	2	-	3
-ra/re/ro kai	-	3	1	-
-fi kai	-	-	-	-
-mib kai	-	-	-	-
jou[①]	-	1	-	-
无对译	-	1	-	1
合计	0	7	1	4
总计	12			

由表 4-19 可以看出，清早期的《满汉成语对待》中并无"了啊"连用的例子，之后的《清文启蒙》《清文指要》《续编兼汉清文指要》中出现了一些"了啊"连用的例子，但三种文献"了啊"连用共计 12 例，连用频次并不高；"了啊"连用，"了"主要对译满语完整体后缀 -ha/he/ho 和未完整体后缀 -ra/re/ro，"啊"主要对译满语语气词 kai。如：

（47）baha-qi niyalma be takvra-fi sini jakade bene-bu-re.
　　　 得-条　人　　宾　派遣-顺　你.属　跟前　送去-使-未
　　　 ere uthai age mimbe gosi-ha kai.
　　　 这　 就　阿哥 我.宾　慈爱-完　啊
　　　 若是得使人送到你跟前去。这就是阿哥疼我了啊。(《清文启蒙》

---

① 因满语叹词 jou 对译成"罢了"。

41b6-42a1）

(48) bi   inu   gvwa   de   bai-ra-kv   kai.
　　 我   也   另外   与   求－未－否   啊
　　 我也不合别人寻了啊。(《清文启蒙》42a3-4)

(49) gemu   sini   adali   oqi   inu   jou   kai.
　　 众人   你．属   一样   若是   也   算了   啊
　　 若都像你也罢了啊。(《清文启蒙》19b1-2)

另外，表 4-19 所列情况更常见的是 kai 并不对译出来，或者译为其他语气词。见下表：

表 4-20　四种满汉合璧文献中与表 4-19 同种情况下而 kai 并不译出的频次

对译成分 \ 文献频次	满汉成语对待	清文启蒙	清文指要	续编兼汉清文指要
-ha/he/ho//-ka//ke/ko kai	7	1	9[①]	1[②]
-ra/re/ro kai	-	-	-	-
-fi kai	1	-	-	-
-mib kai	3	-	3[③]	2[④]
jou[⑤]	-	-	1	1
无对译	2	-	1	-

---

① 另有 1 例 -ha- bi kai 对译成"了么"。
② 另有 1 例 -ha kai 对译成"了么"。
③ 其中 1 例为 -mbi ni-kai。
④ 另有 1 例 -mbi kai 对译成"了呢"，1 例 -mbi ni-kai 对译成"了的呀"。
⑤ 因满语叹词 jou 对译成"罢了"。

续表

文献 对译成分 频次	满汉成语对待	清文启蒙	清文指要	续编兼汉清文指要
合计	13	1	14	4
总计	32			

（50）faita-ha　yali　bi-qi　uthai　waji-ha　kai,　geli
　　　切-完　肉　有-条　就　完结-完　啊　又
　　　utala　bouha　saikv　be　aina-mbi.
　　　许多　菜肴　饭菜　宾　做什么-现
　　有割的肉就完了，又要这些肴馔作什么。（《清文指要》中 13b4-5）

（51）emgeri　uda-me　jabdu-ha　kai,　aina-me　bi-kini　dabala.
　　　已经　买-并　妥当-完　啊　做什么-并　有-祈　罢了
　　业已买了么，任他有着去罢咧。（《续编兼汉清文指要》下 6b6-7）

例（50），完整体动词 waji-ha 后有句尾语气词 kai，但是在对译汉语句中句尾只出现了完成助词"了"，kai 并没有对译出来。例（51）中，kai 对译成语气词"么"。

对比表 4-19、4-20 不难看出，同种情况下 kai 不译出的频次约是译为"啊"的频次的 2.7 倍，再加上 kai 译作其他语气词的情况，这都显示出即使在旗人汉语中也不倾向于完成助词"了"与语气词"啊"的连用。

《清文启蒙》等三种满汉合璧会话书中虽然因对译满语相关成分而出现了"了啊"连用的例子，但无一例语气词"啦/拉"，这也说明清中期旗人话中并没有出现"了啊"合音的情况。

其次,"了"与"啦/拉"、"啦"与"啊"的连用情况。

"啦"既然是"了啊"的合音,也就是说"啦"本身就包含了"了"和"啊",那么"了"就不应该再与"啦/拉"连用,"啦"的后面也不应再出现语气词"啊/阿"及其音变形式"哇""呀""哪"等。可是"了啦""啦阿"连用的例子在清后期至民国旗人作品中均有见到。

(52)(安公子):"……到了万万无可挽回,张姑娘他说为我守贞,我便为他守义,情愿一世不娶哪①。这话皇天后土,实所共鉴,有渝此盟,神明殛之!姑娘,你道如何啦阿?"(《儿女英雄传》10回)

(53)自己一气儿,跑了三十多里,并没歇一歇儿,此时也觉着有点儿乏上了啦,莫如先歇一歇腿儿。(《评讲聊斋·婴宁》)②

例(52)中如果"啦"是"了啊"的合音,那么"啦"后面的"阿"即为赘余:一方面"啦"已包含了"阿",再一方面"啦"可以无限拖音,没必要再重复缀加"a(阿)"。例(53)中如果"啦"是"了啊"的合音,"了啦"连用显然存在功能叠加。

再次,"了也"或"了啊"与语气词"了₃/啦/拉"的意义及功能不相吻合。

合音顾名思义是指两个连用的词在自然语流中由于语速加快而出现的语音减省合并的现象,合音后往往有新的字形与之相对应;

---

① 该句"哪"人民文学出版社 1983 年版《儿女英雄传》归下句,西湖书社 1981 年版《儿女英雄传》、广西人民出版社 1980 年版《侠女奇缘》均归上句,这里依后两个版本。

② 《评讲聊斋》作者尹箴明,又名湛引铭、勋荩臣,京旗满族作家。

意义上合音的两个字与合音后的字是相等同的。句尾连用的"了也""了啊"中"了"为"了$_2$/了$_{1+2}$","也"和"啊"一个表示强调确认语气,一个表示感叹语气;而"了$_3$/啦/拉"单纯的是一个语气词,并没有"了$_2$/了$_{1+2}$"的功能,所以无论"了也"的合音还是"了啊"的合音都与纯语气词"了$_3$/啦/拉"的意义及功能不相吻合。

鉴于以上情况,我们认为语气词"了$_3$/啦/拉"并非"了也"或"了啊"的合音。

(二)语气词"了$_3$/啦/拉"的来源

在讨论语气词"了$_3$/啦/拉"之前,我们需要先谈一下与语气词"啦"同形的事态助词"啦$_2$"和既表动作完成又表事态完成的助词"啦$_{1+2}$"。

1."啦"——"了$_2$/了$_{1+2}$"的语音变体

先从学界所举的认为是语气词"啦"的最早的一个例子说起:

(54)皮匠不由分说把房门向外搭了,径至谭宅后门进去。一片狗咬,皮匠倒害怕,又退回来。壮了一壮胆,猛的喊了一声道:"谭大叔出恭,倒栽茅坑里啦!"(《歧路灯》29回)

例(54)中"啦"明显含有事态变化的完成之义,而且有成句的作用,所以具有事态助词"了$_2$"的功能。诚然,此句句尾用的是感叹号,有感叹的语气,但感叹语气并不一定用表示感叹的语气词"啊"来表示,也可以通过语境和标点符号传递出来。再看下面的例子:

(55)一面骂,一面把炒菜的杓子往地下一掼,说:"咱老子不做啦,等他送罢!"(《官场现形记》1回)

（56）下车之后，贾大少爷留心观看：门口钉着一块黑漆底子金字的小牌子，上写着"喜春堂"三个字；大门底下悬了一盏门灯。有几个"跟兔"，一个个垂手侍立，口称"大爷来啦"。(《官场现形记》24回)

（57）奎官一看情形不对，便说道："大爷，你可醉啦！"(《官场现形记》24回)

（58）咱们算丧透啦，一少比人家少一二钱。(《小额》)

（59）在那里闲谈，上岁数儿的问那个年轻的，说："大奶奶，怎么你关钱粮来啦？"(《小额》)

（60）年轻的说："二大大，您不知道吗，您姪儿上南苑啦。"(《小额》)

（61）这个时候儿，大家伙儿把老者搀起来，可全都气儿啦，说："小连，你太过分啦！伊爷那们大的岁数儿，你打了人家俩嘴吧，你还把人推躺下。大伙儿劝着你，你还不答应。你要反哪，是怎么着？"(《小额》)

例（55）—（61）反映出"啦"可用于多种句子类型：感叹句，如例（57）（61）；疑问句，如例（59）；陈述句，如例（55）（56）（58）（60）。显然我们不能说用于感叹句的就是"了啊"的合音，不用于感叹句的就不是"了啊"的合音。

从句法位置和功能看，例（55）"啦"既在动词"做"后又位于句尾，也就是说它既表"做"这一动作行为的完成，又表事态的完成，有足句的作用，功能同"了$_{1+2}$"，我们称之为"啦$_{1+2}$"。例（56）（57）（59）同此。例（58）（60）（61）中"啦"的功能均与例（54）相同：表事态完成，同时有足句的作用，功能与"了$_2$"同，我们称之为"啦$_2$"。

我们在文献中还看到"啦"后面又有语气词的例子，如：

（62）那天赵华臣同着俩朋友，在致美斋吃饭，就瞧对面儿的椁儿

上,坐着一老一少,一边儿喝酒,一边儿苦讲究。就听那个上岁数儿的说:"小王也有信出来啦吧?"(《小额》)

(63)老张说:"这到了时候儿啦吧?"王香头说:"你忙甚么!"说着这才慢慢儿的下地。(《小额》)

(64)店东听伙计一说,带怒说道:"你们这群无用的菜货,放走了他们,不是害了我啦吗?幸亏没把人家的小姑娘儿抱走,我还对的起人家这位太太,这若是有个一差二错,我我我拿甚么脸见人家呀!"(《杂碎录》)

(65)后来小脑袋儿春子,一瞧善大爷不言语啦,以为是让他们给拍闷(平声)啦呢,赶紧对着大家伙儿说:"老哥儿们别乱!"(《小额》)

(66)又听一个人说:"验尸的那天,周爷您瞧去啦吗?"(《杂碎录》)

例(62)中"啦"后面又跟了语气词"吧",该句的疑问语气既不是"啦"表示出来的,也不是"吧"表现出来的,而是由句子语境显示出来的,"吧"表示对句子所询问内容的不确定语气。如果去掉"啦",句子所表示的行为事件已经发生了还是将要发生就变得不确定,那么句子传递的信息也就不明确,这不符合语言明晰性原则。加上"啦"之后,句子表述的行为事件具有明确的完成义,换言之,"啦"在该句中具有表明事态完成的语义功能,即具有"了$_2$"的功能,当为"啦$_2$"。例(63)—(65)同此。例(66)中的"啦"既位于"瞧去"之后说明动作的完成,又居于句尾说明句子所述事态的完成,因此该例中"啦"为"啦$_{1+2}$"。

综合以上论述可以看到,有相当多的用例表明清中叶以后出现的不少"啦",其功能与"了$_2$/了$_{1+2}$"无异,并不是"了啊"的合音。那既然汉语中已有了"了$_2$/了$_{1+2}$",为什么又出现一个同功能的"啦"呢?"啦"又是怎么产生的呢?我们推测:清代以后,在实际的口语中"了₂/了₁₊₂"的语音发生了元音低化,即由 /lɛ/—/lɑ/ 的变化。由于语音的变化,在书面语中出现了用"啦"来替代"了₂/了₁₊₂"的情况。

2. 语气词"了₃/啦/拉"

2.1 语气词"了₃/啦/拉"用例分析

目前为止,我们检到的语气词"了₃/啦/拉"的较早用例见于《老乞大新释》1例,《重刊老乞大》与《老乞大新释》有相同的1例,其后《儿女英雄传》5例,直到清末民初用例逐渐多了起来。

(67)(卖方)"你既知道价钱,我也不多说了。只拣好银子与我①,就卖与你了。"(买方)"这等子拉,你添上。"(卖方)"天平地平的等子,你要补定么?"(买方)"罢呀!包起来,我拿去。这缎子买了。"(《老乞大新释》)

(68)老爷只顾合世兄这一阵考据风、调、雨、顺,家人们只好跟在后头站住;再加上围了一大圈子听热闹儿的,把个天王殿穿堂门儿的要路口儿给堵住了。只听得后面一个人嚷道:"走着逛拉!走着逛拉!要讲究这个,自己家园儿里找间学房讲去!这庙里是个'大家的马儿大家骑'的地方儿,让大伙儿热闹热闹眼睛,别招含怨!"(《儿女英雄传》38回)

(69)又震于"吾与点也"一句,反复推求,不得其故,便闹到甚么"胸次悠然"了、"尧舜气象"了、"上下与天地同流"了,替曾皙敷衍了一阵,以致从南宋到今,误了天下后世无限读者。(《儿女英雄传》39回)

(70)自前清末叶,就提倡天足。甚么天足会了,放足会啦,很闹哄过一阵子。(《损公作品·苦鸳鸯》)

(71)(曹大娘)"他听说你婆媳这分苦况,十分怜悯,钱啦米啦,这些

---
① 与我:《重刊老乞大》为"来"。

第四章　满语对清代旗人汉语助词的干扰 | 463

个东西，都是人家的，我家里有甚么呀。"(《损公作品·苦鸳鸯》)

（72）就在这当儿，可巧他们那一把子碎催，甚么摆斜荣啦，花鞋德子啦，小脑袋儿春子啦，假宗室小富啦，听听这把子的外号儿，那一个不欠二年半的徒罪，慢慢悠悠的全到啦。(《小额》)

（73）您要问都是甚么药味，称得起是不伦不类，古怪希奇，甚么十个羊粪蛋儿啦，五根白猫的胡子啦，七个秋稽库儿啦，简直的是胡造谣言。(《小额》)

（74）周有道向头儿说："莫先生满是我的照应。"头儿说："是啦周爷，谁不愿意多交个朋友哪？"(《杂碎录》)

例（67）是发生在买卖双方的一个对话，根据这个对话分析，句中的"拉"并没有动作义，不是动词。如果去掉"拉"，句子依然成立，且没有改变原有的意思表达，但是句子的语气就稍显急促，命令的意味略显强烈。这不太符合买卖双方讨价还价，平等商量交易的场景。而加上"拉"之后，尽管句子原来的意义没变，但句子语气明显缓和。由此我们认为"拉"在句中是一个起舒缓作用的语气词。例（68）中"走着逛"是作为一种行为现象而不是行为变化被吆喝出来的，"拉"在句尾起舒缓语气的作用。由句法语境看，例（69）中用引号引述的"胸次悠然""尧舜气象""上下与天地同流"应视为名词性的语言单位，表示列举的各类现象，"了"用于其后不是表示事态变化，而是起缓冲语气的作用，因此"了"是语气词。例（70）中"天足会""放足会"是列举的两个不同名称的组织，"了""啦"用于其后起舒缓语气的作用。例（71）—（73）中的"啦"用于列举的事物之后，也是起舒缓语气作用的语气词。例（74）中"啦"用于应答之词"是"后，表示舒缓语气。

从具体用例的分析来看,"了""啦""拉"作为语气词所表示的语气并没有什么不同,都表示舒缓的语气,三种字形都应是 la 这一语音的记录,也就是说"了""啦""拉"三个字记录的是同一个语气词。进一步分析清代文献用例发现,语气词"了₃/啦/拉"用于列举的句子中较多,共 46 例;非列举句中的用例较少,只有《老乞大新释》和《重刊老乞大》"拉"各 1 例、《儿女英雄传》"拉"2 例、《杂碎录》"啦"4 例。

我们把调查的清代文献中语气词"了₃/啦/拉"及完成助词"啦"的分布情况列简表如下①:

表 4-21 清代"了₃/啦/拉"文献调查

		醒世姻缘传	歧路灯	儒林外史	红楼梦	老乞大新释	重刊老乞大	儿女英雄传	小额	杂碎录	新鲜滋味系列	官场现形记	老残游记
语气词	了	-	-	-	-	-	-	3	-	-	1	-	-
	拉	-	-	-	-	1	1	2	-	-	-	-	-
	啦	-	-	-	-	-	-	-	24	4	18	-	-
完成助词	啦	-	1	-	-	-	-	1	989	880	2315	3	-

由表 4-21 可以看出清代文献中:1)"啦"作完成助词占绝对多数,用作语气词的例子相对较少。2)语气词 la 清代中后期写作"拉""了",到清末民初基本上都写作"啦"。3)语气词"了₃/啦/拉"只见于北京方言文献,完成助词"啦"也主要见于清末民初的

---

① "完成助词"这里指的是表事态完成的"啦₂"和既表动态完成又表事态完成的"啦₁₊₂"的统称。

北京方言文献。

2.2 语气词"了₃/啦/拉"来源探究

前文分析表明语气词"了₃/啦/拉"既不是"了啊"的合音,也不是"了也"的合音。那么它到底如何产生的呢?与"了₂/了₁₊₂"有没有关系呢?

表4–21显示出:语音上,"了₂/了₁₊₂"在方言中也音变为1α,与语气词1α同音;时间上,完成助词"啦"先于语气词"拉/了/啦"出现。这似乎给我们提示了一个思路:语气词1α是否来源于完成助词1α。就此思路,我们再回过来看例(54)—(66)。这些例子既有只含有完成助词"啦"的例子,如例(54)—(62)(65)(66);也有完成体助词"了₁"和事态助词"啦₂"共现的例子,如例(63)(64)。只含完成助词"啦"的例子,"啦"具有鲜明的表示事态变化或既表动态变化又表事态变化的句法语义功能,这种情况下很难演变成语气词。那既含完成体助词"了₁",又含事态助词"啦₂"的例子中,事态助词"啦₂"是否有演化的可能呢?我们再多举些例子:

(75)我看你这宗神气,想必是犯人拒捕,你受了伤啦。(《杂碎录》)

(76)我劝他的话,他不知改良,混了日子不多,就砸了锅啦。(《损公作品·非慈论》)

(77)茶摊儿人说:"你走错了道啦。你还得奔回郏县,由郏县奔襄城,再奔许州,一直往南就是正道。"(《损公作品·苦鸳鸯》)

(78)姑娘二十啦,也有了人家儿啦,一半年娶,使唤着一个老婆子。(《小额》)

例(75)中"你受了伤啦"是一个既含完成体助词"了"又含事态助词"啦"的句子。"了"用于动词"受"和宾语"伤"之间,表示动作行为这一过程的完成;"啦"侧重于整个句子叙述的事态的完成。二者虽同句共现,但各司其职。例(76)—(78)也是如此。因此,既含完成体助词"了"又含事态助词"啦"的句子中,事态助词"啦"也很难转化成语气词"啦"。

据此我们推断:语气词"了₃/啦/拉"与表完成的助词"啦/拉"应该没有渊源关系。那么,语气词"了/啦/拉"到底如何来的呢?

在清代文献中看到"啦/拉"记音的情况,如:

(79)他咭咧呱啦说的是些甚么话,标下还一句不懂;他已经动了气,拿起腿来朝着标下就是两脚。(《官场现形记》31回)

(80)谁知道那一夜里,三更时候,又赶上大风大雨,只听得稀里花拉,那黄河水就像山一样的倒下去了。(《老残游记》13回)

(81)子英也回拜了他一回。既住在一间院子里,还短的了闲说话儿吗?王典史虽然狗啦狗气的,那是他佐杂的本分。(损公作品·一壶醋)

(82)少奶奶跟姑娘在门儿里头全听见啦,先头啦听见票子联耍骨头,恐怕善金脾气暴,跟他打起来。后手啦听见伊太太让善全拿三吊钱,又瞧善全没进来,赶紧自己进去,拿了三吊,让老王给拿出去,这也是善大奶奶的一分机伶。(《小额》)

(83)……两只抹子脚,横着量有四寸,说话粘牙倒齿,很有点儿妖啦妖气的。(《小额》)

(84)倒是明五爷,说了几句大实话,说:"得了,额啦大呀,谁让你错了呢,赔个不是吧。"(《小额》)

例(79)—(83),在"咭咧呱啦""稀里花拉""狗啦狗气""先头啦""后手啦""妖啦妖气"这些词语中"啦/拉"并没有实际的词汇意义，只是记录语流中 lα 这个音节。例（84）是明五爷与小额说话，小额姓额，"额啦大"是明五爷称呼小额的。很显然"啦"在这里并无实际意义，只是记录实际语流中 lα 这个音而已。

表4-21所调查的文献，都是口语色彩相对浓厚的材料，尤其是《老乞大》《小额》《杂碎录》《损公作品》等，这些材料已非常接近北京口语实际。例（79）—（84）这些清末民初的例子也说明在书面语中用"啦/拉"记录实际语流中 lα 音的做法比较普遍。我们可以设想一下，至迟在清代中后期北京话日常口语中出现了一个起舒缓作用、发 lα 音的语气词，作家在其作品中记录这个语气词时并没有新造字，而是借用了已有的与之发音相同的"了""拉"或"啦"来表示。反之，这也正是语气词 lα 有多个字形来表示的原因。现代汉语中语气词 lα，一般统一写作"啦"。

第五章

满语对清代旗人汉语语序和句式结构的干扰

第一节 满语与汉语"存现/领有"句语序

一、引言

满语和汉语无论在形态上还是在语序上都是极不相同的两种语言：满语是富于形态变化的黏着语，汉语是缺少形态变化的孤立语；满语是典型的 SOV 型语言，汉语则是倾向于 SVO 型语言。但二者又有共性，比如：表示"领有""存在"的概念意义都可以用同一个动词来表示，满语用 bi，汉语用"有"，其否定形式分别是 akv 和"无/无有/没有/没"等[①]。bi、akv 是满语中为数不多的无词尾变化

[①] akv 也用于其他动词后构成动词的否定式。

的动词中的两个，即只有词干而无词尾。bi 前有与位格助词 -de 时，表示"在"义，没有与位格助词时则表示"存在""有"之义。满语动词 bi/akv 带宾语时其语序即为 Obi/akv，汉语动词"有/没有（无/无有/没）"带宾语时其语序一般为"有/没有（无/无有/没）O"。满汉合璧会话书中 Obi/akv 的汉语对译主要有两种：一种是"有/没有（无/无有/没）O"，一种是"O 有/没有（无/无有/没）"。学界也已有学者注意到这种现象，如祖生利（2013：187—227）、赵君秋和石微（2015）。但两篇文章均只是简单地说明满语 Obiu、Obini、Obikai 等情况在旗人汉语中常对译成与汉语"VO"语序不同的"OV"语序，并没有对汉语"有/没有（无/无有/没）"及其宾语的语序进行历时的梳理，也没有就 Obiu、Obini、Obikai 对汉语"O 有"的持续影响作进一步调查。因此本章拟就这一问题进行更为深入的研究和探讨。

二、满汉合璧会话书 Obi/akv 句及其汉语对译

尽管满汉两种语言语序一为 SOV，一为 SVO，但从满汉合璧会话书来看，旗人在转用汉语的过程中其母语满语 SOV 的语序干扰并不明显，换言之，旗人汉语与目标语汉语的语序相一致，也是 SVO 语序为主导语序。就满语和汉语中的"存现/领有"句而言，满语的 SObi/akv 句，旗人汉语一般对译为"S 有/没有（无/无有/没）O"，只有少数为"SO 有/没有（无/无有/没）"。

(一) SObi/akv 对译成"S 有 / 没有（无 / 无有 / 没）O"

1. SObi 对译成"S 有 O"

（1）muke-de　haqingga　asuki　jilgan　bi.
　　水－位　　各种　　　声音　　声响　　有
　　水有各样的响声。(《满汉成语对待》四 8a7)

（2）sini　　beye　gene-fi　uthai　gisure-mbi　dere,　ede
　　你．属　自己　去－顺　就　　说－现　　　罢了　这．位
　　niyalma　de　ai　bai-re　ba-bi.
　　人　　　位　什么　求－未　地方－有
　　你自己去说就罢咧，这有什么求人的去处。(《清文启蒙》8a1-2)

（3）bira　de　jahvdai　bi,　dalin　de　mou　bi.
　　河　　位　船　　　有　岸　　位　树　　有
　　河内有船，岸上有树。(《续编兼汉清文指要》上 30a1-2)

（4）bai　　sese sasa　emu　niyalma,　ainahai　niyalma　qi
　　只是　轻佻轻薄貌　一　　人　　　　未必　　　人　　　从
　　hon　lakqa-ha　fulu　erdemu　bi.①
　　很　　出众－完　有余　能力　　有
　　白些须有一知半见的个人儿，未必有比人绝顶狠强的武艺子。
　　(《满汉成语对待》一 24b3-4)

---

① ainahai：该词依据的是［日］寺村政男校注本，［日］竹越孝、陈晓校注本作 ainaha。

(5) mukvn bi-u akv-n? mukvn bi.
氏族 有-疑 否-疑 氏族 有
有户中没有？有户中。(《清文启蒙》34b1）

(6) musei da jokson de, ere gese kouli bi-he-u?
咱们 原本 起初 位 这 样子 规矩 有-完-疑
咱们起初，有这样的规矩来着么？(《清文指要》下 4b5-6）

(7) suweni duka-i jaka-de morin ulha jalu hvwaita-ha-bi,
你们.属 门-属 地方-位 马 牲口 满 拴-完-现
dolo we-qi bi-sire be bi geli baha-fi sar-kv.
里面 谁-从 有-未 宾 我 又 得到-顺 知道.未-否
你门前拴着一堆牲口，里头有谁们我又不知道。(《满汉成语对待》一9b6-8）

(8) mayan gai-ha de, uba tuba sar sir se-me,
幸运 取-完 位 这里 那里 快速聚集貌 助-并
ini qisui la li se-mbi aldungga, mujakv
他.属 任意 流 利 助-现 奇怪 的确
haran bi.
理由 有
幸头来了，这里那里凑巧，自然而然的遂心，可不奇怪么，大有个讲究。(《满汉成语对待》一28a3-5）

(9) muse inu damu gur se-me enggi-qi bodomi-re
咱们 也 只是 啰嗦貌 助-并 背后-从 自言自语-未
bengsen dabala, enqu jai ai erdemu bi.
本事 罢了 别的 再 什么 武艺 有

第五章 满语对清代旗人汉语语序和句式结构的干扰 | 473

咱们也只好是孤丢丢儿的在背地里瞎咕哝的本式罢了，另还有甚么武艺子。(《满汉成语对待》一39a1-2)

(10) emu　　akdun　gisun　bi-qi,　gvwa　niyalma　inu
　　　一　　　忠信　　话语　有-条　其他　　人　　也
　　　dahame　yabu-re-de　　ja　　se-qina.
　　　跟随　　施行-未-位　容易　助-祈
　　　若有一句结实话，别人也容易随着行。(《清文启蒙》7a3-4)

(11) age　hon　ume　niyalma　be　sui　akv　adunggiya-ra,
　　　阿哥　甚　不要　人　　　宾　罪　否　折磨-未
　　　uju-i　ninggu-de　genggiyen　abka　bi-kai.
　　　头-属　上-位　　　晴　　　　天　　有-啊
　　　阿哥别太无辜的挫磨人，头上有青天啊。(《清文启蒙》31b4-6)

(12) abka　de　yasa　bi-kai,　aina-ha-i　inde　o-mbi-ni.
　　　天　　位　眼睛　有-啊　怎样-完-工　他.与　成为-现-呢
　　　天有眼睛啊，未必容他呢。(《续编兼汉清文指要》下20a4)

(13) emu　kengse　lasha　gisun　bi-qi,　niyalma　inu　gasa-ra
　　　一　　果断　　爽快　话语　有-条　人　　　也　抱怨-未
　　　ba　akv.
　　　地方　否
　　　若有一句剪决话，人也没有报怨的去处。(《清文启蒙》13b2-3)

(14) aika　giyalu　jaka　-i　ba　bi-qi,　niyalma-i　fiktu
　　　如果　裂缝　东西　属　地方　有-条　人-属　　嫌隙
　　　bai-re-de　gele-mbi-dere.
　　　寻求-未-位　怕-现-吧

若有什么破绽空子之处,怕人寻因由儿罢咧。(《清文启蒙》22b3-4)

(15) forgon sain oqi, udu buxuku yemji bi-he seme,
运气 好 若是 即使 魑魅 魍魉 有-完 虽然
inu jailata-me burula-ra dabala.
又 躲避-并 逃走-未 而已
运气要好,虽有邪魅外道,也就躲开了。(《续编兼汉清文指要》上 9a6-7)

(16) ere gese xengge niyalma bi-kai, atanggi bi-qibe
这 样子 神圣 人 有-啊 什么时候 有-让
muse ahvn deu inde inu tuwa-bu-na-ki.
咱们 兄 弟 他.与 也 看-被-去-祈
既有这样的神人,多咱咱们弟兄们也去叫他瞧瞧。(《续编兼汉清文指要》上 10a3-5)

(17) qihe use -i gese majige baita bi-qi, ini
虮子 跳蚤 属 一样 小 事情 有-条 他.属
angga de isina-ha se-he-de, jubexe-hei fikatala gene-mbi.
嘴 与 到达-完 助-完-位 诽谤-持 往远 去-现
有像虮子一样的小事儿,到了他的嘴里的时候,说到一个离乎了。(《续编兼汉清文指要》下 23b3-4)

(18) sini ere eldengge fiyangga de, mekele banji-fi
你.属 这 光亮 漂亮 位 枉然 生活-顺
baibi waji-re ai-bi.
白白地 完结-未 什么-有
据你这个相貌惊人的上头,有个白撩开手没结局的道理么。(《满汉成语对待》一 23a3-4)

(19) sini　　gese-ngge　jakvn　　gvsa　　gemu　　simne-qi
　　 你.属　 一样－名　 八　　 旗　　 都　　 考试－条
　　 o-mbime,　　sini　　beye　　teile　　simne-bu-ra-kv
　　 可以－而且　 你.属　 自己　 只有　　考试－使－未－否
　　 doro　 bi-u?
　　 道理　 有－疑
　　 像你这样的八旗的都许考,有独不准你考的理吗?(《清文指
　　 要》中 4a3-4)

(20) weri　　qisui　　baita　　de　　dana-me　　gene　　se-qi,
　　 别人　　私人　　事情　　位　 干涉－并　　去.祈　助－条
　　 giyanakv　　xolo　　bi-u?
　　 能有　　　 闲暇　 有－疑
　　 再教去管别人家的私事,也能有工夫的么?(《清文启蒙》6a1-2)

(21) bi　　kejine　　aldangga　　qi　　uthai　　simbe　　sabu-ha
　　 我　 很　　　 远　　　　 从　 就　　　你.宾　 看见－完
　　 ba-de,　morila-hai　　dule-re　　kouli　　bi-u?
　　 地方－位　骑马－持　 通过－未　 道理　　有－疑
　　 我老远的就看见了你了,有骑过去的理吗?(《清文指要》中 9a1-2)

(22) teisule-bu-he　　be　　tuwa-me,　beye　　sisa-fi　　iqihiya-ra,
　　 遇见－使－完　 宾　 看－并　　身体　 倒下－顺　处理－未
　　 julesi　　funtu-me　yabu-re　　o-ho-de,　tokto-fi　　sain　 jergi
　　 向前　　突入－并　行走－未　成为－完－位　确定－顺　好　 水平
　　 de　　ili-mbi-kai,　　wesi-ra-kv　　doro　 bi-u?
　　 位　 保住－现－啊　 上升－未－否　道理　有－疑

凡所遇见的，扑倒身子办，勇往向前的行走了去，定有好处，岂有不升的理吗？(《清文指要》中 12b6-13a1)

(23) gvnin werixe-fi aldangga o-bu-ra-kv se-qi, ini
心 确认-顺 远 成为-使-未-否 助-条 他.属
geuden de tuhene-ra-kv bi-he-u:
奸计 位 陷入-未-否 有-完-疑
要不留心远着他，有不落在他的局骗里头的吗？(《清文指要》下 28b5-6)

SObi 对译成"S 有 O"可以出现在各种不同类型的句子中：从单复句来看，可以是单句，如例（1）—（6）；也可以是复句，如例（7）—（23）。从语气看，可以是陈述句，如例（1）—（4）、（7）—（10）、（13）—（17）；可以是疑问句，如例（5）（6）、（18）—（23）；可以是感叹句，如例（11）（12）。

2. SOakv 对译成"S 没有（无有/没）O"

(24) we ya de emu hexu haxu -i baita akv ni.
谁 谁 位 一 冗杂 冗杂 属 事情 否 呢
谁没一个冗杂的事儿呢。(《清文启蒙》5b5-6)

(25) da jokson de bi akv bihe.
根本 当初 位 我 否 过
起初可没有我来着。(《满汉成语对待》一 17a2)

(26) niyalma-i gese heu hiu boigon minde akv se-re dabala.
人-属 相似 慷慨貌 财产 我.与 否 助-未 罢了
我没有相人家那样狐假虎威的家当罢哩。(《满汉成语对待》一 20a2-3)

(27) goida-bu-re   kouli   akv.
     久－使－未   道理   否
     没有久远的规矩。(《满汉成语对待》一 44b4-5)

(28) inde   qouha   mudan   bi-u   akv-n?   akv.
     他．与   兵   情势   有－疑   否－疑   否
     他有兵没有呢？没有。(《清文指要》中 23a7)

(29) yasa   tuwa-hai   faya-me   waqihiya-ra,   seshe-me   getere-mbu-re
     眼睛   看－持   浪费－并   完结－未   厌烦－并   洗净－使－未
     de,   sinde   ainu   qihe   use   gese   majige   hairaquka   akv-ni.
     位   你．与   为什么 虱子   蚤子   一样   稍微   可惜   否－呢
     眼瞧着费尽了，抖搜个精光，在你怎么没有一星星儿的心疼。
     (《满汉成语对待》一 43a4-6)

(30) te   bira-i   muke   de   weren   irahi   akv,   damu
     现在   河－属   水   位   波澜   水纹   否   只是
     ser   se-re   nimaha   -i   nisiha   -i   iren   axxa-mbi.
     微小貌 助－未   鱼   属   小鱼   属   波纹   动－现
     如今河里没有个波澜，只是些须鱼的秧儿小鱼儿的波纹儿动。
     (《满汉成语对待》三 41b2-3)

(31) te   inenggi   xun   foholon,   hergen   ara-ra   xolo   akv.
     现在   白天   期间   短   文字   写－未   空闲   否
     如今天短，没有写字的空儿。(《清文指要》中 6b7)

(32) ememu   mayan   sain   wesihun   bethe   gai-ha   urse,   yala
     有的   运气   好   高贵   脚   拿－完   人们   果真

ini   gvni-ha   iqi   bodo-ho   songkoi,   lak   se-me
他.属   想-完   顺应   筹算-完   按照   干脆   助-并

gvnin   de   aqana-ra-kv-ngge   akv.
心   与   符合-未-否-名   否

有一宗彩头好走好运气的人,实在照所想所算的,无有不爽爽利利随心的。(《清文指要》中12a5-7)

(33) sikse   umai   edun   su   akv,   abka   hoqikosaka   bihe-ngge.
     昨天   完全   风   丝   否   天气   爽快   过-名

昨日并没风,是好好的天气来着。(《续编兼汉清文指要》上3a5)

(34) emdubei   amasi   julesi   niyalma   be   akabu-mbi,   umai
     只顾   返回   往前   人   宾   为难-现   完全

toktoho   gisun   akv.
确定   话语   否

尽着来回勒掯人,竟没个一定的话。(《清文启蒙》15a3-4)

(35) age   si   mimbe   uttu   gosi-ki   se-re   be   dahame,
     阿哥   你   我.宾   这样   慈爱-祈   助-未   宾   既然

bi   mara-mbi   se-re   ba   inu   akv.
我   推辞-现   助-未   地方 也   否

阿哥你既然这样要疼爱我,我也没推辞的去处。(《清文启蒙》44a5-6)

(36) i   minde   ai   jaka   bai-ki   se-re,   minde   umai
     他   我.与   什么 东西   求-祈   助-未   我.与   完全

bai-qi   aqa-ra   jaka   akv   kai.
求-条   应该-未   东西   否   啊

他要合我寻什么东西,我并没有可寻的东西啊。(《清文启蒙》

10b1-2）

（37）bi　　hono　　faqihiyaxa-me　　ne　　baba-de　　bai-re　　ba-de,
　　　我　　还　　　着急－并　　　　现在　各处－位　求－未　地方－位
　　　elemangga　　minde　　bai-mbi　　se-re-ngge,　　jaqi　　kouli
　　　反而　　　　我.与　　求－现　　 说－未－名　　太　　道理
　　　akv　　se-qina.
　　　否　　助－祈
　　　我还着急现在各处里寻，反倒说合我寻，太没有规矩罢。(《清文启蒙》11a2-3）

（38）sain　　ba　　akv　　bi-he　　biqi,　　we　　ji-fi　　herse-mbihe-ni.
　　　好　　　地方　否　　有－完　若是　　谁　　来－顺　理睬－过－呢
　　　若是没有好处来着，谁肯来理呢。(《清文启蒙》18a5-6）

（39）duka　　nei-qi　　se-me　　hvla-qi,　　umai　　jabu-re　　niyalma　　akv.
　　　门　　　开－条　　助－并　　叫－条　　全然　　回答－未　　人　　　否
　　　叫开门呢，总没人答应。(《清文指要》中26a2）

（40）gvwa　　bithe　　akv,　　damu　　yasa-i　　juleri　　buyara-me
　　　另外　　书　　　否　　　只是　　眼睛－属　前面　　细碎－并
　　　gisun,　　jai　　manju　　gisun　　-i　　oyonggo　　jorin　　-i
　　　话语　　再　　满　　　语　　　属　　重要　　　指示　　属
　　　bithe　　teile.
　　　书　　　而已
　　　没有别的书，眼前零星话，再只有清语指要。(《清文指要》中6b5-6）

(41) si　se-re-ngge　emu　waji-ra-kv　sain　niyalma, dolo
　　你　助-未-名　一　完-未-否　好　人　里面
　　majige　hetu　da　akv.
　　稍微　蛮横　根源　否
　　你竟是一个说不尽的好人，心里没有一点渣滓。(《清文指要》中15a3)

(42) tuttu　o-jora-kv　jakade,　arga　akv,　ja　hvda
　　那样　可以-未-否　因为　方法　否　便宜　价格
　　de　unqa-ha.
　　位　卖-完
　　因那个上，没有法儿，贱贱的卖了。(《续编兼汉清文指要》上9a3-4)

(43) eiqibe,　minde　umai　ujen　alban　akv,　geli　goro
　　总之　我·与　重要　完全　公务　否　又　远
　　takvran　akv.
　　差遣　否
　　总而言之我并没什么重差使，又没有远差遣。(《续编兼汉清文指要》下6b7-7a1)

与例（1）—（23）相同，SOakv 对译成"S 没有（无/无有/没）O"也可以出现在多种句子中：从单复句来看，可以是单句，如例（24）—（28）；可以是复句，如例（29）—（43）。从语气看，可以是陈述语气句，如例（25）—（27）、（30）—（35）、（38）—（43）；可以是感叹语气句，如例（36）；可以是疑问语气句，如例（24）（28）（29）；可以是祈使语气句，如例（37）。

（二）SObi/akv 对译成"SO 有 / 没有 / 无有 / 没"

尽管满语 SObi/akv 多对译成"S 有 / 没有（无 / 无有 / 没）O"，但四种兼汉满语会话书中确有一些对译成了"SO 有 / 没有（无 / 无有 / 没）"。

1. SObi 对译成"SO 有"

（44）ere　　gese　　kouli　　akv　　baita　　geli　　bi-ni.
　　　这　　样子　　道理　　否　　事情　　也　　有 - 呢
　　　这样无理的事也有呢。(《清文启蒙》2b6-3a1)

（45）ere　　agese　　bulqakv　　jaka　　geli　　bi-ni.
　　　这　　样子　　偷懒　　崽子　　也　　有 - 呢
　　　这样的滑东西也有呢。(《清文指要》下 14b6-7)

（46）ere　　gese　　angga　　ubaxakv　　niyalma　　geli　　bi-ni.
　　　这个　　样子　　嘴　　反复无常　　人　　又　　有 - 呢
　　　这样口嘴反复的人也有呢。(《清文启蒙》7a4)

（47）ere　　doro　　sar-kv　　waburu　　aha　　geli　　bi-ni.
　　　这　　道理　　知道 . 未 - 否　　该死的　　奴仆　　又　　有 - 呢
　　　这个不知道理砍头的奴才也有呢。(《清文启蒙》44b6-45a1)

（48）ere　　gese　　niyalma　　be　　fanqa-bu-re-ngge　　geli　　bi.
　　　这　　样子　　人　　宾　　生气 - 使 - 未 - 名　　也　　有
　　　像这个叫人生气的也有呢。(《续编兼汉清文指要》上 13a1)

（49）haha　　be　　sali-re　　hehe　　inu　　bi,　　hehe　　be
　　　男人　　宾　　支配 - 未　　女人　　也　　有　　女人　　宾

sali-re haha inu bi, arbun be tuwa-qi.
支配　男人　也　有　形相　宾　看－条

主得男人的女人也有，主得女人的男人也有，看境儿。(《满汉成语对待》二 34b6-7)

(50) si damu tuwa, atanggi bi-qibe emu ba-de
你　只是　看.祈　几时　有－让　一　地方－位
afana-ra-kv o-qi, eiqibe niyalma de wa-bu-re
扑打－未－否　成为－条　或者　人　与　杀－被－未
inenggi bi.
日子　有

你只瞧着，多咱个不是惹出祸来，或者被人杀的日子有。(《满汉成语对待》二 5b3-5)

(51) ai kesi akv geli bi-kini, heside-me niyalma
什么　造化　否　又　有－祈，　跟跄－并　人
se-mbi.
叫作－现

吊了造化的行子也有呢，这行子也算是个人。(《满汉成语对待》一 39b7-8)

(52) mute-re ba inu bi, mute-ra-kv ba inu
能够－未　地方　也　有　能够－未－否　地方　也
bi, aikabade narhvn somishvn ba oqi, bi
有，　若是　细微　隐藏　地方　若是　我
uthai mute-ra-kv.
就　能够－未－否

能的去处也有，不能的去处也有，倘若是细微之处，我就不能。（《清文启蒙》35b4-6）

(53) ama   eme   be   se   de   goqi-mbu-ha,   sakda-fi
     父   母   宾   年龄 与   抽-被-完   老-顺
     oibo-ko   se-me,   daixa-hai   ergele-me   bou   delhe-bu-he-ngge
     悖晦-完   助-并   闹-持   威胁-并   家   分割-使-完-名
     gemu   bi.
     都   有

父母上年纪，老悖晦了，闹着逼着叫分家的都有。（《清文指要》下 7a5-7）

(54) age   suwe   emu   ba-de   goida-me   guqule-he-kv
     阿哥   你们   一   地方-位 长久-并   交往-完-否
     ofi,   hono   tengki-me   sa-ra   unde,   ere-qi
     因为   还   深刻-并   知道-未 尚未   这个-从
     injequke   baita   geli   bi-kai.
     可笑   事情   又   有-啊

阿哥你们皆因并未久交，知道的不透彻，比这个可笑的事还有呢啊。（《续编兼汉清文指要》上 11b3-4）

(55) yabu-re-ngge   urui   sita-mbi   se-qi,   ere-qi   suimangga
     实行-未-名   一味   误期-现   助-条   这-条   冤屈
     ningge   geli   bi-u?
     事情   又   有-疑

凡事走在人后头，比这个冤屈的还有么？（《满汉成语对待》三 29a4-5）

(56) age   -i   ferguweque   gvnin   be   bi   waqihiya-me
　　 阿哥   属   非凡   想法   宾   我   完成－并
　　 sa-ha,   ere   durun   -i   mujilen   akvmbu-ha   be,
　　 知道－完   这   样子   属   心   竭尽－完   宾
　　 bi   hukxe-me   gvni-ra-kv   se-re   doro   bi-u?
　　 我   感激－并   想－未－否   助－未   道理   有－疑
　　 阿哥的盛情我尽都知道了，这样的尽心，我不感念的理有么？
　　 (《清文启蒙》18b4-5)

SObi 对译成"SO 有"也有各种句子类型：从单复句角度看，可以出现于单句中，如例（44）—（48）；可以出现于复句中，如例（49）—（56）。从语气角度看，可以是陈述句，如例（44）（53）；可以是疑问句，如例（55）（56）；可以是感叹句，如例（54）。

2. SOakv 对译成"SO 没有（无有/没）"

(57) amba-sa   akdula-ha   niyalma   akv.
　　 大臣－复   相信－完   人   否
　　 大人保举的人没有。(《满汉成语对待》三 33a6)

(58) ergen   sukdun   akv.
　　 生命   气息   否
　　 气儿也没有。(《满汉成语对待》三 30b5)

(59) sengse   saksa-i-ngge   ainu   akv.
　　 懒妇   喜鹊－属－名   怎么   否
　　 些须好些儿的怎的没有。(《满汉成语对待》四 10a6-7)

(60) minde   iudan   jangqi   gemu   akv,   morin   inu   akv.
　　 我.与   雨衣   褂子   都   否   马   也   否
　　 我雨衣毡褂子都没有，马也没有。(《清文启蒙》43a6-43b1)

第五章　满语对清代旗人汉语语序和句式结构的干扰 | 485

(61) mini　　emu　　guqu　　-i　　manju　　gisun　　sain, getuke
　　 我.属　　一　　 朋友　　属　　 满　　　 语　　 好　　 清楚
　　 bime　　daqun, majige　 nikan　 mudan　akv.
　　 而且　　流畅　　稍微　　 汉人　　音　　否
　　 我的一个朋友清话好，明白又快，一点蛮音没有。(《清文指
　　 要》中 2a7-2b1)

(62) niyamniya-qi,　majige　dosi-re　mila-ra　haqin　akv.
　　 骑射-条　　　稍微　　进入-未　散开-未　毛病　否
　　 要是射马箭，一点往里踏往外捌的毛病儿没有。(《续编兼汉清文
　　 指要》下 6a3-4)

(63) damu　　nure　 omi-re　jiha　　efi-re,　ehe　　faquhvn
　　 但是　　 酒　　 喝-未　 钱　　耍-未　　坏　　 混乱
　　 urse　de　 daya-na-fi,　balai　sargaxa-ra　jergi　baita,
　　 人们　与　附和-去-顺　妄自　游玩-未　种类　事情
　　 inde　　heni　 majige　akv.
　　 他.与　略微　 稍微　　否
　　 但只喝酒耍钱，与那混账人们，胡旷等项的事情，一点也没有。
　　 (《续编兼汉清文指要》上 23b6-24a1)

(64) ere　　gese　 erehunje-re　mujilen　 youni　 akv　 se-re
　　 这个　一样　 盼望-未　　　心　　　完全　　否　　助-未
　　 anggala, damu　haqin　inenggi　se-re　　gisun　be
　　 与其　　只是　 种类　 日子　　助-未　　话　　宾
　　 donji-ha　de,　uju　gemu　finta-mbi-kai.
　　 听-完　　位　　头　 都　　疼-现-啊
　　 不但说这样盼望的心全都没了，只以听见了人说节令的话，头都

是疼啊。(《清文启蒙》32a6-32b2)

(65) majige   edun   akv,   luduri   se-mbi.
　　 稍微   风   否   黏糊貌   助-现

一点风儿没有，潮热的狠啊。(《续编兼汉清文指要》下 18a2)

SOakv 对译成"SO 没有（无/无有/没）"的用例尽管不是很多，但依然是见于多种句子类型：从单复句的角度看，可以是单句，如例（57）—（59）；可以是复句，如例（60）—（65）。从语气看，可以是陈述句，如例（57）—（63）；也可以是感叹句，如例（64）(65)。

综合例（1）—（65），可以说满语 SObi/akv 可以出现在单句、复句和各种语气类型的句子当中，相应地其汉语对译"S 有/没有（无/无有/没）O"或"SO 有/没有（无/无有/没）"也可以出现于各种句子当中。

我们把四种兼汉满语教材中满语"存现/领有"句 SObi/akv 及其对译句的相关统计列于下表。

表 5-1　满语 SObi/akv 与旗人汉语"存现/领有"句的对译 [1]

	bi/akv						
	bi- 有			akv- 没有/无有/没			
	SVO	SOV	合计	SOV占比	SVO	SOV	合计	SOV占比
满汉成语对待	75	10	85	11.8%	19	8	27	29.6%

---

[1] 四种合璧文献中只统计 bi/akv 对译成"有/没有（无/无有/没）"而且作句子或分句的谓语的用例，其余如 Obi/akv 在句中作主语、定语、状语、宾语、兼语的谓语、宾语从句的谓语等的用例以及满语句中没有 bi/akv 而对应汉语句中有"有/没有（无/无有/没）"的用例均不统计在内。

续表

	bi/akv							
	bi– 有				akv– 没有/无有/没			
	SVO	SOV	合计	SOV占比	SVO	SOV	合计	SOV占比
清文启蒙	45	13	58	22.4%	24	3	27	11.1%
清文指要	41	3	44	6.8%	24	1	25	4.0%
续编兼汉清文指要	38	3	41	7.3%	21	3	24	12.5%

从表 5-1 可以看出：1）"存现/领有"句在满语中也是使用较为普遍的一种句子，"存现/领有"动词 bi 的使用频率相当高，而否定形式 akv 使用频率要低很多；2）SObi/akv 对译成"SO 有/没有（无/无有/没）"的具体频次及占比各不相同，但四部合璧文献中其频次都远低于 SObi/akv 对译成"S 有/没有（无/无有/没）O"的频次；3）《满汉成语对待》《清文启蒙》《清文指要》《续编兼汉清文指要》四部合璧文献中 SOV"存现/领有句的总占比分别为 16.1%、18.8%、5.8%、9.2%，如果《清文指要》和《续编兼汉清文指要》合在一起的话，其 SOV"存现/领有"句的总占比约为 7.5%，所以从清早期至清中期旗人汉语"存现/领有"的 SOV 语序句的使用是有所减少的。

如果单就四种兼汉满语教材来看，我们似乎可以直接推测说旗人汉语中的"存现/领有"句"SO 有/没有（无/无有/没）"是满语 SObi/akv 语序负迁移的结果，参考表 5-1 可以说明从清早期到清中期，旗人在转用目标语汉语的过程中这种干扰并不是特别强烈而且有减弱的趋势。为了验证这一推测，我们必须对纯汉语文献中以"有"及其否定式"无"等为谓语动词的"存现/领有"句语序作进一步的调查和分析[①]。

三、纯汉语文献中的"存现/领有"句

（一）上古至宋代纯汉语文献中的"存现/领有"句

"有"作为"存现/领有"义的动词自上古就是一个高频出现的词，其否定形式为"无/未有/不有/弗有"等。

（66）吾所以有大患者，为吾有身，及吾无身，吾有何患！（《老子》）

（67）信不足焉，有不信焉。（《老子》）

（68）故言有召祸也，行有招辱也，君子慎其所立乎！（《荀子·劝学》）

（69）邻有丧，舂不相；里有殡，不巷歌。（《礼记·曲礼上》）

（70）有朋自远方来，不亦乐乎？（《论语·学而》）

（71）子曰："志士仁人，无求生以害仁，有杀身以成仁。"（《论语·卫灵公》）

（72）当此之时，齐有孟尝，赵有平原，楚有春申，魏有信陵。（贾谊《过秦论》，见《文选》）

（73）意谓王曰："圣人有情不？"王曰："无。"（《世说新语·文学》）

（74）凡谷成熟有早晚，苗秆有高下，收实有多少，质性有强弱，米昧

[①] 汉语存现句有多种，如"是"字句、"V着/了"句、"有"字句等，其中既可表存在又可表领有的是"有"字句，本书讨论的就是这类句子。动词"有"的否定形式早期是"无"，近代汉语时期出现了"没有""没"等，也可在"有"的前面加否定副词"弗""不""未"等表示。

有美恶，粒实有息耗。(《齐民要术·种谷》)

（75）已有陈恒盗齐之心，非无六卿分晋之计。(《洛阳伽蓝记》卷一)

（76）时比日行心腹病，无有不死者，弘乃教人杀乌鸡以薄之，十不失八九。(《搜神记》卷二)

（77）游莺无定曲，惊凫有乱行。(李世民《采芙蓉》，见《全唐诗》)

（78）太子曰："王是我之父，我是王之儿，既有私愿，心（必）合细其敷奏。"(《敦煌变文集新书·双恩记》)

（79）伯淳先生曰："此三者，人终食之顷未有不离者，其要只在收放心。"(《河南程氏遗书》卷一)

（80）姜氏何厌之有？(《左传·隐公元年》)

（81）七十者衣帛食肉，黎民不饥不寒，然而不王者，未之有也。(《孟子·梁惠王上》)

（82）自古宏才博学，用事误者有矣。(《颜氏家训·文章第九》)

（83）近时人方推得他所以圆阙，乃是魄受光处，魄未尝无也。(《朱子语类》卷三)

例（66）—（83），为肯定或否定的"存现/领有"句。这些句子有的是单句，如例（73）（77）（80）；有的是复句中的分句，如例（66）—（72）、（74）—（76）、（78）（79）、（81）—（83）。从语气的角度看，可以是陈述句，如例（67）（69）（71）（72）、（74）—（79）、（81）—（83）；也可以是感叹句，如例（68）；也可以是问句，如例（66）（70）（73）（80）。从语序的角度看，例（66）—（79）为SVO语序，例（80）—（83）为SOV语序。

简言之，自上古至宋代汉语"存现/领有"句就可以出现于多种句子类型，而且语序不仅有SVO语序，也有SOV语序。也就是说汉语"存现/领有"句在 SVO 语序占绝对主导的情况下,也不是没有 SOV 语序的句子出现,只不过数量较少罢了。

(二)元明至现代汉语"存现/领有"句"SO 有/没有(无/无有/没)"

元明以来汉语"存现/领有"句依然是普遍地、大量地使用,"S 有/没有(无/无有/没)O"语序依然是其表述的主导语序类型,具体使用情况与先秦至宋这一时期一脉相承,因而此处不再赘述。这里将详细探讨"SO 有/没有(无/无有/没)"的使用情况,先来看我们对元明以来一些文献的穷尽性调查统计数据。

表 5-2 元明至现代汉语"存现/领有"句"SO 有/没有(无/无有/没)"文献分布

	元明时期文献			清代文献						清末民初旗人作家作品				现当代作品		
	元刊杂剧三十种	水浒全传	西游记	醒世姻缘传	歧路灯	儒林外史	红楼梦	儿女英雄传	官场现形记	小额	损公作品	北京	白话聊斋·胭脂	杂碎录	茶馆	子夜	平凡的世界
SO 有	2	12	28	6	11	11	27	25	33	5	9	8	–	–	–	–	11
SO 无/没有/无有/没	4	25	25	54	23	20	35	10	87	6	61	57	5	8	6	28	39

表 5–2 反映出：1)"SO 有 / 没有（无 / 无有 / 没）"语序的"存现 / 领有"句不仅一直存在于汉语中，而且使用还较宋以前更为普遍，但是从各个文献"SO 有"和"SO 没有（无 / 无有 / 没）"分别所占肯定、否定"存现 / 领有"句的比率来看，均低于清代满汉合璧文献《清文指要》所反映的最低占比[①]；2)除《西游记》和《儿女英雄传》之外，各调查文献中"SO 没有（无 / 无有 / 没）"均比"SO 有"的使用频次高；3)清代至民初旗人作家作品《红楼梦》《儿女英雄传》《小额》《损公作品》《北京》《白话聊斋·胭脂》《杂碎录》"SO 有 / 没有（无 / 无有 / 没）"句在使用频次上与其他文献相比并没有明显的不同；4)民国中后期至现代汉语中"SO 有 / 没有（无 / 无有 / 没）"与前期相比也没有明显不同。

元明以来"SO 有 / 没有（无 / 无有 / 没）"适用的句子类型保持了宋以前的传统：

（84）这将军曹操手里有末？（《元刊杂剧三十种·诸葛亮博望烧屯杂剧》）

（85）孙安道："罗真人不接见兄长，令童子传命，说你后来'遇德魔降'，这句话有么？"乔道清连忙答道："有，有。"（《水浒全传》97 回）

（86）八戒笑道："哥的恩也有，善也有，却只是外施仁义，内包祸心。但与老猪走，就要作践人。"行者道："我在那里作践你？"（《西游记》

[①] 由于"有 / 没有（无 / 没 / 无有）"类"存现 / 领有"句在明清以来的文献中出现频率非常高，本书并没有一一进行穷尽的精准的统计，但每部文献都进行了抽样调查，各文献的三分之一内容中"SO 有"和"SO 没有（无 / 没 / 无有）"分别所占肯定、否定"存现 / 领有"句的比率均低于合璧文献的最低占比——《清文指要》的占比 4.0%。

88回）

（87）这行者才按落云头，揪着那龙马的顶鬃，来见三藏道："师父，马有了也。"（《西游记》15回）

（88）季春江道："麦子是有，只不奉了奶奶分付，我颗粒也不敢擅动。"（《醒世姻缘传》20回）

（89）谭、娄径向读画轩而来。到了读画轩，早已黄昏，点上烛台，孝移说也有，笑也有，娄公暗喜不置。（《歧路灯》10回）

（90）这包子里是你前儿说的药：梅花点舌丹也有，紫金锭也有，活络丹也有，催生保命丹也有，每一样是一张方子包着，总包在里头了。（《红楼梦》42回）

（91）人家养双伴儿的也有，自然是奶了一个再奶一个，他却是要俩一块儿奶。（《儿女英雄传》39回）

（92）黄胖姑不好说没有，只得答道："经手的事情也有；但是不多，也是朋友转托的。"（《官场现形记》27回）

（93）那天书座儿，上的还是真不少，天才一点多钟，人已经快满啦，可是生人很少，反正是那把子书腻子占多数，内中废员也有，现任职官也有，汉财主也有，长安路的也有，内府的老爷们也有。（《小额》）

（94）他家有位姑娘，今年也有六十岁啦，听说跟府上是干亲，现在尊处居住。此事可是有的么？（《损公作品·花甲姻缘》）

（95）王九赖说："范三爷，你不用研究了，你听我的罢。现在我们老三，儿子也有啦，姑娘也认亲来啦。真是室家无恙，喜溢门庭。"（《损公作品·铁王三》）

（96）如今歇仁，议员有了，马车有了，只短一个妾。（《北京》）

（97）当孙玉厚出了金俊海家的门往回走的时候，心里一下子踏实了许

多。现在好了，钱也有了，粮也有了。这两个大问题一解决，其他事都好办。(《平凡的世界》)

（98）待寄萧娘一纸书，地北天南雁也无。(《元刊杂剧三十种·李太白贬夜郎杂剧》)

（99）阎婆答道："实不瞒押司说，棺材尚无，那讨使用？"(《水浒全传》20回)

（100）部下军士向山冈下指道："此处有块美石，白赛霜雪，一毫瑕疵儿也没有。土人欲采取他，却被一声霹雳，把几个采石的惊死，半晌方醒。因此人都啮指相戒，不敢近他。"(《水浒全传》98回)

（101）李师师道："今晚定教你见天子一面，你却把些本事，动达天颜，赦书何愁没有！"(《水浒全传》81回)

（102）师父果若不要我，把那个"松箍儿咒"念一念，退下这个箍子，交付与你，套在别人头上，我就快活相应了。也是跟你一场。莫不成这些人意儿也没有了？"(《西游记》27回)

（103）那城里一个小妖儿也没有了。(《西游记》77回)

（104）陆续吃完了一片海粉，果然项脖复旧如初，一些痕记也没有。(《醒世姻缘传》27回)

（105）黄公中了一个进士，做任知县，却是三十岁上就断了弦，夫人没了，而今儿花女花也无。(《儒林外史》17回)

（106）因而步入门时，忽迎面突出插天的大玲珑山石来，四面群绕各式石块，竟把里面所有房屋悉皆遮住，而且一株花木也无。(《红楼梦》17—18回)

（107）无奈这里只管说破唇皮，万转千回，不住口儿的问，他那里只咬定牙根，一个字儿没有，不住声儿的哭。(《儿女英雄传》40回)

(108)周老爷道:"的确的消息也没有,不过他们船帮里传来的话。"(《官场现形记》13回)

(109)后来一听他说话,一点儿酸味儿没有,已然有六分愿意。(《损公作品·曹二更》)

(110)您要问他这个方子,称得起是杂乱无章,一点儿准宗旨没有。(《小额》)

(111)待了没有半刻的工夫,我就觉着神魂颠倒,心里一点儿主张也没有啦。(《杂碎录》)

(112)他此时侯因为行了三十多里路,虽然骑驴坐车,未免有些劳乏,肚子里尤觉饥饿,可是报馆里静悄悄的,一点声息也无有,厨房里也不见有什么动静。(《北京》)

(113)既是一个大姑娘,决不能随便信口云云,于是把头一低,一句话也没有。(《白话聊斋·胭脂》)

(114)铁杆庄稼没有啦,还不卖膀子力气吗?(《茶馆》)

(115)现在,我的希望没有了,我的勇气也没有了,我这次上前线去,大概一定要死!(《子夜》)

(116)我发现你这个人气质不错!农村来的许多学生气质太差劲,比如那个比我大三天的润生哥,一点头脑都没有!(《平凡的世界》)

例(84)—(97)为肯定的"SO有"语序"存现/领有"句,例(98)—(116)为否定的"SO没有(无/无有/没)"语序"存现/领有"句。这些句子有的是单句,如例(84)(85)(87)(94)(103);有的是复句的分句,如例(86)、(88)—(93)、(95)—(102)、(104)—(116)。就语气而论,有的是疑问句,如例(84)(85)(94)(101)(102)(114);有的是感叹句,如例(116);有的是陈述句,如例（86）—（93）、（95）—（100）、（103）—（113）、（115）。

综上，自上古至现代，汉语"存现/领有"句就可以出现于多种句子类型，其语序不仅有 SVO 语序，也有 SOV 语序，而且明清时期 SOV 语序的"存现/领有"句使用还相当频繁，因此就清代满汉合璧会话书《满汉成语对待》等反映的旗人汉语"SO 有/没有（无/无有/没）"语序"存现/领有"句很难说是 SObi/SOakv 直接影响的结果。

那么，我们是否可以断定清代旗人汉语和北京话"SO 有/没有（无/无有/没）"语序"存现/领有"句就没有受到满语 SObi/SOakv 的影响呢？如果这么说，似乎也有些武断。于是我们需要从更细微处来观察，先看下表。

表 5-3　SOV 语序"存现/领有"句语气类型

文献	SObi/ 有			SOakv/ 没有（无/没/无有）		
	陈述	疑问	感叹	陈述	疑问	感叹
满汉成语对待	6	3	1	5	3	-
清文启蒙	2	6	5	3	-	-
清文指要	1	-	2	1	-	-
续编兼汉清文指要	-	-	3	3	-	-
元刊杂剧三十种	1	1	-	4	-	-
水浒全传	10	2	-	24	3	-
西游记	21	7	-	24	1	-
醒世姻缘传	6	-	-	53	1	-

续表

文献	SObi/有			SOakv/没有（无/没/无有）		
	陈述	疑问	感叹	陈述	疑问	感叹
歧路灯	9	2	–	23	–	–
儒林外史	7	4	–	19	1	–
红楼梦	20	–	7	32	2	1
儿女英雄传	25	–	–	9	–	1
官场现形记	33	–	–	87	–	–
小额	5	–	–	6	–	–
损公作品	8	1	–	61	–	–
北京	7	–	–	56	1	–
白话聊斋·胭脂	–	–	–	5	–	–
杂碎录	–	–	–	8	–	–
茶馆	–	–	–	6	–	–
子夜	–	–	–	28	–	–
平凡的世界	9	1	1	35	1	3

表5-3反映出：1）满语SOV语序"存现/领有"句为陈述语气时，句末一般不加语气词；为反诘语气时句末一般有疑问语气词-u或者bi/akv前有疑问代词ai/ainu等；为感叹语气时句末一般有感叹语气词kai或疑问兼感叹的语气词ni，也有加祈使语气后缀-kini的，表示说话人一种强烈肯定的情绪，与感叹语气相近①。四种兼汉满语

---

① 四种兼汉满语教材中SObi/akv"存现/领有"句只有1例bi后加-kini的用例，因其在句中表示的语气接近感叹语气，所以本书把它归到感叹语气句的类别当中。

教材中，满语 SObi/akv "存现/领有"句句末带语气词或 bi 前有 ai/ainu 等疑问代词的用例（共 23 例）要略多于句末无语气词的陈述句（共 21 例）。2）元明至现代纯汉语文献中 SOV 语序 "存现/领有"句则是陈述语气句占绝对优势，疑问语气句用例较少，感叹句也是偶有用例。

以上两点似乎表明清代以来汉语中 SOV 语序 "存现/领有"句并没有受到满语 SObi/akv "存现/领有"句的影响。但是仔细观察，我们会发现，在元明以来的纯汉语文献中，只有清代的《红楼梦》和《儿女英雄传》中有 SOV 语序的 "存现/领有"句句尾有语气词"呢"的用例。共 8 例，列举如下：

（117）柳家的道："我没叫他往前去。姑娘们也不认得他，倘有不对眼的人看见了，又是一番口舌。明儿托你携带他有了房头，怕没有人带着他逛呢，只怕逛腻了的日子还有呢。"（《红楼梦》60 回）

（118）你们深宅大院，水来伸手，饭来张口，只知鸡蛋是平常物件，那里知道外头买卖的行市呢。别说这个，有一年连草根子还没了的日子还有呢。(《红楼梦》61 回)

（119）你们别忙，自然连你们抄的日子有呢！你们今日早起不曾议论甄家，自己家里好好的抄家，果然今日真抄了。(《红楼梦》74 回)

（120）众人笑道："隔着二三十里，往那里带去，见的日子有呢。"（《红楼梦》5 回）

（121）宝钗抿嘴一笑，说道："这就不好意思了？明儿比这个更叫你不好意思的还有呢。"（《红楼梦》35 回）

（122）（凤姐）又冷笑道："我从今以后倒要干几样觊毒事了。抱怨给太太听，我也不怕。糊涂油蒙了心，烂了舌头，不得好死的下作东西，别作娘

的春梦！明儿一裹脑子扣的日子还有呢。"(《红楼梦》36回)

（123）林之孝家的回说："这是我们底下人的银子，凑了先送过来。老太太和太太们的还没有呢。"《红楼梦》43回)

（124）鲍老说道："他家亲戚儿。我来的时候，棺材还没有呢。"(《儿女英雄传》3回)

例（117）—（124）与前面例（44）—（48）、（54）无论是语序类型还是语气均相一致，而与《红楼梦》《儿女英雄传》同时期及以前的纯汉语文献中均没有这么完全一致的用例出现，所以我们可以肯定地说清初至清中期，满语 SObi/akv"存现/领有"句，尤其是句末带语气词 kai/ni 等的 SObi/akv"存现/领有"句对旗人汉语是有一定影响的。换言之，清代满汉合璧会话书《满汉成语对待》等中的旗人汉语及旗人作家作品《红楼梦》《儿女英雄传》中"SO 有/没有（无/无有/没）呢/啊"等是满语"存现/领有"句 SObi/akv+kai/ni/-kini 等干扰的结果。但清中期以后随着旗人由满汉双语逐渐转变为汉语单语，满语对旗人汉语的影响逐渐减弱，句末带语气词 kai/ni 等的 SObi/akv"存现/领有"句对旗人汉语"存现/领有"句的干扰也在逐渐减弱，清末民初的旗人作家作品中已显示不出其影响的痕迹。

四、小结

"存现/领有"句是语言当中普遍存在的一种句式表述形式。形态和语序类型皆不相同的满语和汉语均可用同一个动词 bi/akv 和"有/没有（无/无有/没）"来表示"存在/领有"概念，满语的语序为 SObi/akv，汉语的主导语序是"S 有 / 没有（无 / 无有 / 没）O"，但从上古到现代汉语也有"SO 有 / 没有（无 / 无有 / 没）"这种语序表达。在清中期以前满汉两种语言深度接触的背景下，在旗人由满语单语向满汉双语转换的过程中，在汉语本就有"SO 有 / 没有（无 / 无有 / 没）"语序的"领有 / 存现"句的情况下，满语 SObi/akv+kai/ni/-kini 对汉语"领有 / 存现"句产生了一定的影响，这在满汉合璧会话书及清代旗人作家作品《红楼梦》及《儿女英雄传》中均有反映，但随着满语对汉语影响的减弱，清末民初由旗人作家作品反映的北京话中已难觅其踪迹。由满语和汉语"存现 / 领有"句的相类表达以及满汉语言接触导致的清代旗人汉语和北京话中"SO 有 / 没有（无 / 无有 / 没）"语序"领有 / 存现"句的细微变化及这种变化在清末民初的消失再一次提示我们：对于相接触的语言，我们不仅要从大的形态和语序类型等方面比较其差异和共性，更要细微地多角度地比较其相同和不同，同时也要注意语言自身发展的历史状况，综合比较和排查，才能更为客观地剥离出某种语言现象是否是由于接触导致的。

第二节　满语与汉语"来 / 去"和 VP 的连动构式

一、引言

　　自上古至现代汉语，"来"和"去"都是使用频率较高的基本词汇，在漫长的使用过程中其意义和用法也发生了很大的变化。我们注意到现代汉语中"来""去"作为位移动词与 VP 构成的连动式，即同一施事先发生位移动作而后实施 VP 所表示的动作行为，也即施事的位移与 VP 之间有一种目的关系的连动结构既有"来/去 VP"又有"VP 来/去"，如"去见他"="见他去"、"告诉这里来"="来告诉这里"；还有叠加连动构式"来/去 VP 来/去"，如"去看他去""来吃饭来"。但这些形式出现的时间早晚不一，地域分布也曾有差异，使用频率也有很大不同。本节拟就这种同样具有目的语义关系即同一主语先发生位移而后施行 VP 所表示的动作行为的连动结构"来/去 VP""VP 来/去"和叠加形式"来/去 VP 来/去"作一个简单的历史梳理，并对清代以来其使用频次的差异和发展的动因做些探究。

二、传统汉语文献中"来/去"和 VP 组成的连动构式的时、地梳理

（一）时间梳理

1. "来 VP""VP 来"及叠加形式"来 VP 来"

1.1 来 VP

从时间上来说，"来 VP"出现最早，先秦文献中我们即可见到用例，如：

（1）鲁君之使者至，颜阖自对之。使者曰："此颜阖之家与？"颜阖对曰："此阖之家也。"使者致币，颜阖对曰："恐听谬而遗使者罪，不若审之。"使者还，反审之，复来求之，则不得已。（《庄子·让王》）

（2）将军文子之丧，既除丧而后越人来吊，主人深衣练冠，待于庙，

垂涕洟。(《礼记·檀弓上》)

(3) 及至葬，四方来观之，颜色之戚，哭泣之哀，吊者大悦。(《孟子·滕文公上》)

根据语境来看，例(1)"来求之"中"来"是主语"使者"发生的位移动作，位移的目的是执行"求之"的动作行为，"来求之"即表示同一施动主语发出的前后具有目的关系的两个连续的动作。例(2)(3) 也是如此。

历经汉语漫长的发展，一直到现代汉语，这种"来VP"都在高频使用。如：

(4) 谓卿明眸击节，躬来见我，共叙哀辛，同讨凶羯。(《洛阳伽蓝记》卷一》)

(5) 数年之中，杏有十数万株，郁郁然成林。其杏子熟，于林中所在作仓。宣语买杏者："不须来报，但自取之，具一器谷，便得一器杏。"(《齐民要术·种梅杏》)

(6) 祖遂与徒众诣彼，龙树出迎曰："深山孤寂，龙蟒所居。大德至尊，何枉神足？"祖曰："吾非至尊，来访贤者。"(《五灯会元》卷一)

(7) (云) 我沿路想着两个，怎生不来见我？(《元刊杂剧三十种·承明殿霍光鬼谏杂剧》)

(8) 兴哥上路，心中只想着浑家，整日的不瞅不睬。不一日，到了广东地方，下了客店。这伙旧时相识，都来会面，兴哥送了些人事。(《喻世明言》卷一)

(9) "一个客人拉住仔个手，一个客人扳牢仔个脚，俚哚两家头来剥我裤子。"说着，复呜呜咽咽哭个不住。(《海上花列传》23回)

(10) "易遥，"身后父亲叫住自己。易遥转过身，望着站在逆光中的父

亲。"爸,还有事?""你以后没事别来找我了,你刘阿姨不高兴……我毕竟有自己的家了。"(《悲伤逆流成河》)

1.2 VP 来

根据我们对传统汉语文献的调查来看,"VP 来"则直到清中期《红楼梦》中才出现。如:

(11)王夫人笑指向黛玉道:"这是你凤姐姐的屋子,回来你好往这里找他来,少什么东西,你只管和他说就是了。"(《红楼梦》3回)

(12)于是凤姐儿就回来了。到了家中,见了贾母,说:"蓉哥儿媳妇请老太太安,给老太太磕头,说他好些了,求老祖宗放心罢。他再略好些,还要给老祖宗磕头请安来呢。"(《红楼梦》11回)

(13)缠的林之孝家的没法,因说道:"糊涂东西!你放着门路不去,却缠我来。"(《红楼梦》71回)

(14)刚从屏后得了一门转去,只见他亲家母也从外面迎了进来。刘姥姥诧异,忙问道:"你想是见我这几日没家去,亏你找我来。那一位姑娘带你进来的?"(《红楼梦》41回)

(15)我正疑惑,忽然来了两三个姑子,我心里才明白。我想姑子必是来送年疏,或要年例香例银子,老祖宗年下的事也多,一定是躲债来了。(《红楼梦》50回)

根据上下文判断,例(11)"往这里找他来"是表示主语"你(黛玉)"先发生位移"来","来"的目的是"找他",所以"往这里找他来"表示的是同一主语先发生位移而后实施目的动作行为的连动结构。例(12)—(15)仿此。

1.3 叠加形式"来 VP 来"

在我们的调查中,也是在《红楼梦》中始见叠加形式"来 VP

来"[①]。如：

（16）邢夫人、王夫人道："我们来原为给大老爷拜寿，这不竟是我们来过生日来了么？"（《红楼梦》11回）

（17）邢夫人便坐下，拉着鸳鸯的手笑道："我特来给你道喜来了。"（《红楼梦》46回）

（18）贾珍道："我说呢，怎么今儿才来。我才看那单子上，今年你这老货又来打擂台来了。"（《红楼梦》53回）

（19）正说着，人回林之孝家的单大良家的都来瞧哥儿来了。贾母道："难为他们想着，叫他们来瞧瞧。"（《红楼梦》57回）

（20）探春见他们来了，便知其意，忙笑道："你们又不放心，来查我们来了。我们没有多吃酒，不过是大家顽笑，将酒作个引子，妈妈们别耽心。"（《红楼梦》62回）

根据上下文语境来看，例（16）"来过生日来"表示的是主语"我们"先发生位移动作"来"，目的是实现行为"过生日"，所以在不改变语义的情况下，按照《红楼梦》对这种语义的表达方式可以作如下拆分："来过生日"和"过生日来"。换言之"来过生日来"相当于"来过生日"和"过生日来"两种形式叠加在一起的一个表

[①] 在《古本老乞大》中见到如下例子："主人家哥休怪。俺去也。恁休怪，好去者。回来时，却来俺店里下来。"依据上下文语境我们认为该例"却来俺店里下来"中后一个"来"字是语气词，而不是位移动词。在近代汉语时期"来"作语气词的用例非常普遍，《古本老乞大》中就有不少"来"用作语气词的例子，如"咱急急的收拾了行李。鞴了马时，大明也，辞了主人家去来。"又如："在先则是土搭的桥来，如今都是板幔了。"而且在我们所调查的元末直至清中期以前的汉语文献中也没见到叠加连动构式"来VP来"的其他用例，因此我们认为"却来俺店里下来"是"来VP"构式而不是"来VP来"构式。

达式,所以我们称之为叠加连动构式"来 VP 来"。例(17)—(20)与例(16)同。

2. "去 VP""VP 去"及叠加形式"去 VP 去"

2.1 "往"义的"去"

"去"在上古汉语中作为位移动词表示的是"离去"的意思,往往单独作谓语。这种表示"离去"义的动词不在本文讨论之列,故此不再赘述。我们这里所要考察的是表示"往"义的位移动词"去"。彭静(2016:17)指出魏晋南北朝时期"去"由"离去"义发展出了"往"义,但据我们对魏晋六朝时期《百喻经》《世说新语》《搜神记》《齐民要术》《洛阳伽蓝记》《文选》《颜氏家训》等的调查,没有发现确切的单独使用的"去"表"往"义的例子,这可能是由于我们调查文献有限所致,但至少说明魏晋南北朝时期表"往"义的"去"使用还不普遍。唐初诗文中我们检到"去"表"往"义的例子,如:

(21)欲向东岩去,于今无量年。(寒山诗)

(22)智者天上去,愚者入深坑。(王梵志诗)

例(21)中"向"是介词,"东岩"是"向"介引的处所,即"东岩"是动作行为朝向的目的地,所以"向东岩去"中的"去"表示"往"义。例(22)中"天上去"和"入深坑"对举,即方所词"天上"与"深坑"相对,动词"去"和"入"相对,"深坑"是入的终极地点,那么"天上"也是"去"的终极地点,所以动词"去"表示"往"义。

2.2 去 VP

唐宋时期内部具有目的语义关系的连动式"去 VP"的例子已较

为普遍，之后的近现代汉语中其用例更是常见。如：

（23）晚日照身归远舍，晓鹦啼树去开荒；农人辛苦官家见，输纳交伊自手量。(《敦煌变文集新书·长兴四年中兴殿应圣节讲经文》)

（24）远见净名皆去接，遥逢居士口来迎。(《敦煌变文集新书·维摩碎金》)[1]

（25）如一江水，你将杓去取，只得一杓；将碗去取，只得一碗；至于一桶一缸，各自随器量不同，故理亦随以异。(《朱子语类》卷四)

（26）欲掩香帏论缱绻，先敛双蛾愁夜短。催促少年郎，先去睡，鸳衾图暖。(柳永《菊花新【中吕调】》,《全宋词》)

（27）议定了财礼银八百两，衣服首饰办了送来，自不必说，也合着千金。每月盘费连房钱银十两，逐月支付。大郎都应允，慌忙去拿银子了。(《拍案惊奇》卷二)

（28）自从武松搬去县前客店宿歇，武大自依前上街卖炊饼。本待要去县前寻兄弟说话，却被这妇人千叮万嘱，分付交不要去兜揽他，因此武大不敢去寻武松。(《金瓶梅词话》1回)

（29）更夫道："师老爷既要去看，须得与我换蜡了。这灯笼里剩了个蜡头儿了。"(《三侠五义》70回)

（30）汪百龄又披挂上阵了。这一次见面有点高雅，没有世俗的繁文缛节，连介绍人也不陪同，两个人相约去看国画展览会。(《清高》)

由上下文语境来看，例（23）是描写农人辛苦劳作的文句，"去"为"往"义的位移动词，"开荒"为一动词性结构，这两个动作行为均由"农人"发出，而且"去"的动作在前，"开荒"的行为

---

[1] 例（24）中"口"表示原文此字不清晰。

在后,"去"的目的就是"开荒",简言之,"去开荒"是表示同一施动者"农人"先发生位移"去"而后施行目的行为"开荒"的连动结构。例(24)—(30)也是如此。

2.3 VP 去

与内部具有目的语义关系的连动式"去 VP"出现的同时,内部具有目的语义关系的连动式"VP 去"在唐宋时期也已较为普遍。如:

(31)灌婴大夫和曰:"自从挥剑事高皇,大战曾经数十场。小阵彭原都无数,遍体浑身刀剑疮。不但今夜斫营去,前头风火亦须汤。"(《敦煌变文集新书·汉将王陵变》)

(32)钟离末答曰:"臣启陛下,与陛下捉王陵去。"(《敦煌变文集新书·汉将王陵变》)

(33)初到澧州,路上见一婆子卖油糍,遂放下疏钞,且买点心吃。婆云:"所载者是什么?"德山云:"《金刚经》疏钞。"婆云:"我有一问,尔若答得,布施油糍作点心;若答不得,别处买去。"(《碧岩录》,见《近代汉语语法资料汇编·宋代卷》)

(34)西门庆道:"你们都在花家吃酒,我和他每灯市里走了回来,同往里边吃酒,过一夜。今日小厮接去,我才来家。"(《金瓶梅词话》16回)

(35)主人出来道:"房屋文书、段匹帐目俱已在此,凑足五万之数了。且到船上取货去。"一拥都到海船来。(《拍案惊奇》卷一)

(36)田氏道:"听说是宅内的下人牛驴子偷偷儿盗尸去,他见小姐活了,不知怎么,他又抹了脖子了。"(《三侠五义》38回)

(37)汪百龄踌躇了一下,小芳抢着答话:"汪老师最欢喜旅游了,什么时候有空,一起旅游去。"(《清高》)

例(31)"斫营去"中"斫营"为一动词性结构,"去"是趋向位移动词，语境显示，这两个动作行为是同一施事所发出的，而且是施事要先有位移动作"去"，然后才能施行"斫营"的行为，"斫营"是"去"的目的。例（31）—（37）也都是先发生位移且具有目的语义关系的连动结构"VP去"。

2.4 叠加连动构式"去VP去"

依据我们对唐宋元明时期的部分文献的调查，如《敦煌变文集新书》《景德传灯录》《五灯会元》《祖堂集》《河南程氏遗书》《朱子语类》《董解元西厢记》《刘知远诸宫调》《孝经直解》《大学直解》《经筵讲义》《元刊杂剧三十种》《古本老乞大》《朴通事谚解》《水浒全传》《西游记》《金瓶梅词话》《型世言》《醉醒石》，甚至元代直译体文献《蒙古秘史》《通制条格》《元典章·刑部》《元代白话碑文集録校注》，"去VP去"始见于元代，仅有一例，明代就多了起来。如：

（38）（末云）街市人说，岳孔目有个好娘子，从来不曾见。如今岳孔目死了，俺众人都去看去。(《元刊杂剧三十种·岳孔目借铁拐李还魂杂剧》)

（39）小二扒将起来，一道烟走向店里去躲了。店主人那里敢出来拦他。金老父子两个，忙忙离了店中，出城自去寻昨日觅下的车儿去了。(《水浒全传》3回)

（40）那公主道："你这和尚，全无信义：你说放了你师弟，就与我孩儿，怎么你师弟放去，把我孩儿又留，反来我门首做甚？"行者陪笑道："公主休怪。你来的日子已久，带你令郎去认他外公去哩。"(《西游记》31回)

（41）那婆子便向妇人道："好呀！好呀！我请你来做衣裳，不曾交你偷汉子。你家武大郎知，须连累我。不若我先去对武大说去。"(《金瓶梅词话》4回)

（42）送到他家，又向朱寡妇道："小女是没娘女儿，不曾训教，年纪又小，千万亲母把作女儿看待，不要说老夫感戴，连老妻九泉之下也得放心。"送了，自去处馆去了。(《型世言》6回)

（43）见他两人行李虽无，却有颜色。道："不要别处去了，前面有倭子，有贼，到我们营中去快活去罢！"(《醉醒石》5回)

根据上下文语境来看，例（38）中"去看去"表示的是主语"我们"先发生位移动作"去"，目的是实现行为"看"，所以在不改变语义的情况下，依照唐宋以来对这种语义的表达方式可以作如下拆分："去看"和"看去"。换言之"去看去"相当于"去看"和"看去"两种形式叠加在一起的一个表达式，所以我们称之为叠加式"去 VP 去"，只不过该例 VP 只是一个光杆动词"看"。由上下文可知，例（39）中"去寻昨日觅下的车儿去"的"去"和"寻昨日觅下的车儿"都是主语金老父女发出的动作行为，而且是先发生"去"的位移然后实现目的行为"寻昨日觅下的车儿"，所以"去寻昨日觅下的车儿去"相当于"去寻昨日觅下的车儿"和"寻昨日觅下的车儿去"的叠加。较之例（38），例（39）中 VP "寻昨日觅下的车儿"不再是一个光杆动词，而是一个动宾结构"寻（动词）"+"昨日觅下的车儿（宾语）"，而且宾语核心词"车儿"还带有状中结构"昨日（状）+觅下（中心语）"作定语，简言之，例（39）比例（38）"去 VP 去"中 VP 的结构更加复杂。例（40）—（43）也是如此。

综合以上描述分析可知，连动式"来 VP"先秦已有较多用例，连动式"VP 来"和叠加连动构式"来 VP 来"清中期《红楼梦》中始见；连动式"去 VP"和"VP 去"在唐代出现用例，叠加连动构式"去 VP 去"元代出现，但较为罕见，明代以来用例多了起来。显示如下：

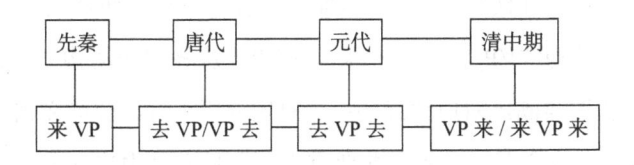

```
先秦 ── 唐代 ── 元代 ── 清中期
 │      │      │       │
来VP   去VP/VP去  去VP去   VP来/来VP来
```

（二）地域梳理

通过对连动式"来/去VP""VP来/去"及叠加连动构式"来/去VP来/去"的时间梳理可以看出，虽然"来VP"出现较早，但"VP来"和叠加式"来VP来"都晚于"VP去"和叠加式"去VP去"，于是我们在清代这一共时平面上针对多部方言背景明确的文献——清初山东方言背景文献《醒世姻缘传》、清中期河南方言背景文献《歧路灯》、清中期北京方言背景文献《红楼梦》、清中期江淮方言背景文献《儒林外史》、清后期北京方言背景文献《儿女英雄传》以及清末吴方言背景文献《官场现形记》进行了调查统计，并绘制了表5-3。由表5-3可以看出：文献中连动式"来VP"的使用频率都非常高，而连动式"VP来"在非北京话背景的文献中没有出现；连动式"去VP"也是高频出现，连动式"VP去"在这几部文献中都有出现，但其频率明显低于"去VP"。进一步细化对比，从各文献中"VP去"与"去VP"的比率来看，只有《歧路灯》比《红楼梦》略高，其余均低于《红楼梦》和《儿女英雄传》。对于这一现象，仅传统文献似乎无法给出一个合理的解释。

考虑到清代汉语发展的社会历史背景，我们对清代满人学习汉语的兼汉满语会话教材《满汉成语对待》等进行了调查，发现其连动结构"VP 来/去""来/去 VP"及叠加连动构式"来 VP 来"的频率分布与《红楼梦》《儿女英雄传》有一致性。而从满汉合璧文献中连动结构"VP 来/去""来/去 VP"及叠加连动构式"来/去 VP 来/去"与满语对应情况的一一对比分析来看,合璧文献中的旗人话和北京方言背景文献与非北京方言背景文献中连动式"VP 来/去""来/去 VP"及叠加连动构式"来/去 VP 来/去"频率分布的差异性应该是受满语影响的结果。因此下文就围绕这种表示同一施动者先发生"来/去"位移进而施行目的行为 VP 的连动结构"VP来/去""来/去 VP"及叠加连动构式"来/去 VP 来/去"在有清以来的使用情况及内部动因进行探究。

三、满汉合璧文献中满语与"来/去"和 VP 的连动构式对应情况

为方便起见,本部分把叠加连动构式"来/去 VP 来/去"和非叠加式连动结构"VP 来/去""来/去 VP"分开叙述。

(一)非叠加式连动结构"VP 来/去""来/去 VP"

根据满语趋向意义的表达及其与连动结构"VP 来/去""来/去 VP"的对应,可分为四种情况:

1. 动词方向态表趋向

动词方向态表趋向是指满语动词词干加上表示方向的词缀来表示动作行为的方向性,方向态词缀又分两种:一种是表示"来"的词缀 -ji-、-nji-;一种是表示"去"的词缀 -na-、-ne-、-no-。

1.1 "动词词干 + ji-/nji-"与连动结构"来VP"和"VP来"的对译情况

整体来看四种会话教材中这种对译,除了《满汉成语对待》中没有出现"VP来"之外,其余文献中均出现了"来VP"和"VP来"。如:

(44) welmiye-ki se-qi, damu hokton makta-me, qob qob
     钓鱼 – 祈 助 – 条 只是 浮漂 抛 – 并 超出水面貌
     uthai seke-nji-mbi.
     就 鱼上钩 – 来 – 现
     要钓鱼,只撩下票子去,叭嗒叭嗒的鱼就来餐食。(《满汉成语对待》四 26a7-8)

(45) bi   jing   age   be   tuwa-nji-ki   se-mbihe,   gaitai
     我   正好   阿哥   宾   看 – 来 – 祈   助 – 过   突然
     emu   ajige baita de   uxa-bu-re   jakade,   tuttu
     一   小   事情   位   连累 – 被 – 未   因为   那样
     baha-fi   ji-he-kv.
     得到 – 顺   来 – 完 – 否
     我原正要来瞧阿哥来着,忽然被一件小事儿拉扯住,故此没得来。(《清文启蒙》43a2-4)

(46) beye-be   saikan   uji-kini,   hvdun   yebe   o-kini,   xolo
     身体 – 宾   好好   养 – 祈   快   好   成为 – 祈   空闲
     de,   bi   jai   tuwa-nji-re   se-fi,   amasi   ji-he.
     位   我   再   看 – 来 – 未   说 – 顺   返回   来 – 完
     把身子好好的着,快好罢,有了空儿我再来瞧罢,说了回来了。

(《续编兼汉清文指要》下 22a3-5)

(47) yaya   we   mimbe   baiha-ji-qi,   bou-de   akv   se-me
　　 凡是   谁   我.宾   找-来-条   家-位   否   助-并
　　 jabu   se-he.
　　 回答.祈   助-完
　　 不拘谁来我我①，答应不在家。(《清文指要》下 31b1-2)

(48) tule   emu   niyalma   morin   de   yalu-fi,   age   be
　　 外面   一   人   马   位   骑-顺   阿哥   宾
　　 bai-me   aika   gisun   ala-nji-ha   se-mbi.
　　 找-并   什么   话   告诉-来-完   说-现
　　 外头一个人骑在马上说，找阿哥告诉什么话来了。(《清文启蒙》
　　 48a4-5)

(49) uttu   ofi,   bi   guqu-se   be   guile-fi,   amba   yali
　　 这样   因为   我   朋友-复   宾   约请-顺   大   肉
　　 be   jeke-nji-he.
　　 宾   吃-来-完
　　 因此我会了朋友们来，吃大肉来了。(《清文指要》下 4b1-2)

(50) bi   sini   louye   amasi   ji-he   manggi   ala,
　　 我   你.属   老爷   往后   来-完   之后   告诉.祈
　　 mimbe   tuwa-nji-ha   se   se-re   de.
　　 我.宾   看-来-完   说.祈   助-未   位
　　 我说你老爷回来告诉，说我看来了。(《清文指要》中 26a4-5)

(51) uba-i   baita   be   tuba-de   ula-na-me,   tuba-i

---

① 前一个"我"[日]竹越孝校注本《新刊清文指要》作"找"。

第五章　满语对清代旗人汉语语序和句式结构的干扰 | 513

这里－属　事情　宾　那里－位　传达－去－并　那里－属
gisun　be　uba-de　ala-nji-me,　juwe　ergide　kimun
话语　宾　这里－位　告诉－来－并　两　方面　仇
jafa-bu　nakv,　i　ikiri　tata-me　siden-deri　sain
结－使. 祈　　之后　他　巧言　拉－并　中间－经　好
niyalma　ara-mbi.
人　　　做－现

把这里的事情告诉那里去，那里的话儿告诉这里来，把两下里成了仇了，他一溜神气的从中间作好人。(《续编兼汉清文指要》下23b4-6)

由例（44）—（51）可以看出，"动词词干＋方向态词缀 -ji-/-nji-"的汉语对译分两类：

一类是"动词词干＋方向态词缀 -ji-/-nji-"对译成"来VP"。例（44）中动词词干 seke 加上了表示"来"的方向态词缀 -nji-，与之对应，汉语译成"来餐食"；"来"与"餐食"是同一主语"鱼"所发出的两个连续的动作，主语先发生位移"来"进而实现"餐食"的目的行为。例（45）（46）与例（44）同。例（47）中动词词干 baiha 后加了方向态词缀 -ji-, mimbe baiha-ji- 对译为"来我（找）我"，这也是一个需要先发生位移动作"来"才能进一步施行行为"我（找）我"的且前后两个行为之间有目的关系的连动式。由例（44）—（47）来看，例中"来VP"是依从于汉语的表述习惯而灵活意译满语"动词词干＋方向态词缀 -ji-/-nji-"的结果。

一类是"动词词干＋方向态词缀 -ji-/-nji-"对译成"VP来"。例（48）中动词词干 ala 加上了方向态词缀 -nji-, age be bai-me aika gisun ala-nji-ha 对译成"找阿哥告诉什么话来了"。结合满语和汉语文句来看,"找阿哥告诉什么话"本身是一个连动构式,它和动词"来"是同一个主语实施的不同的行为动作,而且应该是先发生"来"这一位移动作,继而施行"找阿哥告诉什么话"这一连动行为,换言之,"来"和"找阿哥告诉什么话"又是同一施动者"外头骑在马上的人"发出的连续性动作,位移动词"来"与连动构式"找阿哥告诉什么"存在目的语义关系,这与连动结构"来 VP"的语义表达相同。依据汉语传统表达习惯,"找阿哥告诉什么话来"更倾向于说成"来找阿哥告诉什么话"。由前文我们对传统汉语文献的调查可知,清中期以前汉语中并没有"VP 来"这种目的关系的连动结构,而这一"VP 来"的组合顺序恰好与满文 ala-nji- 的语素组合顺序相一致,可以说本例中连动构式"找阿哥告诉什么话"在前、趋向动词"来"在后的组合形式是直译满语 ala-nji- 的结果。例（49）—（51）与例（48）同。

依据所调查的文献,这种施动者先位移"来"后施行"VP"且存在目的关系的连动结构"VP 来"始见于《清文启蒙》(1730)中,它是直译满语"动词词干＋方向态词缀 -nji-"的结果。据统计,四部满汉合璧文献中"动词词干＋方向态词缀 -ji-/-nji-"的用例共计出现 15 例,其中译为"来 VP" 10 例、"VP 来" 5 例,二者之比为 2∶1。可以说满语"动词词干＋方向态词缀 -ji-/-nji-"的语素顺序对旗人汉语"VP 来"的词序组合还是产生了相当明显的干扰。

1.2 "动词词干 +na-/ne-/no-"与连动结构"去 VP"和"VP 去"的对译情况

四种满汉合璧会话书中均出现了内部具有目的语义关系的连动

式"去 VP"和"VP 去",除《清文启蒙》中"VP 去"少于"去 VP"之外,其他三部文献中"VP 去"出现的频次均高于"去 VP"。

(52) aikabade ini baru emu gvnin mujilen -i baita be
　　 如果　　他 属 向　一　想法　　心　　属 事情　宾
　　 hebde-ne-qi, damu oilori deleri se-me jabu-mbi.
　　 商量－去－条　只是　上面　表面　助－并　回答－现
　　 倘若望着他去商量一件心腹的事儿,只是浮面皮儿的答应。(《清文启蒙》5a2-3)

(53) suwe tede aqa-na-qi, mimbe guile-fi sasa yo-ki,
　　 你们　他.与　见面－去－条　我.宾　约请－顺　一起　去－祈
　　 bi bou-de suwembe aliya-ra.
　　 我　家－位　你们.宾　等－未
　　 你们若是去见他,会着我一齐儿走,我在家里等着你们。(《清文启蒙》14b2-3)

(54) bi sinde emu gisun hebde-ki se-me, ududu
　　 我　你.与　一　话语　商议－祈　想－并　很多
　　 mudan niyalma takvra-fi soli-na-qi, sini bou-i
　　 次　　 人　　　 差遣－顺　邀请－去－条　你.属　家－属
　　 urse simbe sejen te-fi tuqi-ke.
　　 人们　你.宾　车　　坐－顺　出去－完
　　 我要和你商量一句话,打发人去请了好几次,你家里人们说你坐了车出去了。(《清文指要》中11a5-7)

(55) ere gese xengge niyalma bi-kai, atanggi bi-qibe
　　 这　样子　神圣　　人　　　 有－啊　 什么时候　有－让

muse   ahvn   deu   inde   inu   tuwa-bu-na-ki.
咱们   兄   弟   他.与 也   看－被－去－祈

既有这样的神人，多咱咱们弟兄们也去叫他瞧瞧。(《续编兼汉清文指要》上 10a3-5）

(56) tuwa-na-ki   se-fi   baita   de   hiyahala-bu-fi   onggo
     看－去－祈   想－顺 事情   与   关联－被－顺   忘.祈
     nakv   sinda-ha.
     之后   放－完

要看去来着。事情绊住了，一下子就忘了。(《满汉成语对待》一 8b4-5）

(57) age   si   simbe   banji-re-de   mangga   se-qi,
     阿哥 你   你.宾   生活－未－位   难   说－条
     mini   ere   beye-re   omiholo-ro   gosihon   -i
     我.属 这   发冷－未   饿－未   困苦   属
     ba-be   we-de   ala-na-ra.
     地方－宾 谁－与 告诉－去－未

阿哥你说你难过，我这捱冷受饿的苦处，告诉谁去。(《清文启蒙》29b5-6）

(58) ere   uquri   si   geli   aibi-de   xodo-no-ho   bihe,
     这个 时候   你   又   哪里－与   闯－去－完   过
     mudan   talu-de   mini   jaka-de   inu   majige
     次   偶尔－位   我.属   跟前－与   也   稍微
     feliye-qina,   ainu   sini   dere   yasa   be   oron   sabu-ra-kv.
     来往－祈   为什么 你.属 脸   眼睛   宾   完全   看见－未－否

这一向你又往那里奔忙去了？间或到我这里走走是呢，怎么总不见你的面目。(《清文指要》中 17a5-6)

(59) sikse   bi   tuwa-na-ha-de,   kemuni   katunja-me   qin
     昨天   我   看 – 去 – 完 – 位   还   忍耐 – 并   正
     -i   bou-de   ji-fi.
     属   房 – 位   来 – 顺

昨日我瞧去的时候，还勉强着来上屋里来。(《续编兼汉清文指要》下 21b1-2)

上面的例子显示出，"动词词干 +na-/ne-/no-" 与汉语的对译也有两种形式：

一种是"动词词干 +na-/ne-/no-"对译成"去 VP"。例（52）中动词词干 hebde+ 方向态词缀 -ne- 的语素组合形式，对应的汉语译文是"去商量"，结合满文与汉语的句法语义表述可知，"去""商量"是同一主语先后发出的两个动作行为，且发生位移"去"的目的是实施"商量"的行为。例（53）—（55）也是如此。由例（52）—（55）来看，例中"去 VP"的组合顺序与满语"动词词干 +na-/ne-/no-"的语素顺序正好相反，所以"动词词干 +na-/ne-/no-"译成"去 VP"是汉语灵活意译满语的结果。

一种是"动词词干 +na-/ne-/no-"译成"VP 去"。例（56）中动词词干 tuwa 后带有方向态词缀 -na- 来表示动作行为的方向，tuwa-na- 译成"看去"。根据满语和汉语语句语义的表达推断，"看"与"去"是同一主语施行的两个动作行为，而且两个行为具有先后性和目的性，即先发生"去"的位移而后达到"看"的目的，也就是说"看去"是一个具有目的语义关系的连动结构。例（57）—（59）也是如此。例（56）—（59）中"VP 去"的组合顺序与满语对译部分"动词词干+na-/ne-/no-"的语素顺序正好相一致，所以"动词词干+na-/ne-/no-"译成"VP 去"是译者直译满语的结果。

四部满汉合璧文献中"动词词干 + 方向态词缀 -na-/-ne-/-no-"的用例共计出现 49 例，其中译为"去 VP"的 16 例、译为"VP 去"的 33 例，二者之比为 1∶2.06。这一比值充分说明《满汉成语对待》等四种满汉合璧会话教材中译者更倾向于把满语"动词词干 + 方向态词缀 -na-/-ne-/-no-"译成与之相近的结构式"VP 去"。

2. 趋向动词表趋向

满语趋向动词有两个：genembi 表示"去"，jimbi 表示"来"。满语语句表达往往是多动词结构，也就是说句中不止一个动词。多动词的满语句子一般是一个动词为主动词，居后；其余动词为副动词形式，居于主动词前。包含 genembi 和 jimbi 的满语多动词结构中，这两个趋向动词有两种出现形式：一是以副动词形式出现，二是以主动词形式出现。

2.1 "趋向动词（副动词）+ 主动词"与"来 / 去 VP"和"VP 来 / 去"的对译情况①

2.1.1 "趋向动词 ji-（副动词）+ 主动词"与"来 VP"和"VP 来"的对译情况

（60） deken   lakiya-qi   tere   kaja-mbi,   makta-me   sinda-qi
      稍高   挂－条   他   啃咬－现   甩下－并   放－条

---

① 满语语句往往是多动词句，其中一个为主动词，其余为副动词，所以多动词满语句子中很多时候副动词不止一个。这里所说的趋向动词作为句子副动词出现也多是所在句子副动词当中的一个。

第五章 满语对清代旗人汉语语序和句式结构的干扰 | 519

  ji-fi gedu-mbi, uba-de kvwak tuba-de qak
  来-顺 啃-现 这里-位 棍棒相打貌 那里-位 乱打
  se-me, simbe aika tontoko amga-bu-mbi-u?
  助-并 你.宾 什么 确切 睡觉-使-现-疑
  高处挂着他去啃,撩搭着他来嚼,这里洴那里洴的,他给你个好
  觉睡么?(《满汉成语对待》四 18b4-6)

(61) sain ba akv bi-he biqi, we ji-fi herse-mbihe-ni.
  好 地方 否 有-完 若是 谁 来-顺 理睬-过-呢
  若是没有好处来着,谁肯来理呢。(《清文启蒙》18a5-6)

(62) ere emgeri mini-ngge o-ho kai, we ai gelhun
  这个 一次 我.属-名 成为-完 啊 谁 什么 敢
  akv ji-fi mini ejele-he jaka be gai-mbi.
  否 来-顺 我.属 占据-完 东西 宾 拿-现
  这个已经一遭是我的了,谁敢来要我占下的东西。(《清文启蒙》
  12b4-6)

(63) bi ere baita akv de, adarame baha-fi emu
  我 这 事情 否 位 怎么 得到-顺 一
  niyalma ji-fi gisure-me te-qe-ki se-re-de.
  人 来-顺 说-并 坐-齐-祈 想-未-位
  我想着这无事的上头,怎么得一个人来坐着说说话儿。(《清文指
  要》下 23a7-23b2)

  例(60)是一个多动词句,趋向动词 jimbi 以顺序副动词形式 jifi 出现在主动词 gedumbi 之前。满语顺序副动词与主动词一起作谓语,顺序副动词表示的动作行为发生在前,主动词表示的动作行为

发生在后，二者按时间先后依次完成。本例中 jifi gedumbi 是句子的谓语，先发生趋向位移 jifi，后发生动作行为 gedumbi，这两个动作在时间上依次发生，在语义上前者与后者具有目的关系，即发生位移 jifi 是为了实施 gedumbi 这一行为，实际上这就是一个连动结构。jifi gedumbi 对译成"来嚼"，"来嚼"无论是词语顺序还是内部语义关系都直接与满语 jifi gedumbi 相对应。例（61）—（63）亦如是。《满汉成语对待》等四种满汉合璧会话书中共计有 8 例"趋向动词 ji-（副动词）+ 主动词"的例子，其中趋向动词均以顺序副动词 jifi 的形式出现，而且"jifi+ 主动词"全部译成"来 VP"，因此从形式上应该说是依照满语形式而进行的直译。而这种无一例外的直译可以说是满语"jifi+ 主动词"的表达正好契合了传统汉语中连动结构"来 VP"的语序和内部目的关系的语义表达的结果。

2.1.2 "趋向动词 gene-（副动词）+ 主动词"与"去 VP"和"VP 去"的对译情况

（64）baita　　de　　hvsi-bu-ha,　　farfa-bu-fi　　absi　　yabsi
　　　 事情　　 与　　 缠－被－完　　 混淆－被－顺　何其　 怎么说
　　　 o-joro　　　be　　sar-kv　　o-ho-bi,　　nei-bu-me
　　　 成为－未　　宾　 知道.未－否　成为－完－现　开－使－并
　　　 we　　gene-fi　　tede　　ala-mbi.
　　　 谁　　去－顺　　 他.与　　告诉－现
　　　 教事缠扰住了，迷了头摆布不开了，明明白白的谁去告诉他。
　　　（《满汉成语对待》—36a7-8）

（65）uttu　　ohode,　　bi　　teni　　sini　　funde　　gene-fi
　　　 这样　　若　　　我　　才　　 你.属　　代替　　去－顺

faxxa-qi　　　o-mbi.
努力－条　　　可以－现

若是这们样的时候，我才可以替你去吧嗒。(《清文启蒙》8b2-3)

(66) ai　　haqin　-i　　hafirahvn　suilashvn　se-he　　seme,
　　 什么　种类　属　　狭窄　　　贫穷　　　助－完　尽管

　　 yafan　de　gene-fi　inu　emu　hvntahan　arki
　　 园子　 位　去－顺　也　 一　 杯　　　　酒

　　 hisala-mbi　dere.
　　 祭酒－现　 吧

凭他怎么样窄累，也往园里去奠一钟酒啊。(《清文指要》下33a4-6)

(67) juwe　nofi　akda-ra-kv,　emgi　sasa　gene-fi　tuwa-qi,
　　 二　　人　 相信－未－否　共同　一起　去－顺　看－条

　　 da　　an　-i　aisin　xoge　saqi-bu-fi.
　　 原本　样子　工　金子　块　　切断－被－顺

二人不信，一同前去看时，照旧还是金锞子。(《续编兼汉清文指要》上28a4-5)

(68) sini　　gisure-re-ngge　umesi　inu,　esi　yabu-qi,　bi
　　 你.属　说－未－名　　完全　　对　 当然　走－条　 我

　　 hono　age　-i　jaka-de　gene-fi　taqibu-re　be
　　 还　　阿哥　属　跟前－与　去－顺　 教导－未　宾

　　 donji-ki　se-me　gvni-re　ba-de,　sini　bou-de
　　 听－祈　 助－并　想－未　 地方－位　你.属　家－位

　　 feliye-ra-kv　mujangga-u?
　　 行走－未－否　果真－疑

你说的狠是，自然要行走，我还想着要往兄长的根前领教去̇，果然不往你家行走的么？(《清文启蒙》2a2-5)

例（64）是一个多动词句，趋向动词 genembi 以顺序副动词 genefi 的形式出现在主动词 alambi 之前。genefi 与动宾结构 tede alambi 共同作句子的谓语，时间上 genefi 和 alambi 两个动作依次发生，而且发生位移 genefi 是为了实施 alambi 的行为。实际上这就是一个语义上具有目的关系的连动结构。genefi tede alambi 汉语译为"去告诉他"，可以看出在两个动词的顺序以及内部语义关系上汉语译文与满语原文都是直接相对应的。例（65）—（67）也是如此。例（68）满语是一个多动词的较为复杂的句子，genefi taqibure be donjiki 是谓词性宾语中的动词部分，在这个结构中，顺序副动词 genefi 表示的位移动作先发生，主动词 donjiki 表示的行为后发生，同样前者的实施是为了后者。这个结构被译为"领教去"，尽管词序与满语原文发生了变化，但两个动词实际发生的先后并没有改变，即依然是"去"这一位移动作先发生，而后施行"领教"的行为。《满汉成语对待》等四种满汉合璧会话教材中共计有 13 例"趋向动词 gene-（副动词）+ 主动词"的例子，其中趋向动词均以顺序副动词 genefi 的形式出现，而 13 例"genefi+ 主动词"中有 12 例译成"去 VP"，只有一例译成了"VP 去"，因此可以推定译者还是更倾向于把满语结构"genefi+ 主动词"译为形式上与之相近的汉语结构"去 VP"。

2.2 "副动词 + 趋向动词"与"来/去 VP"和"VP 来/去"的对译情况

2.2.1 "副动词 + 趋向动词 jimbi"与"来 VP"和"VP 来"的对译情况

第五章　满语对清代旗人汉语语序和句式结构的干扰 | 523

（69）muse　　aqa-ha-kv　　kejine　　goida-ha,　　baha-fi　　qira
　　　 咱们　　会见-完-否　　许久　　久-完　　　得到-顺　　脸
　　　 sabu-ha-kv　　de　　aqa-ki　　se-me　　ji-he.
　　　 看见-完-否　　位　　见面-祈　助-并　　来-完
　　　 咱们许久没会见，因没得见来会会。（《满汉成语对待》一8a5-6）

（70）si　　aika　　eime-ra-kv　　oqi,　　bi　　sinde　　guqu
　　　 阿哥　如果　　厌烦-未-否　　若是　　我　　你.与　　朋友
　　　 ara-me　　ji-qi　　antaka?
　　　 做-并　　来-条　　如何
　　　 你要不厌烦，我来给你作伴如何？（《清文指要》中9b3-4）

（71）bi　　sa-ha,　　ainqi　　sini　　urgun　　nure　　be
　　　 我　　知道-完　　或许　　你.属　　喜庆　　酒　　宾
　　　 omi-me　　ji-derahv　　se-me,　　jortanggi　　uttu　　gisure-mbi　　dere.
　　　 喝-并　　来-虚　　助-并　　故意　　这样　　说-现　　吧
　　　 我知道了，想是恐怕来吃你的喜酒，故意的这们说罢咧。（《清文指要》中24a2-3）

（72）minde　　emu　　baita　　bi-fi,　　qohome　　age-de　　yandu-me
　　　 我.与　　一　　事情　　有-顺　　特意　　阿哥-位　　依赖-并
　　　 bai-me　　ji-he.
　　　 求-并　　来-完
　　　 我有一件事，特烦恳阿哥来了。（《清文启蒙》32b3）

例（69）中趋向动词 jihe 在句中作主动词，其前有动词祈使式 aqaki 和并列副动词 seme，aqaki seme jimbi 中 jimbi 这一动作发生在前，aqaki 行为在后，jimbi 的位移是为了实现 aqaki 所表示的行为，汉语对译成具有同样目的语义关系的连动结构"来会会"，但是组合顺序与满文正好相反。例（70）（71）与此相仿。例（72）agede yandume baime jihe 中趋向动词 jihe 为主动词发生在前，副动词 yandume baime 所表示的行为发生在后，且前后两个动作之间为目的语义关系。其汉语对译"烦恳阿哥来了"在保持内部语义关系不变的情况下也保持了与满语语序的一致性。而传统汉语中目的语义关系的位移动词"来"与VP的语序为"来VP"，所以例（72）的对译显然是受满语语序影响的结果。四种兼汉满语会话书中"副动词＋jimbi"的用例共计6例，5例译为"来VP"，1例译为"VP来"，可见译者在遵循汉语传统习惯灵活意译的同时还是受到了满语语序的干扰。

2.2.2 "副动词＋趋向动词 genembi"与"去 VP"和"VP 去"的对译情况

（73） sar-kv　　　o-joro　　　jakade, tuttu　　urgun　　ara-me
　　　知道.未－否　成为－未　因为　　因此　　喜庆　　告诉－并
　　　gene-he-kv.
　　　去－完－否
　　　因为不知道，故此没有去贺喜。（《清文启蒙》4b1）

（74） tere　　anggala　　mini　　beye　　xuntuhule　　alban　　de
　　　那个　　而且　　　我.属　　身体　　整天　　　　官员　　位
　　　ka-me　　jabdu-ra-kv　　bime,　　weri　　qisui　　baita
　　　当差－并　赶上－未－否　而且　　　别人　　私人　　事情
　　　de　　dana-me　　gene　　se-qi,　　giyanakv　　xolo　　bi-u?
　　　位　　干涉－并　　去.祈　　助－条　　能有　　　闲暇　　有－疑

况且我的身子整日甲应答差事不得闲儿,再教去管别人家的私事,也能有工夫的么?(《清文启蒙》5b6-6a2)

(75) si   qananggi   yafan   de   waliya-me   gene-he
     你   前几天   园子   位   祭奠－并   去－完
     bihe-u?   inu.
     过－疑   是

你前日往园里去上坟来着吗?是。(《清文指要》下32a1-2)

(76) uba-i   kouli   giyan   de   asuru   taqin   akv,   ahvta
     这里－属 规则   道理   位   很   学问   否   兄弟.复
     we   ya   be   hono   getuken   tontoko   sar-kv,
     谁   哪个   宾   还   清初   确切   知道.未－否
     taka-ha   erin-de   esi   jori-re   taqibu-re   be
     认识－完   时候－位   自然 指示－未   教导－未   宾
     bai-me,   elhe   gai-me   gene-qi.
     求－并   平安   取－并   去－条

这里的规矩理法不贯熟,弟兄们谁是谁还不切实的知道,认得了自然的求指示领教,请安去。(《满汉成语对待》三13b8-14a2)

(77) absi   gene-he?   emu   guqu   -i   bou-de   enenggi
     哪里   去－完   一   朋友   属   家－位   今天
     mete-mbi   se-me   yali   je-me   gene-he.
     还愿－现   助－并   肉   吃－并   去－完

往那去了?是一个朋友家今日还愿吃肉去了。(《清文启蒙》50b1-2)

(78) age   bithe   hvla-me   gene-ki   se-he-ngge,   sain   baita
     阿哥   书   读－并   去－祈   助－完－名   好   事情

dabala, sini funde majige gisure-qi, minde geli
罢了 你.属 代替 稍微 说-条 我.与 又

ai waji-ha ni.
什么 耗费-完 呢

阿哥要念书去,好事罢咧,替你说一说,又费了我什么了呢。
(《清文指要》中 7b4-6)

(79) tuktan bi abala-me gene-he-de, emu morin yalu-mbihe-bi,
初次 我 打围-并 去-完-位 一 马 骑-过-现

katara-ra-ngge neqin, feksi-re-ngge hvdun.
颠-未-名 平稳 跑-未-名 快

我初次打围去,骑的一匹马,颠的稳,跑的快。(《续编兼汉清文指要》上 1a2-3)

由满语与汉语对译的语序来看,例(73)—(79)可分为两类:

第一类是与满语"副动词+genembi"的语序相反的"去 VP"。根据句义可知,例(73)趋向动词 genehe 表示的位移发生在前,arame 表示的行为发生在后,且 arame 是 genehe 的目的,urgun arame genehe 汉语对译成具有同样目的语义关系但语序相反的连动式"去贺喜"。例(74)(75)也是如此。

第二类是与满语"副动词+genembi"的语序相同的"VP 去"。例(76),elhe gaime geneqi 表示先发生 geneqi 的位移,目的是实现 elhe gaime 的行为,汉语对译成同样目的语义关系和同样动词语序的连动结构"请安去"。例(77)—(79)与例(76)同。

四种兼汉满语会话书中"副动词+genembi"的用例共计 9 例,6 例译为"VP 去",3 例译为"去 VP",可见译者在汉语传统表述习惯均可的情况下更加倾向于把满语"副动词+genembi"译为与之语序相近的汉语连动构式"VP 去"。

3. 动词方向态和趋向动词并用

四种兼汉满语会话教材中趋向动词 genembi 和 jimbi 虽然都有和动词方向态并用的情况，但 jimbi 与动词方向态并用的例子只有 1 例，汉语译为"来 VP 来"，将放在下文叠加连动构式部分讨论。genembi 与动词方向态并用共出现 5 例，我们把这 5 例又分成两种情况：第一种是趋向动词在前，"动词词干 + 方向态词缀"在后；第二种是"动词词干 + 方向态词缀"在前，趋向动词在后。

3.1 满语趋向动词 genembi 在前，"动词词干 + 方向态词缀"在后

这种情况在四部合璧文献中只见到 1 例：

（80）tuttu　　o-qi,　　mini　　beye　　gene-fi　　tuwa-na-ki.
　　　这样　　成为-条　我.属　　自身　　去-顺　　看-去-祈
　　　若是那们着，我亲自去看。（《清文启蒙》48b1）

例（80），趋向动词以顺序副动词形式 genefi 出现在主动词前，主动词 tuwa- 又加了方向态词缀 -na-，从而出现了趋向动词与方向态的并用，汉语译文"去看"并没有因满语句中有两个趋向成分而出现两个趋向动词，可见译者采取了灵活意译的方式。genefi tuwanaki 及其对译"去看"是先发生位移 gene-/-na-（去）后执行 tuwa-（看）的行为的目的语义关系的连动构式。

3.2 满语趋向动词 genembi 在后，"动词词干 + 方向态词缀"在前

这种情况四种兼汉满语会话书中共有 4 例，其中《清文启蒙》

《清文指要》各 1 例,《续编兼汉清文指要》中 2 例。

(81) sikse bi tuwa-na-me gene-he-de, tuwa-qi qira ai
昨天 我 看-去-并 去-完-位 看-条 脸 什么
kemuni nenehe adali se-mbi-u? sere-bu-me wasi-ka.
还 以前 一样 说-现-疑 发觉-使-并 瘦-完
昨日我去瞧的上,看那气色什么还说像先吗?明显着瘦了。(《续编兼汉清文指要》下 20b3-4)

(82) bi idu qi hoko-ho manggi, simbe guile-fi
我 值班 从 离开-完 以后 你.宾 约请-顺
sasa aqa-na-me gene-re.
一起 见面-去-并 去-未
等我下了班,会着你一同去走走罢。(《续编兼汉清文指要》上 17b2-3)

(83) donji-mbihe bi-qi, urgun -i doro-i aqa-na-me
听-过 有-条 喜庆 属 礼仪-工 见面-去-并
gene-qi aqa-mbihe.
去-条 应该-过
若是听见,该当望喜去来着。(《清文启蒙》4a6-4b1)

(84) age si inenggi-dari ederi yabu-re-ngge, gemu
阿哥 你 日子-每 这.经 走-未-名 全都
aibi-de gene-mbi? bithe hvla-na-me gene-mbi.
哪里-与 去-现 书 读-去-并 去-现
阿哥你终日从这们走,都是往那里去?念书去。(《清文指要》中 6b3-4)

例（81）中动词词干 tuwa- 加方向态词缀 -na- 作为并列副动词出现在趋向动词 genehe 之前，tuwaname genehe 是先发生位移然后施行目的行为 tuwa- 的连动结构。汉语对译成同样具有目的语义关系但语序相反且只有一个趋向动词的连动构式"去瞧"。例（82）同此。

例（83）中满语 aqaname geneqi 的结构形式和目的语义关系与例（81）（82）没有什么不同，但汉语译文"望喜去"在略去一个趋向成分的同时保持了与满语一致的语序。例（84）同例（83）。

要之，《清文启蒙》等三种合璧文献中趋向动词 genembi 与动词方向态并用的 5 个例子有 3 例对译成"去 VP"，2 例对译成"VP 去"，我们很难据此说哪种译文形式更具倾向性。

4. 不含趋向成分

满语句子中并没有表示趋向的成分——趋向动词或者是动词方向态词缀，但在对应汉语中出现了位移动词"来/去"。四种兼汉满语会话教材中对译汉语里含有位移动词"来"的共 3 例，均出现在《续编兼汉清文指要》中，其中 1 例译成叠加式"来 VP 来"，将放在下文讨论；对译汉语中含有位移动词"去"的共 41 例，四部文献中都有分布。

4.1 满语中不含趋向成分，对译汉语中却含有位移动词"来"

这种例子只见于《续编兼汉清文指要》中，共 2 例，而且均译成"来 VP"的形式。

（85）weri　　ginggule-me　　sinde　　bai-mbi-kai,　　sa-qi
　　　别人　　尊敬－并　　　你．与　　求－现－啊　　知道－条

sa-mbi　　se,　　sar-kv　　oqi　　sar-kv　　se-qi
知道－现　说．祈　知道．未－否　若是　知道．未－否　说－条

waji-ha, holto-fi aina-mbi.
完结-完 欺骗-顺 做什么-现

人家恭恭敬敬的来求你，要是知道就说知道，要不知道，就说是不知道就完了，撒的是什么谎呢。(《续编兼汉清文指要》下 4a5-7)

(86) bi ekxe-me idu gai-me jidere jakade, baha-fi
我 忙-并 值班 取-并 下一个 因为 能够-顺
fonji-ha-kv.
问-完-否

我因急着来接班的上，没得问问。(《续编兼汉清文指要》上 17a1-2)

例（85）（86），满语句子清楚地显示其中并没有表示趋向的成分——趋向动词或者是动词方向态词缀，但在对应汉语中出现了位移动词"来"。而且"来求你"/"来接班"组成了先发生位移"来"后施行目的行为"求你"/"接班"的连动构式。

4.2 满语中不含趋向成分，对译汉语中却含有位移动词"去"

(87) yaya ba-be si tede fonji-me tuwa, jafa-ha
诸凡 地方-宾 你 他.与 问-并 看.祈 拿-完
sinda-ha gese, ure-he banji-ha, tob tob aqana-mbi.
放-完 同等 熟-完 生长-完 正好 正好 合适-现

不管么你只管去问他，拿的稳，活托儿，件件儿都应。(《满汉成语对待》一 15b5-6)

(88) age muse ere xolo de, neneme dere be hvwa
阿哥 我们 这 空闲 位 先 桌子 宾 院子
de guri-bu-fi te-ki bai, ere bou-i dolo
位 挪-使-顺 坐-祈 吧 这 家-属 里面

umesi　　halhvn　　kai.
很　　　热　　　啊

阿哥咱们称着这个工夫,先把桌子挪在院子里去坐着罢,这屋里狠热呀。(《清文启蒙》45a2-3)

(89) erdemu　be　taqi-ra-kv,　alban　de　faxxa-me　yabu-ra-kv
　　　才艺　　宾　学-未-否　　公务　与　努力-并　　做-未-否
　　　oso　　nakv,　baibi　ede　　gvnin　girkv-fi　taqi-qi,
　　　成为.祈　之后　　只管　这.位　心思　专心-顺　学-条
　　　manju　　be　gvtu-bu-ha　　ai　dabala.
　　　满洲　　宾　耻辱-使-完　什么　罢了

不学本事,不当差效力,只管在这上头专心去学,玷辱满洲哩呀。(《清文指要》中22b1-4)

(90) ilan　sunja　feniyele-he-bi,　tere　da-de,　yen　jugvn
　　　三　　五　　成群-完-现　　那个　原本-位　弯曲　路
　　　deri　biraga　be　　bai-me　nimaha　welmiye-re-ngge,
　　　经　　小河　　宾　寻求-并　鱼　　　钓-未-名
　　　yala　oihori.
　　　真是　非常

三五成群,那上头,又有从茅路上寻我小河儿去钓鱼的,实在好极里呀。(《续编兼汉清文指要》上30a4-5)

(91) jai　emu　udu　biya-i　　bithe　hvla-fi,　baita　de　dosi-qi.
　　　再　一　　几　月份-属　书　　念-顺　　公事　位　进入-条

再念几个月的书,上差事去。(《清文启蒙》41a3-4)

（92）abka, inde aika bai-re gese, ebken tebken -i
　　　天　　他.与　什么　求－未　一样　爱理　不理　工
　　　uju unqehen akv gisun makta-me, niyalma be
　　　头　　尾　　　否　话语　　扔－并　　人　　宾
　　　baxa-ra adali, tede bi waliya-ha.
　　　赶走－未　一样　那.位　我　失望－完
　　　怪事，合他迁求甚么去的是的，有一搭儿没一搭儿着头不着尾
　　　的撩给你个话儿，活是捡人的一样，那上头弄了我个灰心丧气。
　　　(《满汉成语对待》二 4b8-5a2)

（93）i akda-qi aliya se, akda-ra-kv oqi,
　　　他　相信－条　等待.祈　助.祈　相信－未－否　若是
　　　qihai gvwa ba-de gene-fi, enqu niyalma be
　　　随意　其他　地方－与　去－顺　另外　　人　　宾
　　　yandu-kini, we imbe ili-bu-ha-bi.
　　　委托－祈　　谁　他.宾　站－使－完－现
　　　他要信得就等着，要是不信，任意别处，求人去罢，谁叫他等着
　　　来呢。(《续编兼汉清文指要》上 22a5-7)

（94）hon akda-ra-kv oqi jenduken -i mejigexe,
　　　全然　相信－未－否　若是　悄悄　　工　探听.祈
　　　bi akdula-fi hvwanggiya-ra-kv o-bu-re.
　　　我　相信－顺　　妨碍－未－否　　成为－使－未
　　　狠要不信悄悄的打听信去，我管保无妨啊。(《续编兼汉清文指
　　　要》下 26b7-27a1)

例（87）—（94），整体来看，满语句子中均没有表示趋向的

成分，但在对应汉语中都出现了位移动词"去"。例（87）"去问他"表示施动者发生位移"去"的目的是施行"问他"的行为。例（88）—（90）也都是目的语义关系的"去VP"构式。例（91）—（94）也是先发生位移动作"去"后实施目的行为VP的连动构式，只是语序为"VP去"。

综合来看，四种兼汉满语会话教材中满语句中没有表示趋向的成分而对译汉语中出现位移动词"来/去"共计42个例子，其中"来VP"两例，"去VP"26例，"VP去"14例。我们是否可以说在没有满语相应结构对照的情况下，"来"与VP的组合还是更倾向于"来VP"的语序结构，"VP来"即便在旗人汉语中使用频率也不高；"去"与VP的组合直观上看"VP去"比"去VP"数量少，二者的比率为1∶1.86，但这一比率远大于清代非旗人作家作品中"VP去"与"去VP"的比率1∶4.48[1]，据此推断旗人汉语中"VP去"的高频使用应是受到了满语中趋向成分语序的影响的。

（二）叠加连动构式"来VP来"

四种满汉合璧文献中共出现3例"来VP来"叠加的连动结构，列举如下：

（95）enenggi   galkan   o-joro   jakade,   bi   yafahala-me,
　　　今天　　　晴　　　成为-未　因为　　我　　步行-并
　　　qohome   age   be   tuwa-nji-me   ji-he.
　　　特意　　　阿哥　宾　看-来-并　　　来-完

---

[1] 见表5-4。

因为今日天晴了，我步行，特来瞧阿哥来了。(《清文启蒙》43b2-3)

(96) feten bi-fi, be niyaman jafa-ki se-me bai-me
缘分 有-顺 我们 婚姻 结合-祈 助-并 寻求-并
ji-he.
来-完

有缘分的上，我们来求作亲来了。(《续编兼汉清文指要》上23b4)

(97) dule emu butu hvlha jortai hutu ara-fi, niyalma
原来 一 晦暗 贼 特意 鬼 做-顺 人
be gele-bu-mbi ni-kai.
宾 害怕-使-现 呢-啊

却原来是一个窃贼装作鬼，来吓人来了的呀。(《续编兼汉清文指要》上23b2-3)

这三个用例的满汉对译又属三种不同的情况：

第一种情况：句中既有方向态词缀又有趋向动词。例(95)即属这种情况。该例满语 qohome age be tuwanjime jihe 是一个多动词句，并列副动词 tuwanjime 与主动词 jihe 共同作句子的谓语，这两个动词有些特殊之处——主动词 jihe 是一个趋向动词，而前面的并列副动词又带有方向态词缀 -nji-。对应的汉语译文为"来瞧阿哥来了"，出现了两个趋向动词"来"，可以说这种情况是直译满语方向态词缀 -nji- 和趋向动词 jihe 的结果。"来瞧阿哥来了"表示的是施动者先发出位移动作"来"，目的是进一步实施"瞧"的行为。鉴于四种满汉合璧文献中同样是先发生位移后实施目的行为的连动结构"来 VP"和"VP 来"均有出现，而"来瞧阿哥来了"可拆分为"来瞧阿哥了"或"瞧阿哥来了"两种表达方式,所以我们把满语的直译形式"来瞧阿哥来了"这一"来 VP 来"称为叠加连动构式。

第二种情况:句中有趋向动词但没有方向态词缀。例(96)属于这种情况。该例 be niyaman jafaki seme baime jihe 是一个多动词句,趋向动词 jihe 作主动词,与其前面的副动词共同作句子谓语,与这部分满文相比,其汉语对译"来求作亲来了"明显多了一个位移动词"来"。"来求作亲来了"表示的是施动者先发出位移动作"来"而后实施"求作亲"的行为,所以其内部的结构及语义关系与例(95)没有什么不同。

第三种情况:句中既没有动词方向态词缀也没有趋向动词。例(97)便是这种情况。满语句子中既没有动词方向态词缀也没有趋向动词,可汉语译文"来吓人来了"中出现了两个趋向动词"来"。"来吓人来了"表述的是施动者先发生位移动作"来"是为了施行"吓人"的行为,其内部的结构及语义关系与例(95)(96)相同。

与传统汉语相参照,叠加连动构式"来 VP 来"始见于满汉合璧会话书《清文启蒙》中,它应该是直译满语"动词词干+方向态词缀 -nji+jimbi"的结果,见例(95)。这种直译应该对旗人汉语产生了影响,在满语只是"副动词+jimbi"的形式,见例(96),甚至满语句中没有趋向成分时,见例(97),也译成"来 VP 来"的叠加形式便是证明。

为更加直观地理解以上分析,我们把对四种兼汉满语会话教材中"VP 来/去""来/去 VP"及叠加式"来/去 VP 来/去"与满语对译情况的调查统计列表如下:

表 5-4 四种满汉合璧文献中 VP 来/去和来/去 VP 及叠加式"来/去 VP 来/去"与满语的对应情况表

			来VP	VP来	来VP来	去VP	VP去	去VP去
动词方向态表趋向	na/ne/no	满汉成语对待	–	–	–	2	10	–
		清文启蒙	–	–	–	5	3	–
		清文指要	–	–	–	8	14	–
		续编兼汉清文指要	–	–	–	1	6	–
	ji/nji	满汉成语对待	2	–	–	–	–	–
		清文启蒙	1	1	–	–	–	–
		清文指要	5	2	–	–	–	–
		续编兼汉清文指要	2	2	–	–	–	–
趋向动词表趋向	趋向动词（副动词）+主动词	满汉成语对待	2	–	–	2	–	–
		清文启蒙	3	–	–	4	1	–
		清文指要	3	–	–	2	–	–
		续编兼汉清文指要	–	–	–	4	–	–
	副动词+趋向动词	满汉成语对待	1	–	–	–	2	–
		清文启蒙	–	1	–	2	1	–
		清文指要	4	–	–	1[①]	2	–
		续编兼汉清文指要	–	–	1	–	1	–

---

① 《清文指要》中另有 1 例是动词 jojin "来"译为"去"，"sa-ha bi-qi aiseme gisurembihe ai jojin bi-he-ni. 早知道，无缘无故为什么说来着呢？（下 10a4-5）"［日］竹越孝校注本《新刊清文指要》中该句无 ai jojin bihe，所以该例没统计在内。

续表

			来VP	VP来	来VP来	去VP	VP去	去VP去
动词方向态趋向动词并用	动词方向态+趋向动词	满汉成语对待	–	–	–	–	–	–
		清文启蒙	–	–	1	–	1	–
		清文指要	–	–	–	–	1	–
		续编兼汉清文指要	–	–	–	2	–	–
	趋向动词+动词方向态	满汉成语对待	–	–	–	–	–	–
		清文启蒙	–	–	–	1	–	–
		清文指要	–	–	–	–	–	–
		续编兼汉清文指要	–	–	–	–	–	–
不含趋向成分		满汉成语对待	–	–	–	16	6	–
		清文启蒙	–	–	–	2	2	–
		清文指要	–	–	–	3	–	–
		续编兼汉清文指要	2	–	1	5	6	–

综合以上对四种满汉合璧文献中连动式"VP 来/去""来/去 VP"及叠加连动构式"来/去 VP 来/去"与满语的对译情况分析，可以看出清代满语趋向的表达对旗人汉语连动式"VP 来/去""来/去 VP"及叠加连动构式"来/去 VP 来/去"的语法干扰。这种干扰的结果在旗人话和北京话甚至是现代汉语中的发展情况又如何呢？下文将对清代以来的文献进行调查和分析。

四、有清以来汉语"来/去"和VP的连动构式的使用情况

(一) 文献调查

为进一步探寻清代满汉合璧会话书中满语对旗人汉语连动式"VP 来/去"和"来/去 VP"及叠加连动构式"来/去 VP 来/去"干扰的后续发展情况,我们一方面依据表 5-5 整理出了表 5-6;另一方面,我们对清代不同时期不同方言背景的汉语文献也进行了调查统计,见表 5-7。

表 5-5 四种满汉合璧文献连动式"来/去 VP""VP 来/去"及叠加连动构式"来/去 VP 来/去"的频率分布[①]

	VP来	来VP	二者数量比	VP去	去VP	二者数量比	来VP来	去VP去
满汉成语对待	–	5	0∶5	18	20	1∶1.11	–	–
清文启蒙	2	4	1∶2	8	14	1∶1.75	1	–
清文指要	2	12	1∶6	17	14	1∶0.82	–	–
续编兼汉清文指要	2	4	1∶2	13	12	1∶0.92	2	–
合计	6	25	1∶4.17	56	60	1∶1.07	3	–

---

① 表 5-5、表 5-6 中"二者数量比"分别指"VP 来/来 VP""VP 去/去 VP"。

表 5-6　清代汉语文献连动式"来/去 VP""VP 来/去"及叠加连动构式"来/去 VP 来/去"的频率分布

	VP来	来VP	二者数量比	VP去	去VP	二者数量比	来VP来	去VP去
醒世姻缘传	—	595	0:595	217	651	1:3	—	6
歧路灯	—	401	0:401	187	294	1:1.90	—	61
儒林外史	—	600	0:600	91	485	1:5.33	—	3
红楼梦①	12	649	1:54.08	544	599	1:1.10	12	21
儿女英雄传	21	226	1:10.76	254	366	1:1.45	7	13
官场现形记	—	730	0:730	44	984	1:22.36	—	9
小额	21	10	1:0.48	96	—	96:0	4	10②
损公作品	23	187	1:8.13	255	64	1:0.26	1	2
白话聊斋·胭脂	—	10	0:10	10	34	1:3.4	—	—
北京	2	65	1:32.50	69	171	1:2.48	2	7
杂碎录	5	67	1:13.4	73	81	1:1.11	3	2
陈七奶奶	—	84	0:84	85	118	1:1.39	—	39

基于表 5-5、5-6 所调查的文献及数据，进一步衍生出表 5-7。

---

① 《红楼梦》调查的是前八十回。
② 其中 1 例为"去 VP 克","克"即"去"。见例（112）。

表 5-7 清代文献连动式"来/去 VP""VP 来/去"及叠加连动构式"来/去 VP 来/去"的调查汇总表

	VP来	来VP	二者数量比	VP去	去VP	二者数量比	来VP来	去VP去
四种满汉合璧文献	6	25	1∶4.17	56	60	1∶1.07	3	–
旗人作家作品	84	1298	1∶15.45	1386	1433	1∶1.03	29	94
非旗人作家作品	–	2326	0∶2326	539	2414	1∶4.48	–	79

(二)数据分析

由以上数据我们可以作出如下推论：

1. 干扰特征的表现

满语对旗人汉语及北京话的干扰不仅表现在某种现象的出现或消失，我们称之为显性干扰，而且还表现在传统汉语中旧有现象使用频率的变化，我们称之为隐性干扰。上面表格显示出了这两个方面的干扰。

1.1 显性干扰

四个表的数据彰显出连动式"VP 来"和叠加连动构式"来 VP 来"是因满语"副动词+jimbi"和"动词词干 + -nji-/-ji-+ 副动词词缀 + jimbi"语素及词语语序的干扰而产生的新形式。

1.2 隐性干扰

"VP 去"虽然是清代以前汉语中就已经出现的存在目的语义关系的连动结构，但是四种兼汉满语会话教材中"VP 去"和"去 VP"

的数量比约是清代非旗人作家作品中二者比率的 4 倍。旗人汉语中"VP 去"这种不同寻常的高频使用是受满语"动词词干 + 方向态词缀 -na-/-ne-/-no-"的语素顺序及"副动词 +genembi"的语序的干扰而造成的，而且这种影响一直保持在清代旗人话和北京话当中。

2. 干扰特征的保留

清代旗人汉语因满语"副动词 +jimbi"和"动词词干 + -nji-/-ji- + 副动词词缀 + jimbi"语素及词语语序的干扰而产生的连动式"VP 来"和叠加连动构式"来 VP 来"，只出现在旗人作家作品中，非旗人作家作品中并没有出现这两种形式，这说明清代旗人汉语因满语影响而产生的新形式保留在了清代旗人话和北京话中，但并没有扩展到其他方言地域。如：

（98）我那日起的早，还没出房门，只听外头柴草响。我想着必定是有人偷柴草来了。我爬着窗户眼儿一瞧，却不是我们村庄上的人。(《红楼梦》39 回)

（99）安公子这才明白："他敢是救我来了。——但是我在店里碰见了一个女子，害得我到这步田地；怎的此地又遇见一个女子？好不作怪！"(《儿女英雄传》6 回)

（100）上岁数儿的问那个年轻的，说："大奶奶，怎么你关钱粮来啦？"(《小额》)

（101）无闷说："你住的那里，我是不便去。早晚你找我来，咱们可以长谈。"(《损公作品·董新心》)

（102）张老太太因为昨夜间，刘生送姑娘回家，今天可巧就有媒人给刘生提亲来，心里很照影子。(《杂碎录》)

（103）将转过了一重山坡，见两三个婆子慌慌张张的走来，见了凤姐

儿,笑说道:"我们奶奶见二奶奶只是不来,急的了不得,叫奴才们又来请奶奶来了。"(《红楼梦》11回)

(104)老爷只得随口说:"等我回去,大约他就该来看你来了。"(《儿女英雄传》39回)

(105)正这儿说呢,就瞧老张起外头进来,给赵华臣请了个安,说:"我们少奶奶来给您请安来啦。"(《小额》)

(106)何老抬头一看,见是县内的车夫,必是范夫人来看义女来了。(《杂碎录》)

根据句子语境判断,例(98)中"偷柴草来了"是一个连动结构,表示同一施动者先发生位移动作"来",然后执行目的行为"偷柴草"。例(99)—(102)也都是先发生位移的存在目的语义关系的连动结构。例(103),上下文显示,"来请奶奶来"中尽管有两个位移动词"来",但描述的是同一施动者发生的同一个位移动作,目的是为了实现后续动作"请",所以该例是一个叠加连动构式"来VP来"。例(104)—(106)也是如此。

非但"VP来"和"来VP来"在清代旗人作家作品中普遍存在,就连《满汉成语对待》等四种合璧文献中没有见到的叠加连动构式"去VP去"在这些旗人作品中也非常常见。如:

(107)说着,一阵心酸,叫凤姐儿说道:"你们娘儿两个好了一场,明日大初一,过了明日,你后日再去看一看他去。"(《红楼梦》11回)

(108)那老婆儿道:"哎,这大半日,谁见个黄汤辣水来咧? 就是这早晚那去买个馍馍饼子去呢?"(《儿女英雄传》9回)

(109)这时邹科长说:"请先生在此候一候,我去请社会教育科科长去。"(《北京》)

（110）尤二刁说："此计甚妙。谁去约他去呢？"（《损公作品·小蝎子》）

（111）陈七奶奶便唤跑厅的说："你去接小林去，就说三爷来了，叫他快来，越快越好！"（《陈七奶奶》）

（112）善二爷要出去，大爷说："不用，我去瞧瞧克得啦。"（《小额》）

例（107）中"去看一看他去"表述的是同一施动者先施行"去"的位移动作，目的是进一步实现"看一看他"的行为，所以这是一个存在目的语义关系的叠加式连动结构"去VP去"。例（108）—（111）与此相同。例（112）中"去瞧瞧克"，"克"即"去"，江蓝生（2000：346—366）认为"克"是满族旗人的特殊读音，并指出在《燕京妇语》和《小额》中未见"克"作第一动词的例子，因此本例中的"去"和"克"是旗人对同一动词不同读音的记录。根据语境来看，"去瞧瞧克"表述的是同一施动者先发生位移动作"去"进而实施目的行为"瞧瞧"，所以虽然旗人把"去"读作"克"，但实际上"去瞧瞧克"仍是"去VP去"这一连动叠加式。

清代旗人作家作品中"VP来""来VP来"的使用说明早期因满语干扰而产生的新形式一直保留在了旗人群体当中；"去VP去"的大量使用，尤其是《小额》中没有出现"去VP"而有大量的"VP去"和"去VP去"，这说明清中期以来旗人由满汉双语逐渐过渡到汉语单语的过程中已完全熟练地掌握了汉语，并进而形成了带有满语底层的特殊的北京方言。

3. 干扰特征的发展

由于汉语中原本就有"VP去"和"去VP"，而且现代汉语中这两种词序的连动结构都有大量使用，即便二者比率有起伏变化，但也没有从根本上改变传统汉语中二者一贯是"去VP"多于"VP去"

的状况，所以对其在现代汉语中实际使用的比率就不再进行统计分析。下面我们着重调查的是满语趋向表达对汉语的显性干扰特征连动构式"VP 来"和叠加连动构式"来 VP 来"是只存现于北京话中还是使用范围有所扩展呢？因此我们对现代汉语文献《白鹿原》《平凡的世界》《长夜》《青春万岁》《四世同堂》等进行了调查，见表5-8：

表 5-8 现当代文学作品连动式"VP 来"和叠加连动构式"来 VP 来"的调查统计表

	VP 来	来 VP 来
白鹿原	2	—
平凡的世界	6	—
长夜	—	—
青春万岁	1	—
四世同堂	10	—

表 5-8 反映出连动式"VP 来"不仅见于老舍、王蒙等北京作家作品中，还见于陕西作家陈忠实、路遥的作品中，这些作品主要是以普通话写成，但也带有方言色彩，所以连动式"VP 来"在这些作品中的出现至少说明这一受满语影响而产生的形式由旗人汉语扎根在了北京话当中并由北京话又进入到现代汉语普通话当中。叠加连动构式"来 VP 来"虽然在调查的这几部文献中都没有见到用例，但在山东、河南等地的日常口语中"VP 来"与"来 VP 来"都有使用。举例如下：

（113）我从早到晚坐在院子里等着人家来绑我，大门都不上关子。你刚才进来，我还以为孝文领着团丁绑我来了呢！(《白鹿原》32章)

（114）淑芳马上对大哥和嫂子说："三锤作文太差，少平很关心他，专门到咱家给他辅导来了！"(《平凡的世界》)

（115）正在这个时候，院中出了声，一个尖锐而无聊的声："道喜来喽！道喜来喽！""瑞丰！"晓荷稍有点惊异的，低声的说。(《四世同堂》)

（116）杨蔷云告诉郑波，"知道么？李春主动地征求我的意见来了。"(《青春万岁》)

（117）——有人吗？要饭来啦。(邻居之间开玩笑) ——有人，有人。(山东、河南)

（118）——你来干啥来啦？——没事，来玩会。(山东、河南)

例（113）中语境显示"绑我来"是说明施动者先施行"来"这一位移动作进而实施"绑我"的行为，二者之间存有目的语义关系。例（114）—（117）中的"VP来"也是内部具有目的语义关系的连动式。例（118）中"来VP来"也是表示行为者先发生位移"来"目的是实施"干啥"的行为，因此这是内部具有目的语义关系的叠加连动构式。

第三节 满语与汉语副词"再""别"的线性序列

一、引言

"别"是明代产生的北方汉语中重要的表禁止的否定副词（杨永

龙，2017），学界对其来源和产生途径有诸多看法，其中影响较大、论证较为充分的有两种：

1. 合音说，认为止别副词"别"为"不要"的合音，主要代表有吕叔湘（2002：308）、高名凯（1948：646）、江蓝生（1991）、冯春田和王群（2006）。江蓝生（1991）描述由"不要"到"别"的音变路径为：

$$pu + i\varepsilon u \longrightarrow p_ui\varepsilon u \longrightarrow pi\varepsilon u \begin{matrix} \nearrow pi\varepsilon（别） \\ （要） \\ \searrow pi\varepsilon+i\varepsilon u（别要） \end{matrix}$$
（不）（要）

冯春田、王群与江蓝生的音变分析相一致：认为"别"是"不要"的不完全合音形式，"别要"则是前一音节混合形成后受旧形式"不要"的影响而形成的新旧混合形式。

2. 词音变化与构式省缩说，以杨永龙（2017）为代表，认为止别副词"别"的形成路径是：

$$pu + i\varepsilon u \longrightarrow pu\ i\varepsilon u \longrightarrow pi\varepsilon\ i\varepsilon u \longrightarrow pi\varepsilon$$
不　要（词汇化）不要　（变音）　别　要　（省缩）　别

这一路径主要分三个步骤：首先，"不"与"要"连用并词汇化成表禁止的"不要"；其次，在语流中"不"变音为"别"，"不要"变读为"别要"；再次，典型构式"别要"进一步省去"要"从而出现止别词"别"。

杨永龙关于止别副词"别"的演化路径的论述更好地解释了江蓝生等合音说不协问题，也解释了早期文献如《金瓶梅词话》"别要"与"别"频次分别为39与4的悬殊差距[①]。

[①] 《金瓶梅词话》中"别要"与"别"的频次为笔者统计。

近代汉语早期已有累加副词"再"与否定副词"不"等连文使用现象[1]，止别副词"别要""别"产生之后，也迎来了与累加副词"再"连文使用及线性序列问题。下面拟就累加副词"再"与否定副词连文序列及明清以来"再"与"别要""别"的连文情况加以讨论。

二、近代以来汉语累加副词"再"与否定副词"不""休"的序列

为更好地观察和描述累加副词"再"与止别副词"别要""别"的连文情况，我们先对近代及现代汉语时期累加副词"再"与否定副词"不""休"连文情况进行了调查，结果见下表：

表5-9　近现代汉语中累加副词"再"与否定副词"不""休"连文调查表[2]

	再不	不再	再休	休再
敦煌变文集新书	—	3	—	—
朱子语类	2	15	—	—
元刊杂剧三十种	11	—	7	—
古本老乞大	1	—	—	—
水浒全传	17	4	1	—
西游记	61	4	7	—
金瓶梅词话	15	1	—	2

---

[1] 累加副词：指可以修饰 VP，也可以修饰 AP 和 NumP，不能修饰 S，语义上表示动作行为、性质状态或事物数量的累加的副词。见杨荣祥:《近代汉语副词研究》，商务印书馆，2005 年，第 64 页。

[2] 本表中"再"与"不要""不必""休要"连文的用例没统计在内。

续表

	再不	不再	再休	休再
型世言	36	1	1	—
醒世姻缘传	92	5	8	1
歧路灯	101	25	8	3
儒林外史	15	2	—	—
红楼梦	114	7	4	—
儿女英雄传	57	10	4	—
官场现形记	36	18	—	—
杂碎录	15	2	—	—
四世同堂	12	211	—	—
长夜	3	33	—	—
暴风骤雨	11	18	—	—
红旗谱	10	32	—	—
红高粱	4	4	—	—
平凡的世界	72	121	—	—

表5-9说明：1）自晚唐五代以来累加副词"再"与否定副词"不"的连文现象非常普遍。2）清代中期以后随着否定副词"休"的使用日渐减少，累加副词"再"与其连文的现象也逐渐消失。3）不同文献中累加副词"再"与否定副词"不""休"的不同序列频次虽有不同，但整体反映出两个相反的倾向：唐五代至清末民初，累加副词"再"更倾向于在否定副词"不""休"的前面；民国中期以来，累加副词"再"更倾向于在否定副词"不"的后面。累加副词"再"与否定副词的序列不同意味着各自的辖域大小不同，位次在前

的副词辖域大于位次在后的副词辖域。

三、累加副词"再"与止别副词"别要""别"的线性序列

(一) 累加副词"再"与止别副词"别要""别"线性序列历史考察

根据对元明清以来的文献语料调查，明中后期的《金瓶梅词话》中虽有大量的止别副词"别要"和少量的止别副词"别"出现，但还没有出现这两个副词形式与累加副词"再"的连文现象，明末清初的《醒世姻缘传》中则出现了一些用例，这表明至迟在明末清初累加副词"再"与止别副词"别要""别"已开始连文使用。那么明清以来它们的线性序列是怎样的呢？基于此，我们把对明清至现当代的文献调查结果绘制成如下表格：

表 5-10 明清以来"再别要""别再要""再别""别再"的文献分布

		再别要	别再要	再别	别再
明清时期文献	水浒全传	−	−	−	−
	西游记	−	−	−	−
	型世言	−	−	−	−
	金瓶梅词话	−	−	−	−
	醒世姻缘传	5	−	2	8
	歧路灯	−	−	−	−
	红楼梦	1	−	10	−
	儿女英雄传	−	−	1	−
	儒林外史	−	−	−	−
	官场现形记	−	−	−	−

续表

		再别要	别再要	再别	别再
清末民国京旗作家作品	北京	—	—	—	—
	白话聊斋·胭脂	—	—	—	—
	陈七奶奶	—	—	—	—
	小额	—	—	—	—
	损公作品	—	—	—	—
	杂碎录	—	—	1	—
	老张的哲学①	—	—	—	—
	二马	—	—	—	—
	小坡的生日	—	—	—	2
	猫城记	—	—	—	—
	骆驼祥子	—	—	—	—
	四世同堂	—	—	—	19
现当代作家作品	长夜	—	—	—	8
	倾城之恋	—	—	—	—
	小二黑结婚②	—	—	—	—
	三里湾	—	—	—	—
	李有才板话	—	—	—	—
	暴风骤雨	—	—	—	3

① 《老张的哲学》《二马》《小坡的生日》《猫城记》《骆驼祥子》《四世同堂》均据《老舍全集》。
② 《小二黑结婚》《三里湾》《李有才板话》均据《赵树理全集》。

续表

		再别要	别再要	再别	别再
现当代作家作品	上海屋檐下	-	-	-	2
	红旗谱	-	-	-	1
	红高粱	-	-	-	1
	白银时代	-	-	-	1
	平凡的世界	-	-	-	4

表 5-10 反映出：

1）前文说过，在《金瓶梅词话》中有大量的止别副词"别要"和少数的止别副词"别"，但从表 5-10 来看，《金瓶梅词话》中还未出现二者与累加副词"再"的连文用例。

2）清初《醒世姻缘传》出现了连文现象：A."别要"与"再"连文只有一种序列——"再别要"，没有出现"别要再"，直至现代汉语中也没有出现"别要再"的连文形式。B."别"与"再"连文，既出现了"再别"的序列，又出现了"别再"的序列。由"别要"和"别"产生的先后顺序推测，"再"与"别要"的连文可能要早于与"别"的连文，因此"再别"序列可能受"再别要"序列的影响，而"别再"则是新出现的序列形式，而且《醒世姻缘传》中"别再"序列出现的频次已多于"再别要"和"再别"之和。据此，我们是否可以推测在汉语实际使用中已显示出禁止词"别"更倾向于位于累加副词"再"之前的发展趋势。

3）清中期的《红楼梦》中出现 1 例"再别要"，清中期以来的文献中"再别要"不复存在，这可能与"别要"逐步由"别"取代有关。

4）自清中期至民初的文献作品中，只在京旗作家作品中见到"再别"序列用例，没有见到"别再"序列的用例，这与清初《醒世姻缘传》反映的情况并不完全一致。

5）民国中后期以来"再别"序列不再出现，有的只是"别再"序列。

除却"再别要"序列，只就"再"与"别"的序列而言，根据表5-10清初至现代二者序列变化的路径可描述为：(再别)→再别/别再→再别→别再，这一路径表层形式上反映了"再"与"别"序列的一个反复。细究之，发现清中期至民初"再别"序列出现的文献有其共性，即全部为京旗作家作品，而民国中期以来"别再"出现的文献既有京旗作家的作品，也有其他地域作家的作品。因此，表5-10反映的实际问题应该是为什么清初已出现的倾向性序列组合"别再"在清代至民国初年的京旗作家作品中不见踪迹，而到民国中期以来又成了"别再"一统天下。

（二）清代至民国初年京旗作家作品有"再别"而无"别再"的成因探究

清代满汉语言的密切接触让我们想到清中期至民初旗人作品中累加副词"再"与止别副词"别"的线性序列是否也是受满语影响的结果呢？我们在清代满汉合璧会话教材中检索到这样一些例子：

(1) jai　ume,　hvi　bi-kini,　elei　neqi-qi　huwekiye-mbi.
　　 再　 别　 任凭　 有-祈　 越发　 招惹-条　 兴奋-现
　　 再别，由他去，招一招儿逗头上脸的。(《满汉成语对待》二 12a6)

第五章 满语对清代旗人汉语语序和句式结构的干扰 | 553

（2）sumusu　　ulebu,　uyan　danggi　o-kini,　yali　<u>jai　ume</u>,
　　　米汤　　　款待．祈　稀粥　至少　成为-祈　肉　再　不要
　　　busubu-ha　manggi①．
　　　重复-完　　之后
　　　一个跟着一个的希粥给他,肉食再别重落了。(《满汉成语对待》三14a4)

（3）si　uthai　aqa-ra　be　tuwa-me　yabu,　<u>jai　ume</u>　daqila-ra.
　　　你　就　适应-未　宾　看-并　施行．祈　再　不要　询问-未
　　　你就酌量着行,再别讨示下。(《清文启蒙》22b1)

（4）ereqi　amasi,　<u>jai　ume</u>　uttu②　o-joro.
　　　这．从　以后　再　不要　这样　成为-未
　　　自今以后,再别这样。(《清文启蒙》57a3)

（5）ere-be　tuwa-qi,　iletu　mimbe　sini　bou-de　jai　jai
　　　这个-宾　看-条　明明　我．宾　你．属　家-与　再　再
　　　<u>ume</u>　gene-re　se-re-ngge　kai.
　　　不要　去-未　助-未-名　啊
　　　看起这个来,竟是明明的叫我再别往你家去了啊。(《清文指要》中18a6-7)

---

① 例（1）,[日]竹越孝、陈晓校注本《满汉成语对待》第441页注:"hai,意不详,或为汉语借音"。例（2）,[日]竹越孝、陈晓校注本《满汉成语对待》第578页注:"hai,意不详,或为jai（再）之误。"[日]寺村政男校注本《满汉成语对待》第386、437页也均作 hai。笔者参照《清文启蒙》《清文指要》及其满汉对勘,径直把两例中的 hai 改为 jai。
② 该例依据的是注音本和刘东山本。ume uttu ojoro [日]竹越孝、陈晓校注本作 uttu ume。

jai 是满语中表累加的副词，意为"再"；ume 是满语中表止别的副词，意为"不必/不要/别/勿"。由例（1）—（5）可以看出 jai 和 ume 两个副词在满语中连文使用的线性序列为 jai ume，对应汉语句中的"再别"可以说是 jai ume 的直译。

表 5–11　清代满汉合璧会话书中"再"与"别要""别"的线性分布

满语词 \ 对译词 \ 文献		再别要	别要再	再别	别再
jai ume	满汉成语对待	–	–	2	–
	清文启蒙	–	–	2	–
	清文指要	–	–	1	–
	续编兼汉清文指要	–	–	–	–

汉语中"再""别"本就出现了"再别"序列组合，加之满语 jai ume 的线性序列，可以说合璧文献反映的旗人汉语中"再""别"序列均为"再别"既符合汉语原有次序的表达，同时也不乏满语的影响。清中后期至民初旗人作家作品中只有"再别"而无"别再"的序列组合现象更加说明满语 jai ume 的线性序列对旗人汉语和北京话"再""别"二副词的序列有影响，而且这一影响至少持续到民初。民国中期以后"再别"不见而"别再"独存则说明清末以来随着满语影响的减弱，汉语中"再""别"的序列完成了由最初的"再别""别再"共现到"别再"一统天下的转变。这比表 5–9 反映的民国中期以来累加副词"再"更倾向于用在否定副词"不"的后面的情况更早地完成了单一序列定位。

第四节　满语与旗人汉语使役句

一、引言

使役的语义概念在汉语和满语中都有特定的表现形式：

汉语使役句是句中第一个动词为"使""教""让""令"等表示"使役"意义的兼语句，句子结构一般为"主语+使役动词+兼语+VP（AP）"，表示使事"主语"使受使"兼语"发出某种动作行为或呈现某种状态，也就是说，汉语使役语义的表达是通过这一结构式实现的，而兼语在这一结构式中起着至关重要的关联作用，所以兼语通常不能省略，即使省略一般根据上下文也可以补出。

满语使役态由动词词干+bu/mbu-构成，使役态动词可以带宾语——主语使役的对象或直接行为对象，前者我们称之为受使宾语，受使宾语是使役态动词所表动作行为的实际执行者，后者我们称之为直接宾语。使役态动词的宾语可以出现，出现时通常由格助词 be 标识，也可以不出现，不论其出现与否都不影响满语使役概念的表达。

除了使役态之外，满语祈使式尤其是第二、第三人称祈使式表示希望别人或命令别人怎么作，这与使役的语义是相通的。祈使动词可以不带宾语，也可以带受祈使的宾语。受祈使宾语既是承接命令、祈愿的人或事物，又是动作行为的实际执行者，我们称之为受祈宾语。

调查显示,清代满汉合璧会话书中旗人汉语使役句主要对译满语使役态、祈使式,除此之外,还对译满语被动态及其他语句。这些对译中汉语使役句兼语的隐现与满语句受使宾语、受祈宾语等的出现与否有密切关系。

二、汉语使役句的使用情况

前文说过由于兼语在汉语使役结构中的关联作用,兼语一般不能省略,但有时也可以不出现。如:

(1)郑伯使许大夫百里奉许叔以居许东偏,曰:"天祸许国,鬼神实不逞于许君,而假手于我寡人。"(《左传·隐公十一年》)

(2)师问园头:"作什摩来?"对曰:"栽菜来。"师曰:"栽则不障,你莫教根生。"(《祖堂集·卷四·药山和尚》,见《近代汉语语法资料汇编·唐五代卷》)

(3)仇虎走进囚犯群,狱警吩咐他们与仇虎上了脚镣,令一个囚犯下来执鞭催促。(《原野》)

(4)这马都卸下行李,松动肚带,取了嚼子,这路傍边撒了,着吃草者,教一个看者,别的都投这人家问去来。(《古本老乞大》)

(5)彼时贾珍带贾蓉来到诸长辈前,让坐轿上马,因而贾赦一辈的各自上了车轿,贾珍一辈的也将要上马。(《红楼梦》15回)

例(1)中"使"为使役动词,许大夫百里既是动词"使"的对象,又是"奉许叔以居许东偏"这一行为事件的执行者,所以许大夫百里是兼语。例(2)(3)使役动词"教""令"后也分别出现了兼语"根""一个囚犯"。例(4)"着"为使役动词,但兼语并没有出现，根据上下文可推知其兼语为"马"。例（5）使役动词"让"后的兼语虽没有出现，但据语境可知是"诸长辈"。

总的说来，汉语使役句兼语通常是不缺省的，据孙品健（2020：122—134）统计《红楼梦》（前80回）有缺省兼语的使役句88例，仅占使役句总量的17.6%；《儒林外史》有缺省兼语的使役句73例，仅占全书使役句总量的15.5%。即使汉语使役句兼语缺省了，通常也可根据上下文补出来。

三、合璧文献中汉语使役句与满语句的对译

（一）满语词缀 -bu/mbu 的性能

词缀 -bu/-mbu 为满语动词的构词成分和构形成分，满语动词词干加上 -bu 或 -mbu 后含有显性或隐性的致使意或被动意。-bu "與字也，用于句中，是使之如此也，又被人如此也。上文有 be 字，作使字用；上文有 de 字，作被字用。如令人行某事 yabubumbi（行わせる），令人作某事 arabumbi（作らせる），令人喜 urgunjebumbi（喜ばせる）。"-mbu "用于句中，亦是使之如此之意也。必因上文系 ra、re、ro、ru 而又以 an、en、in 之音叶之，如'拓开'则曰 badarambumbi（広くする），'解慰'曰 surumbumbi（悩みを解く）。"（［清］沈启亮编著，［日］竹越孝校注，2005：11）也就是说，以 -n 结尾的词，附加 -bu 时，在语流中舌尖鼻辅音 n 受双唇辅音 b 的逆同化作用变成了 m，从而出现了 -mbu，如前举 badarambumbi，它是名词 badaran 附加 -bu 时，末尾的 n 被逆同化为 m，于是出现了 badara-mbu-mbi "使开广/发展"（陆晨，2018：16）。-bu、-mbu 作

为构词成分的功能不在本节讨论之列,本节重点讨论的是满语"动词词干+bu/mbu-"构成的使役态、被动态对旗人汉语使役句的影响。

(二)合璧文献中汉语使役句与满语句的对译

四种兼汉满语会话教材中对译为汉语使役句的满语句子可分为四类[①]:"动词词干+bu/mbu-"构成的被动态;"动词词干+-bu/mbu-"构成的使役态;V-祈使式;其他。各大类中又有各种不同情况,下面将分别举例说明。

1. 满语被动态"与事+de+V-bu/mbu-"对译成汉语使役结构"使兼VP"

(6) age   gosi-qi,   xada-mbi seme   aina-ra,   xolo
    阿哥   疼爱-条   疲倦-现   虽然   如何做-未   空闲
    xolo de   udu   meyen   manju   gisun   banjibu-fi, minde
    空闲 位   几个   段落   满   语   编集-顺   我.与
    <u>hvla-bu-reu</u>, deu   bi   baha-fi   hvwaxa-qi, gemu   age
    读-被-祈   弟弟 我   能够-顺   成长-条   全都   阿哥
    -i   kesi   kai.
    属   恩惠   啊

阿哥疼爱我就是乏些儿也罢,得空儿求编几条清话,<u>教我念念</u>,兄弟若能出息,都是阿哥的恩惠啊。(《清文指要》中 1b4-6)

---

① 为方便叙述,本节汉语使役句带兼语的一律用"使兼VP"表示,不带兼语的用"使VP"表示。

(7) ere　　gese　　xengge　　niyalma　　bi-kai,　　atanggi　　bi-qibe
　　这　　样子　　神圣　　　人　　　有－啊　什么时候　有－让

muse　　ahvn　　de　　<u>inde</u>　　inu　　tuwa-bu-na-ki.
咱们　　兄　　弟　　他.与　　也　　看－被－去－祈

既有这样的神人，多咱咱们弟兄们也去叫他瞧<u>瞧</u>。(《续编兼汉清文指要》上 10a3-5)

(8) te　　tuwa-qi,　　fuhali　　<u>niyalma　　de</u>　　ele-bu-ra-kv,
　　现在　看－条　　完全　　　人　　与　　满意－被－未－否

albatu　　ten　　de　　isina-ha-bi.
粗俗　　极端　　与　　达到－完－现

近来，一点叫<u>人</u>看不<u>上</u>，村粗的至极了。(《续编兼汉清文指要》上 11a3-4)

根据上下文语境来看，例（6）的汉语对译句中"教"应该是表示使役义的动词，"我"既是"教"的受事，又是"念念"的施事，所以"我"为兼语，即"教我念念"为使役句兼语结构；其对应的满语句动词词干 hvla- 后加了既可表被动又可表使役的词缀 -bu，根据其前与格标志 de 来判断，hvla-bu- 表示被动，与事 minde 是被动态动词 hvla-bu-reu 所表动作行为的实际执行者，被动做某事，也即语境所蕴含的使因因素使与事做某事，所以译者灵活地把该句对译成带有兼语的使役句"使兼 VP"。例（7）和例（8）也是如此。

2. 满语使役态 V-bu/mbu - 句子对译成汉语使役句

2.1 满语使役态"O_{受使宾语}+be+V-bu/mbu-"对译成汉语使役结构"使兼 VP"

满语使役态"O_{受使宾语}+be+V-bu/mbu-"句子中，O_{受使宾语}既是主

语使役的对象,也是使役态动词 V-bu/mbu- 所表动作行为的实际发出者,相当于汉语的兼语,但 be 是宾格标记,因此我们不称之为兼语而称之为受使宾语。

(9) terebe onggolo doigomxo-bu-fi, baita-i amargi be
 他.宾 之前 预先–使–顺 事情–属 后面 宾
 toso-bu-mbi.
 防范–使–现
 叫他预先里打算下,预备事后。(《满汉成语对待》三 15a7)

(10) ainqi wesihun bou-i niyalma jabdu-ra-kv aise,
 想必 尊贵 家–属 人 得闲–未–否 或是
 simbe geli jobo-bu-me benji-bu-re anggala, bi
 你.宾 又 劳烦–使–并 拿来–使–未 与其 我
 qohome meni ajige haha jui be gana-bu-ha.
 特意 我们.属 小 男 孩子 宾 取去–使–完
 想是贵价不得闲空,与其又劳你送来,我已特令我们小厮去取。
 (《清文启蒙》33b4-6)

(11) age-sa boigoji be ume gvnin jobo-bu-re, muse
 阿哥–复 主人 宾 不要 心思 烦恼–使–未 咱们
 ahvn bodo-me ikiri te-qe-fi je-ki.
 年长 计算–并 顺序 坐–齐–顺 吃–祈
 阿哥们别叫主人家劳神,咱们序齿一溜儿坐着吃。(《清文指要》下 4b3-4)

(12) akda-ra-kv oqi, qihai gvwa ba-de gene-fi, enqu
 相信–未–否 若是 随意 其他 地方–与 去–顺 另外

niyalma be yandu-kini, we imbe ili-bu-ha-bi.
人　　　宾　委托－祈　谁　他.宾　　站－使－完－现

要是不信，任意别处，求人去罢，谁叫他等着来呢。(《续编兼汉清文指要》上 22a5-7)

例（9）满语使役态句子 terebe onggolo doigomxo-bu-fi 对译成汉语使役结构"叫他预先打算下"，满语的受使宾语 terebe 对译成了汉语使役句中的兼语"他"。例（10）—（12）也是如此。据统计，凡是满语使役态"O$_{受使宾语}$+be+V-bu/mbu-"对译成汉语使役结构的，结构中兼语均不省略。

2.2　满语使役态"V-bu/mbu-"对译成汉语使役结构"使兼 VP"

这类满汉对译的特点是满语使役态句子中并没有出现受使宾语，而汉语译文中出现了使动兼语。在调查的四种文献中，这种对译情况只出现在《满汉成语对待》中，且高达 34 处之多。

(13) baha-qi gemu inde aqabu-me, urgunje-bu-ki se-mbi.
　　 得到－条　都　他.与　相合－并　喜悦－使－祈　助－现

人扒不得给他凑个趣儿，着他喜欢。(《满汉成语对待》二 24a4-5)

(14) emgeri galgi-bu-me gaisila-bu-fi ufuhu niyaman de
　　 一次　匹敌－被－并　牵制－被－顺　肺　心　与

hada-ha-bi, furgoxo-me mari-bu-ki se-qi, enduri
钉进－完－现　调转－并　返回－使－祈　助－条　神仙

hvsun o-qi o-joro dabala.
力量　成为－条　可以－未　罢了

一遭心偏在那上头牵扯的入了心肝肺腑了，要教他回转念头，除非得个神仙的力量能勾就能勾了。(《满汉成语对待》三 23a5-7)

(15) fuju-ra-kv,　　weihukele-bu-mbi.
　　　讲究－未－否　　轻慢－使－现
　　　没正经，叫人轻慢。(《满汉成语对待》三 16b6)

(16) hexu　haxu　banin　emgeri　tuttu　tokto-ho,　si　adarame
　　　小里　小气　性格　一次　那样　固定－完　你　怎么
　　　gvnin　baha-bu-me　hala-bu-mbi.
　　　心　　得到－使－并　更换－使－现
　　　毛毛草草的一遭生就的骨头长就的肉，你叫他怎么得心改了呢。
　　　(《满汉成语对待》二 30a1-2)

(17) ali-me　　gai-ra-kv　　oqi,　lakdahvn　-i　farxa-fi
　　　接受－并　取－未－否　若是　下垂　　工　拼命－顺
　　　elhe　　baha-bu-ra-kv.
　　　平安　　得到－使－未－否
　　　要是不应承，死咕搭的缠着叫你不受用。(《满汉成语对待》一 34a5)

(18) majige　　henu-bu-ra-kv　　xakxan.
　　　稍微　　说教－使－未－否　刁钻人
　　　一点不教人说牛奔儿。(《满汉成语对待》四 52b2)

(19) dabaxa-bu-ra-kv-ngge.
　　　诮媚－使－未－否－名
　　　不叫人逞脸儿的。(《满汉成语对待》一 20b3)

(20) milara-bu-re-ngge.
　　　张开－使－未－名
　　　叫人闪开的。(《满汉成语对待》二 8a2)

例(13)的满语句子 urgunje-bu-ki sembi 中，-bu 为动词使役

态词缀，-ki sembi 则构成动词祈使式，可是这一动词 urgunje-bu-ki sembi 前既没有出现受使宾语也没有出现受祈宾语①，但对译汉语使役句"着他喜欢"则带了兼语"他"。例（14）与例（13）同。例（15）没有带受使宾语的使役态 weihukele-bu-mbi 对译句"叫人轻慢"中出现了兼语"人"，例（16）（17）仿此。例（18）使役态 henu-bu-ra-kv 作名词 xakxan 的定语，很明显句中没有出现使役态动词的受使宾语，而 henu-bu-ra-kv 的汉语对译部分"不教人说"出现了虚指兼语"人"。例（19）中 dabaxa-bu-ra-kv-ngge 是一个使役态（-bu）未完整体（-ra）否定（-kv）的动名词（-ngge），这类形式在《满汉成语对待》中多以话题小标题的形式出现②，很显然这一使动态动名词没有出现受使宾语，其对应译文"不叫人逗脸儿的"中则出现了所指较为虚泛的兼语"人"。例（20）同此。

2.3 满语使役态"与事+de+V-bu/mbu-"对译成汉语使役结构"使兼VP"

（21）kiyak kik se-re akjan, niyalma de gvnin
巨物断裂声 助-未 雷 人 位 主意

baha-bu-ra-kv.
得到-使-未-否

干擦拉的迅雷，不教人得主意。（《满汉成语对待》四 41a1-2）

（22）sini sanggv be we-de sebjele-bu-ki se-mbi.
你.属 称心 宾 谁-与 欢乐-使-祈 助-现

称愿的事儿可叫谁乐。（《满汉成语对待》三 7a3-4）

---

① 为避免小类过多，这种使役态祈使式的句子我们直接归到了使役态句子类型当中。
② 《满汉成语对待》以不同的话题为谈论内容进行分节，每个话题前面经常以动名词的形式做小标题。

从例（21）可以看出汉语使役结构"不教人得主意"对应的满语 niyalma de gvnin baha-bu-ra-kv 并没有出现受使宾语或受祈宾语，语境语义显示与事 niyalma 是 gvnin baha-bu-ra-kv 所表行为的实际发出者，译者把与事 niyalma 灵活对译成了汉语使役结构中的兼语"人"。例（22）也是如此。

2.4 满语使役态"属格+O_{直接宾语}+V-bu/mbu-"对译成汉语使役结构"使兼VP"

这类用例仅见《清文指要》1例。

（23）eqimari　　qeni　　　bithe　　xejile-bu-qi,　emke,　emke　qi
　　　今天早上　他们．属　书　　　背诵－使－条　一个　　一个　　从

　　　eshun,　　 ek ek　　se-me　 gahvxa-me, deng　　deng
　　　生疏　　　口吃貌　助－并　　张口－并　　咯噔不畅貌

　　　se-me　　ilinja-mbi.
　　　助－并　　止住－现

　　　今日早起教他们皆书①，一个比一个生，哼啊哼的张着嘴，格蹬格蹬的打磕拌。(《清文指要》中 21a3-4)

例（23）从比照来看，汉语使役结构"教他们背书"对译满语 qeni bithe xejile-bu-qi, 动词 xejile- 的直接宾语 bithe 依然对译为直接宾语"书"，而 bithe 的属格定语 qeni, 也即动词 xejile- 这一动作行为的实际发出者，对译成了使役句兼语"他们"。

以上 2.1—2.4 这几种满汉对译情况，尤其是 2.2—2.4，说明旗人当时对汉语使役句一般带兼语的状况非常了解，他们对汉语使役

---

① 皆：[日] 竹越孝校注本《新刊清文指要》作"背"。

句的使用表达已经非常符合汉语的表达习惯。

2.5 满语使役态 "V-bu/mbu-" 对译成汉语使役结构 "使VP"

(24) miusihodo-bu-ra-kv-ngge.
　　 歪曲－使－未－否－名
　　 不叫走邪道儿的。（《满汉成语对待》二13b4）

(25) bi　　qimari　　amba-sa　　de　　ala-fi,　　urunakv　　sini
　　 我　　明天　　大人－复　位　告诉－顺　必然　　你. 属
　　 gebu　be　isibu-ki.　eiqi　dasa-me　simne-bu-re,　eiqi
　　 名字　宾　送－祈　　或是　改－并　　考－使－未　　或是
　　 uthai　baitala-ra　be,　gemu　boljo-qi　o-jora-kv.
　　 就　　使用－未　宾　都　　约定－条　可以－未－否
　　 我明日告诉了大人们，必定送你的名子。或是教从考，或是即用，都定不得。（《清文启蒙》37b3-5）

(26) halhvn　　oqi　　majige　tukiyeqe-bu.
　　 热　　　若是　稍微　　上扬－使. 祈
　　 要热叫扬一扬。（《清文指要》中6a3-4）

(27) sakda　amban　erdemu　daqun　kafur　se-mbi,　yaya　baita
　　 老　　大臣　　才能　　敏捷　　决断貌　助－现　所有　事
　　 isinji-me　jaka,　uthai　giyan　fiyan　-i　iqihiya-bu-mbi.
　　 到来－并　之后　就　　道理　颜色　工　处理－使－现
　　 老大人才情敏捷决断，凡事一到，就教办的有条有理。（《清文指要》下2a1-2）

(28) uttu　hendu-qibe,　eiqi　aina-ra　yargiyan　-i
　　 这样　说－让　　到底　做什么－未　真实　工

tuwa-me buqe-bu-mbi-u？
瞧－并　死－使－现－疑

虽然这样说，或者怎么样呢，眼看着叫死吗？（《续编兼汉清文指要》上 31b2-3）

(29) kesitu aba? nure anju dagila-bu-fi benju se.
磕诗兔　哪里　酒　菜肴　准备－使－顺　来.祈　助.祈

磕诗兔在那里呢？说教收什酒菜送来。（《清文启蒙》44b1-2）

(30) geli dabana-ha-ngge, ama eme be se de
又　超过－完－名　父　母　宾　年龄　与

goqi-mbu-ha, sakda-fi oibo-ko se-me, daixa-hai
抽－被－完　老－顺　悖晦－完　助－并　闹－持

ergele-me bou delhe-bu-he-ngge gemu bi.
威胁－并　家　分割－使－完－名　都　有

甚至于说，父母上年纪，老悖晦了，闹着逼着叫分家的都有。（《清文指要》下 7a5-7）

例（24）中 miusihodo-bu-ra-kv-ngge 是没有带受使宾语的动词词干 miusihodo- 的使役态（-bu）未完整体（-ra）否定（-kv）动名词（-ngge）形式，对译成了无兼语的"使 VP"形式；《满汉成语对待》中另有 21 例用作小结标题的不带受使宾语的使动态动名词，也对译成了无兼语的使役结构"使 VP"。例（25）中使役态动词 simne-bu-re 没有带受使宾语，汉语对译使役结构"教从考"也没有出现兼语。例（26）—（28）同例（25）。例（29）中使役态动词 dagila-bu-fi 带有直接对象宾语 nure anju，但没带受使宾语，汉语译文"教收什酒菜"与满语相对应，也只出现了直接对象宾语"酒菜"，而没有出现受使兼语。例（30）仿此。

综上所述，四种兼汉满语会话教材中，有受使宾语出现的满语使役态 V-bu/mbu- 句子的汉语译文无一例外均出现了兼语；无受使宾语出现的使役态 V-bu/mbu- 句子对译成汉语使役句的情况略显复杂：《清文启蒙》和《续编兼汉清文指要》中各 3 例均对译成无兼语的使役结构，《清文指要》中除 1 例 "属格+O$_{直接宾语}$+V-bu-" 对译成 "使兼 VP" 之外，其余 9 例均对译成无兼语的使役结构；《满汉成语对待》中没有带受使宾语的使动态 V-bu/mbu- 共 68 例，对译成无兼语使役结构的有 22 例。因此，除《满汉成语对待》之外，基本上可以说《清文启蒙》《清文指要》《续编兼汉清文指要》中汉语使役结构是否带兼语与满语使役态动词是否带受使宾语是一致的。换言之，汉语译文的使役结构受到了满语使役态结构的影响。即使是《满汉成语对待》中没有带受使宾语的使役态 V-bu/mbu- 的 68 例中仅有 22 例译成无兼语使役结构，但这 22 例也全部是因为满语使役态句子无受使宾语而出现的兼语缺省，所以《满汉成语对待》中汉语使役结构兼语的缺省也明显是受了满语使役态受使宾语未出现的影响。

3. 满语 V- 祈使式对译成汉语使役句

3.1 满语祈使式 "O$_{受祈宾语}$+be+V-kini" 对译成汉语使役结构 "使兼 VP"

(31) age　　si　　uthai　　qin　　-i　　te,　　ere　　age　　be
　　　阿哥　你　　就　　　正面　工　　坐.祈　这　　阿哥　宾

　　　ada-me　　te-kini.
　　　排列-并　　坐-祈

阿哥你就正坐，教这阿哥挨着坐罢。(《清文启蒙》31a2-3)

(32) ineku   giranggi   yali   ofi,   suwembe   hvwaxa-kini.
     本来   骨   肉   因为   你们.宾   长大-祈
     也因为是骨肉，叫你们出息。(《清文指要》中 21b7-22a1)

(33) niyalma uttu   tuttu   se-me   sinde   jombu-re-ngge,
     人   这样   那样   助-并   你.与   建议-未-名
     ineku   simbe   sain   o-kini.
     同样   你.宾   好   成为-祈
     人家这们那们题驳你的，也是叫你好。(《续编兼汉清文指要》下 29a7-29b1)

-kini 是满语第二、第三人称祈使后缀，用于第二人称多表示祈愿，用于第三人称多表示希望、使令，即令其怎么样。例（31）由满语句子来看这是一个第三人称祈使句，祈使动词 te-kini 的受祈宾语是 ere age，同时 ere age 也是动作 te- 的发出者，汉语对译成带有兼语"这阿哥"的使役结构"教这阿哥挨着坐"。例（32）中满语为第二人称祈使句，第二人称代词复数 suwem 是祈使动词 hvwaxa-kini 的受祈宾语，同时也是 hvwaxa-kini 的执行者，汉语对译成带有兼语"你们"的使役结构"叫你们出息"。例（33）同例（32）。

3.2 满语祈使式"V-kini"对译成汉语使役结构"使兼 VP"
这类例子很少，仅在《满汉成语对待》中检到 1 例。

(34) hvr   se-me   ji-fi   mini   gala   qi   qas
     气冲冲貌 助-并   来-顺   我.属   手   从   突然貌
     se-me   duri-fi   gama-ha,   ai   koro   geri   bi-kini.
     助-并   夺-顺   拿-完   什么   伤害 瘟疫   有-祈

跑了来劈手夺了去，好不教人亏心。(《满汉成语对待》四23a1-2)

例（34）的满语句中并没有出现 bi-kini 的受祈宾语，而汉语对译使役结构"好不叫人亏心"中出现了虚指的兼语"人"。

3.3 满语祈使式"S+V-ki"对译成汉语使役结构"使兼 VP"

这种情况仅在《满汉成语对待》中见到1例。

（35）funqe-he   ujan   dube-de,   be   inu   angga   juwa-ki.
剩下-完   边角   末尾-位   我们   也   嘴   张-祈
剩下的腊角儿，也叫我们张张口儿。(《满汉成语对待》二4a4)

-ki 加于动词词干后，用于第一人称祈使式，表示希望、意欲、打算等。例（35）中 be inu angga juwa-ki 是满语第一人称祈使式，主语 be 是祈使动词 juwaki 所表动作的施事，汉语对译部分"也叫我们张张口儿"把满语第一人称祈使主语 be 对译成了使役句兼语"我们"。

3.4 满语祈使式"O_{受祈宾语}+be+V_{零祈使}+Se-"对译成汉语使役结构"使兼 VP"[①]

这类祈使句由 V_{零祈使}+助词 Se- 构成，动词前带有 O_{受祈宾语}，在汉语句中 O_{受祈宾语}被译成使役结构的兼语。

（36）yamji-tala   tuwaxa-ha   umai   asuki   wei   akv,   niyalma
天黑-至   照顾-完   完全   音信   一点   否   人
be   doboniu   gere-tele   gonggohon   -i   aliya   se-mbi-u?
宾   整夜   天亮-至   无聊   工   等．祈   助-现-疑

---

① V_{零祈使}：即前文所指的零形式祈使式，指单用动词词干，而不添加其他祈使后缀的动词祈使式表示形式。

瞧了一日到晚并没个音信儿，叫人干叉拉的等一夜到天亮么？（《满汉成语对待》三 11b5-6）

(37) sa-qi   uthai   sinde   ala-mbi dere, umai   sar-kv
    知道-条   就   你.与   告诉-现   吧   完全   知道.未-否
    ba-de,   mimbe   ai-be   ala   se-mbi,   akvqi
    地方-位 我.宾   什么-宾 告诉.祈 助-现   若不是
    mimbe   balai   banjibu-fi   ala   se-mbi-u?
    我.宾   轻慢   编造-顺   告诉.祈 助-现-疑
    若是知道就告诉你罢咱的，并不知道，教我告诉什么[①]，莫不是教我胡编派了告诉么[②]?（《清文启蒙》3b3-5）

(38) mini   uqara-ha   uqara-ha-ngge gemu   ere   gese   guqu
    我.属 遇见-完   遇见-完-名   都   这   样子   朋友
    kai,   mimbe   jai   adarame   guqule   se-mbi.
    啊   我.宾   再   怎么   交往.祈   助-现
    我所遇见的都是这样的朋友，叫我再怎么相与呢。（《清文指要》中 16b6-7）

(39) baita   be   yargiyala-ha-kv   de,   bukda-me   jafa-fi
    事情   宾   确认-完-否   位   屈服-并   捉-顺
    mimbe   uttu   oso   se-qi,   bi   ainaha   se-me
    我.宾   这样 成为.祈 助-条   我   怎么   助-并
    yabu-re   ba   akv.
    施行-未 地方 否

---

① 教：注音本、刘东山本作"叫"。
② 教：注音本、刘东山本作"叫"。

把事不见真酌的时候，就冤屈着叫我这样的，我再也是不肯行的呀。(《续编兼汉清文指要》上 22a1-3)

例（36）由满汉对译来看，受祈宾语 niyalma 对译成汉语使役结构"叫人干叉拉的等一夜到天亮"的兼语"人"。同样例（37）—（39）中 O_{受祈宾语} mimbe 也都对译成汉语使役结构的兼语"我"，也就是说对译满语祈使式 O_{受祈宾语}+V_{零祈使}+Se- 的汉语使役结构都带有兼语。

3.5 满语祈使式"(O_{直接宾语}+be) +V_{零祈使}+（Se-）"对译成汉语使役结构"使兼 VP"

(40) angga   mimi-ha-de   we   simbe   hele   hempe   se-mbi,
     嘴   闭-完-位   谁   你.宾   哑巴   结巴   说-现
     kutule-fi   simbe   taqibu   se-mbi-u?
     牵-顺   你.宾   教.祈   说-现-疑
     泯着嘴谁说你是个哑吧，叫人牵着你教导么？(《满汉成语对待》一 37a7-8)

(41) sabu   be   guyele   se-qi,   sisi-fi   piyat piyat   se-me
     靴子   宾   提上.祈   助-条   插-顺   嘴快貌   助-并
     yangxan   gemu   alimbaha-ra-kv.
     唠叨   都   忍耐-未-否
     教他提上鞋呢，撒拉着瓜答答瓜答答的好不腥影。(《满汉成语对待》一 39b3-4)

(42) baita   -i   arbun   be   tuwa-qi,   mari-bu-me   mute-ra-kv,
     事情   属   样子   宾   看-条   挽回-使-并   可以-未-否
     yasa   niqu   nakv   ergele-me   ali-me   guisu   se-re
     眼睛   闭.祈   之后   逼迫-并   接-并   取.祈   助-未

kouli　geli　bi-u？
道理　又　有－疑

看事清样子①，不能挽回，岂有闭着眼睛压派着叫人应的理呢？

(《清文指要》下 9b7-10a1)

例（40）中 taqibu+se- 构成的零形式祈使式，带有直接宾语 simbe，没有带受祈宾语，而汉语对译"叫人牵着你教导么"为带有兼语"人"和直接宾语"你"的使役结构。例（41）也是如此。例（42）中 guisu se- 这一零形式祈使式既没带直接宾语，也没带受祈宾语，其对译使役结构"叫人应"也出现了兼语"人"。

3.6 满语祈使式"(O_{直接宾语}+be) +V_{零祈使}+ (Se-)"对译成汉语使役结构"使 VP"

(43) inde　　bi-sire　akv　damu　ga.
　　　他.与　有－未　否　　只是　拿.祈

他有的没的就只是叫拿来。(《满汉成语对待》三 4b5)

(44) geren　-i　baita　　o-joro　　jakade　umesi　mangga,
　　　众人　属　事情　　成为－未　因为　　非常　　难

　　 elheken　-i　oso,　ume　　hahila-ra　se-he.
　　 慢慢　　工　成为.祈　不要　着急－未　说－完

因为是众人的事甚难，说教慢慢的别急了。(《清文启蒙》6a5-6)

(45) dasa　　hala　　se-he-de　　elei　　nukqi-mbi.
　　　治理.祈　更换.祈　助－完－位　越发　激怒－现

越叫往好里走越赌憋儿。(《满汉成语对待》二 15b1-2)

---

① 清：双峰阁本作"情"。

(46) gvni-qi　　age-sa　　gemu　yadahvxa-ha,　buda　ai　be
　　　想－条　　阿哥－复　　都　　饿－完　　　饭　　什么　宾
　　　gemu　lak　　se.
　　　都　　 快　 助.祈
　　　想是老爷们都饿了，饭啊什么都教简决些。(《清文指要》中13b3-4)

例（43）中 ga 为零形式祈使式，没有带受祈宾语，其对译汉语使役结构"叫拿来"也没有出现兼语。例（44）仿此。例（45）中 dasa 和 hala 两个零形式祈使式后加助词 se-，没有带受祈宾语，其对译汉语使役结构"叫往好里走"也没有兼语。例（46）零形式祈使动词 se 没有出现受祈宾语，其直接宾语 buda ai 对译成了主语，汉语译文"教简决些"也没有出现使役兼语。

3.7　满语祈使式"O_受祈宾语+be+V_零祈使+Se-"对译成汉语使役结构"使 VP"

(47) te　　 bi-qibe　　gene-ra-kv　 niyalma　be[①]，ergele-tei
　　 现在　　有－让　　去－未－否　　人　　　宾　　强迫－极
　　 gene　 se-qi　　o-mbi-u?
　　 去.祈　助－条　可以－现－疑
　　 譬如今把不去的人，强压派着教去使得么？(《清文启蒙》7a5-6)

例（47）中零形式祈使式 gene se-qi 的受祈宾语 gene-ra-kv niyalma be 是作为话题出现的，汉语把这个受祈宾语对译成了处置介词"把"的宾语，零形式祈使式 gene se-qi 对译成无兼语的使役结构"教去"。

---

① te biqibe：此为固定用法，意为"比如说"。

4. 满语其他形式译成汉语使役句

4.1 满语"O+（...）+V-"对成汉译语使役结构"使兼VP"

这类满语句子中的宾语是其后动词或动词性成分（可能是句子谓语，也可能是句子中的非谓语成分）所表动作行为的实际执行者，译者把"O+（...）+V-"对成汉译语使役结构"使兼VP"。如：

（48）ere largin lahin -i xadaquka, si te
这 繁杂 麻烦 属 劳神 你 现在
<u>mimbe aina se-mbi.</u>
我.宾 怎么 助－现
这样的烦琐活乱儿为难处，你可叫我怎么的。(《满汉成语对待》三 18a3-4）

（49）muse ahvn deu enenggi dere aqa-ha be
咱们 兄 弟 今天 脸 见面－完 宾
dahame, <u>untuhusaka simbe unggi-re kouli akv.</u>
既然 空空 你.宾 回去－未 规矩 否
咱们弟兄今日既是会见面了，没有空空教你去的规矩。(《清文启蒙》44a2-3）

（50）damu ere udu ahasi, ulgiyan be tekde-bu-re,
只是 这 几个 仆人.复 猪 宾 死－使－未
duha do be dasata-ra de, ya gemu gala
内 脏 宾 收拾－未 位 哪里 都 手
baibu-ra-kv, tuttu o-joro jakade <u>niyalma takvra-ha-kv.</u>
需要－未－否 那样 成为－未 因为 人 派遣－完－否

只这几个奴才们，宰猪，收拾杂碎，那上头都不费手，因为那样没使人去。(《清文指要》下 4a4-6)

例（48）中 mimbe 是谓语 aina se-mbi 的宾语，同时也是谓语所表行为状况的直接执行者，译者把满语 O+V 结构 mimbe aina se-mbi 对译成了汉语带兼语的使役结构"叫我怎么的"。例（49）中 simbe 是名词 kouli 的形动词 unggi-re 定语的宾语，语义上 simbe 是 unggi-re 所表行为的实际发出者，译者灵活地把 simbe unggi-re 译成汉语带兼语的使役结构"叫你去"。例（50）译者应该是根据语境直接把满语 O+V 结构 niyalma takvra-ha-kv 对译成汉语带兼语的使役结构"没使人去"。

4.2 满语"S+V-"句子对译成汉语使役结构"使兼 VP"

这类对译句是指满语句子动词译成"使……VP"的结构语义形式，动词所表示的动作行为的执行者 S 被译成使役结构的兼语。如：

(51) suwe   te   gemu   uttu   arbuxa-qi,   gvwa   muse
你们   现在   都   这样   行动-条   别人   咱们

be   ai-se-mbi.
宾   什么-说-现

你们如今都这样行事，可叫别人说咱们甚么。(《满汉成语对待》三 16b6-7)

(52) qananggi   buda-i   erin-de   xahvrukan   bihe-ngge,
前几天   饭-属   时候-位   凉   过-名

gaitai   halhvn   o-fi   niyalma   hami-qo   o-jora-kv
突然   热   成为-顺   人   承受-条   可以-未-否

fathaxa-mbi①.

焦躁－现

而且前日饭时是凉凉快快的来着，忽然热的叫人受不得烦躁的狠。(《续编兼汉清文指要》上 7a5-7)

例（51）的满语句是一个条件复句，后一分句 gvwa muse be ai-se-mbi 虽是一个 S-O-V 的非使役态句子，但这个句子所述的行为事件是由前一条件分句 suwe te gemu uttu arbuxa-qi 所表述的状况导致的，也就是说在语义上后一分句的主语 gvwa 成了前一分句所表示的使因因素下的受使对象，所以译者把 gvwa muse be ai-se-mbi 对译成了汉语"可叫别人说咱们甚么"的使役结构，gvwa 由满语句中的主语变成了汉语句中的兼语。例（52）中 niyalma hami-qo o-jora-kv 也是 S+V 的非使役态表达形式，但这种状况的发生也是由使因因素 gaitai halhvn o-fi 导致的，所以译者根据语境语义把 niyalma hami-qo o-jora-kv 对译成汉语使役结构"叫人受不得"。

4.3 满语"V-"对译成汉语使役结构"使兼 VP"

这类对译情况是指将满语句中的某个动词对译成了汉语使役结构"使兼 VP"。如：

(53) gene-he　　se-me　　hihan-akv　　ai　　baita.
　　　去－完　　助－并　　稀罕－否　　什么　　事情
　　　去了叫人不稀罕中何用。(《满汉成语对待》三 2b5)

(54) gama-ha　　ne　　gemu　　aliya-me,　　absi　　nei　　tuqi-ke.
　　　处置－完　　现在　　都　　后悔－并　　何其　　汗　　出－完

---

① hamiqo：双峰阁本作 hamiqi，语法标注亦据此。

代了他去都后悔，叫人着会子好急。(《满汉成语对待》三 19b7)

例（53）中带有否定后缀的动词 hihan-akv 译成否定使役结构"叫人不稀罕"，兼语"人"在满语句中并无直接对应成分。例（55）同此。

4.4 满语"V-"对译成汉语使役结构"使 VP"

这类对译情况是指将满语句中的某个动词对译成了汉语使役结构"使 VP"。如：

（55）muse ishunde te-he-ngge goro， falha
   咱们   彼此   住-完-名   远   宗族
   giyala-bu-ha-bi， qohome ji-fi aqabu-ra-kv unggi-qi.
   隔-被-完-现   特意 来-顺 见面-未-否 派遣-条
   咱们彼此住的远，槅着乡党，特来了不叫见打发回去。(《满汉成语对待》一 9b2-3)

（56）hoton -i dorgi-qi tuqi-ke niyalma gemu hasa
   城   属 里面-从 出-完   人   都   急速
   amqa-me， duka emu gargan dasi-ha-bi se-re
   赶-并   门   一   扇   闭-完-现   助-未
   jakade.
   因为
   城里头出来的人都叫快赶，掩了一扇门了。(《清文指要》下 20b6-21a1)

（57）tei   forgon -i abka fangkala kai， absi
   现在   时运   属 天   低   啊   怎么
   sini   funde joboxo-mbi.
   你.属 代替   忧愁-现

如今的天低啊，叫怎么替你愁呀。(《续编兼汉清文指要》上29a7-29b1）

(58) niyalma uttu tuttu se-me sinde jombu-re-ngge,
　　　人　　这样　那样　助-并　你.与　建议-未-名

ineku simbe sain o-kini, ehe taqi-ra-kv se-re
同样　你.宾　好　成为-祈　恶　学-未-否　助-未

gvnin.
想法

人家这们那们题驳你的，也是叫你好，不叫教你学不好的心啊。
(《续编兼汉清文指要》下29a7-29b2)

满汉比照来看，例（55）中aqabu-ra-kv对译成"不叫见"、例（56）中hasa amqa-me对译成"叫赶快"、例（57）中absi sini funde joboxo-mbi对译成"叫怎么替你愁"、例（58）中ehe taqi-ra-kv对译成"不叫教你学不好"等都对译成了没有出现兼语的使役结构"使VP"。

四、小结

我们先把上文的统计分析汇总成三个表格以便更为直观地观察四种兼汉满语会话教材中汉语使役句与满语的对译情况。

表 5-12　四种满汉合璧会话书中汉语使役句与满语句的对译统计表

满汉对译形式			文献使用频次			
			满汉成语对待	清文启蒙	清文指要	续编兼汉清文指要
V-bu/-mbu-	V-bu/mbu-（被动态）	与事+de+V-bu/mbu-——使兼VP	–	–	1	3
	V-bu/mbu-（使役态）	O 受使宾语+be+V-bu/mbu-——使兼VP	17	7	3	2
		V-bu/mbu-——使兼VP	34	–	–	–
		使VP	22	3	9	3
		与事+de+V-bu/mbu-——使兼VP	2	–	–	–
		属格+O 直接宾语+V-bu/mbu-——使兼VP	–	–	1	–
V-祈使式	O 受祈宾语+be+V-kini——使兼VP		–	2	3	1
	V-kini——使兼VP		1	–	–	–
	S+V-ki——使兼VP		1	–	–	–
V-祈使式	O 受祈宾语+be+V 零祈使+Se-——	使兼VP	4	8	5	2
		使VP	–	1	–	–
	(O 直接宾语+be)+V 零祈使+(Se-)——	使兼VP	2	–	1	–
		使VP	6	5	1	–

续表

满汉对译形式		文献使用频次			
		满汉成语对待	清文启蒙	清文指要	续编兼汉清文指要
其他	O+（…）+V-——使兼 VP	1	2	4	4
	S+V-——使兼 VP	8	–	–	2
	V-—— 使兼 VP	12	–	–	–
	使 VP	1	–	2	2

由表 5-12 衍生出下表：

表 5-13 四种满汉合璧会话书中汉语使役句量化分析表

		使兼 VP	使 VP	合计	总占比	
					使兼 VP	使 VP
满汉成语对待	V-bu 被动态	–	–	111	73.87%	26.13%
	V-bu 使动态	53	22			
	V- 祈使式	8	6			
	其他	21	1			
清文启蒙	V-bu 被动态	–	–	28	67.86%	32.14%
	V-bu 使动态	7	3			
	V- 祈使式	10	6			
	其他	2	–			

续表

		使兼 VP	使 VP	合计	总占比 使兼 VP	总占比 使 VP
清文指要	V-bu 被动态	1	–	29	58.62%	41.38%
	V-bu 使动态	4	9			
	V- 祈使式	8	1			
	其他	4	2			
续编兼汉清文指要	V-bu 被动态	2	–	19	73.68%	26.32%
	V-bu 使动态	3	3			
	V- 祈使式	3	–			
	其他	6	2			

从表 5-13 中把四种兼汉满语会话教材中汉语使役句与满语 V-bu/mbu- 使役态句子对译有无兼语的占比情况抽离出来得到表 5-14。

表 5-14 四种满汉合璧会话书中汉语使役句与 V-bu 使役态句子对译有无兼语的占比情况

	使兼 VP	使 VP	总计	占比 使兼 VP	占比 使 VP
满汉成语对待	53	22	75	70.67%	29.33%
清文启蒙	7	3	10	70%	30%
清文指要	4	9	13	30.77%	69.23%
续编兼汉清文指要	2	3	5	40%	60%

由以上分析和表 5–12 反映出：1）四种满汉合璧文献中满语句不带受使宾语或受祈宾语而汉语使役句出现兼语的情况说明，清初旗人对汉语使役结构已非常熟悉，对使役句的应用表达也非常符合汉语习惯；2）四种满汉合璧文献中汉语无兼语的使役句对应的基本都是没有出现受使宾语或受祈宾语的满语句，也就是说，合璧文献中汉语无兼语使役句是明显受到满语句受使宾语或受祈宾语的缺省影响的。

由表 5–13 可以看出：与清中期《红楼梦》前 80 回中无兼语使役句占其使役句总量的 17.6% 和《儒林外史》中无兼语使役句占其使役句总量的 15.5% 相比，《满汉成语对待》《清文启蒙》《清文指要》《续编兼汉清文指要》中无兼语使役句各自占其使役句总量的百分比均明显高于《红楼梦》和《儒林外史》。表 5–14 更进一步地反映出单从汉语使役句与满语 V-bu/mbu- 使役态句子对译比较的话，四种兼汉满语会话教材中无兼语使役句占其使役句总量的百分比更是远高于《红楼梦》和《儒林外史》。造成这种现象的原因是什么呢？我们认为这应该与满语使役语义的表达有关：满语使役语义的表达是通过动词后面加词缀 -bu/-mbu 的形态变化来表示的，受使宾语出现与否都不影响使役语义的表达，所以受使宾语的隐现较为自由，而汉语是通过句法结构组合来实现的，兼语既是前面使役动词的使役对象又是后面 VP 所表动作行为的执行者，因此与表达使役义的动词和后面的动作行为均有密切关系的兼语一般不能省略。这可能是满汉合璧会话书中无兼语使役句出现的比率高于汉语文献的原因。四种兼汉满语文献也说明，直到清中期，旗人汉语使役句兼语高频缺省的现象还是受满语的影响的。

结语

与其他事物一样，语言的发展演变也是由内因和外因两种因素共同促成的。语言发展的内部原因即语言自身的内在演变规律，语言发展的外部原因之一即不同语言（或同一语言的不同方言）间的接触。学界的研究表明，语言接触是语言演变过程中非常重要的推动因素。只要有不同语言间接触史的语言，其发展演变都或多或少地受到接触语言的影响。

汉语作为世界上具有悠久历史的一门语言，它伴随着多民族融合成华夏族的过程而形成，可以说汉语从形成之初就是一个语言接触的产儿。自先秦至现代，汉语与境内外其他语言接触融合的步伐一直没有停歇。自五代十国一直到清末，即宋辽金元明清时期，北方阿尔泰语系语言一直持续与汉语保持着深广的接触。诚然，汉语作为文化强势的语言对阿尔泰语系诸语言，如契丹语、蒙古语、女真语、满语等的影响非常大，这些语言中有大量的汉语借词，甚至语音和语法也受到了冲击。同时汉语也受到了这些语言的影响，尤其是1644年清军入关之后，满族人主中原近300年，满汉语言接触之深广在汉语发展历史上是前所未有的。自清初至清末满汉语接触的过程中，总体趋势上，汉语依然是作为优势文化语言与满语进行接触，这使满族所使用的语言经历了由入关前后的满语单语到清中期的满汉双语再到清后期汉语单语的转换。在这一转换过程中，满语作为民族语言底层对汉语也产生了影响，尤其是在清初至清中期满族由满语单语到满汉双语的过渡阶段，满汉语言间的接触达到了最为深入、最为广泛的时刻，满族人在学习目标语汉语的同时，其母语满语对其所说的汉语——满式汉语或者说旗人汉语造成了强烈的干扰。已有的研究表明旗人汉语中有不少满语借词，满语也对旗人汉语语音产生了不小的影响，满语对汉语语法也有较大的冲击。而一般认为语法是语言中最稳固的要素，无论是内部发展还是外在影响，语法的变化一般比较缓慢、稳定。满语对汉语语法的影响，现有研究虽有涉猎，但还不够系统和全面，为加强对这方面的研究，本书借助清代满汉合璧文献《满汉成语对待》《清文启蒙》《清话问答四十条》《清语易言》《清文指要》《续编兼汉清文指要》《庸言知旨》等、旗人作家作品《红楼梦》《儿女英雄传》《小额》《杂碎录》《北京　白话聊斋·胭脂》"新鲜滋味"之系列小说以及域外汉语教科书《语言自迩集》《燕京妇语》《急就篇》《华言问答》等，较为全面、深入地探讨了清代满语对旗人由满语单语到汉语单语转用过程中所说的满式汉语在语法方面的干扰及其对北京话语法的影响。

一、 满汉语言接触中满语对旗人汉语语法干扰特征的简要梳理

　　满语是阿尔泰语系满－通古斯语族的一种黏着语，其语法关系语法功能多是通过在名词或者动词后附加格助词或词缀来实现，其

语序是 SOV 型；汉语则属于汉藏语系汉语族，是典型的孤立语，缺少形态变化，语法关系语法功能主要通过语序和虚词来实现，其语序主要是 SVO 型。显然，无论在形态上还是在语序上满汉两种语言都存在较大差别。在满族人转用汉语的初期，满人并不能熟练掌握目的语汉语的语言规则，于是就出现了把满语语言规则套用到汉语中来的现象，因此满式汉语中有不少满语的干扰特征。

（一）满语的形态标记对旗人汉语的语法干扰

1. 格标记

满语名词（或代词）在句中的地位以及与其他词的关系主要是通过名词（或代词）的格来判断，除主格不用格助词外不同的格由不同的格助词标示。如属格（即生格）和工具格（即以格）格助词是 i（属格还有格助词 ni），与格和位格格助词是 de，对格和经格格助词是 be（经格格助词还有 deri），从格格助词是 qi，这些格助词既是一种形式标记又具有某些语义，一般不省略。

汉语中没有格助词，旗人在转用汉语的初期就把这种无以匹配的形式迁移到汉语中去，从而造成对其所说汉语的干扰。如满汉合璧文献中方所词的一些特殊用法即是如此："各处里"中"里"的羡余、"里头"表示对人的态度、"跟（根）前"表示"对……"的语义、"……（的）上（头）"不表方位等都是对译与 - 位格助词 de 的结果。

2. 动词的式、态标记等

满语动词的各种语法关系和语义表达都是通过动词的式和态实现的。满语动词的式有陈述式、祈使式和条件式；满语动词的态有主动态、被动态、使役态、齐动态、连动态、方向态、互动态等。这些式和态均通过在动词词干后加各种词缀来完成。汉语动词则没有形态变化，语法关系和语法意义通过语序和虚词来表达。满汉两种语言的这种巨大反差使得满族人在使用汉语之初很容易把满语动词的词缀所表示的语法语义嫁接到汉语中来，从而对其所说汉语产生了很大的干扰。

本书的研究有不少这方面的例子，如因对译满语动词第二人称祈使后缀 -qina 而产生的句尾语气词"是呢"；因对译满语动词 bi- 加完整体后缀形成的陈述式过去时终止形式 bihe 而产生的过去时时制助词"来着"；合璧文献中"的"的大量出现与满语名物化后缀 -ngge/ningge、形动词后缀 -ha/he/ho//-ka/ke/ko//-ra/re/ro、副动词后缀 -me/fi 等亦有直接的关系；合璧文献中助词"着"的大量使用与满语副动词后缀 -me//-fi//-hai/hei/hoi//-tala/tele/tolo//-mpi//-qi//-qibe、时体后缀 -ha/he/ho//-ra/re/ro//-mbi 以及满语动词祈使后缀 -ki/kini 等关系密切；叠加连动构式"来 VP 来"是直译满语"动词词干＋方向态词缀 -nji- +jimbi"的结果；合璧文献中"……（的）上（头）"表原因与满语副动词后缀 -fi/qi 不无关系。

（二）满语的语序对旗人汉语的语法干扰

1. SOV 语序

满语是 SOV 型语言，汉语则更倾向于 SVO 语序。由满汉合璧文献来看，旗人汉语的主要语序也是 SVO 型，但是有个别的句子语序还是受到了满语的影响。如受满语"领有/存现"义的句子 SObi/akv 的影响旗人汉语中出现的"SO 有/没有（无/无有/没）"语序的"领有/存现"句；因对译 nure（酒）omi-bu（喝-使.祈）buda（饭）ule-bu（吃-使.祈）而出现的"酒呵饭吃"等 OV 的语序。

2. 动词修饰语的排列顺序

满语和汉语中动词前面的修饰语都往往不止一个，这些修饰语的排列顺序有各自的特点。满语动词修饰语的排列顺序对汉语动词修饰语的排列顺序的影响虽不如满语"领有/存现"句语序对汉语"领有/存现"句语序的影响那么明显，但仔细观察有些也对旗人汉语产生了影响，如清中期至民国初年动词修饰语累加副词"再"与止别副词"别"组成的线性序列"再别"只出现在旗人作家作品中应该是受满语 jai（再）ume（别）的排列顺序影响而致。

3. 趋向动词的顺序

满语和汉语中都有多个动词同时共现于一个句子中的现象。传统汉语中具有目的语义关系的连动构式"来/去 VP"的频率大于"VP 来/去"，而旗人汉语中则与之相反，这是受满语"副动词+趋向动词 jimbi/genembi"语序影响的结果。

（三）满语词语对旗人汉语词语的影响

1. 后置词

满语中有后置词，后置词位于动词、名词及其他词类之后，依照一定的规律与前面的词联合起来发挥其语法作用，表达其语法意义。如后置词 jakade 前面的动词需接 -ra/re/ro 词缀。汉语中没有后置词，旗人在学习汉语的过程中，满语后置词也对其造成了不小的干扰。如满汉合璧文献中因对译满语后置词 jakade、ofi 而出现的"……（的）上（头）"表示原因的现象；满语后置词 gese、adali 与旗人汉语比拟助词"一样"使用频次的增多有直接关系等；在满语后置连词 oqi、ohode 的影响下，旗人汉语中出现了表示假设的助词"……的时候"[①]。

2. 语气词

满语和汉语都有语气词，由合璧文献来看，满语语气词对旗人汉语语气词也产生了不小的影响。如：受满语语气词 dabala、dere 的影响旗人汉语中出现了语气词"罢哩"的音变形式"罢咧"；受满语语气词 ni、n、u 等的影响旗人汉语中"呢"取代"哩"占据了绝对优势；与语气词 kai、na、ya 等的对译促成了语气词"啊"的出现和高频使用等。

3. 方位词

满语和汉语均有方位词，由合璧文献来看，旗人汉语中也有因对译满语方位词而出现了方位词具有特殊含义的例子。如对译满语方位词 dolo 的"里头"并不指方位而是指一定的范围，相当于汉语的"……之间"。

4. 处所词

满语和汉语都有处所词，与满语处所词的直接对译也对旗人汉语产生了一定的影响。如处所词"去处"因对译满语处所词 ba 而出现了表示时间和抽象处所义的用法。

5. 副词

副词是满语和汉语都有的词类。在满语和汉语的深度接触过程

[①] 旗人汉语中的假设助词"……的时候"的产生不仅受满语后置连词 oqi、ohode 的影响，也受到了位格助词 -de、条件副动词后缀 -qi 等的影响。

中，满语副词对汉语副词也产生了影响。如：受满语 baibi、bai 借贷回流的影响，情状副词"白"在清代旗人汉语中曾一度高频使用；汉语程度副词"哏（很/狠）"的产生和词汇的替换与蒙古语和满语程度副词的两度影响有直接的关系；合璧文献中出现的频率副词"拉累的"是直译满语副词 lalanji 的结果；情状副词"各自各自"是直译满语 teisu teisu、beri beri、son son 等的结果。

二、满语对汉语语法干扰特征在汉语中存留情况分析

通过对清代满汉合璧文献、有清以来旗人作家作品和非旗人作家作品的深入调查和统计分析，清代满语对旗人汉语的语法干扰及其对北京话语法的影响可以概括为两点：

（一）止步于旗人汉语

本书梳理的很多满语语法干扰特征只停留在了旗人汉语当中，并没能在北京话中保留下来，更没能进入现代汉语普通话当中。如前文提到的频率副词"拉累的"、情状副词"各自各自"、语气词"是呢"、方位词"里/里头""跟（根）前"的全部特殊用法、处所词"去处"表时间的用法、使役句兼语高频缺省的现象、假设助词"……的时候"，等等。

（二）扎根于汉语

因满语干扰由旗人话进入北京话甚至现代汉语的语法现象也可分为两种情况：

1. 虽存留在汉语中，但频率较低

如因蒙古语和满语两种语言持续影响而形成的混合形式"因此上"，虽然在汉语中使用，但频率远低于"因此"；因受满语语气词 dabala、dere 等的影响而出现的"罢哩"的音变形式"罢咧"，在现代汉语中只偶见用例，语气词"罢了"仍为主要形式等。

2. 不仅存留在汉语中而且成为重要形式

如因对译满语陈述式过去时终止形式 bihe 而产生的表示过去的时制助词"来着"，成为汉语中重要的时制助词；因对译满语语气词 ni、n、u 等而高频使用的语气词"呢"在旗人汉语中的一统天下至少在17世纪末18世纪初已经完成，现代汉语普通话中"呢"基本承继了清代旗人汉语中的分布使用情况，而"哩"主要保留在了方言中；在对译满语 kai、na、ya 等含 [a] 音的感叹语气词的外在诱因下而产生的感叹语气词"啊"也成了现代汉语普通话中重要的感叹语气词。

三、语言接触理论的思考

语言接触是一个涉及人类学、社会语言学、历史语言学、接触语言学等多个学科的交叉学科。本书的研究在全面分析中国社会发展的历史背景下，在深入探讨清代满汉语言接触过程中满语对旗人汉语的语法干扰及其对北京话语法的影响的基础上，对语言接触有了更为深入的理解。

(一) 深度接触中弱势语言也可以影响到强势语言最稳固的方面

1644年伴随着清军入关,迁都北京,满族成为占统治地位的民族,满语成了"国语"。但因政治统治的需要和汉文化强大优势的吸引,满族人全面学习汉语、汉文化逐渐成了满汉语言融合的主流。从整体趋势来说,清代满汉语言接触过程中,满语是处于弱势文化地位的语言,汉语则是处于强势文化地位的语言。满语的弱势文化语言但"国语"的地位和汉语的优势文化语言但非"国语"地位的矛盾使得清代尤其是清初至清中期的满汉语言接触相较于以往汉语与其他语言的接触都达到了前所未有的广度和深度。本书的研究充分证明了满语的形态、句法以及词汇等方面对汉语最稳固的要素——语法都产生了若干影响,有不少干扰特征不仅出现在旗人汉语中而且还保留在了北京话甚至进入了现代汉语普通话或方言中,这使得汉语打上了满语底层的烙印。这也进一步证明,语言接触过程中接触语言是相互影响的,高强度的语言接触中,优势语言可以影响弱势语言,弱势语言也可以对优势语言产生强烈的干扰。

(二) 语言干扰有显性和隐性之分

通过对清代满语对旗人汉语的语法干扰的研究,我们看到干扰特征的表现并不完全相同。有的干扰特征比较直观明显,可称为显性的干扰;有的干扰特征则比较隐晦,称为隐性的干扰。

1. 显性干扰

整体来说,满语对清代旗人汉语的语法干扰显性居多,如因对译 bihe 而出现的时制助词"来着";因对译祈使后缀 -qina 而出现的语气词"是呢";因对译满语语气词 ni、n、u 而频率大增的语气词"呢";因对译满语语气词 kai、na、ya 等而出现的高频使用的语气词"啊";因直译满语副词 lalanji 而出现的频率副词"拉累的";因直译满语 teisu teisu、beri beri、son son 等而出现的情状副词"各自各自"等。

2. 隐性干扰

满语对清代旗人汉语的语法干扰也不乏隐性干扰的情况,如受满语"动词词干+方向态词缀 -na-/-ne-/-no-"的语素顺序的干扰而造成的合璧文献中目的语义关系的连动结构"VP 去"和"去 VP"的数量比远高于清代非旗人作家作品的比率;合璧文献中因满语使役宾语的自由隐现而导致的对应汉语使役句兼语高频缺省的现象;因对译满语 SObi/akv+kai/ni/-kini 而呈现的汉语"SO 有 / 没有(无 / 无有 / 没)"句;满语副动词的状位功能和方式 / 目的的语义特征推动了"V_1 着(O)V_2"内部结构关系的变化和"V_1 着"的词汇化等。

显性的干扰特征比较容易发现,因为这些干扰特征往往是由于满汉语言间的显著差异而造成的满语负迁移现象,如前文提到的"来着""是呢""拉累的"等,多数对传统汉语来说是"新面孔",因此我们很容易识别这些干扰。

而隐性的干扰特征则不容易发现,因为这些语法现象是汉语中原本就有的,如上面提到的表目的语义关系的连动结构"VP 去"和"去 VP"、使役句兼语省略、"领有 / 存现"句的 SOV 语序等,如果不进行细致的满汉对勘以及与其在传统汉语中的表现进行深入的对比,我们很难发现其中的变化和不同。

显性的干扰特征比较容易引起我们的注意,隐性的干扰特征则比较容易被忽略。因此对于语言接触过程中的语言干扰现象，不仅要关注显性的干扰特征，更要深入细致地了解接触语言的各种语言现象和特点，深入对比接触语言的异同，发现因接触而导致的变异现象。

（三）语言接触可以导致语言现象的突变

语言的发展演变，尤其是在语言自身内在规律的推动下，一般来说是渐变的。但是在语言接触的背景下，某些语言现象可能因接触语言的影响而发生突变。如清代满汉合璧文献中出现的假设助词"的时候"，我们的调查研究表明尽管汉语中表时间的词"时""后"发展出了假设助词的功能，但是汉语中时间词"时候"并没有经历一个由时间名词到假设助词的类同语法化的渐变过程，而是旗人在转用汉语的过程中受满语后置词 oqi、ohode、位格助词 -de、条件副动词后缀 -qi 等的影响而产生的"的时候"表示假设的助词用法。可以说旗人汉语中假设助词"的时候"是因接触而导致的突变现象。

（四）语法干扰特征的存留与目标语的内部特征有很大关系

由本书的研究来看，旗人汉语中的满语干扰特征命运不同，有的止步于旗人汉语，有的则汇入了汉语发展的历史长河。之所以如此，简单来说很大程度上是由目标语汉语内部的特征决定的。我们结合具体实例来说明。

先拿止步于中介语旗人汉语的干扰特征来说。如因直译满语副词 lalanji 而出现的频率副词"拉累的"，因副词 lalanji 在满语中使用频率较低，同时汉语已有表示频度的副词"再三""反复"等，所以满语副词 lalanji 的音译词"拉累的"在旗人汉语中也只是昙花一现，更别说保留在北京话甚至现代汉语普通话当中了。又如，因对译满语动词第二人称祈使后缀 -qina 而出现的表确认和强调语气的句尾语气词"是呢"随着清中期以后旗人对汉语的熟练掌握逐渐退出了旗人汉语，这是由于明清时期汉语自身表确认和强调语气的句尾语气词"才是/才好"已大量使用；再如，假设助词"的时候"并没有在清代北京话及现代汉语中扎下跟来，究其原因应该是汉语中已存在的假设助词"时"和"的话"的竞争而没能被北京话接受；还有，满汉合璧会话书中因对译满语无受使宾语的使役句而造成无兼语使役句出现比率高于汉语文献的现象并没能踏出旗人汉语的使用范围，这是因为汉语是通过句法结构组合来实现使役语义的表达的，兼语既是前面使役动词的使役对象又是后面 VP 所表动作行为的执行者，它与前面表达使役义的动词和后面的动作行为均有密切关系，所以汉语的兼语一般不能省略，换言之，兼语省略不符合汉语使役句的组合结构和语义表达，所以汉语不会接受高频出现使役句兼语省略的现象。不难看出，止步于旗人汉语的这些干扰特征，并非汉语中没有这类的语词或结构。这类干扰特征之所以产生，是因为旗人在转用汉语初期对汉语的生疏，即使汉语中已有与满语类似的表述，因为他们没有掌握而在母语的影响下创制了"新形式"。满族人学习汉语，是因为政治统治和汉文化的优势吸引，并不是为了改造汉语。随着他们与汉族人的接触融合日益深入、对汉语日渐熟悉，在用汉语这一工具进行交际交流的过程中，旗人社团内部这些满语干扰特征便被主动放弃，转而使用汉语原有的形式。换言之，旗人熟悉和转用汉语的过程也是其逐渐排除母语干扰，更好地掌握汉语的过程。

再来看扎根于汉语中的干扰特征。如蒙汉/满汉杂揉形式"因此上"不仅进入了北京话而且进入了现代汉语普通话，其原因有二：一是与汉语中早已存在的因果连词"因此"在形式和语义上都比较接近，二是汉语方位词"上"语义和用法的日益泛化，这两方面共同促使了汉语对"因此上"这一混合形式的相容性和可接受性，从而使其在汉语中存留了下来。又如，因对译满语动词 bi- 的陈述式过去时终止形式 bihe 而产生的表示过去的时制助词"来着"之所以能够由旗人汉语汇入北京话和现代汉语普通话当中，是因为汉语原有的事态助词"来"的功能和用法与 bihe 在表示事件、过程的"曾经"发生及所适用语境上具有高度的一致性，而构词语素"着"与 bihe 的第二音节元音相近，可以说意译加音译形成的双音节词"来着"，既顺应了汉语词汇双音化的趋势，又弥补了汉语缺少过去时时制助词的不足，因此"来着"被汉语所吸纳和接受。

可见，语言接触中，母语干扰造成的新形式如果与目标语原有表述相重复，那么这种干扰特征在使用社团的范围和语言经济性原则的作用下最终会被淘汰；如果新形式与目标语有相容性或能够填补目标语原有系统的不足，就可能会被目标语接纳和吸收。

四、 尚待继续研究的问题

书稿虽然即将付诸出版，但还有不少问题尚待继续查考、补证。

1. 由于时间原因，还有不少满语对旗人汉语的语法干扰特征的梳理工作没有完成，如合璧文献中方位短语直接做状语高频存在，"说""说……说""……的话"等引语标记，都是受到满语相关语言现象干扰而出现的特征。我们将会继续对旗人汉语中满语的干扰特征进行梳理和论证。

2. 存现于清末旗人话（北京话）中的一些语言现象，如"去"的音变形式"克"、"的"作处所介词、第二和第三人称敬称代词"您""怹"等，在我们所调查的有限的清代满汉合璧文献中并没有见到，而现今京郊方言中还仍存在（刘宾，2012：11、12、15、16、19—21、3—65）。正如匿名评审专家所说："满式汉语的活态形式或存在东北及京郊方言之中，北京八旗子弟曾退踞东北或有留在京师及其周边守城、守陵、守园者，其后代的语言特征或亦可进一步追踪验证。"

3. 有些问题论证还不够充分，如程度副词"哏/很/狠"之由来及其关系等问题，还需要更充足的资料。

4. 满语对汉语语法的影响，是底层干扰还是系统感染，还需要进一步阐明。而满语对汉语的影响到底有多大，还需要结合语音、词汇等特征综合分析。

引用文献资料简目

1. 满汉合璧文献

《满汉成语对待》	［清］刘顺编著，［日］竹越孝、陈晓校注，北京：北京大学出版社，2018 年。
《清话问答四十条》	［清］常钧编著，陈晨、刘云校注，北京：北京大学出版社，2018 年。
《清文启蒙》	［清］舞格编著，［日］竹越孝、陈晓校注，北京：北京大学出版社，2018 年。
《清文指要》	［清］（作者不详）编著，［日］竹越孝、陈晓校注，北京：北京大学出版社，2018 年。
《清语易言》	［清］博赫编著，［日］竹越孝、陈晓校注，北京：北京大学出版社，2018 年。
《续编兼汉清文指要》	［清］（作者不详）编著，［日］竹越孝、陈晓校注，北京：北京大学出版社，2018 年。
《庸言知旨》	［清］宜兴编著，王磊、刘云校注，北京：北京大学出版社，2018 年。

2. 汉语文献

《白鹿原》	陈忠实著，北京：人民文学出版社，1997年。
《暴风骤雨》	周立波著，北京：人民文学出版社，1956年。
《悲伤逆流成河》	郭敬明著，长沙：湖南文艺出版社，2016年。
《北京　白话聊斋·胭脂》中的《白话聊斋·胭脂》	庄耀亭著，周建设主编，北京：首都师范大学出版社，2014年。
《北京　白话聊斋·胭脂》中的《北京》	穆儒丐著，周建设主编，北京：首都师范大学出版社，2014年。
《曹禺全集》	曹禺著，田本相、刘一军主编，石家庄：花山文艺出版社，1996年。
《朝鲜时代汉语教科书丛刊》（全四册）	汪维辉编，北京：中华书局，2005年。
《朝鲜时代汉语教科书丛刊续编》（全二册）	汪维辉、［日］远藤光晓、［韩］朴在渊、［日］竹越孝编，北京：中华书局，2011年。
《陈七奶奶》	陆瘦郎著，周建设主编，北京：首都师范大学出版社，2014年。
《春阿氏》	冷佛著，周建设主编，《冷佛作品》（二），北京：首都师范大学出版社，2014年。
《大浴女》	铁凝著，北京：人民文学出版社，2006年。
《丁玲全集》	丁玲著，张炯编，石家庄：河北人民出版社，2001年。
《董解元西厢记》	［金］董解元著，凌景埏校注，北京：人民文学出版社，1962年。
《敦煌变文集新书》	潘重规署，北京：文津出版社，1983年。

《儿女英雄传》	［清］文康著，北京：人民文学出版社，1983年。
《废都》	贾平凹著，北京：北京出版社，1993年。
《官场现形记》	［清］李宝嘉著，张友鹤校注，北京：人民文学出版社，1957年。
《海上花列传》	［清］韩邦庆著，上海：上海古籍出版社，1994年。
《韩非子集解》	［战国］韩非著，［清］王先慎撰，钟哲点校，北京：中华书局，1998年。
《寒山诗校注》	［唐］寒山子著，钱学烈校注，广州：广东高等教育出版社，1991年。
《河南程氏遗书》	［宋］程颢、程颐撰，［宋］朱熹编，上海：商务印书馆，民国二十四（1935）年。
《红楼梦》	［清］曹雪芹、高鹗著，北京：人民文学出版社，1982年。
《红罗镜》	［清］傅山著，刘贯文等主编《傅山全书》，太原：山西人民出版社，1991年。
《金瓶梅词话》	［明］兰陵笑笑生著，戴鸿森校点，北京：人民文学出版社，1985年。
《近代汉语语法资料汇编·宋代卷》	刘坚、蒋绍愚主编，北京：商务印书馆，1992年。
《近代汉语语法资料汇编·唐 五代卷》	刘坚、蒋绍愚主编，北京：商务印书馆，1990年。
《近代汉语语法资料汇编·	刘坚、蒋绍愚主编，北京：商务印书馆，

元代明代卷》　　　　　　　　1995 年。

《警世通言》　　　　　　　　[明] 冯梦龙编著，北京：中华书局，2014 年。

《老残游记》　　　　　　　　[清] 刘鹗著，陈翔鹤校，戴鸿森注，北京：人民文学出版，1979 年。

《老乞大》　　　　　　　　　[韩] 李泰洙《〈老乞大〉四种版本语言研究》，中国社会科学院博士学位论文，2000 年。

《老舍全集》　　　　　　　　老舍著，北京：人民文学出版社，2013 年。

《老子》　　　　　　　　　　[春秋] 李耳著，陈鼓应注译，北京：商务印书馆，2003 年。

《聊斋俚曲》　　　　　　　　[清] 蒲松龄著，路大荒整理，《蒲松龄集》上海：上海古籍出版社，1986 年。

《刘知远诸宫调》　　　　　　廖列英校注，北京：中华书局，1993 年。

《六十种曲》　　　　　　　　[明] 毛晋编，北京：中华书局（重印本），1982 年。

《洛阳伽蓝记校释》　　　　　[北魏] 杨衒之撰，周祖谟注，北京：中华书局，2010 年。

《绿野仙踪》　　　　　　　　[清] 李百川著，北京：华艺出版社，1993 年。

《明清民歌时调集》　　　　　[明] 冯梦龙、[清] 王廷绍、[清] 华广生编述，上海：上海古籍出版社，1987 年。

《拍案惊奇》　　　　　　　　[明] 凌濛初著，章培恒整理，王古鲁注释，上海：上海古籍出版社，1982 年。

《平凡的世界》　　　　　　　路遥著，北京：人民文学出版社，2004 年。

《评讲聊斋》	尹箴明著，王金花校注，北京：北京大学出版社，2018年。
《齐民要术》	［北魏］贾思勰著，石声汉译注，石定枎、谭光万补注，北京：中华书局，2015年。
《歧路灯》	［清］李绿园著，栾星校注，郑州：中州书画社，1980年。
《青春万岁》	王蒙著，北京：人民文学出版社，1979年。
《倾城之恋》	张爱玲著，北京：北京十月文艺出版社，2012年。
《清高》	陆文夫著，360doc.com个人图书馆。
《全宋词》	唐圭璋编，北京：中华书局，1965年。
《全唐诗》	北京：中华书局，1960年。
《全元曲》	徐征等主编，石家庄：河北教育出版社，1998年。
《儒林外史》	［清］吴敬梓著，北京：人民文学出版社，1978年。
《三国演义》	［明］罗贯中著，北京：人民文学出版社，1973年。
《三侠五义》	［清］石玉昆编，钧林、文山令、萧先、永瑜校点，济南：齐鲁书社，1993年。
《十三经注疏》（清嘉庆刊本）	［清］阮元校刻，北京：中华书局，2009年。
《石点头》	［明］天然痴叟著，上海：上海古籍出版社，1985年。
《世说新语笺疏》	［南朝宋］刘义庆著，［南朝梁］刘孝标注，

	余嘉锡笺疏，北京：中华书局，2011 年。
《水浒全传》	[明] 施耐庵、罗贯中著，上海：上海人民出版社，1975 年。
《搜神记》	[东晋] 干宝撰，马银琴译注，北京：中华书局，2012 年。
《损公作品》（三册）	蔡友梅著，周建设主编，北京：首都师范大学出版社，2014 年。
《唐摭言》	[五代] 王定保撰，阳羡生校点，上海：上海古籍出版社，2012 年。
《通制条格》	黄时鑑点校，杭州：浙江古籍出版社，1986 年。
《王梵志诗校注》	[唐] 王梵志著，项楚校注，上海：上海古籍出版社，2010 年。
《王小波全集》	王小波著，昆明：云南人民出版社，2006 年。
《文选》	[南朝梁] 萧统编，[唐] 李善注，上海：上海古籍出版社，2019 年。
《五灯会元》	[宋] 普济著，苏渊雷点校，北京：中华书局，1984 年。
《西游记》	[明] 吴承恩著，北京：人民文学出版社，1955 年。
《小额》	松友梅著，周建设主编，北京：首都师范大学出版社，2015 年。
《型世言》	[明] 陆人龙著，覃君点校，北京：中华书局，1993 年。

《醒世恒言》	[明] 冯梦龙编著，北京：中华书局，2014 年。
《醒世姻缘传》	[清] 西周生撰，上海：上海古籍出版社，1981 年。
《荀子》	[战国] 荀况撰，杭州：浙江大学出版社，2018 年。
《颜氏家训集解》	[南北朝–隋] 颜之推著，王利器撰，北京：中华书局，2013 年。
《〈燕京妇语〉等八种》	[日] 北边白血等编著，陈颖、翟赟校注，北京：北京大学出版社，2018 年。
《语言自迩集》（1886 年第二版）	[英] 威妥玛编著，北京：北京大学出版社，2017 年。
《喻世明言》	[明] 冯梦龙编著，北京：中华书局，2014 年。
《元代白话碑文集録校注》	祖生利《元代白话碑文研究》，中国社会科学院博士学位论文，2000 年。
《元典章》	北京：中国书店，1990 年。
《元刊杂剧三十种》	《古本戏曲丛刊四集》，古本戏曲丛刊编辑委员会辑，上海：商务印书馆，1958 年。
《杂碎录》	杨曼青著，周建设主编，北京：首都师范大学出版社，2014 年。
《战国策》	[西汉] 刘向编，缪文远、缪伟、罗永莲译注，北京：中华书局，2012 年。
《长夜》	姚雪垠著，北京：人民文学出版社，1981 年。
《赵树理全集》	赵树理著，董大中主编，太原：北岳文艺出版社，2018 年。

《朱子语类》	[宋] 黎靖德编，王星贤点校，北京：中华书局，1986年。
《庄子》	[战国] 庄周著，[清] 郭庆藩集释，北京：中华书局，2013年。
《子夜》	茅盾著，北京：人民文学出版社，1960年。
《祖堂集校注》	[南唐] 静、筠二禅师编撰，张美兰校注，北京：商务印书馆，2009年。
《醉醒石》	[清] 东鲁狂生编，上海：上海古籍出版社，1985年。

参考文献

一、专著

爱新觉罗·瀛生:《北京土话中的满语》,北京:北京燕山出版社,1993年。

爱新觉罗·瀛生:《满语杂识》,北京:学苑出版社,2004年。

[苏联] В.И.鲍尔科夫斯基等著,陈伟译:《语言的底层问题》,北京:中国社会科学出版社,2013年。

曹广顺:《近代汉语助词》,北京:语文出版社,1995年。

陈承泽:《国文法草创》,北京:商务印书馆,1982年。

陈望道:《文法简论》,上海:上海教育出版社,1978年。

丁声树等:《现代汉语语法讲话》,北京:商务印书馆,1961年。

冯春田:《近代汉语语法研究》,济南:山东教育出版社,2000年。

高名凯:《汉语语法论》,上海:开明书店,1948年。

龚千炎:《汉语的时相时制时态》,北京:商务印书馆,1995年。

郭锐:《现代汉语词类研究》,北京:商务印书馆,2002年。

黄伯荣、廖序东:《现代汉语》(下册)(第6版),北京:高等教育出版社,

2017年。

季永海编著:《满语语法》(修订本),北京:中央民族大学出版社,2011年。

江蓝生:《近代汉语探源》,北京:商务印书馆,2000年。

蒋绍愚:《近代汉语研究概况》,北京:北京大学出版社,1994年。

蒋绍愚、曹广顺主编:《近代汉语语法史研究综述》,北京:商务印书馆,2005年。

金启孮:《北京郊区的满族》,呼和浩特:内蒙古大学出版社,1989年。

〔芬兰〕兰司铁(G.J.Ramstedt)著,陈伟、沈成明译:《阿尔泰语言学导论·形态学》,北京:中国社会科学出版社,1981年。

李崇兴、祖生利:《〈元典章·刑部〉语法研究》,开封:河南大学出版社,2011年。

梁银峰:《汉语趋向动词的语法化》,上海:学林出版社,2007年。

刘丹青:《语序类型学与介词理论》,北京:商务印书馆,2003年。

刘月华等:《实用现代汉语语法》(增订本),北京:商务印书馆,2001年。

吕叔湘:《现代汉语八百词》(增订本),北京:商务印书馆,1980年。

吕叔湘:《汉语语法论文集》,北京:商务印书馆,1984年。

吕叔湘:《吕叔湘全集·第一卷·中国文法要略》,沈阳:辽宁教育出版社,2002年。

〔清〕沈启亮编著,〔日〕竹越孝校注:《翻字翻訳〈清书指南·飜清虚字讲约〉》(合册版),古代文字资料馆,爱知县立大学E511研究室内,2005年。

孙锡信:《近代汉语语气词》,北京:语文出版社,1999年。

〔日〕太田辰夫著,江蓝生、白维国译:《汉语史通考》,重庆:重庆出版社,1991年。

［日］太田辰夫著，蒋绍愚、徐昌华译:《中国语历史文法》，北京：北京大学出版社，2003年。

汪维辉:《东汉－隋常用词演变研究》，南京：南京大学出版社，2000年。

王力:《汉语史稿》，北京：中华书局，1980年。

王力:《王力文集·第一卷·中国语法理论》，济南：山东教育出版社，1984年。

王力:《王力文集·第二卷·中国现代语法》，济南：山东教育出版社，1985年。

王力:《王力文集·第三卷·汉语语法纲要》，济南：山东教育出版社，1985年。

王力:《王力文集·第三卷·有关人物和行为的虚词》，济南：山东教育出版社，1985年。

王力:《汉语语法史》，北京：商务印书馆，1989年。

王庆丰:《满语研究》，北京：民族出版社，2005年。

武春野:《"北京官话"与汉语的近代转变》，济南：山东教育出版社，2014年。

［清］舞格编著，［日］竹越孝、陈晓校注:《清文启蒙》，北京：北京大学出版社，2018年。

［日］香坂顺一著，江蓝生、白维国译:《白话语汇研究》，北京：中华书局，1997年。

薛才德主编:《语言接触与语言比较》，上海：学林出版社，2007年。

杨伯峻、何乐士:《古汉语语法及其发展》（修订本），北京：语文出版社，2001年。

杨荣祥:《近代汉语副词研究》，北京：商务印书馆，2005年。

杨永龙:《〈朱子语类〉完成体研究》，开封：河南大学出版社，2001年。

张兴权:《接触语言学》,北京:商务印书馆,2012年。

张谊生:《现代汉语副词研究》,北京:学林出版社,2000年。

张涌泉:《汉语俗字研究》(增订本),北京:商务印书馆,2010年。

赵杰:《北京话的满语底层和"轻音""儿化"探源》,北京:北京燕山出版社,1996年。

赵元任著,吕叔湘译:《汉语口语语法》,北京:商务印书馆,1979年。

朱德熙:《语法讲义》,北京:商务印书馆,1982年。

Bernard Comrie: *Language Universals and Linguistic Typology: Syntax and Morphology*. 北京:北京大学出版社,2009年。

Heine & Kuteva: *Language Contact and Grammatical Change*. NewYork: Cambridge University Press,2005.

Lindsay J. Whaley: *Introduction to Typology—The Unity and Diversity of Languge*. 北京:世界图书出版公司(Sage Publications,INC.),2009年。

Paul J. Hopper & Elizabeth Closs Traugott: *Grammaticalization*. Cambridge: Cambridge University Press/ 北京:外语教学与研究出版社,1993/2001年。

Sarah G. Thomas: *Language Contact:An Introduction*. Edinburgh: Edinburgh University Press,2001.

Thomas & Kaufman: *Language Contact ,Creolization,and Genetic Linguistics*. Berkeley and Los Angeles: University of California Press,1988.

二、期刊

曹广顺:《〈祖堂集〉中的"底(地)""却(了)""着"》,《中国语文》,1986年第3期。

曹广顺:《语气词"了"源流浅说》,《语文研究》,1987年第2期。

曹广顺:《〈金瓶梅词话〉中的"是的"》,《语文研究》,1994年第4期。

陈保亚:《从语言接触看历史比较语言学》,《北京大学学报》,2006年第2期。

陈保亚:《语言接触研究对认识语言演化规律的迫切性》,《汉藏语学报》第9期,北京:商务印书馆,2016年。

陈前瑞:《"来着"的发展与主观化》,《中国语文》,2005年第4期。

陈前瑞:《"来着"补论》,《汉语学习》,2006年第1期。

陈贤纯:《句末"了"是语气助词吗?》,《语言教学与研究》,1979年第1期。

陈晓:《清末民初北京话里的程度副词"所"》,《中国语文》,2013年第2期。

陈新:《〈绿野仙踪〉的作者、版本及其它》,《明清小说研究》,1988年第1期。

陈一:《试谈"白VP"结构的歧义性》,《汉语学习》,1987年第4期。

陈颖、郭锐:《从早期北京话材料看语气词"呢"和"哪"的关系》,《语言学论丛》第五十八辑,北京:商务印书馆,2018年。

陈志强:《试论〈老乞大〉里的助词"着"》,《广西师院学报》,1988年第3期。

程工:《"不要白不要,要了白要"》,《中国语文》,1985年第3期。

储泽祥等:《汉语存在句的历史性考察》,《古汉语研究》,1997年第4期。

崔建波:《〈绿野仙踪〉版本、作者新证》,《甘肃社会科学》,1999年第3期。

崔建波:《〈绿野仙踪〉版本、作者再证》,《广西师范学院学报》,2004年第4期。

崔山佳:《语气词"啊"出现在〈红楼梦〉前》,《中国语文》,1997年第4期。

董秀芳：《论"X 着"的词汇化》，《语言学论丛》第二十八辑，北京：商务印书馆，2003 年。

方梅：《北京话中语气词的功能研究》，《中国语文》，1994 年第 2 期。

冯春田：《近古汉语里"紧"、"打紧"、"紧着（自）"之类虚词的语法分析》，《古汉语研究》，1996 年第 1 期。

冯春田：《〈醒世姻缘传〉与现代山东方言的"可不"类句式》，《古汉语研究》，2002 年第 2 期。

冯春田、王群：《副词"别"形成问题补议》，《汉语学报》，2006 年第 1 期。

甘露：《甲骨文方位词研究》，《殷都学刊》，1999 年第 4 期。

高育花：《元代汉语中的平比句和比拟句》，《长江学术》，2016 年第 3 期。

郭军连：《旗人汉语"来着"的形成及其对北方汉语影响》，《语言科学》，2022 年第 3 期。

郭良夫：《近代汉语副词"白"和"白白"》，《中国语言学报》，1989 年第 3 期。

哈斯巴特尔：《满语动词词缀 -bu 的构词意义和使动意义——以〈满洲实录〉为例》，《满语研究》，2012 年第 1 期。

黑维强：《从陕北方言看近代汉语助词"也似"的来源》，《延安大学学报》，2002 年第 1 期。

胡承佼、潘晓军：《"似的"与"似地"的分合》，《安徽农业大学学报》，2015 年第 6 期。

胡承佼：《"一般"的助词化及其主观描摹功能》，《汉语学习》，2015 年第 2 期。

胡增益：《满语的"bai"和早期白话作品"白"的词义研究》，《中国语文》，1989 年第 5 期。

胡增益:《满语 baibi、bai 和汉语副词"白"之间的借贷关系》,《北京国际满学研讨会论文集》,1992 年。

胡增益:《满语"白"同汉语副词"白"的借贷关系》,《中国语言学报》,1995 年第 5 期。

季永海:《满族转用汉语的历程与特点》,《民族语文》,1993 年第 6 期。

季永海:《从接触到融合(上)——论满语文的衰落》,《满语研究》,2004 年第 1 期。

季永海:《从接触到融合——论满语文的衰落(下)》,《满语研究》,2005 年第 1 期。

季永海:《关于北京旗人话对北京话的影响》,《民族语文》,2006 年第 3 期。

江蓝生:《疑问语气词"呢"的来源》,《语文研究》,1986 年第 2 期。

江蓝生:《禁止词"别"考源》,《语文研究》,1991 年第 1 期。

江蓝生:《从语言渗透看汉语比拟式的发展》,《中国社会科学》,1999 年第 4 期。

江蓝生:《时间词"时"和"後"的语法化》,《中国语文》,2002 年第 4 期。

江蓝生:《跨层非短语结构"的话"的词汇化》,《中国语文》,2004 年第 5 期。

蒋绍愚:《动态助词"着"的形成过程》,《周口师范学院学报》,2006 年第 1 期。

金道荣:《清代带满腔满味的"满汉语"语言现象》,《文化遗产》,2010 年第 1 期。

李崇兴:《〈元典章·刑部〉的语料价值》,《语言研究》,2000 年第 3 期。

李崇兴:《元代直译体公文的口语基础》,《语言研究》,2001 年第 2 期。

李崇兴、丁勇:《元代汉语的比拟式》,《汉语学报》,2008 年第 1 期。

李思明:《晚唐以来的比拟助词体系》,《语言研究》,1998年第2期。

李小军:《语气词"好了"的话语功能》,《世界汉语教学》,2009年第4期。

李宇明:《空间在世界认知中的地位——语言与认知关系的考察》,《湖北大学学报》,1999年第3期。

梁银峰:《句末语气助词"的"的来源和形成机制》,《语言研究集刊》第二十三辑,上海:上海辞书出版社,2019年。

刘晓晴、邵敬敏:《"罢了"的语法化进程及其语义的演变》,《古汉语研究》,2012年第2期。

刘勋宁:《现代汉语词尾"了"的来源》,《方言》,1985年第2期。

刘云、王金花:《清末民初京味儿小说家蔡友梅生平及著作考述》,《北京社会科学》,2011年第4期。

刘志远、刘顺:《"罢了"的词汇化及语气意义的形成》,《语文研究》,2012年第1期。

陆俭明:《关于"去+vp"和"vp+去"句式》,《语言教学与研究》,1985年第4期。

吕叔湘:《试论表概数的"来"》,《中国语文》,1957年第4期。

吕叔湘:《再说"来",以及"多"和"半"》,《中国语文》,1957第9期。

马思周、潘慎:《〈红楼梦〉〈儿女英雄传〉中的副词"白"》,《中国语文》,1981年第6期。

马思周:《再论近代汉语副词"白"》,《中国语文》,1990年第5期。

马思周、李海洋:《北方汉语(V+)"着"字的语音史》,《南开语言学刊》,2007年第2期。

梅祖麟:《汉语方言里虚词"著"字三种用法的来源》,《中国语言学报》,1988年第3期。

梅祖麟:《〈朱子语类〉和休宁话的完成态"著"字》,《语言学论丛》第二十辑,北京:商务印书馆,1998年。

梅祖麟:《先秦两汉的一种完成貌句式——兼论现代汉语完成貌句式的来源》,《中国语文》,1999年第4期。

孟繁杰、李炎:《从满汉合璧文献看语气词"啊、吧、吗、呢"的出现时间》,《古汉语研究》,2022年第3期。

木霁弘:《〈朱子语类〉中的时体助词"了"》,《中国语文》,1986年第4期。

亓文香:《北京话里的口语词"合着"》,《汉字文化》,2008年第1期。

邱冰:《副词"白"的始见书证》,《中国语文》,2004年第2期。

邵长超:《句尾成分"才好"的虚化及其话语功能的改变》,《当代修辞学》,2016年第1期。

邵敬敏:《"不要白不要,要了白要"是悖论吗?》,《汉语学习》,1986年第5期。

盛新华、魏春妮:《词汇化语法化的标准及其理据——以"一样"为例》,《湘潭大学学报》,2011年第1期。

史冠新:《再论"了$_2$"不是语气词》,《山东社会科学》,2011年第12期。

石锓:《浅谈助词"了"语法化过程中的几个问题》,《汉语史研究集刊》第二辑,成都:巴蜀书社,1999年。

宋金兰:《汉语助词"了"、"着"与阿尔泰诸语言的关系》,《民族语文》,1991年第6期。

孙朝奋:《再论助词"着"的用法及其来源》,《中国语文》,1997年第2期。

孙品健:《〈清文启蒙〉高频语法现象的满语干扰特征》,《汉语史研究集刊》第二十八辑,成都:四川大学出版社,2020年。

[日]太田辰夫著,陈晓译注,[日]远藤光晓校:《论清代北京话》,《语言

学论丛》第四十八辑，北京：商务印书馆，2013 年。

汤传扬：《近代汉语程度副词"很"的兴起与"甚"的衰落》，《南京师范大学文学院学报》，2019 年第 3 期。

王丹荣：《句末助词"来（来着）"形义辨证》，《湖北民族学院学报》，2013 年第 6 期。

王敌非：《清代满文读本会话类文献研究》，《满语研究》，2010 年第 1 期。

王国栓、宁彦红：《试探副词"很"和语法格式"A 得很"的来源》，《河北师范大学学报》，2002 年第 1 期。

王洪君：《山西方言的"也 [ia] 似的"》，《语文研究》，2000 年第 3 期。

王继红、马楷惠：《清初〈满汉成语对待〉的义类辞书特征》，《辞书研究》，2022 年第 5 期。

王继红、马楷惠：《清代〈满汉成语对待〉作者考辨与方言基础》，《语言科学》，2023 年第 3 期。

王庆：《概数助词"来"的语法化演变动因与机制探析》，《现代语文》，2017 年第 1 期。

魏兆惠：《清代北京官话特殊副词"白"来源于满语的若干旁证》，《中央民族大学学报》，2017 年第 4 期。

吴辰伯：《〈绿野仙踪〉的作者》，《清华周报》，1932 年 1 月 16 日。

吴福祥：《重谈"动词＋了＋宾"格式的来源和完成体助词"了"的产生》，《中国语文》，1998 年第 6 期。

吴福祥：《也谈持续体标记"着"的来源》，《汉语史学报》第四辑，上海：上海教育出版社，2004 年。

吴福祥：《关于语言接触引发的演变》，《民族语文》，2007 年第 2 期。

邢向东：《论现代汉语方言祈使语气词"着"的形成》，《方言》，2004 年第

4 期。

熊仲儒:《再论"来着"》,《汉语学习》,2009 年第 3 期。

杨德峰:《副词修饰动词性成分形成的结构的功能》,《汉语学习》,1999 年第 1 期。

杨荣祥:《近代汉语副词"白"的释义与来源》,沈家煊等主编:《语法化与语法研究》(三),北京:商务印书馆,2007 年。

杨永龙:《汉语方言先时助词"着"的来源》,《语言研究》,2002 年第 2 期。

杨永龙:《目的构式"VP 去"与 SOV 语序的关联》,《中国语文》,2012 年第 6 期。

杨永龙:《从语序类型的角度重新审视"X+ 相似 / 似 / 也似"的来源》,《中国语文》,2014 年第 4 期。

杨永龙:《语音变化与构式省缩——禁止词"别"的产生路径补说》,《中国语文》,2017 年第 6 期。

杨永龙:《导语:语言接触与甘青河湟语言区域特征》,《当代语言学》,2022 年第 6 期。

姚尧:《"一般"的词汇化与语法化——兼谈"X 如 Y 一般"类比拟式的来源》,《语文研究》,2015 年第 1 期。

尹海良:《再论概数标记"来的"词汇化与主观化》,《汉字文化》,2012 年第 1 期。

余志鸿:《句尾时体词"来着"》,宁波大学第十届全国近代汉语学术研讨会会议论文,2002 年。

袁毓林:《概念驱动和句法制导的语句构成和意义识解——以"白、白白(地)"句的语义解释为例》,《中国语文》,2014 年第 5 期。

曾传禄:《"里、中、内、外"方位隐喻的认知分析》,《贵州师范大学学报》,

2005年第1期。

张军:《满族的语言认同与清末"国语"转型》,《社会科学家》,2014年第3期。

张俊阁:《明清山东方言指示词"这""那"与"这么""那么"及其连词化》,《鲁东大学学报》,2011年第2期。

张美兰:《〈语言自迩集〉中的清末北京话口语词及其贡献》,《北京社会科学》,2007年第5期。

张美兰:《明治期间日本汉语教科书中的北京话口语词》,《南京师范大学文学院学报》,2007年第2期。

张美兰、綦晋:《从〈清文指要〉满汉文本用词的变化看满文特征的消失》,《中国语文》,2016年第5期。

张谊生:《近代汉语预设否定副词探微》,《古汉语研究》,1999年第1期。

张谊生:《略论时制助词"来着"——兼论"来着[1]"与"的[2]"以及"来着[2]"的区别》,《大理师专学报》,2000年第4期。

张谊生:《近代汉语情态化副词"白"再议——兼论副词"白"的虚化方式和内部差异及联系》,《乐山师范学院学报》,2003年第1期。

赵君秋、石微:《从〈清文启蒙〉看清初满族人对汉语的使用》,《东疆学刊》,2015年第1期。

赵元任:《北京、苏州、常州语助词的研究》,《清华学报》,1926年第2期。

赵志强:《简论满语动词的体》,《满语研究》,2009年第1期。

郑宏:《副词"很"的形成考》,《韶关学院学报》,2008年第11期。

郑振铎:《清初到中叶的长篇小说的发展》,《小说月报》,1929年5月。

钟兆华:《〈红楼梦〉"白"字来源探疑》,《中国语文》,1987年第1期。

钟兆华:《论疑问语气词"吗"的形成与发展》,《语文研究》,1997年第

1期。

钟兆华:《语气助词"呀"的形成及其历史渊源》,《中国语文》,1997年第5期。

周小兵:《论现代汉语的程度副词》,《中国语文》,1995年第2期。

[日]竹越孝:《〈兼汉满洲套话〉における满洲语动词の希求法・终止法语尾と中国语との对应》,《中国语研究》,2012年第54。

[日]竹越孝:《助词"是呢"について》,日本爱知:中国近世语学会2014年度研究总会会议论文。

[日]竹越孝:《从满语教材到汉语教材——清代满汉合璧会话教材的语言及其演变》,《民族语文》,2015年第6期。

[日]竹越孝、陈晓:《满语助词dabala与汉语句末助词"罢了/罢咧"相关关系研究》,《民族语文》,2016年第6期。

[日]竹越孝:《〈满汉成语对待〉——现存最早的清代满汉合璧会话教材》,《汉语史学报》第十八辑,上海:上海教育出版社,2017年。

祖生利:《元代白话碑文中方位词的格标记作用》,《语言研究》,2001年第4期。

祖生利:《元代白话碑文中助词的特殊用法》,《中国语文》,2002年第5期。

祖生利:《元代直译体文献中的原因后置词"上/上头"》,《语言研究》,2004年第1期。

祖生利:《清代旗人汉语的满语干扰特征初探——以〈清文启蒙〉等三种兼汉满语会话教材为研究的中心》,《历史语言学研究》第六辑,北京:商务印书馆,2013年。

祖生利、毕晓燕:《清代句末语气助词"是呢""才是呢"》,《历史语言学研究》第十一辑,北京:商务印书馆,2017年。

祖生利、高云晖:《也谈句末时体助词"来着"的来源》,《历史语言学研究》第十七辑,北京:商务印书馆,2022年。

左双菊:《句尾"才是"的词汇化》,《古汉语研究》,2015年第1期。

左双菊:《语气词"才是"的情态义》,《汉语学报》,2015年第1期。

Sun Chaofen: *On the Origin of the Sentence-final LAIZHE*, Journal of the American Oriental Society, Volume 115, Issue 3, 1995.

三、学位论文

丁勇:《元代汉语句法专题研究》,华中科技大学博士学位论文,2007年。

顾倩:《汉语词语的时空域及喻域研究——以"上""旁""大""来"等词语为例》,南开大学博士学位论文,2013年。

雷冬平:《近代汉语常用双音虚词演变研究及认知分析》,浙江大学博士学位论文,2006年。

[韩]李泰洙:《〈老乞大〉四种版本语言研究》,中国社会科学院研究生院博士学位论文,2000年。

梁姣程:《汉语副词"X着"的多角度研究》,湖南师范大学硕士学位论文,2016年。

刘宾:《北京市昌平区崔村镇"俺"、"您"使用情况调查研究》,中央民族大学硕士学位论文,2012年。

刘艳红:《唐五代方位词研究》,南开大学博士学位论文,2010年。

陆晨:《满语动词附加成分-bu的语义及句法研究》,中央民族大学硕士学位论文,2018年。

彭静:《"VP+去"的历时演变》,湖北大学硕士学位论文,2016年。

阮剑豪:《〈元典章〉词语研究》,浙江大学博士学位论文,2009年。

宋桔:《〈语言自迩集〉的文献和语法研究》,复旦大学博士学位论文,2011年。

田鹏:《满语与蒙古语副词比较研究》,黑龙江大学博士学位论文,2019年。

吴立红:《现代汉语程度副词组合研究》,暨南大学博士论文,2006年。

祖生利:《元代白话碑文研究》,中国社会科学院研究生院博士学位论文,2000年。

四、工具书

白维国主编:《近代汉语词典》,上海:上海教育出版社,2015年。

陈刚编:《北京方言词典》,北京:商务印书馆,1985年。

[宋]陈彭年等编:《宋本广韵》,北京:北京市中国书店,1982年。

高艾君、傅民编:《北京话词典》,北京:中华书局,2013年。

汉语大字典编辑委员会编纂:《汉语大字典》(缩印本),武汉:湖北辞书出版社//成都:四川辞书出版社,1992年。

胡增益主编:《新满汉大词典》,乌鲁木齐:新疆人民出版社,1994年。

李荣主编、钱曾怡编纂:《现代汉语方言大词典·济南方言词典》,南京:江苏教育出版社,1997年。

罗竹风主编:《汉语大词典》(缩印本),上海:汉语大词典出版社,1997年。

许宝华、[日]宫田一郎主编:《汉语方言大词典》,北京:中华书局,1999年。

[汉]许慎撰,[宋]徐铉校定:《说文解字》,北京:中华书局,1963年。

中国社会科学院语言研究所词典编辑室编:《现代汉语词典》(第7版),北京:商务印书馆,2016年。

后记

自 2017 年获批国家社科基金项目"满语对清代旗人汉语的语法干扰及其对北京话语法的影响研究"(17BYY142),五易寒暑,课题终算告一段落。

本课题研究涉及大量的文献语料,尤其满汉合璧文献及清末民初京旗作家作品是本课题研究的基础材料。幸得北京大学出版社出版的"早期北京话珍本典籍校释与研究"系列丛书对满汉合璧文献如《满汉成语对待》等进行了校释并进行了满文的拉丁转写,为本课题的研究提供了极大便利。由首都师范大学出版的"明、清、民国时期珍稀老北京话历史文献整理与研究"系列丛书,为我们研究这一时期的北京话提供了丰富且可靠的语言材料。本课题能够如期完成,得益于这些文献的出版。

研究伊始,杨永龙先生为我提供了大量的建议、思路和材料,使得我对课题的研究能够顺利展开。日本竹越孝先生、寺村政男先生多次邮寄满汉合璧文献材料,为本课题的研究提供了保障。汪维辉先生给了我日本古代文字资料馆的网址,为搜查大量日本学者对满汉合璧文献及满汉语言接触的研究成果提供了极大的便利。在此,对诸位前辈表示诚挚的感谢!

本课题结项时,匿名评审专家提出了大量宝贵的意见,如章节的安排、标题的设置和措辞、例句的甄选、观点的偏失、材料的不足、错别字等问题逐章逐节一一指出,为后期书稿的修改完善提出了确切的方向。在此,对匿名评审专家表达真诚的谢意!

感谢商务印书馆及有关专家、领导对本选题的认可和支持。

以孙书文院长为代表的山东师范大学文学院学术委员会对本书稿进行了严格认真的审核,同意使用山东师范大学中国语言文学山东省一流学科经费资助本书的出版。在此,我向文学院领导及全体同事表示衷心的感谢!

最后我要感谢我的爱人刘英波先生和女儿刘丹琛同学,他们的陪伴与支持给了我无限的温暖,是我潜心学术的力量源泉。

资质愚钝,文中缺漏还请方家、同仁批评指正。